Karlheinz Deisenroth

Elsass – Land zwischen den Fronten

Historische Zeitbilder
Band 8

Karlheinz Deisenroth

Elsass – Land zwischen den Fronten

1699-1870 **1914-1918** 1939-1945

Kriegsschauplätze in den Vogesen und am Oberrhein

Morstadt

Bibliografische Information der Deutschen Nationalbibliothek
Die Deutsche Nationalbibliothek verzeichnet diese Publikation in der Deutschen Nationalbibliografie; detaillierte bibliografische Daten sind im Internet über http://dnb.dnb.de abrufbar.

Verlagsprogramm und weitere Informationen unter www.morstadt-verlag.de

2., durchges. Aufl. 2015
Lektorat: Dr. Volker Manz, Kenzingen
Karte S. 48: Kartengrafik Vogelmann, Mannheim
Umschlaggestaltung: Morstadt Verlag; Motive auf Vorder- und Rückseite siehe S. 10 u. S. 128
Typografie und Mettage: Tjalf Boris Prößdorf, München
Herstellung: Print Group sp. z o. o., Polen
ISBN 978-3-88571-374-6

Inhalt

Prologue

Il y a maintenant cent ans que la première guerre mondiale a éclaté. Tous les médias s'en font largement l'écho. Les conflits du 19ème et du 20ème siècles ont infligé de profondes et douloureuses blessures à l'Alsace, et dans les traits de ses paysages l'on pourra encore longtemps en reconnaître les cicatrices. L'ouvrage de Karlheinz Deisenroth nous conduit sur les traces de l'histoire tragique de notre province. Le titre à lui seul, „L'Alsace une terre entre les Fronts" laisse entrevoir le drame de notre région frontalière.

L'Alsace-Lorraine a payé un lourd tribut de sang pendant les deux guerres mondiales. Pendant la 1ère Guerre 18.000 Alsaciens-Mosellans ont servi sous l'uniforme français et 380.000 sous l'uniforme allemand, l'on estime le nombre des morts à 50.000 et celui des blessés à 150.000. Pendant la 2ème Guerre mondiale 134.000 hommes (et femmes) ont été touchés par l'incorporation de force. 40.000 sont tombés ou morts dans les camps de prisonniers russes. Autant ont été blessés.

En Alsace ce destin particulier est lisible sur les monuments aux morts. Alors qu'en France les monuments portent l'inscription « Morts pour la France », en Alsace seuls sont gravés les mots suivants : « A nos morts ».

Ce douloureux déchirement est également incarné par deux monuments à Strasbourg et à Wintzenbach. Le Monument sur la Place de la République à Strasbourg a été érigé en mémoire des Morts de la Première Guerre Mondiale. Il représente une mère symbolisant l'Alsace, qui pleure ses deux fils. Ils reposent nus sur ses genoux. L'un mourut en soldat français, l'autre tomba du côté allemand, mais dans la mort ils se donnent la main. Le monument à Wintzenbach représente la mère en costume traditionnel alsacien. Dans ses bras sont réunis un soldat français et un soldat allemand, tous deux blessés.

Un poème écrit en français par un auteur anonyme, « Le Chant mêlé », traduit cette réalité avec des mots. Quelques extraits nous en donnent clairement le ton.

[…]
Nous sommes nés entre deux terres,
Au bord de ces tracés de croix
Qui, sur les cartes, sont frontières,
Où les gens parlent à deux voix :
Nous sommes nés de mère blonde
Aux yeux méditerranéens,
Nous sommes nés entre deux mondes,
Notre patrie est un chemin.
[…]
Voués aux guerres fratricides,
Nos pères furent crucifiés,
Et nous voici enfants hybrides,
Parlant deux langues à moitié.

Nous confondons dans la Nuit Sainte
Les « Stille Nacht », « Minuit Chrétien »,
Telle aïeule s'est éteinte
Priant des Pater en prussien.

Mais si l'on croit Goethe, le sage,
Chaque homme est homme autant de fois
Qu'il sait comprendre de langages,
Alors, nous diviser pourquoi ?
Nous sommes nés devant la porte,
Nous sommes dos à la maison,
Ce chant mêlé que le vent apporte
Sera toujours notre chanson.

Aujourd'hui le bleu du ciel couvre en Alsace les tombes françaises et allemandes. Puisse demain, le bleu de notre drapeau européen, flotter à côté des emblèmes nationaux sur tous nos lieux de mémoire. La haine n'avait pas de place dans le cœur des mourants.

Geleitwort

Es ist nun hundert Jahre her, dass der Erste Weltkrieg ausbrach. Alle Medien berichten groß darüber. Die Konflikte des 19. und 20. Jahrhunderts haben dem Elsass tiefe, schmerzhafte Wunden zugefügt, und im Antlitz seiner Landschaft werden noch für lange Zeit Narben davon zu sehen sein. Das Buch von Karlheinz Deisenroth führt uns auf den Spuren der tragischen Geschichte unserer Region. Schon der Titel, „Elsass – Land zwischen den Fronten", lässt das Drama unseres Grenzlandes erahnen.

Elsass-Lothringen hat in beiden Weltkriegen einen hohen Blutzoll bezahlt. Während des 1. Weltkrieges dienten 18.000 Elsass-Lothringer in französischer Uniform und 380.000 in deutscher; man schätzt die Anzahl der Gefallenen auf 50.000, die der Verletzten auf 150.000. Während des 2. Weltkrieges waren 134.000 Männer (und Frauen) von der Zwangsrekrutierung betroffen. 40.000 fielen oder starben in den russischen Gefangenenlagern. Genauso viele wurden verwundet.

Im Elsass ist dieses besondere Schicksal auch an den Gefallenendenkmälern abzulesen. Während die Denkmäler im übrigen Frankreich die Inschrift „Morts pour la France" (Gefallen für Frankreich) tragen, sind im Elsass nur die Worte „A nos morts" (Unseren Toten) eingemeißelt.

Die schmerzliche Zerrissenheit wird durch zwei Denkmäler in Straßburg und Wintzenbach versinnbildlicht. Das Denkmal auf der „Place de la République" in Straßburg wurde zur Erinnerung an die Gefallenen des Ersten Weltkriegs errichtet. Es stellt eine Mutter dar – sie symbolisiert das Elsass –, die ihre beiden Söhne betrauert; sie ruhen nackt auf ihrem Schoß. Der eine starb als französischer Soldat, der andere fiel auf deutscher Seite, im Tod jedoch reichen sie sich die Hände. Das Denkmal in Wintzenbach zeigt die Mutter in elsässischer Tracht. In ihren Armen sind ein französischer Soldat und ein deutscher Soldat, beide verwundet, vereint.

Ein in französischer Sprache anonym verfasstes Gedicht, das den Titel „Le Chant mêlé" (Der Mischgesang) trägt, fasst diesen Zustand in Worte. Einige Auszüge machen seinen Grundton deutlich:

[...]
Wir sind zwischen zwei Ländern geboren,
Am Rande dieser Linien aus Kreuzchen,
Die auf Karten die Grenzen darstellen,
Wo die Menschen zweistimmig sprechen:
Wir wurden geboren von einer blonden Mutter
Mit südländischen Augen,
Wir sind zwischen zwei Welten geboren,
Unsere Heimat ist eine Straße.
[...]
Zu Bruderkriegen verdammt,
Wurden unsere Väter gekreuzigt,
Und darum sind wir Mischlingskinder
Die zwei Sprachen zur Hälfte sprechen.
An Heiligabend bringen wir „Stille Nacht"
und „Minuit Chrétien" durcheinander,
und so manche Großmutter betete, als sie starb,
Das „Vaterunser" auf Hochdeutsch.

Aber schenkt man dem weisen Goethe Glauben,
Ist jeder Mensch so viele Male Mensch,
Wie viele Sprachen er versteht.
Warum also sollen wir uns zanken?
Wir sind vor der Tür geboren,
Wir stehen mit dem Rücken zum Haus,
Dieser Mischgesang, den der Wind bringt,
Wird immer unser Lied sein.

Heute bedeckt im Elsass das Blau des Himmels die französischen und deutschen Gräber. Möge morgen auf allen unseren Gedenkstätten neben den Nationalflaggen das Blau unserer europäischen Flagge wehen. Der Hass hatte keinen Platz in den Herzen der Sterbenden.

General a. D. Pierre-Alain Paulus,
Präsident des Lingevereins 1999-2008

Grabkreuz eines Stoßtruppsoldaten auf dem Friedhof von Bischoffingen a. K. Aufnahme Deisenroth.

Vorwort

„Möge die Operationsgeschichte in den Augen modernistischer deutscher Historiker als trockene Materie und altmodischer Ansatz gelten, wir wollen ihnen nicht folgen."[I]

Schlachtfeldführer stehen in einer langen Tradition der Hinführung von Zeitzeugen und Nachgeborenen zur Kriegs- und Militärgeschichte ihrer Region bzw. ihres Landes, besonders seit dem Ende des Ersten Weltkrieges. War die Sicht des Siegers dabei anfangs noch vorherrschend – die Führer nach dem Deutsch-Französischen Krieg atmeten noch zutiefst diesen Geist –, so änderte sich diese Herangehensweise an Tod und Vernichtung spätestens mit dem Ende des zweiten Weltenringens im 20. Jahrhundert, zumindest bei den Verlierern dieses Schlachtens. Die im Auftrag der deutschen Reichsregierung vom Volksbund Deutsche Kriegsgräberfürsorge e. V. (gegr. 1919) angelegten und unterhaltenen Soldatenfriedhöfe zogen bald wieder zahlreiche Interessierte sowie Angehörige und Freunde der Gefallen zu den großen militärischen Nekropolen in Frankreich und Italien, wo die Besucher zugleich Informationen zum Kriegsgeschehen an jenen Fronten finden konnten. Bereits nach Ende des Ersten Weltkrieges entdeckte und weckte die französische Reifenfirma Michelin das Bedürfnis nach militärgeschichtlichen Reiseführern und brachte in kurzer Folge eine Serie von 29 Titeln zu den jeweiligen Frontabschnitten der Westfront heraus. Auf deutscher Seite ließen der verlorene Krieg und die Not des Volkes ein vergleichbares Unterfangen nicht zu. Ähnlich verhielt es sich nach dem Zweiten Weltkrieg, nun noch zusätzlich durch den Vorwurf des „Militarismus" verstärkt. Erst nach der Vereinigung unseres Volkes in den 90er-Jahren des vergangenen Jahrhunderts stellte sich eine erfolgversprechende Nachfrage ein, die der traditionsreiche Verlag E. S. Mittler & Sohn durch die Herausgabe einer Reihe „Militärgeschichtlicher Reiseführer" bediente, in welcher auch ein Vorläufer des vorliegenden Führers erschien; im Jahr 2000 in erster und im darauffolgenden Jahr bereits in zweiter Auflage.

Das Genre der sogenannten „Kriegsgeschichtlichen Geländebesprechungen" – heute entspannungsfreundlich als „Militärgeschichtliche Geländebesprechungen" bezeichnet – war nach dem letzten Krieg, ebenso wie die militärische Operationsgeschichte,[II] in Verruf geraten. Es galt lange Zeit als Ausfluss und Relikt einer einseitig und reduziert wahrgenommenen Geschichtsdarstellung, die in einer Militärgeschichte, wie sie nun als ‚modern' empfunden wurde, d. h. einer ‚Geschichte der Gesellschaft im Krieg', der der Kampf und die Schlacht als Themen abhanden gekommen waren, nichts mehr verloren hatte. Seit der Jahrtausendwende kann die Operationsgeschichte eine gewisse Renaissance verzeichnen, freilich nun nicht mehr im Sinne einer „Generalstabswissenschaft" applikatorischen Charakters, sondern in der Verflechtung mit sozial-, mentalitäts-, kultur- und wirtschaftsgeschichtlichen Aspekten. Inwieweit dadurch der zentrale Bestandteil einer Operation, die Schlacht, erneut aus dem Blickwinkel entschwindet, mag die Zukunft erweisen.

„Exkursionsführer für militärhistorisch bedeutsame Stätten bilden eine wichtige Ergänzung und Erweiterung allgemein historischer Darstellungen. Sie beschränken sich nicht auf die wissenschaftlich-abstrakte Analyse vergangener Ereignisse, sondern führen den Betrachter auf den Originalschauplatz des historischen Geschehens. Es handelt sich gleichsam um „Geschichte zum Anfassen."[III] Auch wenn diese Einlassung eines ehemaligen Amtschefs des Militärgeschichtlichen Forschungsamtes eine vermeintlich gesicherte Erkenntnis beschreibt, lassen spätere Bemerkungen zu diesem Themenkreis erkennen, dass diese Sparte der Geschichtserkenntnisgewinnung noch immer starkem Misstrauen begegnet, wie die hierzu publizierten Allgemeinplätze belegen,[IV] getreu der Erkenntnis Seeckts, dass die Binse eine perennierende Pflanze ist und Binsenwahrheiten periodenweise zu neuer Blüte gelangen.[V]

Der vorliegende Führer zu den Hinterlassenschaften kriegerischer Epochen im Oberelsass möchte weder expliziter Reiseführer sein – ein Begriff, der sich für die hier dargestellte Materie eigentlich von selbst verbietet – noch einen Schlachtfeldtourismus im Sinne der Battlefield-Tours bedienen.[IV] Vielmehr soll er auf der Basis quellenkritischer Erkenntnis eine Annäherung an die Geschehnisse in einer an kriegerischen Aktionen reichen Region im Herzen Europas versuchen und dem Leser in Form der Anmerkungen die Materialien an die Hand geben, die es ihm ermöglichen, aus der Symbiose von Zeit und Raum den Verstehensprozess zu befördern. Nur so kann aus einer von staatlicher Seite vereinbarten Freundschaft zwischen beiden Nationen eine immer intensivere und selbstverständlichere Bindung der Menschen untereinander erwachsen.

Der Dank des Verfassers gilt vornehmlich den Damen und Herren der besuchten Archive, Herrn Dipl. Ing. Bernd Nogli, Leiter der Zeichenstelle des Zentrums für Militärgeschichte und Sozialwissenschaften der Bundeswehr in Potsdam für die Abdruckgenehmigung einer Karte aus dem Weltkriegswerk, Herrn Dr. Alexander Jordan, Direktor des Wehrgeschichtlichen Museums in Rastatt, sowie Herrn Dr. Joachim Niemeyer, dem ehemaligen Leiter dieses Museums, für großzügig zur Verfügung gestelltes Bildmaterial, dem Lektor, Herrn Dr. Volker Manz,

Kenzingen, dann besonders dem Morstadt Verlag in Kehl und seiner Projektleiterin Kai Silja Foshag, die es sich angelegen sein ließen, diese Publikation in das Verlagsprogramm aufzunehmen.

Mein besonderer Dank gilt Herrn General a. D. Pierre-Alain Paulus, der meiner Bitte um ein Geleitwort ohne Zögern im Geiste der deutsch-französischen Freundschaft entsprach. Semper talis, mon Général!

Meiner Frau Renate, die sich über Jahre aktiv an meinem „Schlachtfeldtourismus" beteiligte und mir eine stete, zuverlässige und aufmunternde Hilfe war, sei dieses Buch gewidmet.

Karlheinz Deisenroth, am 150. Jahrestag von Düppel

I Loosli, Hartmannsweilerkopf 1914-1918, S. 2.

II Vgl. zu diesem Themenkreis Stig Förster, Operationsgeschichte heute. Eine Einführung, in: Militärgeschichtliche Zeitschrift 61/2 (2002), S. 309-313; Gundula Bavendamm, Operationsgeschichte und moderne Historiographie. Ein Widerspruch? Bericht über die 4. Jahrestagung des Arbeitskreises für Militärgeschichte e. V. (AKM) in Zusammenarbeit mit dem Militärgeschichtlichen Forschungsamt (MGFA) Potsdam und dem Lehrstuhl für Militärgeschichte der Universität Potsdam, Potsdam, 16./17.III.2001.

III Aus dem Vorwort des ehemaligen Amtschefs Militärgeschichtliches Forschungsamt, Oberst Friedhelm Klein, in: Frieser, Ardennen – Sedan. Militärhistorischer Führer durch eine europäische Schicksalslandschaft, hrsg. vom MGFA, Frankfurt a. M./Bonn 2000, S. IX.

IV Résumé einer Begehung des Schlachtfeldes von Tannenberg durch das ZMSBw im September 2013: „Im Ergebnis der Exkursion waren sich alle Teilnehmenden am Ende trotz aller zu Recht vorhandenen Bedenken gegenüber einer Schlachtfeldbegehung einig: Wenn es gelingt, sich nicht vom reinen operativen Geschehen dominieren zu lassen, dieses gleichwohl mit wissenschaftlichem Sachverstand und methodischer Praktikabilität zu untersuchen, darüber hinaus das komplexe Geflecht von Erinnerung und kollektivem Gedächtnis zu entwirren sowie Land und Menschen mit einzubeziehen, ist eine Exkursion eine attraktive Möglichkeit, historische Expertise zu vertiefen, Perspektiven zu schärfen und Einsichten zu erweitern."; ZMSBw Newsletter Nr. 2 v. 22. Januar 2014.

V Hans v. Seeckt, Gedanken eines Soldaten, Berlin 1929, S. 174.

VI Karl Kraus hat in seiner Zeitschrift „Die Fackel", Nr. 577–582, November 1921, S. 96–98, unter der Überschrift „Reklamefahrten zur Hölle" eine Werbeanzeige der „Basler Nachrichten" bissig glossiert, in welcher diese Schlachtfelder-Rundfahrten im Auto mit allen Bequemlichkeiten „bei reichlicher Verpflegung in erstklassigen Gasthäusern" anbot, „ein Dokument, das, alle Schande dieses Zeitalters überflügelnd und besiegelnd, allein hinreichen würde, dem Valutenbrei, der sich Menschheit nennt, einen Ehrenplatz auf einem kosmischen Schindanger anzuweisen." Vgl. auch Charlotte Heymel, Touristen an der Front. Das Kriegserlebnis 1914-1918 als Reiseerfahrung in zeitgenössischen Reiseberichten, Berlin 2007 (zgl. Phil. Diss. Univ. Osnabrück 2006).

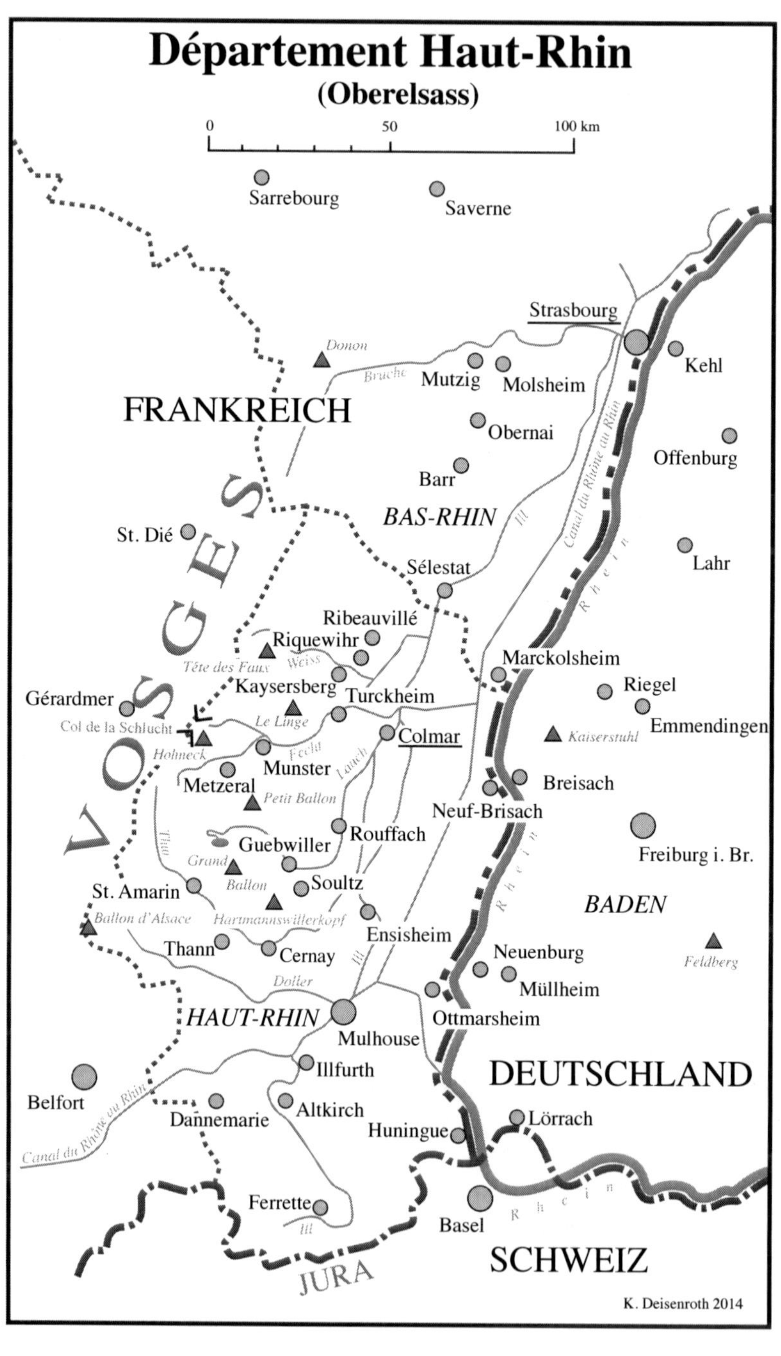
Département Haut-Rhin
(Oberelsass)
0
50
100 km
Sarrebourg
Saverne
Strasbourg
Kehl
Donon
Bruche
Mutzig
Molsheim
FRANKREICH
Obernai
Offenburg
Barr
BAS-RHIN
Ill
Canal du Rhône au Rhin
St. Dié
VOSGES
Lahr
Rhein
Sélestat
Ribeauvillé
Riquewihr
Tête des Faux
Weiss
Marckolsheim
Kaysersberg
Riegel
Gérardmer
Turckheim
Emmendingen
Col de la Schlucht
Le Linge
Kaiserstuhl
Colmar
Hohneck
Fecht
Munster
Lauch
Breisach
Metzeral
Petit Ballon
Neuf-Brisach
Ill
Rouffach
Freiburg i. Br.
Guebwiller
Grand
Ballon
Soultz
St. Amarin
BADEN
Ballon d'Alsace
Hartmannswillerkopf
Ensisheim
Thann
Cernay
Neuenburg
Feldberg
Müllheim
Doller
HAUT-RHIN
Ottmarsheim
Mulhouse
Illfurth
DEUTSCHLAND
Belfort
Altkirch
Lörrach
Dannemarie
Huningue
Canal du Rhône au Rhin
Ferrette
Basel
Ill
SCHWEIZ
JURA
K. Deisenroth 2014

Zur Einführung

„Die tapferen Gardejäger, das schönste Bataillon der Welt! Hurra und Horrido"[1]

Wenige Namen von Schlachtorten des Großen Krieges sind einer ganzen Kriegs- und Nachkriegsgeneration so im Gedächtnis haften geblieben wie die der Knochen- und Blutmühle[2] an der Maas, Verdun, mit ihren Brennpunkten Höhe 304 oder Toter Mann. Hier verblutete die Jugend zweier Kulturnationen in einem sinnlosen Gemetzel um eine Bodenbreite Landes, das die Dimensionen operativen Denkens und Handelns lange schon aus den Augen verloren hatte. Zu diesen Erinnerungsorten gehört aber auch die toponomastische Signatur eines Berges an einem Nebenkriegsschauplatz, der fast vier Jahre lang Hekatomben von Menschenleben forderte, obwohl er in der Sicht der Generalstäbe beider Nationen als „ruhige Front" galt. Der Hartmannsweilerkopf, wie der benachbarte Lingekopf Symbol zehntausendfachen Opfertodes, wecken bis heute Emotionen beidseits des Rheins und können als typisches Beispiel einer verfehlten, prestigeverhafteten Kriegführung gelten, wie sie später im Fall des gleichfalls zum Topos gewordenen Stalingrad eine Neuauflage erleben sollte. Gerade im Kampfraum des Oberelsass spiegelten sich die Verletzungen und Wunden besonders deutlich, die der Deutsch-Französische Krieg und die Abtrennung des Elsass und von Teilen Lothringens, etwa dem heutigen Departement Moselle entsprechend, an das in einer französischen Kultstätte, dem Spiegelsaale von Versailles, gegründete Deutsche Reich in einer zutiefst verletzten und verunsicherten Nation geschlagen hatte. Die französische Kriegspropaganda stellte daher auch vordringlich die Befreiung des Elsass und seiner preußisch kujonierten Bevölkerung als Hauptziel französischer Politik und Kriegführung in den Mittelpunkt ihrer Beeinflussung. Ikonografische Darstellungen auf Postkarten zu Kriegsbeginn in Gestalt des Elsasses als weiblicher Person in der landesüblichen Volkstracht, die in die rettenden Arme eines französischen Offiziers flüchtet, gleichsam heimkehrend ins Vaterland, waren zeittypisch. In ihnen spiegelte sich aber auch das jahrhundertealte Streben Frankreichs nach Sicherheit an seiner ungeschützten Nordostgrenze, für die der Rhein magisches und mythisches Symbol zugleich war. Schon zu Zeiten des Sonnenkönigs fand dieses Bestreben steinernen Ausdruck in den wie an einer Perlenkette aufgereihten Befestigungen seines großen Baumeisters Vauban entlang Frankreichs Grenzen zu den damaligen Niederlanden und den deutschen Staaten. Diesen waren nach dem Dreißigjährigen Krieg sukzessive das Elsass und Teile Lothringens entrissen und, trotz fragwürdiger oder nichtiger Rechtsansprüche, in den sog. „Reunionen" Frankreich angegliedert worden. Das trotzige „nec soli cedit" auf den Feldzeichen der Kgl. Preußischen Armee des Soldatenkönigs Friedrich Wilhelm I. war zugleich der Beginn einer lang andauernden Feindschaft zwischen beiden Nationen, die sich in einem blutigen Kriege in den Jahren 1870 und 1871 entladen sollte. Der Schock der darauffolgenden Regermanisierung nach zweihundert Jahren führte zu gewaltigen Spannungen nicht nur in der elsässischen Bevölkerung selbst, sondern auch zwischen den beiden Nationen. Diese Feindseligkeiten verhinderten eine Annäherung und leiteten mittelbar in die Katastrophe des Ersten Weltkrieges über.

Der rasante Vormarsch der deutschen Armeen zu Beginn des Völkerringens zwang die Franzosen zu entsprechenden Reaktionen und verwies den naheliegenden Einfallsraum für die französischen Streitkräfte, die Burgundische Pforte im Sundgau, und die linksrheinische Ebene des Oberelsass nach einem blutigen Auftakt in die Rolle eines Nebenkriegsschauplatzes. Das Stocken des deutschen Angriffes an der Marne und die Konsolidierung der Lage bei den Alliierten ließen dann erneut das Augenmerk des französischen Generalstabes auf das Oberelsass richten, in dessen Vogesentälern bereits zu Kriegsbeginn die Alpenjäger über die Reichsgrenze vorgedrungen waren. Einzig die von deutschen Landwehreinheiten besetzten Vorberge dieses Gebirgszuges schienen schnell zu überwindende Hemmnisse zu bilden. Doch sollte sich sehr rasch die Erkenntnis in diesem Mittelgebirgsringen herausbilden, dass auch ein schwacher Verteidiger zu lang anhaltendem Widerstand befähigt war, sofern er die geografischen Gegebenheiten frühzeitig zu seinen Gunsten festungsartig auszubauen in der Lage war. Die fehlende Bereitschaft der französischen Führung, mit vollem Einsatze diese Hürde zu nehmen, führte dann schließlich im Jahre 1915, dem „Année terrible", zum Fiasko an dieser Front.

Der geplante Bewegungskrieg war damit infolge gesteigerter Waffenwirkung zu einem verlustreichen Stellungskampfe mutiert, der operative Planungsansätze im Keime erstickte und das Schwergewicht der Kriegführung auf den rüstungspolitischen und damit wirtschaftlichen Sektor verlagerte, auf dem Deutschland den Ententemächten hoffnungslos unterlegen war. Vor diesem Hintergrund müssen die Versuche der obersten militärischen Führung gesehen werden, wieder zum Konzept von Bewegung und Überraschung zurückzufinden. Um dies zu erreichen, sollte die Aufstellung besonderer Sturmtruppen mit starker Panzerung und Feuerkraft den Angriff der Infanterie vorbereiten und begleiten. Nach anfänglichen Misserfolgen an der Lorettofront übernahm die zum Schutz des Oberelsasses und des Oberrheins eingesetzte Armee-Abteilung Gaede die Weiterentwicklung dieser taktischen Angriffsvariante, die bereits in der großen Schlacht am Hartmannsweilerkopf in den Januartagen des Jahres 1916 glänzende Proben ihrer Leistungsfähigkeit ablegte und die Oberste Heeresleitung umgehend zur Einführung von Sturmbataillonen bei den Armeen veranlasste. Dabei nahm aber das am Kaiserstuhl ausgebildete und am Hartmannsweilerkopf eingesetzte „Sturmbataillon Rohr" bis Kriegsende als maßgebende Ausbildungseinheit für die Großverbände der deutschen Armee weiterhin eine Sonderstellung ein. Letztlich aber blieb der Stoßtrupptaktik der ausschlaggebende Erfolg auf dem Schlachtfeld versagt.

Ein Vierteljahrhundert später vollendete sich das Geschick der französischen Armee genau an jener Stelle, an welcher sie im Ersten Weltkrieg den Durchbruch zur Rheinebene zu erzwingen erhofft hatte. Obwohl das Oberkommando des Heeres gegenüber der kühnen Manstein'schen Idee des „Sichelschnittes" einer eher halbherzigen Operationsplanung den Vorzug gegeben hatte, führte der nicht geplante, ungestüme und von den Alliierten als unvorstellbar erachtete Vorstoß des Panzergenerals Guderian über die Maas bei Sedan zu der von Manstein intendierten kriegsentscheidenden Wendung. Beweglichkeit, Schnelligkeit und das Moment der Überraschung, also genau die erstmals am Hartmannsweilerkopf mit Erfolg erprobte Taktik, hatten zur kriegsentscheidenden Wende im Frankreichfeldzug des Frühsommers 1940 geführt. Am Fuße des Berges scheiterte die französische Konzeption einer beständigen Festung an Frankreichs Grenzen in der modernen Version der schon bei Baubeginn anachronistischen Maginot-Linie am Siegeszug einer aus der unteren taktischen Ebene heraus entwickelten Idee in Verbindung mit dem operativen Einsatze der Panzertruppe, die ohne Rücksicht auf offene Flanken den überraschenden, den Gegner verwirrenden und erschreckenden Durchbruch wagte. Diese moderne Variante der Stoßtrupp-Taktik des Ersten Weltkrieges sollte unter dem schillernden Begriff „Blitzkrieg" Furore machen und in der Überbetonung des rein operativen Denkens mit zu den katastrophalen Folgen für das Deutsche Reich im Zweiten Weltkrieg führen.[3] Beim Hartmannsweilerkopf schloss sich in jenen Tagen der „Kessel von Lothringen" ganz im Sinne des 1914 misslungenen, auf der Schlieffen'schen Idee eines riesigen „Cannae"[4], einer Umfassungsschlacht großen Stils, basierenden deutschen Operationsplanes. Der Name des Berges steht so für die Geburtsstunde eines aus dem taktischen Bereich entwickelten operativen Denkens, dessen materieller Durchbruch erst im darauffolgenden Krieg mithilfe der für den Stoßtruppgedanken geradezu prädestinierten Panzerwaffe in Verbindung mit den Vorstellungen Schlieffens erreicht werden konnte.

Vor diesem vom Hartmannsweilerkopf ausstrahlenden, kriegsgeschichtlich bedeutsamen Signal scheinen die fast vierjährigen Kämpfe um kurzfristige Geländegewinne und minimale Positionsverbesserungen im Stellungskrieg der Mittelgebirgsfront zu verblassen, mutet der Mikrokosmos des Geschehens im Vergleich mit den Großereignissen an anderen Teilen der Front eher bescheiden an. Doch verbieten die an dieser „ruhigen Front" gebrachten Opfer beider Seiten ein Aufwiegen, was ihre und dieses Kriegsschauplatzes Bedeutung betrifft. Wenn die Herausgabe eines ausführlichen Themenbandes einer Begründung bedarf, dann sind es die nach dem Großen Krieg von den französischen Behörden getroffenen Maßnahmen zur Bewahrung der einzigartigen Bergfestungen des Hartmannsweiler- und Lingekopfes – der wohl einzigen in diesem Erhaltungszustand konservierten Stellungssysteme überhaupt. Sie vermitteln dem Besucher der Gräben und unterirdischen Bunker und Stollen eine Vorstellung von der Grausamkeit und Sinnlosigkeit eines Krieges um Meterbreite, in dem sich die Gegner am Ende in den gleichen Positionen wie am Anfang gegenüberstanden. Die Konfrontation mit der Situation zwischen den „Erbfeinden" in den Jahren 1914 bis 1918, die auch heute noch dank des Einsatzes vieler freiwilliger Helfer gedanklich nachvollziehbar ist, lässt die mittlerweile erreichte deutsch-französische Freundschaft erst richtig verstehen und würdigen. Dass der Verfasser immer wieder junge deutsche und französische Soldaten in einer gemeinsamen Deutsch-Französischen Brigade über die Schlachtfelder des Großen Krieges führen kann, ermutigt für die Zukunft und lässt die Opfer dieses Grauens nicht umsonst gefallen sein. Auch hier kann die Sinngebung des Sinnlosen Leiden lindern helfen.

A. Das Elsass – Europäisches Kulturland im Schnittpunkt der Machtzentren

Eng mit der Geschichte Frankreichs und Deutschlands verwoben, hat das Land links des Oberrheins, Elsass oder Alsace, seit je als Transmissionsriemen deutscher und französischer Kultur, aber auch als Mahlgut in den jahrhundertelangen kriegerischen Auseinandersetzungen zwischen seinen beiden großen Nachbarn gewirkt. Gleich der bis heute nicht eindeutig geklärten Herkunft des Namens[6] verliert sich die Kenntnis dieses Landstriches vor der Inbesitznahme durch die Kelten im ersten Jahrtausend v. Chr. im Dunkel der Geschichte. Doch wird dieser fruchtbare Landstrich in der Rheinebene und im Gebirge schon früh zu Besitzstreitigkeiten herausgefordert haben, wie sie für die Geschichte dieser Landschaft dann in unserem Jahrtausend symptomatisch wurden und seine Bewohner häufig die Furien des Krieges spüren ließen. Die daraus resultierenden Identitätsdefizite, die in der heimlichen elsässischen „Hymne" vom „Hans im Schnokeloch"[7] ihren treffenden Niederschlag gefunden haben und um die sich das Hauptwerk des deutsch-französischen Journalisten und Schriftstellers René Schickele (1883–1940) „Das Erbe am Rhein"[8] rankt, sind auch heute noch spürbar und werden vermutlich erst in einem regionalen Europa kultureller und sprachlicher Vielfalt schwinden.

Die historische Entwicklung dieses aufgrund seiner geografischen Lage reich gesegneten Landes verlief, spätestens seit dem Ausgang des Dreißigjährigen Krieges und entsprechend den geopolitischen Machtinteressen seiner Nachbarstaaten, in mehrfach wechselnden Besitzzugehörigkeiten, die wegen der differierenden Kultur-, Religions- und Sprachverhältnisse für die Bewohner unsägliche Belastungen zeitigten und den Charakter der Elsässer bis heute geprägt haben. Der Landnahme durch die Kelten folgten germanische Einfälle von Norden (Triboker) und Osten (Sueben) her, die unter ihrem Heerführer Ariovist im Jahr 58 v. Chr. in der Schlacht auf dem Ochsenfeld bei Sennheim-Mülhausen von Julius Caesar vernichtend geschlagen wurden. Der römische Feldherr baute daraufhin die Rheinlinie mit dem Castellum Argentoratum (Straßburg) als Grenzsicherung aus und gliederte das Elsass als Germania superior in das Römische Reich ein. Die Einbrüche der Völkerwanderungszeit beendeten eine jahrhundertelange wirtschaftliche und kulturelle Entwicklung, der das Elsass auch den heute noch effizienten Weinanbau verdankt.

Das Oberelsass – ein europäisches Schlachtfeld

Passable Verkehrsbedingungen in der Oberrheinebene haben von jeher den Durchzug fremder Heere begünstigt, ja gleichsam provoziert. Schon in der Zeit der römischen Besatzung führten zwei Hauptwege in Nord-Süd-Richtung durch das Elsass: einmal die Straße entlang des Rheinverlaufes über Kembs, Breisach und Straßburg, dann eine Verbindung von Belfort längs der Ill über Horburg und Brumath, der sog. Hauptkeltenweg. Knotenpunkte waren im Süden Basel, in nördlicher Richtung Straßburg, dann Mainz und am Niederrhein Köln. Dicht an den Vogesenbergen entlang verlief ein dritter Weg hin zur Zaberner Steige, die den Übergang ins Lothringische ermöglichte. Weitere Querverbindungen über die Vogesen in das gallische Hinterland schlossen sich südlich über den Donon und die Diedolshauser Höhe an. Südwestlich von Basel setzte sich die Straße durch die Burgundische Pforte nach Gallien über Besançon nach Lyon fort. Bis zur Erschließung der Pässe der Zentralalpen um 50 n. Chr. blieb diese auch von

Caesar benutzte Trasse die Anmarschstraße aus Italien nach Gallien. Das an den Schnittpunkten wichtiger Verkehrswege gelegene, etwa zehn Quadratkilometer große Brachland des Ochsenfeldes zwischen Thann, Sennheim, Schweighausen und Wittelsheim war in früheren Jahrhunderten mehrfach Austragungsort der Zwistigkeiten europäischer Mächte. Dabei wird das Ochsenfeld auch Treffen zugeordnet, deren tatsächliche Begebenheit an dieser Stelle nicht eindeutig nachgewiesen ist, so dem Entscheidungskampf zwischen Caesar und Ariovist, der fürs Erste die germanische Landnahme westlich des Rheins zum Stehen brachte. Tatsächlich aber schlugen sich hier vornehmlich im kriegerischen 15. Jahrhundert die Völkerschaften verschiedenster Provenienz um die Vorherrschaft in diesem so überaus reichen und gesegneten Landstrich. Zwei Auseinandersetzungen unmittelbar angrenzender Reiche waren es, die an dieser Stelle die Entscheidung suchten und über ein Jahrhundert lang der dort ansässigen Bevölkerung Schrecken und Leid zufügten. Einmal fand die Machtfrage zwischen dem aufstrebenden Haus Habsburg und der im Entstehen begriffenen schweizerischen Eidgenossenschaft hier ihren Niederschlag (1291–1468), zum andern wetterleuchteten die hauptsächlich auf Schweizer Boden ausgetragenen Burgunderkriege (1474–1493) bis an die Vorberge der Vogesen; beides stand in ursächlichem Zusammenhang im Bestreben nach Gewinn im Elsass. Waren dort schon 1428 Österreicher und Burgunder aufeinandergetroffen, so brandschatzten wenig später (seit 1435) die Armagnaken, die „Armen Gecken" des Volksmundes, die leidgeprüfte Bevölkerung. Diese in Frankreich beschäftigungslos gewordenen Söldnerhaufen hatte Friedrich III. von Habsburg gegen die Eidgenossen zu Hilfe gerufen, denen sie unter großen Verlusten 1444 eine Niederlage beibringen konnten. Durch einen 1445 in Ensisheim geschlossenen Frieden der Krone Frankreichs mit den Schweizern erneut ohne „Arbeit", streiften sie auf ihrem Rückzug im Oberelsass umher und wurden zu einer entschiedenen Landplage, bis sie sich allmählich zerstreuten. Doch schon nahte das Gewitter der burgundischen Ansprüche, die in Karls des Kühnen Aufstieg und Fall zum Ausbruch kamen und das Land wiederum der Kriegsfurie unterwarfen. 1468 und 1476 tobten auf dem Ochsenfeld Kämpfe zwischen den Eidgenossen und burgundischen sowie sundgauischen Heeren. In den Bauernkriegen um 1525 und im Dreißigjährigen Krieg war das Ochsenfeld mehrfacher Schauplatz der Mordbrennereien. Die angrenzenden Ortschaften wie Sennheim, Uffholz und Wattweiler wurden dabei mehr als einmal in Mitleidenschaft gezogen. Allein das 1260 befestigte Wattweiler, das schon 1376 von den Engländern zerstört worden war, hat bis in die Kriege des letzten Jahrhunderts hinein die Geisel von Tod und Zerstörung zu spüren bekommen. In der Ebene vor Wattweiler fand am 2. März 1634, im Schicksalsjahr des Dreißigjährigen Krieges, eine auch in Kupferstich festgehaltene Schlacht zwischen den kaiserlichen Truppen unter Ferdinand II. und den Schweden unter Rheingraf Otto Ludwig statt, in deren Verlauf die Kaiserlichen geschlagen wurden. Und als ob die Wunden dieses Krieges noch nicht schwer genug gewesen wären, eroberten und plünderten 1652 die Lothringer als Verbündete der spanischen Habsburger den Ort erneut. Danach diente der Oberrheingraben den Franzosen bis in den Beginn des 19. Jahrhunderts als Passage über die Pfalz und den Kraichgau für deren Kriegszüge gegen Bayern und Österreich. Seit dem späten 19. Jahrhundert schließlich sollte die Brandfackel des Krieges mit voller Wucht ins Elsass zurückkehren, diesmal aus ostwärtiger Richtung mit noch verheerenderen Folgen.

Gelegentlich wurde auch das sog. „Lügenfeld" – campus mendacii – mit dem Ochsenfeld gleichgesetzt, so von dem badischen Geschichtsschreiber und Straßburger Universitätsprofessor Schöpflin. Doch neigen die Meinungen eher dazu, diesen Ort in der Gegend von Colmar anzusiedeln. Das „Lügenfeld", eigentlich Rotfeld, bezeichnet die schicksalhafte Begegnung der Söhne Ludwigs des Frommen, des Sohnes Karls des Großen, und des Papstes Gregor IV. im Jahre 833 auf einem Krongut des Kaisers. Zweck waren Verhandlungen über das Schicksal des durch Erbvertrag von 830 zugunsten seines Sohnes aus zweiter Ehe, Karls des Kahlen, vor der Teilung stehenden Karolingerreiches, bei welcher Gelegenheit die Heere beider Parteien gegeneinander antraten. Der Abfall seiner Getreuen verhalf Lothar und Ludwig zur Gefangennahme des Vaters am 30. Juni 833 und zur vorübergehenden Absetzung, bis sich die Söhne untereinander selbst das Erbe streitig machten. Die im Jahre 842 in Straßburg vor den Heeren Ludwigs des Deutschen und Karls des Kahlen abgelegten „Straßburger Eide" markieren in ihrer altfranzösischen und althochdeutschen (vermutlich rheinfränkischen) Fassung bereits den Schlusspunkt einer Entwicklung und den Beginn eines gallischen und germanischen Sonderweges im einstigen karolingischen Gesamt-reiche.

Lit.: Raymond Oberle, Monique Fuchs, Christian Lamboley, Batailles d'Alsace du Moyen Age à 1870, Rosheim 1987; Bernd Wunder, Kleine Geschichte der Kriege und Festungen am Oberrhein: 1630–1945, Karlsruhe 2013.

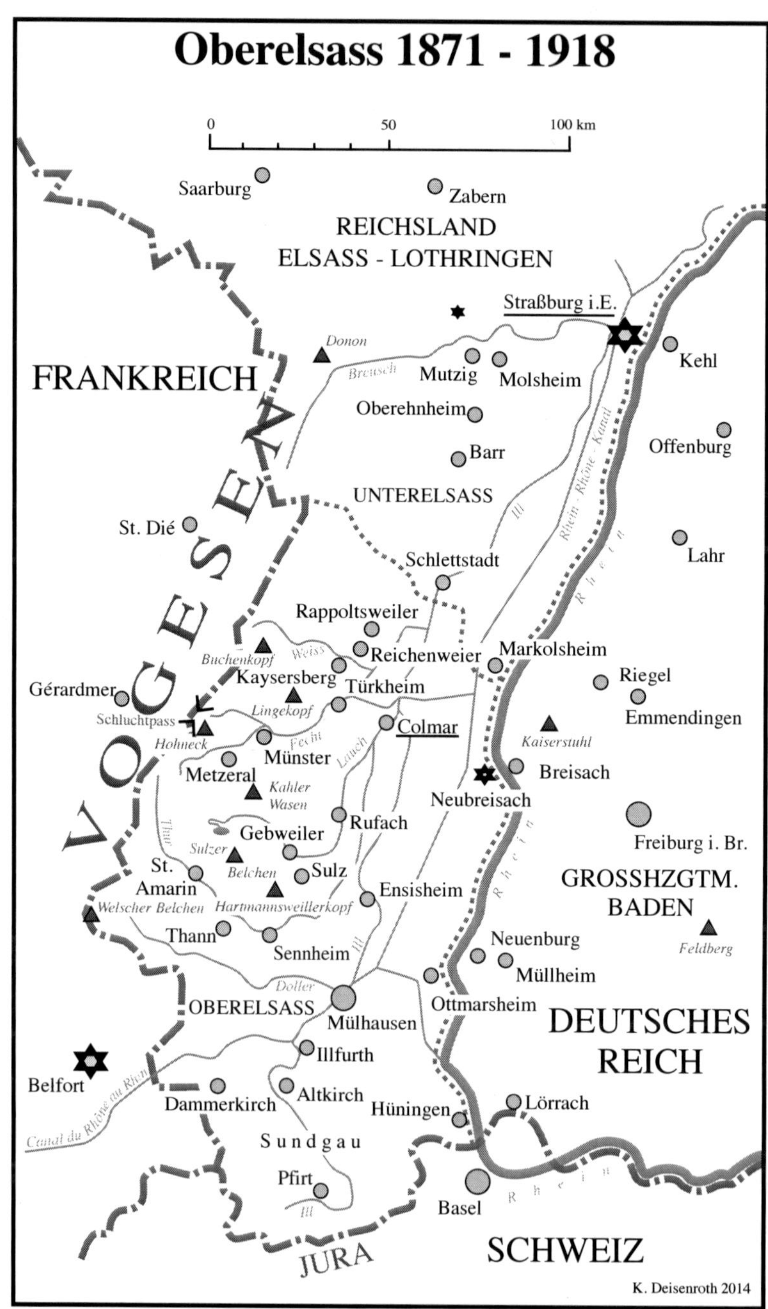
Oberelsass 1871 - 1918
0
50
100 km
Saarburg
Zabern
REICHSLAND
ELSASS - LOTHRINGEN
Straßburg i.E.
Kehl
Donon
FRANKREICH
Mutzig
Molsheim
Oberehnheim
Offenburg
Barr
UNTERELSASS
VOGESEN
St. Dié
Schlettstadt
Lahr
Rappoltsweiler
Markolsheim
Reichenweier
Buchenkopf
Kaysersberg
Türkheim
Riegel
Gérardmer
Emmendingen
Lingekopf
Schluchtpass
Colmar
Hohneck
Kaiserstuhl
Münster
Metzeral
Breisach
Kahler Wasen
Neubreisach
Rufach
Gebweiler
Freiburg i. Br.
Sulzer Belchen
St. Amarin
Sulz
GROSSHZGTM. BADEN
Ensisheim
Welscher Belchen
Hartmannsweillerkopf
Thann
Neuenburg
Sennheim
Müllheim
Feldberg
Doller
OBERELSASS
Mülhausen
Ottmarsheim
DEUTSCHES REICH
Illfurth
Belfort
Altkirch
Dammerkirch
Hüningen
Lörrach
Canal du Rhône au Rhin
Sundgau
Pfirt
Basel
Rhein
JURA
SCHWEIZ
K. Deisenroth 2014

Die Herrschaft der eingedrungenen Alemannen war jedoch nur von kurzer Dauer; nach einer entscheidenden siegreichen Schlacht im Jahre 496/497 gliederte der Frankenkönig Chlodwig I. (466–511), der Schöpfer und Mehrer des fränkischen Einheitsstaates, das Elsass in sein Reich ein. Mit dem Niedergang der Merowinger und dem Aufkommen der karolingischen Hausmeier im 8. Jahrhundert wurde auch die Macht regionaler Fürsten wie die der Etichonen gebrochen. Die schicksalhaften Reichsteilungen nach dem Tod Karls I. des Großen, bei denen das Elsass im Vertrag von Verdun (843) zuerst in das Mittelreich eingegliedert, wenige Jahre später dann im Vertrag von Meerssen (870) dem Ostreich angeschlossen wurde, leiteten eine geschichtsmächtige Hinwendung und Verbindung mit der deutschen Geschichte im Rahmen des Heiligen Römischen Reiches ein. Bestimmend wurde dabei die frühe Verbindung mit dem alemannisch-schwäbischen Haus als Herzogtum Schwaben und Elsass unter König Heinrich I. Es sicherte, vornehmlich unter den Hohenstaufern (1079–1268), die beiden Landgrafschaften Nord- und Sundgau durch Burgengründungen für das Reich und baute sie, nach Übernahme der Kaiserwürde im Jahre 1138, zu seiner stärksten Machtposition aus, der vis maxima regni, wie es Otto von Freising bezeichnete.[9] Daneben entwickelten sich bereits in dieser Zeit Grundherrschaften wie die der Habsburger im Sundgau oder des Bischofs von Straßburg, die in der Zeit des Niedergangs der Königsgewalt im Reich das Machtvakuum im Elsass mit eigenen politischen Interessen ausfüllten. Schließlich gesellten sich als weitere Machtfaktoren die aufblühenden Reichsstädte hinzu, die sich 1354 als „Zehnstädtebund" (Dekapolis) formierten, dem im oberelsässischen Bereiche die Städte Schlettstadt, Colmar, Münster, Kaysersberg, Türkheim und zeitweise Mülhausen angehörten. Straßburg, das sich 1262 von der bischöflichen Oberherrschaft in der Schlacht von Hausbergen befreit hatte, konnte es sich gar leisten, sich außerhalb dieser Zweckgemeinschaft zustellen.

Mit der Prosperität auf politischem und wirtschaftlichem Gebiete korrespondierten zur Stauferzeit die großen Leistungen auf kulturellem Sektor, die am Ausgang dieser Epoche im Bau des Straßburger Münsters kulminierten und zugleich den Übergang von der Romanik der Staufer auf ottonischem Grundriss zur französisch beeinflussten Gotik markierten, damit gleichzeitig auch die Mittlerstellung des Elsass symbolisierend. Doch auch auf der geistig-literarischen Ebene brachte das Land am Oberrhein eine Fülle von Begabungen hervor. Für den sakralen Rahmen sei hier die Äbtissin des Klosters Hohenburg auf dem Odilienberg, Herrad von Landsperg (2. Hälfte des 12. Jh.) mit ihrem „hortus deliciarum" (Wonnegarten), einer das Selbstverständnis und Wissen ihrer Zeit darstellenden Bilderhandschrift,[10] genannt, für den profanen Bereich nur auf eine Reihe von Minnesängern verwiesen, an ihrer Spitze der Schöpfer des höfischen Versepos „Tristan", Gottfried von Straßburg (um die Wende 12./13. Jh.), der mit seiner Verabsolutierung der Minne an die Grenzen mittelalterlich-religiöser Ordnung rührte.

Die Epochenwende zu Ende des 15. Jahrhunderts in Gestalt des Humanismus und der Reformation, die in Straßburg unter der politischen Ägide von Jacob Sturm v. Sturmeck (1489–1553) ihr mächtiges Zentrum im deutschen Südwesten fand, erfasste das Elsass in besonderem Maße und führte zu einer Blütezeit sondergleichen. Neben der geistig-religiösen Kultur der zahlreichen Klöster, unter denen das Nonnenkloster der heiligen Odilia, einer Tochter Herzog Etichos, auf dem nach ihr benannten Odilienberg, dem heiligen Berg des Elsass, und die Reichsabtei Murbach am Fuße des Großen Belchen besondere Bedeutung gewannen, bildete der durch die humanistische Geistesbewegung ausgelöste kulturelle Schub einen besonderen Schwerpunkt. Die Humanistenschule im reichsstädtischen Schlettstadt, ein „brain trust" geistiger Kapazitäten, der weit über die regionalen Grenzen hinaus ausstrahlte, wurde entschieden gefördert durch den in Straßburg von Johannes Gutenberg (um 1400–1468) erfundenen Buchdruck. Namen wie der des Mystikers Johannes Tauler (um 1300–1361) aus Straßburg, des Schlettstadter Humanisten-Philologen Beatus Rhenanus (1485–1547),[11] des gleichfalls aus Schlettstadt stammenden Theologen und Kirchenrechtlers Jakob Wimpfeling (1450–1528), des sprachgewaltigen Kanzelredners Johannes Geiler von Kaysersberg (1445–1510) sowie des geistesverwandten Sebastian Brant (1457/58–1521) aus Straßburg, der mit seinem „Narrenschiff"[12] auch als Kritiker religiöser Verhältnisse auftrat und so die Reformation vorbereiten half, künden von geistig-kultureller Vielfalt und dem Reichtum eines Landes in einer für Deutschland und Europa entscheidenden Epoche.

Aber auch in Kunst und Architektur jener Zeit spüren wir die ungeheure Spannung des sich aus den engen Fesseln einer bislang von der Kirche geprägten Mentalität lösenden, doch auch noch in ihr befangenen Menschen der Renaissance. Neben den Plastiken am Straßburger Münster, den Altargemälden eines Martin Schongauer (um 1450–1491) oder des von Dürer geprägten Hans Baldung gen. Grien (1484/85–1545) steht als Höhepunkt der Isenheimer Altar des Mathis Gothart Nithart gen. Mathias Grünewald (um 1470/75–1528) im Colmarer Unterlinden-Museum.

Doch dem Aufbruch in eine neue Zeit folgte nur wenig später der Rückschlag im Zuge der Gegenreformation und der sich daraus ergebenden religiös kaschierten Eroberungskriege in Mitteleuropa, an deren Ende sich Frankreich dem Ziel seiner nie aufgegebenen Osterweiterung nahe sah: Der Westfälische Frieden

1648 forderte von Habsburg die Abtretung der von Ensisheim aus verwalteten vorderösterreichischen Besitztümer im Elsass und übertrug Frankreich die Landvogtei über die Dekapolis. Die Schwäche des ausgebluteten Reiches und die Türkengefahr im Osten ausnutzend, nahm Frankreich auf der Grundlage fadenscheiniger Rechtstitel durch die sog. Reunionen in der Folge das gesamte Elsass sukzessive in Besitz, bis nach verlustreichen Kämpfen der Reichsarmee gegen Marschall Turenne – erwähnt sei hier die Schlacht unter der Führung des Großen Kurfürsten Friedrich Wilhelm III. von Brandenburg bei Türkheim im Jahre 1675 – sich schließlich 1681 auch das stolze Straßburg beugen musste. Hundert Jahre später setzte die französische Revolution den Schlusspunkt unter diesen Landraub, der vor dem Rhein als natürlicher Grenze längst nicht mehr haltgemacht hatte.

Die in den im Jahre 842 in altdeutscher sowie altfranzösischer Sprache gehaltenen „Straßburger Eiden" zwischen Ludwig dem Deutschen und Karl dem Kahlen dokumentierte getrennte Sprachentwicklung zwischen dem west- und ostfränkischen Reiche, deren Sprachgrenze weitgehend auf dem Hauptkamm der Vogesen verlief, sollte nun zugunsten Frankreichs allmählich bis zum Rhein verschoben werden. Fast zwei Jahrhunderte lang konnte sich so ein in Verwaltung und Kultur dominierender gallischer Einfluss über das Land senken, den auch die Wiedergewinnung des ehedem deutschen Landes nach dem Deutsch-Französischen Krieg nicht zu beseitigen vermochte. Halbherzigkeiten, Ungeschicktheiten und Provokationen der preußischen Verwaltung[13] des nicht mit den Rechten eines deutschen Bundesstaates ausgestatteten „Reichslandes Elsass-Lothringen" förderten eine ablehnende Haltung der französisch denkenden, vom politischen Katholizismus beeinflussten Notabeln, der sogenannten Protestler, aber auch der Autonomisten, die einer relativ selbstständigen Stellung des Landes innerhalb des Reiches das Wort redeten. Die kurz vor Ende des Ersten Weltkrieges bewilligte völlige Gleichstellung im Rahmen des Bundesrates vermochte keine Änderung in der Einstellung der meisten Elsässer herbeizuführen.

Das „Menetekel von Zabern" 1913

Als im Deutsch-Französischen Kriege von 1870/71 sich das Kriegsglück den Deutschen zuneigte, erhob sich die Frage nach dem künftigen Status des besetzten Elsass und der deutschsprachigen Teile Lothringens. Schon früh hatte sich bei Bismarck und der höheren Armeeführung die Meinung verfestigt, dieses ehemalige, in der zweiten Hälfte des 17. Jahrhunderts durch

Raub an Frankreich gelangte alte deutsche Kulturland wieder dem neu gegründeten Deutschen Reich zuzuschlagen. Aber nicht die nur vordergründig in die Debatte geworfenen historisch-kulturellen Wurzeln, sondern das angesichts eines künftigen Krieges mit Frankreich dem Reich vorgelagerte Glacis bestimmte die endgültige Entscheidung für dessen Abtretung, die im Frankfurter Frieden vom 10. Mai 1871 vertraglich mit Frankreich vereinbart wurde. Da die neuen „Reichslande Elsass-Lothringen" Begehrlichkeiten seitens der deutschen Anrainerstaaten zu wecken vermochten und eine landstämmige Dynastie nicht vorhanden war, fand Bismarck die Form eines direkt dem deutschen Kaiser unterstellten Bundesstaates mit minderen Rechten gegenüber den alten Ländern. In praxi bedeutete dies eine hauptsächlich von preußischen Beamten gebildete, mit den Eigentümlichkeiten dieses Landes nicht vertraute Verwaltung, die mit harter Hand preußische Disziplin in das nach ihren Augen „verwelschte" Land zu bringen trachtete. Dem Glacisgedanken entsprechend wurden starke preußisch-deutsche Verbände in Gestalt des XV. Armeekorps (Straßburg) und des XVI. AK (Metz) sowie Teile des XIV. AK (Karlsruhe) nach Elsass-Lothringen gelegt und den Festungen um Metz und Straßburg besondere Beachtung geschenkt. Zwar wurden im Laufe der Jahre den deutschen Neubürgern mehr und mehr Rechte entsprechend der im übrigen Reiche geltenden Gesetzgebung zugestanden, doch blieb dem Landtag in Straßburg auch nach der letzten Reform im Jahre 1911 die endgültige Gleichstellung mit den übrigen deutschen Bundesstaaten vorenthalten.

Ein Hindernis für die Versöhnung mit dem elsässischen Volksteil bildete die diskriminierende Weigerung der preußischen Armee, den einheimischen Ersatz im Land selbst auszubilden. Stattdessen wurden die Reichsländer als vermeintlich „unsichere Kantonisten" in heimatferne Garnisonen im Reich eingeteilt, während in Elsass-Lothringen vornehmlich preußische Truppenteile Dienst verrichteten – eine Regelung, die erst 1903 teilweise modifiziert wurde. Das Unverständnis für die Belange eines zwischen den Nationen stehenden, seiner Sprache wegen von Franzosen wie Deutschen belächelten und an seiner Identität zweifelnden, im Grunde gutmütigen Menschenschlages führte immer wieder zu Konflikten und Konfrontationen, die schließlich im Jahre 1913 zu z. T. gewaltsamen Auseinandersetzungen führen sollten. Ursächlich für diese Entwicklung aber sollte sich das zähe Festhalten an der militärischen Kommandogewalt erweisen, die unabhängig von der Zivilverwaltung in Gestalt eines Statthalters als Vertreter des Kaisers und eines Staatssekretärs als Repräsentant der Landesregierung direkt dem Kaiser unterstand und sich Eingriffe in militärische Belange strikt verbat.

Die so schon lange schwelende Konfliktbereitschaft entzündete sich an einem nachgerade lächerlichen Vorfall während einer Instruktionsstunde der 5. Kompanie des Infanterie-Regiments Nr. 99 am 28. Oktober 1913 in Zabern, einer mehr als dreihundertjährigen Residenzstadt der Straßburger Bischöfe am Rande der Vogesen. Der Kgl. preußische, gerade erst zum Offizier ernannte Leutnant Günter Frhr. v. Forstner (1893–1915) hatte einem Soldaten seiner Kompanie den törichten Rat gegeben, im Falle eines Angriffes seitens der Zivilbevölkerung von seiner Seitenwaffe Gebrauch zu machen: „Wenn ihr dabei einen solchen Wackes über den Haufen stecht, schadet das auch nichts“. Zugleich hatte er eine Prämie von 10 Goldmark ausgelobt, die von dem anwesenden Sergeanten um 3 Mark erhöht wurde. Wohl wissend, dass das Schimpfwort „Wackes“ laut Regimentsbefehl dienstlich verboten war, hatte sich Forstner darüber hinweggesetzt und damit im Elsass eine ungeahnte Kettenreaktion heraufbeschworen. Denn dieses Wort aus dem Mund eines Altdeutschen wirkte für den Elsässer als schwerste Beleidigung, bezeichnete es doch einen Vagabunden oder Raufbold der untersten Schicht, kurz, die Verächtlichmachung des Elsässers an sich. Soldaten der Kompanie trugen das Geschehen einer Tageszeitung zu, die durch ihren Hinweis auf das Vorkommnis den eigentlichen Skandal erst auslöste. Zahlreiche Veröffentlichungen in der Tagespresse des Elsass – auch über eine angebliche Beleidigung der französischen Fahne durch den Leutnant – heizten die Stimmung weiter an. Die Reaktionen des Regimentskommandeurs Oberst Ernst v. Reuter (1860–1941) waren geprägt von der Überzeugung, hier in Feindesland zu stehen und keinerlei Kompromisse eingehen zu dürfen. Statt den inkriminierten Leutnant aus der Schusslinie zu nehmen, wurde dieser weiter auf seinem Posten belassen und mit militärischen Aufträgen in Zabern betraut (Rondeoffizier etc.). Da das Ehrenkleid der Nation kein Stäubchen vertrug, ließ der Regimentskommandeur jegliche Verhältnismäßigkeit vermissen und stachelte mit Überreaktionen erst recht die Bevölkerung Zaberns zum Widerstand gegen die Staatsgewalt auf, statt durch Eingeständnisse einer Überreaktion des Offiziers den aufkommenden Sturm zu besänftigen. Selbst zur Mitteilung über die – milde – Bestrafung Forstners zu einer Woche Stubenarrest konnte sich die militärische Führung aus ihrem Selbstverständnis heraus nicht durchringen.

Die eigentliche, die Grundfeste verfassungsmäßiger Ordnung verletzende Affäre ereignete sich am Abend des 28. November 1913, als nach einem neuerlichen Auflauf um den gewissen Leutnant der alarmierte Kommandeur die Contenance verlor, ein Detachement Soldaten seines Regiments bewaffnen ließ und unter Androhung von Waffenanwendung jeden herumstehenden Neugierigen, darunter auch Vertreter der Justiz, in einem Keller der Schlosskaserne arretieren und erst am nächsten Vormittag nach Überprüfung der Personalien wieder freiließ. Der Oberst, von seinem Vorgesetzten, dem Kommandierenden General v. Deimling in Straßburg, eher noch in seinem Wirken bestätigt und ermuntert, hatte eine fundamentale Rechtsordnung, nämlich die Trennung von Militär- und Polizeigewalt, gröblich verletzt und sich dabei nicht einmal im Unrecht geglaubt, weil die zivile Aufsichtsbehörde, der dem deutschen Landrat entsprechende Kreisdirektor, sich nicht nachhaltig genug für die Aufrechterhaltung von Ruhe und Ordnung eingesetzt habe. Eine Säbelattacke des Leutnants v. Forstner gegen einen körperbehinderten Schuster am 2. Dezember brachte schließlich das Fass zum Überlaufen. Da half auch nicht mehr die Entsendung eines Generals, der die Lage beruhigen und die Geschehnisse aufklären sollte.

Die Folge dieser Eklats, ein Aufschrei im In- und Ausland, sollte das Reich in seinen Grundfesten erzittern lassen. Zentrum, Linke und Liberale führten eine Reichstagsdebatte am 3. und 4. Dezember herbei, in der der neue Kriegsminister v. Falkenhayn durch scharfzüngige Rede ohne Einsicht in die gemachten Fehler für einen Tumult sorgte, der Kanzler v. Bethmann Hollweg als Vermittler aber kläglich unterging. Mit einer Abstimmungsniederlage von 293 : 54 bei vier Enthaltungen verlor Bethmann Hollweg seine Reputation, ohne jedoch parlamentarische Konsequenzen ziehen zu müssen. Der Kaiser, aufgeschreckt ob der Bedrohung seiner Kommandogewalt, setzte alles daran, diese ungeschmälert zu erhalten und Eingriffe seitens der parlamentarischen Vertretungen und der zivilen Verwaltung abzuwehren. Das Abschiedsgesuch des Statthalters Graf v. Wedel wegen des ungesetzlichen Einschreitens des Militärs sowie die Bitte des Kanzlers um Beurlaubung v. Reuters wurde vorläufig ablehnend bis zum Abschluss der Kriegsgerichtsverfahren beschieden. In diesen Prozessen im Dezember 1913 und Anfang Januar 1914 in Straßburg gegen die drei Soldaten, die den ganzen Vorgang durch eine Meldung an die Presse erst in Gang gebracht hatten, sowie gegen v. Forstner, v. Reuter und einen weiteren Leutnant wurde zur Begründung für das Einschreiten des Militärs auch ohne Requisition der

Zivilbehörde in bestimmten Fällen subjektiver Wahrnehmung gar eine Kabinettsordre aus dem Jahre 1820 herangezogen, die dem Obersten Unrechtsbewusstsein bescheinigen sollte. Am Ende stand ein Freispruch für alle drei Offiziere – für v. Forstner allerdings erst in der Revision –, der noch einmal heftige Unruhe erzeugte, die sich auch in der Landtagssitzung der 2. Kammer des elsass-lothringischen Landtages vom 13. bis 16. Januar niederschlug. Die 1. Kammer nahm am 19. Januar 1914 mit großer Mehrheit eine Resolution an, in der insbesondere dem Regimentskommandeur vorgeworfen wurde, „daß die bedauerlichen Vorgänge vermieden worden wären, wenn das unwürdige, die Bevölkerung verletzende und herausfordernde Benehmen eines jungen Offiziers seitens seiner Vorgesetzten sofort die entsprechende Remedur erhalten und letztere bekanntgegeben worden wäre. Sie ist ferner der Ansicht, daß der militärische Befehlshaber [...] bei der in maßloser, das rechtliche Empfinden verletzender Weise erfolgten Ausführung sich schwere Ausschreitungen seiner Befugnisse hat zuschulden kommen lassen." Bestraft wurden allein die drei Soldaten, die Mitteilungen über Dienstsachen an die Presse hatten gelangen lassen; sie wurden allerdings mit einem geringen Strafmaß in Gestalt von Mittelarrest belegt und in andere Einheiten versetzt.

Nach Abschluss der Prozesse setzte sich der Reichstag am 23. Januar noch einmal mit den Vorgängen in Zabern auseinander, dabei besonders mit zwei Telegrammen des Kronprinzen, die dieser an den Regimentskommandeur gerichtet hatte und deren eines die Aufforderung „Immer feste druff!" enthalten habe. Auch wenn der Nachweis hierfür nie geführt werden konnte, nahm der Kaiser diesen Vorgang zum Anlass, seinen Sohn von dessen Regimentskommando bei den Danziger Leibhusaren zu entbinden und ihn nach Berlin in den Großen Generalstab zurückzuholen. Die meisten Anträge wurden einer Kommission überwiesen, die sich wenig später ohne Ergebnis auflöste. Einzig die Dienstvorschrift von 1899 über den Waffengebrauch wurde einer Revision unterzogen und im Frühjahr 1914 in veränderter Form neu ausgegeben.

Die materiellen Folgen der Zabern-Affäre wurden schon bald offenkundig: Die elsass-lothringische Regierung – Statthalter, Staatssekretär und Unterstaatssekretäre – reichte Ende Januar ihr Abschiedsgesuch ein, während der Kommandierende General v. Deimling in seinem Kommando verblieb. In der Öffentlichkeit wurde dies als ein Sieg Deimlings über Wedel, des Militärs über die politische Leitung des Landes, interpretiert, wenngleich die

Verabschiedung in protokollarisch würdiger Form vonstattenging. Wedel wurde in den Fürstenstand erhoben, der elsässische Staatssekretär Zorn v. Bulach mit der Krone zum Roten Adler-Orden I. Klasse und der Aufnahme in die 1. Kammer des Landtages ausgezeichnet. Die zivile Spitze in Zabern, der Kreisdirektor, wurde seines Postens enthoben und nach Thann im Oberelsass versetzt, Oberst v. Reuter übernahm – als besondere Auszeichnung – das Grenadierregiment Nr. 12 in Frankfurt a. O., das schon sein Vater als Kommandeur geführt hatte, Leutnant v. Forstner wurde in das Infanterie-Regiment Nr. 14 nach Bromberg an die Grenze des Reiches im äußersten Osten transferiert. Mit diesem Regiment zog er in den Weltkrieg, in dem er im August 1915 als Kompanieführer im Osten fiel. Das zwischenzeitlich auf den Truppenübungsplatz verlegte Infanterie-Regiment Nr. 99 zog am 13. April 1914 wieder mit klingendem Spiele in seine Garnisonstadt ein – doch nur noch für kurze Zeit. Für die reichsländischen Rekruten jedoch bedeutete die Zabern-Affäre auf Anweisung des preußischen Kriegsministers die Rückkehr zu der vor 1903 gehandhabten Praxis der Einstellung elsässischer Rekruten in Regimenter außerhalb der Landesgrenzen.

Hatte dem Anschein nach das Militär obsiegt und seine Sonderrechte gewahrt, waren dem Reich darüber letztlich die Elsässer verloren gegangen, die sich von der politischen Führung nicht mehr allzu viel erhoffen durften. So hatte das „Menetekel von Zabern“ kurz vor Beginn des Weltbrandes warnende Feuerzeichen ausgesandt, doch wurden sie von den Verantwortlichen entweder nicht erkannt oder aber leichtfertig ignoriert.

Lit.: Zum Zabernkonflikt vgl. Verhandlungen des Reichstages, XIII. Legislaturperiode, I. Session, Berlin 1914; BArch-Militärarchiv Freiburg, W-10/50172: Abschriften aus Akten des Kriegsministeriums zwecks Zusammenstellung der Vorgänge in Zabern Oktober/November 1913 [die im Übrigen in der Bewertung des Falles ein erschreckendes Defizit an politischer Sensibilität erkennen lassen]; Hans-Ulrich Wehler, Krisenherde des Kaiserreichs 1871–1918. Studien zur deutschen Sozial- und Verfassungsgeschichte, 2. Der Fall Zabern von 1913/14 als Verfassungskrise des Wilhelminischen Kaiserreichs, Göttingen ²1979, S. 70–88, 449–458; Hermann Ays, Die Wahrheit über Zabern, Zabern/Straßburg/Kehl 1914; Das Elsass von 1870–1932, Bd. 1, S. 166–173; Joseph Kæstlé, Ein Sturmsignal aus dem Elsass. Die Affäre des Leutnants von Zabern. Aus den Memoiren eines elsässischen Journalisten, Strasbourg 1933 [Kæstlé war Redaktionsmitglied des „Elsässer“, der die erste Meldung zu diesem Fall veröffentlichte]; David Schoenbaum, Zabern 1913; Kurt Stenkewitz, „Immer feste druff!“ Zabernaffäre 1913, Berlin (Ost) 1962; Consensus Politics in Imperial Germany, London 1982; Durchfall in

Zabern. Eine Militärdemontage; angerichtet 1913 von je einem Sergeanten, Leutnant, Oberst, General u. Kriegsminister auf der einen, vielen Zaberner Kindern auf der anderen Seite, bereichert von Erich Mühsam et. al., eingerichtet von Rainer Nitsche und Gudrun Fröba, Berlin 1982; Richard William Mackey, The Zabern affair 1913–1914, Lanham u. a. 1991; Michael Vollert, Zabern – eine politische Krise des Deutschen Reiches, in: Die Jahrbücher der Clausewitz-Gesellschaft e. V., Bd. 8 (2012), S. 255–271; Kirsten Zirkel, Vom Militaristen zum Pazifisten. General Bertold von Deimling – eine politische Biographie, Essen 2008 (= Frieden und Krieg. Beiträge zur historischen Friedensforschung, Bd. 9), S. 123–156.

Die durch die Zabern-Affäre ausgelöste Krise im Verhältnis der elsässischen Einwohner zum Reich beförderte die durch journalistische und literarische Druckerzeugnisse der elsässischen Nationalisten vorbereitete antideutsche Haltung einer wachsenden Zahl der Bewohner dieses Landes. Der in der Biederkeit seiner Publikationen kaum zu übertreffende elsässische Zeichner und Kunstmaler Johann Jakob Waltz, später Konservator am Unterlinden-Museum in Colmar, im Elsass bis heute besser unter seinem Pseudonym „Oncle Hansi" bekannt, tat alles, um das zarte Pflänzchen der Annäherung zu bekämpfen und auszutrocknen.[14] Die gereizte Stimmung auf beiden Seiten äußerte sich sogleich nach Kriegsbeginn, als der Oberbefehlshaber der das Elsass sichernden Armee-Abteilung, General der Infanterie Hans Gaede, die Einwohner, denen er mit großem Misstrauen begegnete, einem strengen Regiment in Form des verschärften Kriegszustandes unterwarf und härteste Maßnahmen bei Verdacht auf Kollaboration mit dem Feind anordnete.[15]

Im Gegensatz zum Kommandierenden General des XV. AK, General v. Deimling, der den Elsässern seines Korps insgesamt eine positive Beurteilung zuteilwerden ließ,[16] betrachtete Gaede die Einwohner seines Kommandobereiches als unsichere Kantonisten, wie es ein oberelsässischer Reichstagsabgeordneter im Mai 1916 in der Reichstagssitzung zur Zensurfrage formulierte,[17] die aus diesem Grunde hauptsächlich auf dem Kriegsschauplatz Ost Verwendung fanden. Weitere Unannehmlichkeiten wie z. B. die Evakuierung ganzer Dörfer im Frontgebiet, das Versagen der politischen Leitung in der Ernährungsfrage oder die Errichtung eines elektrischen Zaunes im Süden des Elsass zwischen dem Rhein bei Mülhausen und der Schweizer Grenze[18] neben dem ohnehin schon drahtgezäunten Bereich des Operationsgebietes der Armee-Abteilung B verschärften die Verbitterung in der Bevölkerung,[19] sodass letztlich der Wunsch nach Rückkehr ins Frankenreich weite Kreise der gebürtigen Elsässer erfasste.

„En Alsace!" Zeitgenössische Postkarte von Georges Scott, 2. VIII. 1914, bei A. Noyer, Paris.

Die Rückgliederung des Landes nach den Bestimmungen des Versailler Friedensdiktates im Jahre 1919 sollte sich jedoch nicht ohne größere Schwierigkeiten vollziehen, bedeutete doch die laizistisch verfasste Republik für den politischen Katholizismus eine Einschränkung seines während der deutschen Herrschaft gewachsenen Einflusses und für die Autonomisten einen Rückschlag in einer zentralistisch geführten, dem Ministerpräsidenten direkt zugeordneten Generaldirektion für die Verwaltung der beiden Departements Haut- und Bas-Rhin.[20] Der neuerliche Krieg zwischen den beiden Nationen unterbrach eine nur kurze Phase der Neuorientierung und zwang das Elsass als besetztes Gebiet[21] zusammen mit Baden unter das Joch einer deutschen Zivilverwaltung unter dem Gauleiter Robert Wagner. Obwohl de iure noch immer Frankreich zugehörig, wurde die männliche Bevölkerung als Volksdeutsche seit dem 25. August 1942 zum Kriegsdienst in der deutschen Wehrmacht („malgré nous", „gegen unseren Willen") zwangsrekrutiert und massenhaft – ähnlich der Verwendung im Ersten Weltkriege – im Osten eingesetzt.[22]

Die Kriegsfurie in den letzten Monaten des Zweiten Weltkrieges schließlich ließ ein geschundenes Land zurück, das sich mühsam in die neue, alte Wirklichkeit einfinden musste und bis heute die eigene Identität, trotz dreier Jahrhunderte der kulturellen Ausrichtung nach Westen, noch nicht gefunden hat, auch wenn die fortschreitende Europäisierung dem Land eine Zwischenstellung zugewiesen hat, die auf eine Stärkung des arteigenen Idioms[23] und eine Regionalisierung im immer noch vorherrschenden Zentralstaat hinauslaufen könnte. Die grenzüberschreitende Beschäftigung von Teilen der elsässischen Bevölkerung im benachbarten Deutschland wie auch die friedliche „Landnahme" vieler Deutscher im Elsass wird auf Dauer jedoch kaum zu einer besseren Verständigung und einem tieferen Verstehen der kultur- und stammesgeschichtlich gleichen oder zumindest artverwandten Entwicklung beidseits des Rheins führen, wenn die Grundlagen hierfür fehlen. „Die Unterschiede zwischen deutschen und französischen Sozialsystemen oder Berufsausbildungen sind schwerer zu überwinden als kulturelle Vorurteile."[24] Letztere wenigstens können im Jahr der hundertsten Wiederkehr des Großen Krieges als weitgehend überwunden gelten.

B. Die Rheingrenze – Offene Flanke im französischen Sicherheitsdenken vom 17. bis zum 20. Jahrhundert

I. Vaubans Schwanengesang: Die Festung Neuf-Brisach

„Securitas Alsatiae"[25]

„Securitas perpetua" – immerwährende Sicherheit: Diese trügerische Hoffnung versprachen die Denkmünzen, die König Louis XIV. von Frankreich anlässlich der weitgehenden Fertigstellung des Festungscordons an der Nord- und Ostgrenze seines Reiches durch den späteren Marschall von Frankreich Vauban (1633–1707) im Jahre 1692 hatte schlagen lassen. Nach den dem Dreißigjährigen Krieg folgenden Eroberungs- und Arrondierungszügen des französischen Königs – dem Devolutionskrieg gegen Spanien (1667/68), dem holländischen (1672–1678) gegen die Generalstaaten und dem (dritten) Raubkrieg (Pfälzischer Erbfolgekrieg, 1689–1697) im Gefolge des Reunionskrieges (1680–1684) gegen die sog. „Augsburger Alliierten" (Reich, Spanien, England, Niederlande) – suchte dieser die neu erworbenen Gebiete durch moderne Festungsanlagen zu sichern. Von Dünkirchen über Verdun und Metz bis Neubreisach hatte er durch Vauban eine „barrière de fer" (eiserne Schranke) errichten lassen, die im Vergleich mit den sonstigen Einzelfestungen benachbarter Länder eine systematische Anlage erkennen ließ, deren Aufgabe defensiver und offensiver Natur zugleich war. Denn zum System der Festungen gehörten jeweils an diese angelehnte Festungstruppen, die im Falle einer Belagerung offensiv tätig werden konnten.

Sébastien le Prestre de Vauban, Marechal de France

* 1. V. 1633 St. Léger-de-Fougeret, sp. St. Léger-de-Vauban, † 30. III. 1707 Paris.

Vauban, bedeutender noch als Meister der Belagerungskunst denn als Festungsbaumeister, war der begnadete Gestalter und Erbauer barocker Fortifikationen, dessen Erkenntnisse im Festungsbau bis weit in das 18. Jahrhundert hinein, seine Belagerungstaktik sogar bis 1870 internationale Maßstäbe setzen sollten. Schon als junger Kadett im Heer Louis' II., des Prinzen von Condé (1621–1686), wurde seine Begabung erkannt und zu Befestigungsarbeiten eingesetzt; von den Königlichen 1653 gefangen genommen, wurde er umgehend dem Stab des Ingenieur-Offiziers Clerville zugeteilt, in welchem er – 1654 zum Leutnant ernannt – an zahlreichen Belagerungsangriffen unter Turenne maßgeblich beteiligt war. In den vielen Kriegen Louis' XIV. leitete Vauban insgesamt 53 Belagerungen selbst, nahm in den Kriegen von 1651 bis 1706 an 140 Gefechten teil (und wurde dabei achtmal verwundet), baute ungefähr 300 feste Plätze um und ließ 33 neue Festungen errichten.[26] Für seine Verdienste in theoretischer und praktischer Tätigkeit erhielt er 1678 die Stellung eines Commissaire général des fortifications in der Nachfolge von Clerville und wurde schließlich 1703 zum Marschall von Frankreich ernannt.

Vaubans Lebenswerk besteht sowohl in der wissenschaftlichen Begründung der Festungsbaulehre als auch in der belagerungstaktischen Anlage des systematischen förmlichen Angriffes. Dabei war er nicht unbedingt originär in seinen Schöpfungen: Die sogenannten „drei Manieren" Vaubans im Festungsbau sind eine Schematisierung aus späterer Zeit. Tatsächlich verstand es Vauban – in Anlehnung an gegebene Anlagen und mittels seiner praktischen Erfahrungen – seine Festungswerke den natürlichen geografischen Verhältnissen anzupassen und, aufbauend auf Systemen vornehmlich italienischer und französischer Festungsbauingenieure, diese weiterzuentwickeln und zu verbessern (Bastionärsystem, Tenaillen). Für den Belagerungsangriff führte er eine bereits früher vereinzelt angewandte Taktik der Parallelen mit zickzackförmigen Verbindungsgräben (Sappen) zu höchster Vollkommenheit. Besondere Bedeutung maß er hierbei der artilleristischen Unterstützung in Gestalt neuartiger Schießtechniken (Rikoschettschuss) bei. Erst die Einführung gezogener, weit reichender Geschütze in der Mitte des 19. Jahrhunderts löste letztendlich Vaubans Taktik ab.

Es hieße, eine Facette im Lebensbild Vaubans zu vergessen, blieben seine Gedanken und Vorschläge auf volkswirtschaftlichem Gebiete unerwähnt, die ihm während seiner zahlreichen Besichtigungsreisen als Festungsbauingenieur erwuchsen. Seine Forderung nach einer Reform der Besteuerung entzog ihm noch kurz vor seinem Tode die Gunst seines Monarchen. Vauban, zeit seines Lebens Eklektiker und Praktiker, hinterließ kein geschlossenes theoretisches Lehrgebäude – seine überlieferten Memoranden zu fortifikatorischen Problemen an den König, den Dauphin oder bestimmte Armeeführer wurden zu Lebzeiten nie publiziert –, die insgesamt an die 300 Festungsarbeiten, von Dünkirchen bis Belfort und an der französischen Atlantikküste, galten jedoch paradigmatisch für das gesamte europäische Kriegswesen über ein Jahrhundert hinweg und zeugen noch heute von seiner großen Bedeutung.

Werke: Traité de l'attaque et de la défense des places, 2 Bde., Den Haag 1737 u. 1742; Traité des mines, Paris 1740; Traité des sièges et de l'attaque des places par le Maréchal de Vauban, hrsg. von M. Augoyat, Paris 1829 (dt. von A. v. Zastrow, Vaubans Angriff und Vertheidigung fester Plätze, Berlin 1848); Œuvres militaires de Vauban, 3 Bde., Paris 1779; Projet d'une dîme royale, Paris 1707.

Lit.: Anne Blanchard, Les ingénieurs du „Roy" de Louis XIV á Louis XVI. Etude du Corps des Fortifications, Montpellier 1979; Christoffer Duffy, The Fortress in the Age of Vauban and Frederick the Great 1660–1789. Siege Warfare Vol. II, London 1985;

Alphonse Halter, Le Chef-d'oeuvre inachevé de Vauban. Neuf-Brisach, Strasbourg 1992; Max Jähns, Geschichte der Kriegswissenschaften vornehmlich in Deutschland, 2. Abt., München 1890, S. 1403–1447; Mühleisen, Vauban und Neubreisach; Eva Papke, Der König der Belagerungskunst. Zum 350. Geburtstag von Sébastien Le Prestre de Vauban, in: Militärgeschichte, Jhrg. 22, Heft 2/1983, S. 215f.; Jacques Toussaert, Vauban, Saarlouis 1978/80; Anne Blanchard, Vauban, Paris 1996; F. J. Hebbert, G. A. Rothrock, Soldier of France. Sebastien le Prestre de Vauban, 1633–1707, New York/Bern/Frankfurt am Main/Paris, 1989; Michèle Virol, Vauban. De la gloire du roi au service de l'Etat, Seyssel 2003; Emil Göggel, Vauban – Mensch und Reformer, in: Festungsbaukunst in Europas Mitte, S. 135–150; Klaus Jordan, Belagerung und Angriff einer Festung: verbessert durch Vauban, in: ibid., S. 171–190; Hanns Petzsch, Organisation des Baubetriebes nach Vauban, in: ibid., S. 191–197.

Vaubans „Manier" sicherte Frankreich für lange Zeit nicht nur die neu gewonnenen Gebiete, sondern gestattete es den eigenen Streitkräften auch, in deren Schutz die Faktoren von Zeit und Raum für offensive Vorhaben zu nutzen. Festungskrieg im Zeitalter der Kabinettskriege war so immer ein wesentlicher Bestandteil der allgemeinen Kriegführung, vermochten doch die Waffenplätze außer ihren schon erwähnten Aufgaben auch, starke feindliche Truppen an sich zu ziehen und zu binden sowie darüber hinaus ihrem Besitz kriegsentscheidende Bedeutung zukommen zu lassen.

Wenngleich die operativ-taktischen Auffassungen über Wert und Einsatz von Festungen in einem Zeitraum von fast zweihundert Jahren naturgemäß einer differenzierenderen Sicht unterliegen mussten, so behielt doch das in die „ceinture de fer" eingebundene Vauban'sche „System" in seinen mannigfaltigen Ausprägungen bis zur die Artillerie revolutionierenden Einführung gezogener Geschütze in der Mitte des 19. Jahrhunderts seine Gültigkeit und fand erst, nach einer entsprechenden Modifizierung im deutschen Einigungskrieg 1870/71, sein Ende im Übergang zum 20. Jahrhundert.

Im Frieden von Rijswijk 1697 am Ende eines neunjährigen Krieges Frankreichs mit seinen Nachbarstaaten, in dem Louis XIV. eine ganze Reihe seiner „Reunionen" wieder abgeben musste – mit Ausnahme seiner elsässischen Eingliederungen, darunter auch das rechtswidrig geraubte Straßburg –, kehrten die von Vauban befestigten Städte Freiburg, Breisach, Kehl und Philippsburg in den Verband des Reiches zurück. Damit war die Rheingrenze endgültig auch zur Reichsgrenze geworden und in den Mittelpunkt der Sicherheitsinteressen Frankreichs gerückt. Sogleich wurde Vauban, dessen fortifikatorische Schmuckstücke Freiburg

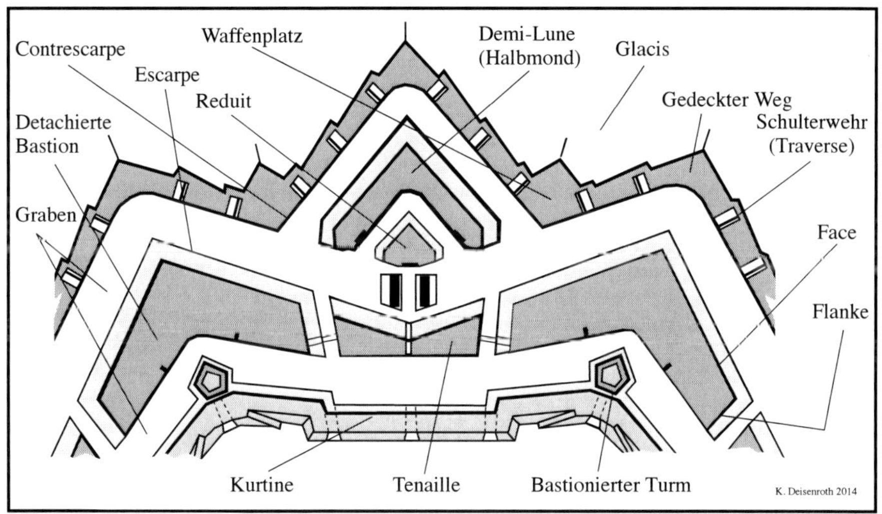

Vaubans Manier.

(1677) und Breisach (1665) beim Abzug der Franzosen geschleift worden waren, mit der Anlage einer neuen, Breisach gegenüberliegenden Festung beauftragt.

Bereits in den Jahren 1679 bis 1691 hatte Vauban auf Anweisung Louis' XIV. das taktisch günstig gelegene Dorf Hüningen[27] am linken Rheinufer nördlich von Basel als Schlusspfeiler seines Fortifikationssystems entlang der Rheingrenze mit einer starken Festung der Ersten Manier in Pentagonform mit z. T. gebrochenen Kurtinen ausgestattet. Sie sollte die rechte Flanke sichern, eine Vorwerksfunktion für die Hauptfestung Belfort ausüben und Ausfalltor aus der Burgundischen Pforte sein. Ähnlich der späteren Festung Neubreisach wurde sie mit zahlreichen Privilegien zur Neuansiedlung ausgestattet und blühte rasch auf. Schon hier wollte Vauban keine Rücksicht auf gewachsene Strukturen mehr nehmen und ließ im Auftrag des Königs das Dorf kurzerhand zerstören und die Einwohner in die benachbarten Gemeinden aussiedeln.

Eine erste Bewährung erlebte die Festung während des ersten Koalitionskrieges im Jahre 1796, als die tief im Bayerischen operierende französische Rhein- und Mosel-Armee unter Général Moreau angesichts der Entwicklung der Lage bei der Nachbararmee am Niederrhein sich an den Oberrhein zurückzog und, nach mehreren Gefechten in der Rheinebene mit den Truppen des Erzherzogs Carl von Österreich, am 25./26. November 1796 bei Hüningen über den Strom ging. Der mittels einer Schiffsbrücke verbundene, schon mehrfach zuvor aufgrund der Friedensschlüsse von 1697, 1714 und 1735 geschleifte und in veränderter Form wiederaufgebaute rechtsrheinische Brückenkopf (Kronwerk und Ravelin) konnte im ersten Anlauf am 30. November nicht genommen werden; so eröffneten die Österreicher am 18. Januar 1797 die erste Parallele und begannen am 1. Februar mit der Beschießung. Der Kommandant des Brückenkopfes Dufour bot daraufhin die Kapitulation an und räumte angesichts der Kräfteverhältnisse am 5. Februar das Vorwerk; die Festung selbst blieb jedoch unversehrt in französischem Besitz.

Wenige Jahre später standen Hüningen zwei erneute Belagerungen bevor. Im Zuge der durch die Leipziger Völkerschlacht ausgelösten Rückzugsbewegungen der Franzosen erreichte das bayerisch-österreichische Korps (V. Korps der Hauptarmee) unter General Wrede gegen Ende des Jahres 1813 den Eingang zum Thurtal bei Thann und schloss die Festungen Hüningen und Belfort am 24. Dezember ein. Bis in das Frühjahr des Jahres 1814 hinein dauerte die Belagerung, und erst kurz vor dem Sturm auf die Festung kapitulierte deren Besatzung am 16. April. Das französisch gebliebene Hüningen musste bereits im folgenden Jahre nach neuerlichem Einschluss ab dem 26. Juni 1815 eine zweimonatige Belagerung und am 26. August die Eroberung durch Erzherzog Johann von Österreich erleiden.[28] Um der von der Festung ausgehenden Drohung ein für alle Mal ein Ende zu bereiten, wofür die Stadt Basel nachdrücklich plädiert hatte, ließ Erzherzog Johann diese umgehend schleifen. Diese Maßnahme entsprach auch den Bestimmungen des Zweiten Pariser Friedens zwischen Österreich, Preußen und Frankreich, wonach der Schweizer Neutralität wegen eine Sicherheitszone von ca. 4 km um Basel von jeglicher Befestigung freizubleiben hatte.[29] Damit kam der einzigen im Oberelsass noch bestehenden Festung Neubreisach – das benachbarte, von Vauban 1675 befestigte Schlettstadt befindet sich bereits auf dem Territorium des Unterelsass – eine umso stärkere Bedeutung zu.[30]

Schon ein Jahr nach Räumung des rechtsrheinischen Gebietes wurde mit vorbereitenden Maßnahmen auf der Gemarkung Volgelsheim begonnen und am 16. Oktober 1699 der Grundstein für die Festungsstadt Neubreisach (Neuf-Brisach)[31] gelegt, die eine ältere, Strohstadt (Ville de paille), Ville neuve oder St. Louis genannte Ansiedlung auf den Rheininseln verdrängte. Ein eigens zur Herbeischaffung des Baumaterials und zur Flutung der Wallgräben im Belagerungsfalle von Vauban angelegter, heute noch im Gelände erkennbarer, ungefähr 40 km langer Kanal von der Ill bei Ensisheim über Oberhergheim bis Neubreisach (Canal Vauban) begünstigte die Arbeiten. Großzügige königliche Privilegien, darunter Zoll-

Lage von Klein Hüningen, Radierung von 1749 nach einer Zeichnung von Emanuel Büchel (1705-1775). Vogelschaublick von Norden auf die Festung Hüningen (unten rechts), den Rhein mit der Wiesemündung, das Dorf Kleinhüningen (Mitte) und die Stadt Basel (im Hintergrund).

und Steuerfreiheit für 20 Jahre, 1718 durch den Herzog von Orléans um den gleichen Zeitraum verlängert, sollten Neusiedler in die an einer alten Römerstraße gegründete Neustadt locken und die Lücke zwischen den Festungen Straßburg und Belfort schließen helfen. Das noch aus der französischen Festungszeit Breisachs stammende, der sog. Strohstadt vorgelagerte Außenwerk (Fort Mortier; erb. 1668) wurde durch „Drehung" in die vermutete Angriffsrichtung mittels Anlage eines Walles in der Kehle mit offenen Schießscharten gegen Alt-Breisach seiner neuen Bestimmung gerecht.[32] Die Securitas Alsatiae, der dieses Werk dienen sollte, war zwar in der Folgezeit mehrfachen Belastungsproben ausgesetzt – so einer Blockade Neubreisachs durch die Verbündeten in den Befreiungskriegen 1814/15 –, hielt jedoch bis zum Jahr 1870 allen äußeren Anfeindungen stand.

Die barocke Festung Neubreisach[33] gilt als eine der vollkommensten und letzten Schöpfungen Vaubans, sein „Schwanengesang" sozusagen, die voraussetzungslos ohne naturgegebene Beschränkungen geplant werden konnte – „da

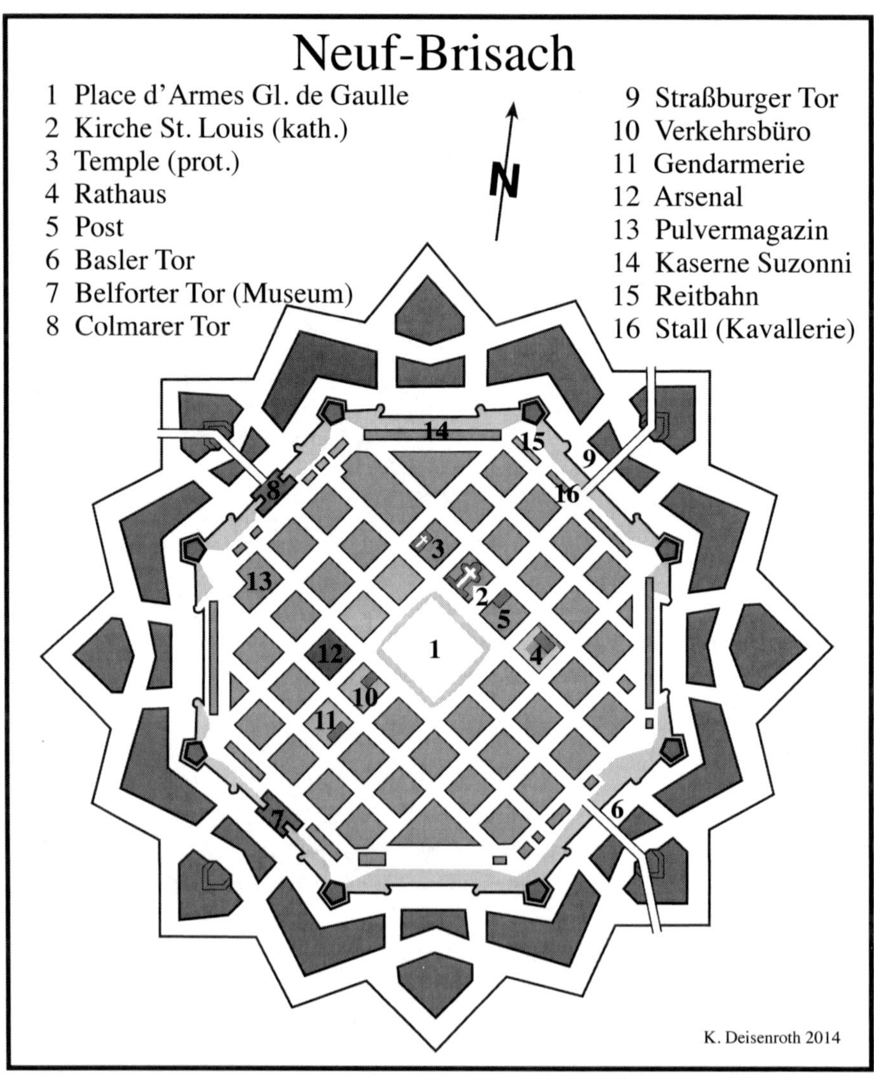

alle Gassen nach der Schnur gezogen, auch alle Häuser zwey Stock hoch unterm Dach, nach der Symetrie, recht zierlich und dauerhafft, ohngefehr auf die Art wie in Mannheim, erbaut sind".[34] Sie wird der sog. „Dritten Manier" Vaubans zugerechnet: Es handelt sich um ein regelmäßiges Oktogon mit vier Toren (Belforter-, Colmarer-, Straßburger-, Basler-Tor), deren Schaufassaden als Zeichen der Macht des Sonnenkönigs mit repräsentativen Prunkappliken versehen waren und deren Zugang mittels einer hölzernen Fallbrücke (seit 1898 Steinbrücken) gesichert war, und einem zentralen Waffenplatz (Place d'Armes). Die Besonderheit dieses Systems waren bastionierte Türme (tours bastionnées) mit flankierend eingelassenen Schießscharten als Kaponniere im Verlauf der Kurtine. Diese vorgelagerten detachierten Bastionen konnten in Verbindung mit den dazwischen gelegenen Tenaillen und den vor diesen befindlichen Demi-Lunes (Halbmonden), deren vier mit getrennten Reduits versehen waren, nicht nur das Glacis bestreichen, sondern auch das von Vauban besonders beachtete Flankenfeuer untereinander bedienen; sie beherrschten so vollständig die Zugangswege zur Festung. Der sägezahnförmig (en cremaillère) gestaltete gedeckte Weg sollte mit seinen Traversen Deckung gegen den Rikoschettschuss bieten, einer gerade von Vauban geforderten und geförderten Art des Festungsbeschusses, bei der ein Rollschuss des glatten Geschützes als Abpraller das Ziel in seiner gesamten Tiefe wirksam gefährdete. Wenn wir hier von der sogenannten „dritten Manier" sprechen, so deshalb, weil eine schematische Einteilung des Werkes von Vauban seiner schöpferischen Idee widerspräche, jeden einzelnen Festungsbau im Rahmen seiner Funktion im Gesamtdefensionssystem hinsichtlich seiner geografischen Lage und unter Berücksichtigung moderner Entwicklungen im Waffenwesen zu konzipieren. Eine weitere Besonderheit und Neuheit im Vergleiche zur üblichen Einquartierung frühmoderner Heere bildete nach dem Vorbild von Saarlouis (1683) die Anlage von Kasernen direkt hinter dem Walle, sodass die Quartierlast von den Bürgern genommen wurde und die Festungssoldaten nahe ihrem Einsatzort untergebracht waren.

Die Feste Neubreisach, „eine der regulairesten Vestungen in gantz Europa",[35] war der Schlussstein in einer Perlenkette von Festungsanlagen, die sich von Dünkirchen, der ersten von Vauban errichteten Festungsanlage, entlang der Grenze zu den Spanischen Niederlanden bis an den Rhein hinauf erstreckten und Frankreich das Gefühl gaben, durch eine eiserne Schranke gegen Angriffe geschützt zu sein. Auf elsässischem Boden sicherten die Festungen Fort Louis, Straßburg, Schlettstadt, Neubreisach, Hüningen und Belfort das Glacis Frankreichs im Nordosten seines Reiches. Neubreisach wurde mit elf anderen Festungsbauten

Modell der Festung Neuf-Brisach, Modell, A.Halter, Neuf-Brisach,1962. Sammlung Deisenroth.

Vaubans im Jahre 2008 von der UNESCO in die Weltkulturerbeliste unter dem Namen „Les Fortifications de Vauban" aufgenommen, die im „Réseau des sites majeurs Vauban" zusammengeschlossen sind.[36]

Sie gewährleisteten in der Tat bis weit ins 19. Jahrhundert hinein äußere Sicherheit oder zumindest machtvolle Bollwerke, die feindliche Einbrüche in bestimmte Bahnen lenken konnten oder aber diese für eine gewisse Zeit aufzuhalten vermochten. So endete die mit dem 4. Januar beginnende 106-tägige Belagerung der unter dem Kommando von Général Dermoncourt stehenden Festungsbesatzung im Jahre 1814 durch österreichische Truppen unter General Minutillo ergebnislos, als die Abdankung Napoleons bekannt wurde; ebenso blieb die Blockade der Festung in der Phase des napoleonischen Rencontres des Jahres 1815 Episode. Die niemals zuvor eroberte Festung erlebte erst im Deutsch-Französischen Krieg ihre eigentliche Feuertaufe und zugleich die schmachvolle Kapitulation. Im Rahmen des Vorgehens der deutschen Truppen am Oberrhein

Neubreisach, Colmarer Tor mit Steinbrücke. Aufnahme Deisenroth.

gegen die französischen Festungsstädte Straßburg, Schlettstadt und Belfort wurde von Seiten des badischen Detachements unter General Keller neben einer Unternehmung gegen Colmar, Mülhausen und Sennheim auch eine Rekognoszierung Neubreisachs, des letzten französischen Stützpunktes im Oberelsass, durchgeführt. Anfang Oktober wurden Teile der in Aufstellung befindlichen 4. preußischen Reserve-Division unter dem Befehl von Generalmajor v. Tresckow mit der Zernierung der Festung beauftragt; bis zum 9. Oktober hatten sie den Belagerungsring geschlossen. Unter dem Kommando von Generalmajor Schmeling (Hauptquartier in Künheim nördl. v. Neubreisach) standen 11 Bataillone, 2 Eskadronen und 4 Feldbatterien der 4. Reserve-Division, 11 Artillerie-Festungskompanien mit bayerischer und badischer Komponente sowie 4 Pionier-Kompanien. Fort Mortier,[37] mit 255 Mann besetzt, wurde von der anderen Rheinseite durch badische Artillerie unter Beschuss genommen. Am 2. November begann der Feuerüberfall,[38] der, nach einem vergeblichen Ausfallversuch der Festungsbesatzung am 5. November, mit der Kapitulation des schwer angeschlagenen Forts Mortier in der Nacht vom 7. auf den 8. November und dem Hissen der weißen

Neubreisach, Escarpe (re.) und Contreescarpe (li.), in der Mitte Reduit, im Hintergrund gedeckter Weg mit Traverse. Aufnahme Deisenroth.

Flagge auf den Festungswällen und dem Kirchturm der Stadt am 10. November, nachmittags zwei Uhr, von Erfolg für die deutschen Belagerer gekrönt war. Tags darauf verließ die französische Besatzung, der „preussischer Seits durch Präsentiren des Gewehrs die wohlverdienten Honneurs erwiesen" wurden,[39] die Festung durch das Basler Tor und begab sich, rund 100 Offiziere und 5.000 Mann stark, in Kriegsgefangenschaft. Die Verluste beliefen sich auf 70 Gefallene und 183 Verwundete. Für die Bevölkerung, die sich in den letzten Tagen der Beschießung in die Kasematten geflüchtet und keinen einzigen Verlust zu beklagen hatte, begann der Wiederaufbau der zum Teil stark beschädigten nord- und südwestlichen Bezirke der Stadt, hatten doch die Belagerer gegen Neubreisach und Fort Mortier insgesamt 9.169 Schuss abgegeben. Den tapferen Verteidigern unter dem Kommando von Lieutenant Colonel Lostie de Kerhor wurde 1872 durch den Colmarer Bildhauer Bartholdi ein Denkmal vor dem Basler Tor in Gestalt eines Schwertes errichtet. Nach der Reichsgründung erhielt Neubreisach, wie die meisten größeren Städte im Gebiet des das Oberelsass sichernden XIV. Armeekorps (mit Teilen XV. AK), sukzessive eine stärkere preußische Garnison, nicht zuletzt veranlasst durch die mehrfachen Eingaben der Gemeinde selbst mit der Bitte um Verbesserung ihrer angespannten sozialen Lage infolge der Zuweisung militärischer Einheiten, so einer Unteroffizierschule (1888 in der Suzonni-Kaserne[40] eingerichtet). Die hierfür benötigten und nach der Jahrhundertwende gebauten Kasernements außerhalb des eigentlichen Festungsringes künden noch heute von dieser Zeit. Die aufgrund der veränderten Reichsgrenzen unbedeutendere taktische Lage sowie die Entwicklung der Brisanzgranaten und die daraus erwachsene allgemeine Festungskrise[41] reduzierten die Bedeutung der Fortifikation. Entsprechend wurde sie nun in die Kategorie II eingestuft[42] und fortan nur noch als starker Brückenkopf in einem System weiterer Brückenköpfe der Oberrheinbefestigungen im Rahmen einer strategisch-operativen Falle gehandelt.

Brückenkopf Neubreisach 1872–1918[43]

Von den in der Phase der Zugehörigkeit zum Reich errichteten Befestigungsanlagen des Neubreisacher Brückenkopfes (s. Plan S. 48), bestehend aus drei Verteidigungslinien,[44] die sich halbkreisförmig unter Einbeziehung der Stadtbefestigung vor die beiden Rheinübergänge, eine 1874–1878 errichtete Eisenbahnbrücke und eine bereits vor 1870 existierende Schiffsbrücke, legten, finden sich nur noch wenige rudimentär erhaltene Baulichkeiten, die zum Teile mit Wällen und Wassergräben umgeben waren. Das noch vor der Jahrhundertwende in unmittelbarer Nähe der Kasernen des 3. Oberelsässischen Infanterie-Regiments Nr. 172[45] an der Rue de Poilu gelegene Werk, das den Südostzugang der Festung zu sichern hatte, beherbergt heute eine Weinhandlung. Südlich der nach 1872 nur beschränkt verstärkten Festung – vornehmlich durch Einbau von betonierten Maschinengewehrständen vor den Torpassagen (z. B. Colmarer Tor) sowie von Beobachtungsständen mit Drehkuppeln auf den Bastionen 1, 3 und 5, den Bau von Wallkasematten und die Verstärkung der bastionierten Türme durch Einzug von Betondecken mit Sandauflage – bietet das einstige äußerlich erhaltene Infanteriewerk Heiteren seit 2012 einen interessanten Einblick in die Festungsarchitektur der Zwischenkriegszeit. Der 1902 erbaute Infanteriestützpunkt mit betoniertem Unterstand und ebensolchen Schützengräben liegt an der D468 südlich von Neuf-Brisach,[46] gedeckt in einem kleinen Wäldchen und noch bis in die 90er-Jahre des vergangenen Jahr-

Demi Lune und Reduit vor dem Colmarer Tor mit MG-Stellung aus deutscher Zeit. Aufnahme Deisenroth.

hunderts von der Französischen Armee benutzt. Desgleichen finden sich südsüdostwärts von Neuf-Brisach am West- und Ostrand von Obersaasheim zwei erhaltene Infanterieräume (1 und 4 seit 1902, an der Rue du Maréchal Leclerc,[47] in Privatbesitz) sowie in direkter Nachbarschaft zu Betonkuppelständen der späteren Maginot-Linie, gleichsam als Demonstration der Entwicklung moderner Festungstechnik auf einem Raum, am Südrand des Dorfes[48] eine Batteriestellung von drei Batterien mit Kanonen auf Schirmlafetten und in vertikal beweglichen Panzertürmen, zudem das Mun-Depot Nr. 7. Dieses ehedem mächtige und feuerstarke Bollwerk liegt heute geborsten als mächtiges Trümmerfeld inmitten eines von der Natur überwachsenen und mit dichtem Strauchwerk umgebenen Waldstückes. In unmittelbarer Nähe befinden sich ostwärts auf der Linie Algolsheim–Fme. Rothgern südlich von Algolsheim an der Rue des Acacias sowie südostwärts nach Rothgern nahe dem Rhein[49] zwei Infanteriestützpunkte (ähnlich Heiteren). Abschluss der südlichen Festungslinie bildete Werk Geiswasser mit einer Batteriestellung und Mun-Depot Nr. 9 am Südzipfel des Bois communale de Obersaasheim[50] sowie mit einer zweiten am Ostausgang des Dorfes in nächster Nähe zum Canal d'Alsace (Werk Rheindeich)[51], ähnlich der Werkgruppe Obersaasheim, beide mit Infanterieunterständen versehen.

Nördlich von Neubreisach setzen sich diese Befestigungen fort in einem Bogen über Fort Mortier (Fernsprechzentrale für Neubreisach), die Gruppe Biesheim[52] westlich des Ortes[53] an Schleuse 59 des Rhein-Rhone-Kanals mit zwei Batterien, ausgestattet mit Kanonen auf Panzer- und Schirmlafetten, Infanterie- und Artillerieraum sowie Mun-Depots Nr. 2a und 2b, das Werk Biesheim (Infanterieraum) nordwestlich am Ortsausgang im Schnittwinkel zwischen der D468[54] und der D12 sowie ein Werk am Canal de Neuf-Brisach nördlich des Judenfriedhofes[55] mit Kanonen auf Panzerlafetten und einem Infanterieraum (zerstört). Bis auf wenige noch begehbare Überreste sind diese Zeugen einer kriegerischen deutsch-französischen Vergangenheit nach über hundert Jahren weitgehend zerstört bzw. dem Verfall preisgegeben.

Quellen u. Lit.: BArch-Militärarchiv Freiburg, MSg 2/18513; Lacoste, Die Festung Neubreisach 1871–1916.

Die Funktion Neubreisachs übernahm in der Zeit von dessen Zugehörigkeit zum Deutschen Reich die gleichfalls von Vauban 1687 erbaute sundgauische Festung Belfort in der Burgundischen Pforte. Sie hatte zwar im Deutsch-Französischen Krieg nach zäher Verteidigung durch Oberst Denfert-Rochereau erst am 16. Februar 1871, zwanzig Tage nach dem Abschluss des Waffenstillstandes, gegenüber dem Belagerungskorps (1. und 4. preußische Reserve-Division v. Tresckow) kapituliert, war aber friedensvertraglich an Frankreich zurückgegeben worden. Nach Abzug der deutschen Besatzungstruppen im Jahre 1873 wurde sie zu einer modernen Gürtelfestung ausgebaut, die im Ersten Weltkrieg starke deutsche Kräfte über lange Zeit band und jederzeit den an sie angelehnten französischen Kampftruppen die Möglichkeit bot, durch die „trouée de Belfort" in die Oberrheinebene durchzustoßen. Belfort war Bestandteil einer der Festungszonen, die seit 1873/75 auf Vorschlag des Generals Raymond Séré de Rivières zu sogenannten „rideaux défensifs" (Schutzwällen) zusammengefasst wurden und neben stärker ausgebauten Festungen aus kleineren, die Verkehrswege sichernden „forts de liaison rsp. forts d'arrêt" (Sperrforts) bestanden. Zwei solcher Festungszonen schützten die französische Ostgrenze: die um Belfort und Epinal gruppierten Sicherungsanlagen im Tal der oberen Mosel (fünf Sperrforts) und der Festungsbereich an der Maas um Toul und Verdun (sieben Sperrforts). Die zwischen Epinal und Toul vorhandene unbefestigte Zone, die sog. „trouée de Charmes", erfüllte die Aufgabe einer Kanalisierung feindlicher Angriffsabsichten und bildete im Ersten Weltkrieg für die 6. Armee des Kronprinzen Rupprecht von Bayern eine Art operativer Falle während der Schlacht von Lothringen.[56] Der durchgebrochene Feind sollte in einer zweiten Befestigungslinie hinter den „rideaux défensifs" aufgefangen werden; Paris selbst bildete in diesem System das letzte Reduit.

D52
D468
Biesheim
Rhein-Rhône-Kanal
Breisach am Rhein
DEUTSCHLAND
FRANKREICH
Neuf-Brisach
Hochstetten
B31
Volgelsheim
Rhein
Vogelgrun
D415
Algolsheim
Rhein-Seitenkanal
Canal d'Alsace
Obersaasheim
D52
D468
Geiswasser
Heiteren
1000 m

Der fortifikatorischen Ausführung dieses Defensivplanes der „Ligne de Fer", einer Eisernen Linie also, standen jedoch parlamentarisch nicht bewilligte Haushaltsmittel entgegen, sodass es zu einer klassifizierenden Bewertung der Festungen kam mit der Folge ausbleibender Modernisierungen und eines weiterführenden Ausbaus der herabgestuften Werke. Die Einführung einer den Festungskrieg revolutionierenden neuen Munitionsart in Gestalt der Brisanzgranate nach 1885 verursachte darüber hinaus erhöhte Kosten, war es doch nun erforderlich, die gemauerten Festungswerke mit einem Beton-Schutzschild zu überziehen.[57] So wurden zwar die Festungen unmittelbar an der Ostgrenze in die 1. Kategorie eingereiht, die Fortifikationen der zweiten Linie im Hinterland jedoch nur noch stiefmütterlich behandelt, zumal die eine Offensive bevorzugenden strategischen Pläne des französischen Generalstabes den Festungen eine eher untergeordnete Rolle zuwiesen. Doch haben die Sperren an Frankreichs Nordostgrenze entscheidenden Einfluss auf die deutschen Generalstabsplanungen gehabt, wie deren spätere Umgehung unter Bruch der belgischen Neutralität beweisen.

Neuf-Brisach (vgl. Plan, S. 48), an der „Route Verte" N415 zwischen Alt-Breisach und Colmar gelegen, kann von Deutschland aus über die A5 bei Ausfahrt Nr. 64 (Bad Krozingen) Richtung Breisach, von Frankreich über die A35/N83 bei Ausfahrt Nr. 25 (Colmar) Richtung Freiburg erreicht werden. Durch die Porte de Colmar (nw) oder die Porte de Bâle (so) gelangen wir auf die zentrale Place d'armes (Waffen-/Alarmplatz), von dem aus wir uns in südwestlicher Direktion durch die Rue de Belfort zur Porte de Belfort mit dem Musée Vauban wenden. Die bescheiden ausgestatteten Ausstellungsräume vermitteln anhand eines Modells von Stadt und Festung Prinzip und Wirkungsweise Vauban'scher Festungsbaukunst, wie sie, ausgehend vom Belforter Tor, auf einem Rundgang der Stadtumwallung bis hin zum Glacis in etwa 1½ bis 2 Stunden ausgiebiger Besichtigungszeit in praxi eindrucksvoll nachvollzogen werden kann. Der Verein „Etoile Sonore" (Tönender Stern), bemüht, die Festungsanlagen auch optisch wirkungsvoller zu präsentieren, erleichtert an einzelnen markanten Festungsbereichen durch Schautafeln den Einblick in frühneuzeitliche Belagerungs- und Festungstaktik.[58]

In der schachbrettartig in 48 Einzelquartieren angelegten Stadt selbst, in der aus taktischen Gründen eine strikte Trennung von militärischen Baulichkeiten, Bürgerquartieren und Verwaltungsgebäuden durchgeführt worden war, ragen die katholische Garnisonkirche St. Louis, König Louis IX. von Frankreich geweiht, und die Mairie aus dem kasernentypisch gegliederten Einerlei heraus. Erstere, zwischen 1731 und 1736 von François Chevallier als barocke Hallenkirche erbaut, wurde sowohl bei der Belagerung 1870 als auch in den letzten Tagen des Zweiten Weltkrieges schwer beschädigt und wird nach der Restaurierung seit 1975 wieder als katholische Pfarrkirche genutzt. Der denkmalgeschützte Altar aus dem 18. Jahrhundert befand sich ursprünglich in der Kirche von Gambsheim (Unterelsass). Das Fachwerk-Rathaus, ein Relikt der einstigen „Ville neuve", der sog. „Strohstadt" vor Alt-Breisach aus dem Jahre 1675, wurde bei Abbruch der Vorstädte angesichts veränderter politischer Verhältnisse nach Neubreisach transferiert und dort an der östlichen Ecke der Place d'Armes neu aufgebaut. 1758 wurde es wegen Baufälligkeit abgerissen und in neuem Stile errichtet. Die ursprünglich einstöckigen Häuser von gleicher Bauart wurden in ihrem Aussehen durch die Kriegseinwirkungen von 1870 (Preußen) und 1945 (US-Amerikaner) sowie Umgestaltungen und Neubauten in Friedenszeit stark verändert. Von den Toren befinden sich nur noch das Belforter und Colmarer Tor im ursprünglichen Zustand; die beiden anderen, z. T. bei der Belagerung von 1870 beschädigt, wurden schon 1902 durch Abnahme des oberen Stockwerkes freigelegt.

Der besondere Reiz dieser Festung beruht letztlich auf der Symbiose und dem Kontrast barocker und „moderner" Festungsbauelemente in Gestalt der Neubreisach umgebenden Maginot-Bunkersysteme, die die Bedeutung dieses Platzes über die Jahrhunderte hinweg in der französischen Sicherheitsmentalität bezeugen.

II. On ne passe pas? – Die Maginot-Linie im Oberelsass[59]

Der Versailler Diktatfrieden, der das Elsass und Lothringen wieder der französischen Republik einverleibte, brachte Frankreich dem alten Ziel der Rheingrenze einen bedeutenden Schritt näher. Das entmilitarisierte Rheinland und die im Januar 1923 widerrechtlich besetzte Ruhrzone leisteten dem französischen Sicherheitsbedürfnis darüber hinaus Genüge. Doch mit dem Ende der Nachkriegszeit und den bilateralen vertraglichen Vereinbarungen zwischen dem Deutschen Reich und Frankreich im Vertrag von Locarno 1925 wurde ein Ende der Ruhrbesetzung absehbar. Damit gewannen die schon seit Anfang der 1920er-Jahre geführten Diskussionen über eine den Erfahrungen des Weltkrieges adäquate militärische Konzeption an Aktualität, die schließlich auf eine lineare Vorneverteidigung hinausliefen. Eine Kommission zur Organisation der Festungszonen (Commission d'Organisation des Régions Fortifiées – CORF) als Nachfolgeorganisation der die strategisch-fortifikatorischen Voraussetzungen analysierenden Commission de Défense des Frontières (CDF) bearbeitete ab 1927 die technischen

Kampfstand der Maginot-Linie südöstlich von Neubreisach, gegenüber der Kaserne Abbatucci. Aufnahme Deisenroth.

Vorbereitungen für eine gigantische Festungsarchitektur, die vornehmlich die verwundbaren Grenzen im Norden und Nordosten Frankreichs und die dort angesiedelten Industrieanlagen sichern und einen blitzartigen Überfall seitens des Deutschen Reiches verhindern sollte. Zum andern legte die „dépopulation", die Bevölkerungsabnahme nach dem Krieg in Verbindung mit dem Aderlass des Weltkrieges, eine eher defensive Strategie der Landesverteidigung nahe. Zur Anlage von festen Stellungen bemerkt Clausewitz: „Die Absicht einer festen Stellung ist also, die in ihr aufgestellte Streitkraft so gut wie unangreifbar zu machen und dadurch entweder wirklich einen Raum unmittelbar zu schützen oder nur die Streitkraft, welche in diesem Raum aufgestellt ist, um mit dieser Streitkraft dann auf eine andere Art zur Deckung des Landes mittelbar zu wirken."[60] In diesem Sinne hätten große Teile der Armee für andere, offensive Verwendungen eingesetzt werden können, doch hatte bereits die Maginot-Mentalität große Teile der Armee und der Regierung, die seit 1936 eine Volksfront-Regierung war, zu sehr ergriffen, als dass diese Möglichkeit in einem kommenden Krieg hätte genutzt werden können. Zudem wehrte sich eine überalterte Offizierspitze gegen neue Überlegungen, wie sie gerade der junge Hauptmann de Gaulle bereits 1934 zu der Rolle der Panzerwaffe in einer Berufsarmee und zum Choc-Gedanken artikuliert hatte.[61]

Vonseiten des Kriegsministeriums engagierten sich die beiden Ressortchefs Ende der zwanziger Jahre, der Mathematiker Paul Painlevé (1863–1933) und der Kolonialbeamte und schwerverwundete Veteran des Weltkrieges André Maginot (1857–1932), in starkem Maße, sodass das Konzept am 14. Januar 1930 Gesetzeskraft erlangen konnte. Da vorbereitende bauliche Maßnahmen bereits vorher erfolgt waren, konnten die geplanten Projekte in rascher Folge in die Tat umgesetzt und in der Hauptsache, d. h. in den besonders gefährdeten Regionen, bis etwa 1935 fertiggestellt werden. Doch krankte die gewaltige Verteidigungsanlage von vornherein an einer inkonsequenten, weil vornehmlich monetär begründeten Durchführung des Planes. Eine Muraille (= Mauer) de France, eine nahezu lückenlose Befestigungslinie, die anfangs gar nicht vorgesehen war, konnte in einer Zeit der Geldentwertung und einer sinkenden Bevölkerungszahl nur mit starken Kompromissen errichtet werden; von den anfänglichen Planungen sollen in der Tat nur 50 % verwirklicht worden sein. Diese sahen vor, die Nord- und Ostfront (d. h. die Landesgrenze zu Deutschland und Italien) mit einer mehr oder weniger starken, je nach Geländegegebenheit und operativer Gefährdung ständigen Befestigung zu versehen. Aufgeteilt in Haupt- und Unterabschnitte (régions fortifiées und secteurs fortifiés) sowie an natürliche Hindernisse angelehnte Sperrabschnitte (secteurs défensifs), sollte sie in engem Zusammenwirken mit dem Operationsheer die Landesverteidigung in Verbindung mit den Ressourcen des Hinterlandes gewährleisten. Die besonders gefährdeten Regionen um Metz und an der Lauter besaßen erhöhte Priorität und wurden dementsprechend vorrangig ausgebaut. Doch lässt sich eine einheitliche und systematische Durchführung nicht durchweg erkennen. Die veränderten politischen Vorgaben der 1930er-Jahre, vor allem aber die Räumung des Rheinlandes und dessen deutsche militärische Wiederinbesitznahme sowie die Rückgabe des Saargebietes verschoben die Akzente. Da seit 1935 die wesentlichen Arbeiten der CORF abgeschlossen waren, wurde der weitere Stellungsausbau den regionalen Militärbefehlshabern übertragen, die mittels Einsatzes der Truppe vorhandene Lücken schließen bzw. den weiteren Bau von Feldbefestigungen in eigener Regie durchführen sollten (sog. Main-d'œuvre militaire-Bunker – MOM). Daneben suchte noch die „Section Technique du Génie" (Technische Abteilung des Festungspionierkorps – STG) Einfluss auf die systematische Anlage von Kasematten und Beobachtungsbunkern zu gewinnen. So bestand schließlich bei Kriegsbeginn 1939 ein regelrechter Wildwuchs an Festungsanlagen und Sperren, die sich, nach der im OKH erstellten Denkschrift über die französische Landesbefestigung, insgesamt auf etwa 5.800 Objekte beliefen, eine Zahl, die neuere Erkenntnisse doch erheblich reduzieren,

Kasematte der 3. Linie („Dörferlinie") am Ostrand von Marckolsheim (35/3). Aufnahme Deisenroth.

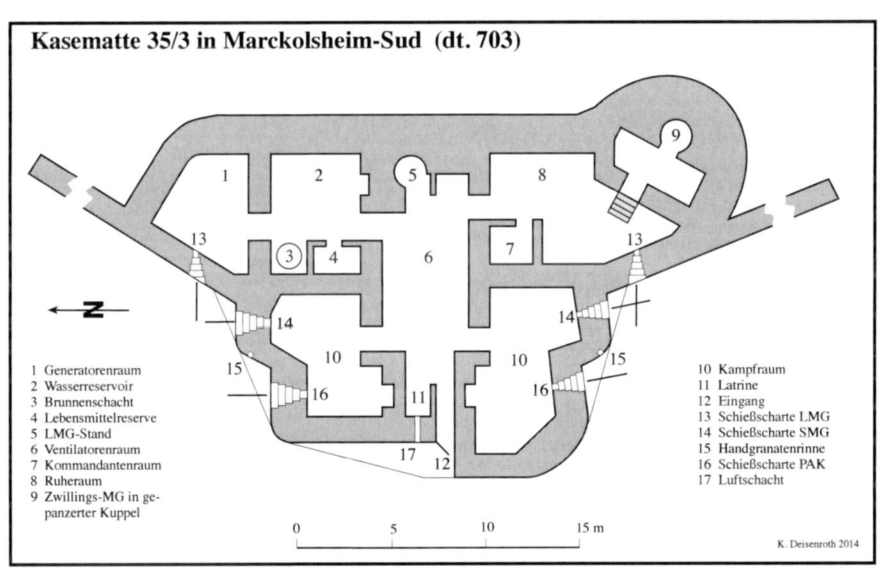

wie es die Auflistungen über die Festungswerke im Elsass bestätigen.[62] Schwerpunkt blieb auch nach diesem Aus- und Weiterbau das Unterelsass im Bereich der

Lauter bei Bitsch (RF II) und die Festungszone Metz bei Diedenhofen (RF III). Das ursprünglich als Region fortifiée ausgewiesene Gebiet um die ehemalige Gürtelfestung Belfort (RF I) erfuhr eine Rückstufung zum secteur fortifié (befestigter Abschnitt) wie der benachbarte Abschnitt des Oberrheines zwischen dem Hagenauer Forst und Mülhausen.

Aus den oben gezeigten Gründen konnte von einem einheitlichen System zwar keine Rede sein, doch lassen sich gewisse wiederkehrende Strukturen erkennen. Die Ausrichtung der Maginot-Linie erfolgte grundsätzlich nach dem Verlauf der Landesgrenze, die im Oberelsass mit dem Rhein als natürlichem Hindernis identisch war. Die Vorfeldhindernisse bestanden neben den pioniertechnisch herzustellenden Panzer- und Straßensperren aus Grenzwachthäusern (maisons fortes) und einer mit MG- und PAK-Bunkern besetzten Vorpostenlinie (Blocs d'avant-postes) etwa 2–3 km dahinter, die für die Alarmierung der rückliegenden Werke zuständig war. Ihnen folgte – je nach geografischer Gegebenheit – in einem Abstande von etwa 4–8 km die sog. front fortifié, die Hauptkampflinie der Festungsfront. Rückgrat dieser ossature (Knochengerüst) bildeten die Artilleriewerkgruppen (ouvrages) mit ihren in versenkbaren Panzerdrehtürmen zum frontalen Nahkampf oder aus Panzerscharten zur Flankierung befähigten Kanonen von 75 mm bzw. Haubitzen von 135 mm und Granatwerfern von 81mm. Zwischen die Artillerie wurden Infanteriewerke gelegt, für deren Waffensysteme, gleich den Artilleriewerken, neuartige, der Schiffsbewaffnung[63] entlehnte Festungswaffen aus Zwillings-MG 7,5 mm, überschwerem MG 13,2 mm, PAK 37 und 47 mm und Granatwerfer 50 mm bereitgestellt wurden, die in Mauerscharten bzw. Panzerglocken auch als armes mixtes eingesetzt werden konnten. Auf Flugabwehrwaffen hatte man dagegen eigenartigerweise verzichtet. Die Lücken zwischen diesen unterirdisch angelegten Großkampfanlagen mit im rückwärtigen Bereich integrierter Infrastruktur und den Kasernements der Festungstruppen wurden mit Infanteriebunkern geschlossen. Diese casemates d'infanterie wurden, je nach Lage, als Einzel- oder Doppelbunker im Hinblick auf die flankierende Waffenwirkung gebaut. Eine mit den örtlichen Gegebenheiten vertraute Festungsbesatzung, für die in unmittelbarer Nähe der Werke und Kasematten Kasernen zur friedensmäßigen Unterbringung gebaut worden waren, sollte dabei gemäß der operativen Gesamtplanung, nach der die ständige Befestigung einen untrennbaren Bestandteil der Gesamtkriegsführung zu bilden hatte, eng mit der im Hinterlande dislozierten mobilen Festungsartillerie zusammenarbeiten, die aus vorbereiteten Stellungen den Kampf der Infanterie und der Werkgruppen zu unterstützen hatte.

Der uns interessierende Festungsbereich im Oberelsass im Verlauf der Rheinfront war gegliedert in den befestigten Abschnitt Colmar (secteur fortifié de Colmar), der von südlich Diebolsheims bis südlich Blodelsheims reichte, und den befestigten Abschnitt Mülhausen (secteur fortifié de Mulhouse) von nördlich Rumersheims bis südlich Kembs', an den sich der befestigte Abschnitt Altkirch (secteur fortifié d'Altkirch) von Sierenz gegenüber dem Isteiner Klotz entlang der alten deutschen Reichsgrenze im Sundgau und der Schweizer Grenze bis zum Glaserberge anschloss. Das in dieser Linie verlaufende natürliche Flusshindernis des Rheins sowie die geologisch ganz anderen Bedingungen der Rheinebene als auch die völkerrechtlichen Vorbehalte der Schweiz erlaubten in diesem Raum keine den Ouvrages der Nordvogesen ähnlichen Festungswerke. Die Verteidigungslinie beschränkte sich hier auf oberirdische Anlagen, die mit den Großwerken des Unterelsass in keiner Weise zu vergleichen sind. Hier herrschte weitgehende Regelmäßigkeit der nur bedingt getarnten Uferbefestigungen in Gestalt von zumeist reduziert ausgestatteten Doppelkasematten für flankierenden Schuss oder noch einfacher gebauten Unterständen (abris) für die Eingreiftruppen in der sog. ersten Linie, die in den SF Colmar und Mulhouse insgesamt 30 Mal (22/8) vertreten waren. Die zweite Linie, knapp hinter der Uferlinie, war mit 10 Bunkern (8/2) relativ schwach ausgebaut und sollte die Uferlinie an möglichen Einbruchsstellen verstärken. Schließlich war es Aufgabe der in der dritten Linie, an der von Straßburg nach Basel entlang des Rhein-Rhone-Kanals (Canal du Rhône au Rhin) verlaufenden Straße D468 gelegenen großen und kleinen Kasematten (33; 25/8), den Hauptwiderstand gegen einen eingebrochenen, aus den Rheinauewäldern herausgetretenen Feind zu leisten. Die gesamte Festungszone wurde durch Artillerie im Raum zwischen Ill und Rhein-Rhone-Kanal gedeckt.

In dieser sog. Dörferlinie lag auch die noch heute zu besichtigende Kasematte 35/3 östlich von Markolsheim.[64] Zusätzlich zu diesen durch die CORF geplanten und gebauten Bunkern errichtete die Truppe zur Auffüllung der bestehenden Lücken in eigener Regie ihre MOM-Bunkertypen. Diese seit 1935 angelegten, leicht bewaffneten Kampfstände (Schartenstände, Betonkuppelstände, Stützpunkte zur Straßenüberwachung) und hinter der Hauptkampflinie errichteten Befehlsstände als Kommando- und Fernmeldezentralen sind in ihrer chaotischen Vielfalt nur schwer zu systematisieren. Sie ergänzten die linear ausgerichtete Verteidigungskonzeption, die lediglich in dem unübersichtlichen und einbruchsgefährdeten Hartwalde, einem Staatsforst östlich von Mülhausen, mittels Stützpunkten in der Tiefe des Raumes von der allgemeinen Tendenz abwich. Einzig zwischen Münchhausen und Ensisheim und an der Straße von Diebolsheim nach Bindernheim und Hilsenheim an der Grenze zum SD Bas-Rhin sollten Riegelstellungen in Ost-West-Richtung eine feindliche Umfassung in den Rücken der Maginot-Linie verhindern.

Der südliche Rheinverlauf ab der Linie Homburg – nördlich Kembs' musste in den Planungen der CDF unberücksichtigt bleiben, weil in der Wiener Kongressakte des Jahres 1815 eine 12-km-Zone („drei Wegstunden") um Basel festgelegt worden war. Die HKL des SD d'Altkirch (Sundgau) schlug daher mit ihren STG-Kasematten einen halbkreisförmigen Bogen westlich Basels und bog bei Helfrantskirch in südlicher Richtung ab. Seine Stärke bezog dieser Festungsabschnitt aus der rückwärtig gelegenen Festung Belfort, der der Schutz der Burgundischen Pforte oblag. Erst mit Kriegsbeginn wurden in rascher Folge während des drôle de guerre zwischen Rheinufer und der Straße von Sierenz nach Hegenheim (D12^{BIS}) unvollkommen betonierte Kampfstände gebaut, die zwar in den folgenden Kampfhandlungen keine Rolle mehr spielten, den Festungsabschnitt aber zu einem der am tiefsten gegliederten Zonen der gesamten Maginot-Linie machten.

III. Bewährungsprobe – Die Operation „Kleiner Bär" 1940[65]

Die Bewährungsprobe für dieses Milliarden-Francs-Projekt, das die Politik und Bevölkerung Frankreichs in den 1930er-Jahren in eine trügerische Sicherheit wiegte, kam mit dem Beginn des Krieges gegen Frankreich am 10. Mai 1940. Die strategisch-operative Planung und Durchführung des Angriffes auf Frankreich durch die deutsche Wehrmachtführung umging dabei dieses gigantomane Festungswerk der französischen Armee mittels schneller Truppen über die „undurchdringlichen Ardennen" und ließ die Maginot-Linie „links liegen". Erst in der zweiten Phase des Krieges gegen Frankreich („Fall Rot") spielte sie eine gewisse Rolle dergestalt, dass ihr an der zu den „Neuen Fronten" zählenden Kleinen Werkgruppe 505 bei Villy-la-Ferté[66] einerseits die Rolle für ein gewaltiges Ablenkungsmanöver von der eigentlichen Hauptstoßrichtung des deutschen Angriffes zugedacht war, sie andererseits aber auch als Demonstrationsobjekt für die Nutzlosigkeit ihrer Werke angesichts neuartiger Waffensysteme und die scheinbar unüberwindbare Wehrmacht diente. Strategische Absicht der deutschen Führung im Bereich der Heeresgruppe A war es, gemäß der Manstein'schen Planung die französischen Truppen „im Rücken der Maginotlinie zu einer Schlacht mit verkehrten Fronten"[67] herauszufordern. Hierzu hatte die Heeresgruppe mit Masse über Sedan nach Süden vorzustoßen, während die Panzergruppe Guderian in ihrem Gefolge einen Linksabmarsch Richtung Schweizer Grenze durchführen sollte, um so drei fran-

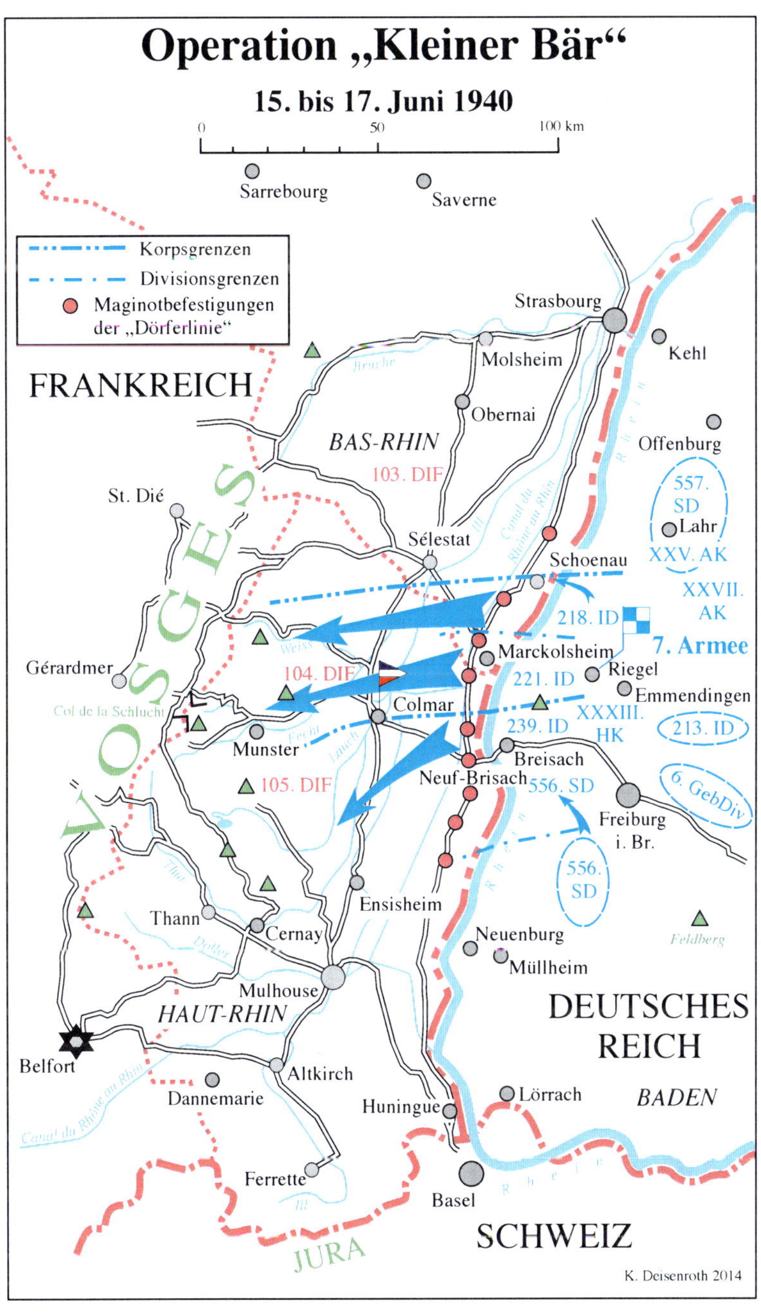

Operation „Kleiner Bär“
15. bis 17. Juni 1940
0
50
100 km
Korpsgrenzen
Divisionsgrenzen
Maginotbefestigungen der „Dörferlinie“
Sarrebourg
Saverne
Strasbourg
Kehl
Molsheim
Obernai
Offenburg
FRANKREICH
BAS-RHIN
103. DIF
557. SD
Lahr
XXV. AK
XXVII. AK
St. Dié
Sélestat
Schoenau
218. ID
7. Armee
VOSGES
Gérardmer
Marckolsheim
104. DIF
221. ID
Riegel
Emmendingen
Col de la Schlucht
Colmar
239. ID
XXXIII. HK
213. ID
Munster
Breisach
105. DIF
Neuf-Brisach
556. SD
6. GebDiv
Freiburg i. Br.
556. SD
Ensisheim
Thann
Cernay
Neuenburg
Feldberg
Müllheim
Mulhouse
HAUT-RHIN
DEUTSCHES REICH
Belfort
Altkirch
Dannemarie
Lörrach
Huningue
BADEN
Canal du Rhône au Rhin
Ferrette
Basel
Rhein
SCHWEIZ
JURA
K. Deisenroth 2014

zösische Armeen, rund 500.000 Mann, im Sinne des Schlieffen'schen „Cannae" einzukesseln. Die zur Heeresgruppe C gehörende 7. Armee am Oberrhein hatte letztlich den Kessel bei Mülhausen zu schließen.

Die eigentliche Schlacht am Rhein fand zwischen dem 15. und 17. Juni 1940 im Angriffsstreifen der 7. Armee des Generals der Artillerie Friedrich Dollmann unter der Tarnbezeichnung „Kleiner Bär"[68] (vgl. Karte, S. 57) statt zu einer Zeit, da der französische Widerstand längst gebrochen und die französische Hauptstadt am Vortag von deutschen Truppen besetzt worden war. Aber gerade hier im Elsass galten andere Voraussetzungen, kam doch „der Eroberung – anstelle einer bloßen Besetzung – des Elsaß, Lothringens und des ‚urdeutschen Landes Burgund' auch politische Bedeutung zu, ganz abgesehen von dem damit verbundenen Prestige."[69] Vorgetragen wurde der um einen Tag vorverlegte Angriff von Bremgarten im Süden bis Schönau im Norden mit Angriffsschwerpunkt beim XXVII. Armeekorps in der Mitte (2 Divisionen 3. Welle: 218. rechts, 221. Mitte, mit Unterstützung der nachgeführten 213. ID) und Höherem Kommando (sp. AK) XXXIII (239. ID links, mit Unterstützung der nachgeführten Stellungsdivisionen 554 u. 556 zur Sicherung der Südflanke Richtung Mülhausen) aus dem Kaiserstuhl zwischen Schönau und Breisach in einer Frontbreite von 21 km über Colmar–Schlettstadt gegen den Ostrand der Vogesen und die diesen Raum verteidigende 8e Armée mit der aus dem Festungssektor Colmar hervorgegangenen 104e D. I. F. (Festungs-Infanteriedivision) mit nur acht Bataillonen Infanterie und einer einzigen Artillerieabteilung zu 24 Geschützen. Das XXV. AK im Norden (557. u. 555. Stellungsdivision) diente der rechten Flankensicherung. Der Auftrag lautete, ohne Rücksicht auf Flankensicherung über den Rhein die Hauptkampflinie des Feindes zu durchstoßen und in allgemein südwestlicher Richtung über Belfort das operative Hauptziel Dijon zu gewinnen. Das Verhältnis von Verteidiger und Angreifer pendelte sich auf die klassische Konstellation von 1 : 3 ein.

Am Morgen des 15. Juni um 10 Uhr tritt bei strömendem Regen gegen eine schon weitgehend durch Abzug an die bedrohte Nordfront dezimierte Festungstruppe mit schwacher Bewaffnung und ohne Luftunterstützung eine zusammengewürfelte deutsche Angriffsarmee mit z. T. aus Beutebeständen stammenden Waffen an und nimmt am ersten Tage die Rheinauewälder. Ernsthaften Widerstand findet die Truppe beim Übersetzen mit Sturmbooten über den Hochwasser führenden Rhein nur bei Schönau und besonders bei Breisach, wo gut getarnte, nicht erkannte Kampfstellungen der Maginot-Linie und verstärktes Artilleriefeuer das Übersetzen und den Vormarsch eines Infanterie-Regiments empfindlich stören und bis zum folgenden Tag aufhalten. Dieser sieht den Angriff auf die Kasematten der Dörferlinie, deren Panzerglocken durch deutsche 8,8-cm-Flak der Flak-Brigade Veith des Luftgaukommandos VII im direkten Schuss und Sturzkampfflugzeuge Junkers JU 87 des V. Fliegerkorps schnell außer Gefecht gesetzt werden. Die verbliebenen französischen Truppen setzen sich in den Abendstunden nach Westen ab; wenige sich zäh verteidigende Widerstandsnester im Bereich Neubreisach, Markolsheim und Schönau werden nach heftiger Gegenwehr am 17. Juni durch die 221. ID genommen. An diesem Tage wird, nach Überwindung des Rhein-Rhone-Kanales an allen Stellen, Colmar durch eine Vorausabteilung des Höheren Kommandos XXXIII besetzt und Neubreisach durch die 554. Div eingenommen; Mülhausen (556. Div) folgt am 18., Straßburg schließlich am 19. Juni (555. Div). Die Franzosen ziehen sich derweil auf die Vogesenhöhen zurück, wo sie nun von den Divisionen des rechts eingesetzten XXVII. Armeekorps (218. u. 221. ID) im Bereiche Col du Bonhomme und Col de la Schlucht bedrängt und schließlich durch den Kesselschluss der Panzergruppe Guderian von Westen her eingeschlossen werden. Der überraschend von der Heeresgruppe C am 19. Juni angeordnete Einsatz der in Reserve gehaltenen 6. Gebirgs-Division über die Sasbacher Behelfsbrücke dient hierbei eher optischen Gesichtspunkten als taktischen Notwendigkeiten. Denn auch wenn der Gebirgskampf den in diesem Metier weitgehend ungeübten deutschen Truppen einige Schwierigkeiten bereitet, hat sich der Kreis längst geschlossen: Im Norden haben Teile des XXV. AK bereits Verbindung mit dem linken Flügel der 1. Armee aufgenommen. Damit ist auch das Schicksal der Maginot-Linie besiegelt. An den noch intakten Werken der Lauterfront klopft die Wehrmacht, die in der „Falle von Lothringen" drei Armeen in klassischer Manier eingekesselt hat, am rückwärtigen Eingang an; auf Befehl des französischen Oberbefehlshabers geben die Besatzungen den aussichtslosen Kampf auf. Die Devise der Festungstruppen „On ne passe pas" hatte die Verantwortlichen Lügen gestraft, das Denken in Kategorien einer trügerischen „securité" sich als Schimäre erwiesen.

Die aus dieser Katastrophe zu ziehenden Lehren waren eindeutig: Auf französischer Seite war das Konzept des Zusammenwirkens von Festungen und Feldarmee mangels Reserven gründlich missachtet worden. Die Bunker der Maginot-Linie und ihre Besatzungen standen somit weitgehend unverbunden, in zu großem Abstande und ohne Artillerie- und Luftunterstützung einem Gegner gegenüber, der zwar nicht über vollwertige Truppen verfügte, dafür aber unter Ausnutzung des taktischen Überraschungsmoments – Angriff zu ungewöhnlicher Zeit bei extremen Wetterbedingungen – und einer guten Kenntnis der Lage der Werke in Ufernähe mit deutlicher Artillerieüberlegenheit und Luftbeherrschung einen schon weitgehend demoralisierten Verteidiger in wenigen Tagen zur Kapitulation zu zwingen vermochte. Die Maginot-Linie hatte ihre Bewährungsprobe nicht bestanden.

Große Teile der ehemaligen starken Befestigungen an den Rheinübergängen sind heute verschwunden. Von den noch vorhandenen Bunkern im Oberelsass sind nur wenige noch begehbar; viele sind zerstört, so die Sicherungen und Kampfstände an der Rheinbrücke nach Breisach, oder einer neuen Verwendung zugeführt worden, andere wiederum stehen als Relikte einer vergangenen Zeit in den Gärten und Feldern um Neuf-Brisach und Marckolsheim, so die als Standardtypus weitverbreitete Doppelkasematte 44/3[70] Algolsheim-Nord südöstlich von Neuf-Brisach an der N415 nahe den Kasernen in der Rue des Artisans in Algolsheim sowie die imposante Kasematte 45/3 Algolsheim-Ost als Sonderbauform mit zwei Panzerglocken mit Zwillings-MG und leichtem MG in der Grand Rue am Ortsausgang von Algolsheim Richtung Vogelgrun.[71] Die Kasematte 35/3 Marckolsheim-Sud[72] dient jetzt als Gedenkstätte und Museum (s. u. Kriegsgeschichtliche Museen). Sie ist eines der eindrucksvollsten Relikte der am Rhein vertretenen Sonderbauform der oberirdischen Befestigungsanlage der 3. Linie. Daneben aber fallen dem Besucher des Elsass die zahllosen Überreste dieser gigantischen Orgie in Stahlbeton allerorten ins Auge und halten die Erinnerung wach an eine nun glücklicherweise überwundene Zeit der „Erbfeindschaft" zweier bedeutender Kulturnationen unseres Kontinentes.

C. Kampf über die Vogesenhöhen – Der Erste Weltkrieg am Oberrhein[73]

„Hoch am Gewehr den Blumenstrauß,
So zogen feldgrau wir hinaus.
Der Weißdorn trug schon rote Beer'n,
Wann werden wir wohl wiederkehr'n?"[74]

I. Präludium: Das Chaos in der Ebene – Die Grenzschlachten im August 1914

1. Die Voraussetzungen

Ungeachtet der ihm folgenden unheilvollen Entwicklungen und Umbrüche muss der Erste Weltkrieg retrospektiv als das Ereignis, als „great seminal catastrophy of this century", die „Urkatastrophe des zwanzigsten Jahrhunderts",[75] wie sie George F. Kennan bezeichnete, gewertet werden. Denn nur durch die aus ihm

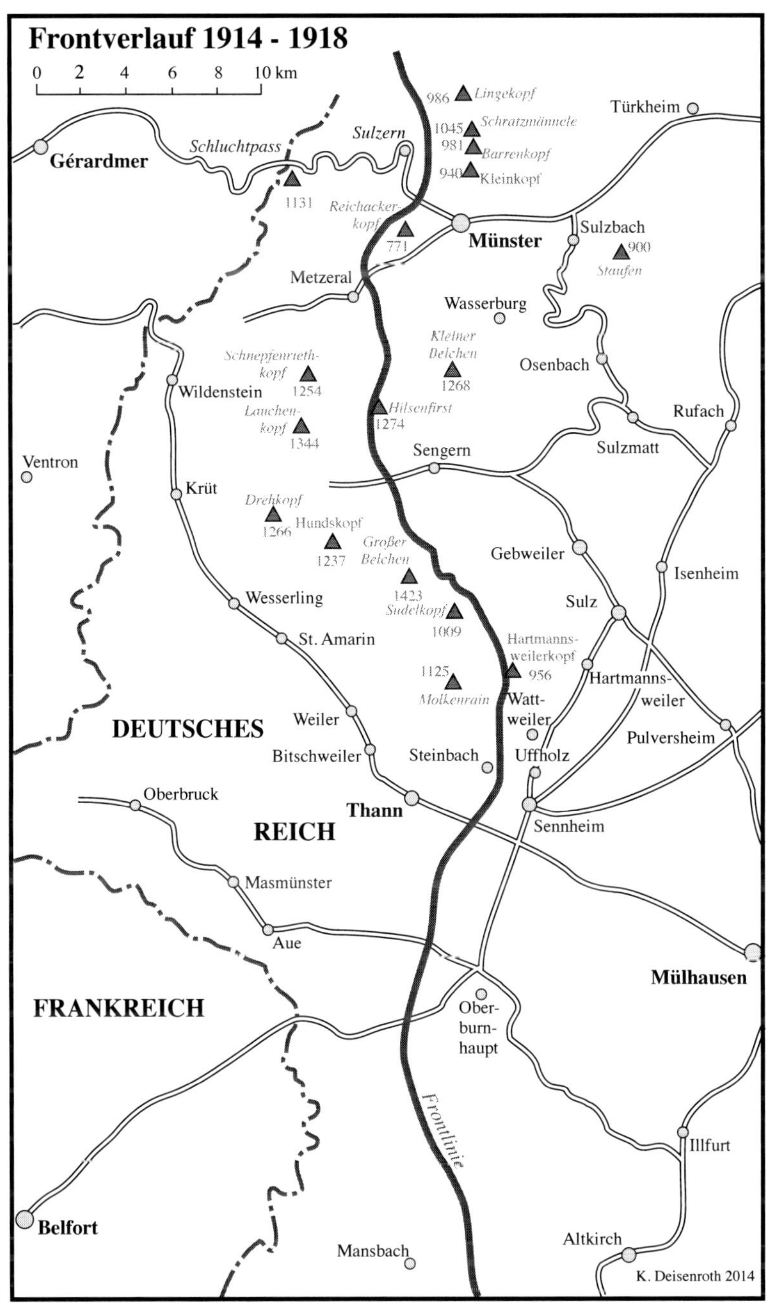

Frontverlauf 1914 - 1918
0 2 4 6 8 10 km
Gérardmer
Schluchtpass
Sulzern
1131
Reichacker-
kopf
771
986 Lingekopf
1045 Schratzmännele
981 Barrenkopf
940 Kleinkopf
Türkheim
Münster
Sulzbach
900
Staufen
Metzeral
Wasserburg
Kleiner
Belchen
1268
Osenbach
Schnepfenrieth-
kopf
1254
Wildenstein
Lauchen-
kopf
1344
Hilsenfirst
1274
Rufach
Sulzmatt
Sengern
Ventron
Krüt
Drehkopf
1266
Hundskopf
1237
Großer
Belchen
1423
Gebweiler
Isenheim
Sulz
Wesserling
Sudelkopf
1009
St. Amarin
Hartmanns-
weilerkopf
956
1125
Molkenrain
Hartmanns-
weiler
Watt-
weiler
Weiler
DEUTSCHES
Pulversheim
Bitschweiler
Steinbach
Uffholz
Oberbruck
Thann
Sennheim
REICH
Masmünster
Aue
Mülhausen
FRANKREICH
Ober-
burn-
haupt
Frontlinie
Illfurt
Belfort
Altkirch
Mansbach
K. Deisenroth 2014

resultierenden Aggressionen und Emotionen konnten sich Weiterungen zeitigen, die ihre Auswirkungen bis heute ausstrahlen. Im Bündnissystem der Großmächte zu Beginn des 20. Jahrhunderts stand das erst seit 1871 geschaffene, durch Bismarck mittels eines Krieges geeinte Deutsche Reich nach dessen Abgang im Jahre 1890 unter seinen Nachfolgern vor der Bündnisfrage in einem Mitteleuropa, dessen divergierende Machtinteressen denen des Reiches diametral entgegenstanden. Eine wenig feinfühlige Reichsleitung verpasste die Chance der Fortführung und Vernetzung der bismarckschen Bündnispolitik und isolierte Deutschland in der internationalen Politik. Zuletzt blieben nur noch der Vielvölkerstaat Österreich-Ungarn und das unsichere, weil mit Österreich durch gemeinsame, umstrittene Grenzen verbundene Italien als Bundesgenossen. Die Interessen des zaristischen Russland bei der Verfolgung panslawistischer Ideen auf dem Balkan und mit seinen territorialen Begehrlichkeiten gegenüber der Türkei an den Dardanellen kollidierten mit deutschen Bündnisverpflichtungen und machtpolitischen Vorstellungen. Dies trieb das Land in die Arme des mit Deutschland in „Erbfeindschaft" verbundenen Frankreich, das sich mit dem um die „balance of power" bemühten, letztlich aber nur auf seine wirtschaftlichen Vorteile bedachten britischen Empire in einer „Entente cordiale" zusammenfand, die das Reich zunehmend isolierte. Eine in einer Art „fin de siècle"-Stimmung gesteigerte Todesbereitschaft und Überdrüssigkeit einer bürgerlichen Saturiertheit, die sich schon im ersten Jahrzehnt des neuen Jahrhunderts in einem Ausbruch eines Teiles der Jugend in der Wandervogelbewegung äußerte und auch in weiten Teilen des Volkes den Wunsch nach einem „Stahlbad" zur Reinigung von dekadenten Erscheinungsformen weckte, relativierte Bedenken gegenüber einem künftigen Waffengang.

In diese Situation sah sich der deutsche Generalstab gestellt, dem die Planung eines möglichen Krieges aufgetragen war. Die überragende Gestalt seines von 1891 bis 1906 amtierenden Chefs Alfred Graf v. Schlieffen führte dazu, dass dessen Planungen auch seinen Nachfolger im Amte, Generaloberst Helmuth v. Moltke d. J., überstrahlten. Moltke machte die Zwanghaftigkeit dieses Konzeptes zur – allerdings nicht unwesentlich veränderten – Grundlage seines Operationsplanes für die entscheidenden Schläge gegen die Feinde in Ost und West. Die im Jahre 1905 kurz vor dem Ausscheiden Schlieffens formulierten Gedanken, in der Folge als „Schlieffen-Plan"[76] bezeichnet, wurden nicht nur im Generalstab als Patentrezept für den Sieg über die Kontinentalmächte gehandelt. Sie gingen von einem für das Deutsche Reich aufgrund seiner Mittellage und seiner Wirtschaftskraft unausweichlichen Zweifrontenkrieg aus, dem mittels einer schnellen

Zerschlagung Frankreichs unter Inkaufnahme der Verletzung der Neutralität Belgiens und Luxemburgs und einer daran anschließenden Umgruppierung der Streitkräfte gegen die erst dann als aufmarschfertig gedachte russische Armee begegnet werden sollte. Um diese zeitlich eng begrenzte strategische Vorgabe erfüllen zu können, sollte das Westheer mit verstärktem rechten Flügel in einem schnellen Flankenmarsch weit ausholend westlich an Paris vorbei nach Südosten einschwenken und die im Festungsgürtel an der Ostgrenze Frankreichs vermutete französische Armee in einer an Cannae erinnernden Einkesselung vernichten. Die Unterschätzung des französischen Gegners und ein gewisser Hurrapatriotismus auch im preußisch-deutschen Offizierskorps trugen in Verbindung mit dem als siegbringend eingeschätzten Operationsplan vor dem Hintergrund eines verbreiteten Einkreisungskomplexes nicht unwesentlich zu einem leichtfertigen Vertrauen maßgebender deutscher Politiker in die Angriffsfähigkeit der deutschen Armee[77] bei. Entsprechend ließen sie nach dem Attentat von Sarajewo am 28. Juni 1914 ein dem Ernst der Situation angemessenes Krisenmanagement vermissen und luden so einen guten Teil der Schuld am Entstehen des Ersten Weltkrieges auf sich. Gleichwohl kann und darf die Mitverantwortung und Mitschuld der Hauptmächte im europäischen Konzert am Vorabend dieser Katastrophe dadurch nicht minimiert werden.[78]

2. Ausgangslage 1914: Die operativen Planungen beider Seiten mit Schwerpunkt im Raum Oberelsass

a) Deutsches Reich

Als der deutsche Kaiser am 31. Juli 1914 im Sternensaal des Berliner Schlosses die Ordre über den Zustand der drohenden Kriegsgefahr auf der Hand des Kriegsministers v. Falkenhayn unterzeichnete, begann in den militärischen Schaltstellen ein Uhrwerk anzulaufen, das in seiner Präzision seinesgleichen suchte. Zugleich entzog die Oberste Heeresleitung (OHL) und damit die militärische Führungsschicht den Politikern das Gesetz des Handelns und setzte eine Militarisierung der Gesellschaft in Gang, deren Auswirkungen sich erst in der Zeit der ersten deutschen Republik wirkungsreich entfalten sollten. Dadurch wurde aber auch der preußische Generalstabschef unter erheblichen Zugzwang gesetzt, war doch selbst von seinem Onkel, dem älteren Moltke, für den Fall eines gleichzeitigen Krieges gegen Frankreich und Russland eine defensive Strategie der Präventivkriegsidee vorgezogen worden, zumal eine friktionsarme Durchführung des

Schlieffen-Planes angesichts des deutschen Kräftedefizits schon im Ansatz als wenig erfolgversprechend erscheinen musste.[79]

Standorte deutscher Truppen im Oberelsass im Jahre 1914

Colmar i. E. (XV. AK): Kdo 39. Div; Idtr 39. Div; Kdo 82. InfBrig; Kdo 39. KavBrig; Kdo 39. FeldaBrig; 2. Oberels. InfRgt Nr. 171; Großhzgl. Mecklb. Jäger Btl Nr. 14; Kurmärkisches DragRgt Nr. 14; JägerRgt z. Pf. Nr. 3; St u. I./3. Oberels. FeldaRgt Nr. 80; BezKdtr; Proviantamt; MilBauamt; GarnVerw; GarnLaz.

Mülhausen i. E. (XIV. AK): Kdo 58. InfBrig; Kdo 29. KavBrig; 4. Bad. InfRgt Prinz Wilhelm Nr. 112; St, I. u. III./7. Bad. InfRgt Nr. 142; 3. Bad. DragRgt Prinz Karl Nr. 22; JägerRgt z. Pf. Nr. 5; BezKdtr I u. II Mülhausen i. E.; Proviantamt; GarnVerw; GarnLaz.

Neubreisach (XV. AK): Kdtr, 3. Oberels. InfRgt Nr. 172; I./4. Bad. FeldaRgt Nr. 66; II./3. Oberels. FeldaRgt Nr. 80 (vorl. TrÜbPl Oberhofen/Elsass); ArtDepot; Fortifikation; VerkehrsOffz v. Pl.; Proviantamt; GarnVerw; GarnLaz.

Lit: Rangliste der Königlich Preußischen Armee und des XIII. (Königlich Württembergischen) Armeekorps für 1914. Mit Dienstalterslisten der Generale und der Stabsoffiziere etc. nach dem Stande v. 6. Mai 1914, Berlin 1914, S. 1315–1338.

Der deutsche Aufmarschplan – beginnend mit der 1. Armee am rechten Flügel bis zur 5. Armee am beabsichtigten Drehpunkt Diedenhofen–Metz – hatte ursprünglich für die wegen des starken Festungsgürtels als unüberwindlich erscheinende französische Ostfront nur Grenzschutz und einen dünnen Schleier von gemischten Landwehrbrigaden in der Oberrheinebene vorgesehen, auch auf die Gefahr hin, dass ein Einbruch in deutsches Land erfolgte.[80] Dies lag durchaus im Kalkül Schlieffens, der die Franzosen in diese operative Falle locken wollte, um sie dann im Rücken einkesseln zu können (Drehtüreffekt). Moltke aber, der glaubte, einen Vorstoß in badisches Land mit seinen verheerenden psychologischen Folgen für die Bevölkerung nicht verantworten zu können – der unerwartete, überraschende Einfall der Russen in Ostpreußen kurz nach Kriegsbeginn und seine Auswirkungen auf die Einwohnerschaft sollte ihm gewissermaßen recht geben –, hatte bereits im Aufmarschentwurf 1908/09 die Sicherung des Oberrheintales durch das XIV. AK angeordnet, um dem Feind keinen Einblick in die Situation auf dem rechten Rheinufer zu erlauben. Schließlich gestaltete sich das ursprüngliche Verhältnis des rechten zum linken Flügel von 7 : 1 durch den

Aufmarsch der 6. und 7. Armee mit insgesamt 8 Armeekorps in Lothringen und am Oberrhein auf lediglich 3 : 2. Die 7. Armee war „in der Gegend von Straßburg versammelt, um einem Vorgehen des Gegners von Belfort in das Oberelsaß entgegen zu treten. Mit diesem Unternehmen rechnete ich fast mit Sicherheit. Die Franzosen mußten es schon des Prestiges halber in Szene setzen."[81] Moltke hat diesen „Liebesdienst", wie sich Schlieffen ausdrückte, nicht angenommen.

Der uns hier interessierenden 7. Armee unter dem Befehl von Generaloberst v. Heeringen war der Aufmarschraum Straßburg–Mülhausen–Freiburg i. Brsg. mit zwei aktiven Armeekorps (XIV. u. XV. AK) und einem Reservekorps (XIV. RK) sowie der 60. Landwehr-Brigade und den unterstellten Festungen Straßburg und Neubreisach zugewiesen worden. Daneben sollten die unter dem Kommando des Kommandierenden Generals mobiles stellvertretendes XIV. AK stehenden Deckungstruppen (1. und 2. bayer. Landwehr-Brigade, 55. Landwehr-Brigade, Landwehr-Infanterie-Regiment 110, 1 Batterie schwere Feldhaubitzen) zunächst noch der 7. Armee zugewiesen bleiben. Im Falle eines offensiven Vorgehens der Franzosen in den Reichslanden war ein enges Zusammenwirken mit Teilen der 6. Armee des bayerischen Kronprinzen in Lothringen vorgesehen. Aufgabe der 7. Armee in der Phase des Aufmarsches war der Schutz des Oberelsasses; dabei sollten schwächere französische Angriffsunternehmen zurückgewiesen, ein stärkeres Vordringen dagegen durch die Rücknahme der eigenen Kräfte auf die allgemeine Linie Straßburg–rechtes Rheinufer und die Zerstörung der Lebenslinien dieses Landes als auch des rechtsrheinischen Südbadens beantwortet werden.

b) Frankreich

Mit der Ernennung des Général Joseph Joffre zum Generalstabschef im Jahre 1911 erfolgte auch ein Wandel im Denken des französischen Militärs von Kategorien der strategischen Abwehr hin zu einer strategischen Offensive, die Absprachen mit dem russischen Bündnispartner aus dem Jahr 1911 in ihr Kalkül miteinbezog und den Aufmarsch des Heeres weiter zur Ostgrenze vorverlegte. Dieser im Frühjahre 1913 von der französischen Regierung abgesegnete Plan Nr. XVII[82] (vgl. Karte, S. 67) sah zwei mögliche Angriffsrichtungen gegen den Raum südlich und ostwärts von Metz mit einem flankensichernden Ablenkungsangriff ins Oberelsass oder aber von einer Linie Verdun–Metz in nördliche Richtung vor. Entsprechend wurde ein Versammlungsraum im Bereich des Festungsgürtels Belfort–Epinal–Toul–Verdun für die südliche Armee-Gruppe (VII. Korps, 1. u. 2. Armee mit der 2. Gruppe Reserve-Divisionen sowie der 1. Gruppe

Reserve-Divisionen bei Vesoul als Flankensicherung zur unmittelbaren Verfügung der Heeresleitung) und ein ebensolcher von Verdun ausschließlich bis Hirson im Norden reichender für die nördliche Hauptgruppe (5. Armee, Kavalleriekorps Sordet, 4. Gruppe Reserve-Divisionen) bestimmt. Dazwischen, sozusagen als Eingreifreserve für eine der beiden Gruppen und als Deckung der Festung Verdun, stand auf den Höhen der Maas, den Côtes Lorraines, gegenüber der deutschen Festung Metz die 3. Armee mit der 3. Gruppe Reserve-Divisionen. Rückwärts versetzt mit Anlehnung an den linken Flügel der 3. Armee sollte die 4. Armee die strategische Reserve der Heeresleitung bilden. Durch diese Staffelung war es der französischen Armee verhältnismäßig leicht möglich, die deutschen Angriffspläne durch geschicktes Manövrieren zu konterkarieren resp. ihnen zuvorzukommen.

Auftrag der der deutschen 7. Armee gegenüberliegenden 1. französischen Armee unter dem Oberbefehl des Général Dubail war der frontale Angriff und Durchbruch der deutschen Front mit allgemeiner Richtung Breuschtal–Donon–Saarburg. Das auf dem rechten Flügel versammelte VII. Korps hatte diesen Vorstoß über Colmar–Schlettstadt flankierend zu unterstützen. Letztlich zielte die Planung auf einen allgemeinen Durchbruch bei Straßburg weiter über den Rhein zur Trennung der norddeutschen und süddeutschen Staaten. Dahinter stand die vage Hoffnung auf einen Separatfrieden mit letzteren, nach dem der entscheidende Stoß gegen Preußen geführt werden sollte, wie dies im Deutsch-Französischen Krieg der französische Generalstab vorgesehen hatte. Ohne eine solche Konzeption müsste der allein auf Angriff fixierte Plan Joffres frontal ins Reich zumindest als fantasielos bezeichnet werden.

3. Die Eröffnungsschlachten im deutschen Reichsland im August 1914

a) Die Erste Schlacht bei Mülhausen[83]

Zur Entlastung der sich entwickelnden Schlacht in Lothringen beschloss der Oberbefehlshaber der 1ère Armée, Général Dubail, einen Vorstoß über die Grenze des Reichslandes durch die Vogesentäler in die Rheinebene zu wagen. Hierzu sollte das verstärkte VIIe Corps d'Armée von Général Bonneau mit der 8e Division de cavalerie als Flankenschutz am 7. August 1914 aus dem Raume Belfort heraus mit der 14e Division d'infanterie die Linie Altkirch–Niedersulzbach erreichen und mit der 41e Division d'infanterie[84] aus dem Thurtal gegen Thann vorgehen. Die deutschen Grenzsicherungen im Oberelsass, hauptsächlich die zur 29. Infanterie-Division zählende 58. Infanterie-Brigade unter Generalmajor Stenger, zogen sich

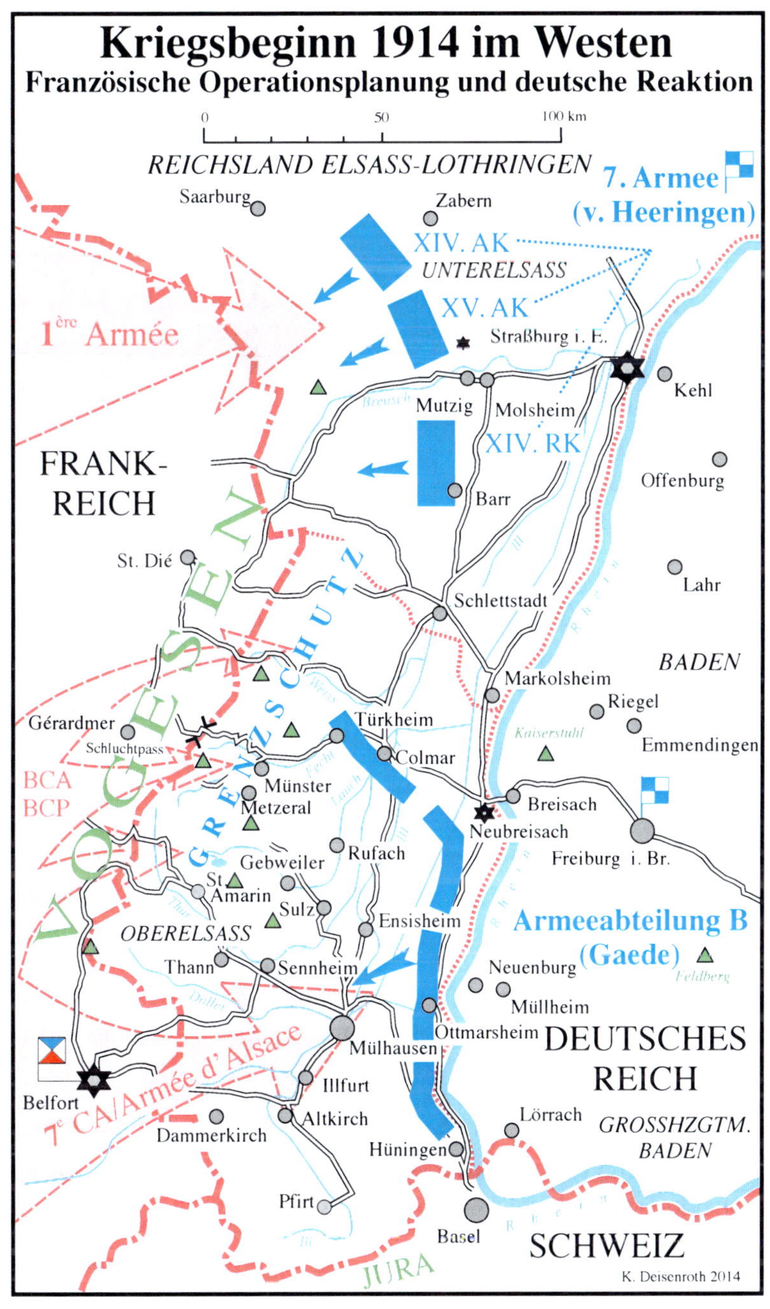

Kriegsbeginn 1914 im Westen
Französische Operationsplanung und deutsche Reaktion
0
50
100 km
REICHSLAND ELSASS-LOTHRINGEN
7. Armee
(v. Heeringen)
Saarburg
Zabern
XIV. AK
UNTERELSASS
XV. AK
1ère Armée
Straßburg i. E.
Kehl
Mutzig
Molsheim
XIV. RK
FRANK-
REICH
Offenburg
Barr
St. Dié
Lahr
VOGESEN
GRENZSCHUTZ
Schlettstadt
BADEN
Markolsheim
Riegel
Gérardmer
Türkheim
Schluchtpass
Emmendingen
Colmar
BCA
BCP
Münster
Breisach
Metzeral
Neubreisach
Freiburg i. Br.
Gebweiler
Rufach
St
Amarin
Sulz
Ensisheim
Armeeabteilung B
(Gaede)
OBERELSASS
Thann
Sennheim
Neuenburg
Müllheim
Ottmarsheim
DEUTSCHES
REICH
Mülhausen
Belfort
7e CA/Armée d' Alsace
Illfurt
Altkirch
Lörrach
Dammerkirch
GROSSHZGTM.
BADEN
Hüningen
Pfirt
Basel
SCHWEIZ
JURA
K. Deisenroth 2014

Uffholz am Fuße des Hartmannsweilerkopfes, Sommer 1915. WGM Rastatt.

hinhaltend kämpfend in der Nacht zum 8. August nach Neuenburg am Rhein zurück. Am Abend des 8. August marschierten die Franzosen (14e D. I.) unbehelligt in Mülhausen ein. Zu diesem Zeitpunkt hatte sich der Armeeoberbefehlshaber v. Heeringen nach Rücksprache mit der OHL und deren ausdrücklicher Genehmigung bereits entschlossen, die Herausforderung anzunehmen, um einer Ausweitung des Angriffes von vornherein die Spitze zu brechen. Hierfür erhielt das XV. AK (30. und 39. InfDiv) Befehl, im Bahntransport[85] den Raum Colmar zu erreichen und mit Teilen die Sperren der Vogesenpässe aufrechtzuerhalten; das XIV. AK sollte seine Bereitstellungsräume bei Breisach (28. InfDiv) und Müllheim (29. InfDiv) beziehen. Das in der Heranführung befindliche XIV. RK sollte im Laufe des 9. August die Rheinübergänge bei Markolsheim (28. ResDiv) und Schönau (26. ResDiv) erreichen. Schließlich lautete der Auftrag für das Gouvernement Straßburg auf Sperrung des Breuschtales. Der Angriffsbefehl erfolgte am Abend des 8. August; die beiden Korps sollten in frontalem Angriff in der Reihenfolge 39., 30., 28., 29. Infanterie-Division den Gegner auf den Sundgau und Belfort zurückwerfen.[86] Das für den Gegner vorteilhafte Gelände sowie die heiße Wetterlage des

9. August behinderten die Aktion nicht unwesentlich; vor allem aber ließen die Vogesen-Vorberge und die bis auf diese Höhe in Stellung gegangenen Posten des 133e R. I. unter Colonel Coste eine taktische Entfaltung und Umfassung über die Höhen nicht zu. Der am rechten Flügel eingesetzten 39. Infanterie-Division unter Generalleutnant Frhr. v. Watter gelang daher erst gegen 18.00 Uhr die Erstürmung des nordwestlich von Sennheim gelegenen Dorfes Steinbach[87] mit der 61. Infanterie-Brigade. Besonders die auf Höhe 419 gelegene Antoniuskapelle nördlich von Steinbach und westlich des gleichfalls hart umkämpften Uffholz machte den Soldaten des InfRgt 61 zu schaffen. Die links davon marschierende 30. Infanterie-Division des Generalleutnants v. Eben vermochte nur im Zusammenwirken mit der Nachbardivision am Abend Sennheim nach heftigem Straßenkampf zu säubern; ein französischer Gegenstoß des 15e BCP und von Teilen des 133e R. I. konnte pariert werden. Eine Verfolgung des Gegners wurde nicht aufgenommen und die Möglichkeit, gegen den bei Mülhausen stehenden Gegner durchzustoßen und seine Rückzugswege abzuschneiden, vertan. Ein Grund hierfür mag auch die an diesem ersten Kampftage vorherrschende Verwirrung und fehlender Überblick unter den Kombattanten gewesen sein, die gar zu Angriffen in den eigenen Reihen führten, wie z. B. in Wittelsheim östlich von Sennheim, wo eine allgemeine Schießerei „zu bedauerlichen Verlusten führte und erst nach längeren Bemühungen durch Blasen von Signalen [!] beendigt werden konnte."[88] Mangelnde Nachrichtenverbindungen und Anschlüsse zu den Nachbareinheiten und die ungewohnte Kriegspraxis ließen diesen Tag fast zum Fiasko werden.

Die räumlich auseinandergezogenen Divisionen des XIV. AK am linken deutschen Flügel waren infolge der marschungeübten Truppe[89] und starker Hitze unter Zurücklassung zahlreicher Marschkranker nur bis vor Mülhausen gelangt. Hier sollten sie auf Anweisung des Oberbefehlshabers der 7. Armee zur Unterstützung des XV. AK, das nun zu einer Umfassungsaktion angesetzt worden war, für einleitende Kämpfe am nächsten Tag bereitstehen. Doch im Eifer der ersten Gefechte – dynastische Profilierungsgründe sind, ähnlich der Vorgehensweise kurze Zeit später bei der bayerischen 6. Armee, nicht auszuschließen; der zu den Positionen des Armeekorps herüberschallende Kanonendonner mag zusätzlich stimulierend gewirkt haben – ließ der Kommandierende General des XIV. AK, v. Huene, die Bewegungen auf Mülhausen in den Nachmittagsstunden fortsetzen. Er geriet dabei in anhaltende, zum Teil schwere Kampfhandlungen, kam aber über die Linie Burzweiler–Napoleonsinsel–Habsheim nicht hinaus. Huene sah sich daher auch außerstande, eine für das XV. AK angeforderte Brigade abzugeben. Die Infanterie-Regimenter 111 und 40 der 56. InfBrig am rechten Flügel der 28.

Division konnten erst nach erbitterten Gefechten gegen die 41e D. I. das nordwestlich von Mülhausen gelegene Lutterbach nehmen. Ähnlich hart fochten die linken Nachbarregimenter 109 und 110 im Norden Mülhausens bei Illzach und Burzweiler. Am linken deutschen Flügel, bei der 29. Division, sah es nicht besser aus: Auch hier musste sich die 84. InfBrig unter verlustreichen Kämpfen, bei welchen der Kommandeur, General v. Koschembahr, den Soldatentod fand, den Weg bahnen. Erst gegen Abend gelang es dann der links eingesetzten 58. Brigade mit dem „Seehasen"-Regiment 114 aus Konstanz gegen Rixheim und Habsheim (Exerzier- und Flugplatz) südwestlich von Mülhausen vorzugehen, bis die hereinbrechende Nacht, die zur weiteren Verwirrung in den eigenen Reihen führte, die Streitenden endlich trennte und sie wegen fehlender Anbindung und Nachrichtenverbindungen z. T. wieder ihre Ausgangsposition beziehen ließ.

Als die deutschen Verbände am folgenden Tag den Kampf wieder aufnehmen wollten, hatten sich die Franzosen trotz eines dringenden Appells des möglicherweise über die tatsächliche Lage nicht hinreichend unterrichteten Joffre in Erwartung eines Flankenangriffes des rechten deutschen Flügels bei Lutterbach und Sennheim bereits auf eine Linie Altkirch–Galfingen–Reiningen–Thann zurückgezogen. Auf der Linie Brunstatt–Landser verharrte schließlich ohne weitere Feindberührung das XIV. AK, dessen 55. Infanterie-Brigade zuvor kampflos in Mülhausen einmarschiert war.

Das XV. Korps des Generals v. Deimling bekam dagegen wieder Fühlung mit dem Feinde, der sich auf den Höhen bei Ober- und Niederaspach und Schweighausen verschanzt hatte, um den Abzug der ostwärtigen Verbände zu decken. Erst gegen Abend führte ein frontaler Infanterieangriff der 39. Division zum Erfolge – der Umfassungsversuch der 30. Division bei Reiningen kam zu spät und traf ins Leere –, sodass sich die 41e D. I., das energische Eingreifen ihres Kommandeurs, Général Superbie, missachtend, genötigt sah, sich in größter Eile zurückzuziehen und den Sundgau bis zum 13. August zu räumen. Das Treffen bei Altmünsterol östlich von Belfort am 13. August, in welchem der 113e Brigade d'infanterie der 57e D.R. durch geschickt operierende deutsche Verbände ein großer Aderlass beigebracht wurde, blieb eine Ausnahme.

Die deutschen Truppen hatten zwar einen „ordinären"[90] Sieg errungen, aber um welchen Preis! Das Schlieffen'sche Konzept war spätestens zu diesem Zeitpunkt endgültig aufgegeben worden und einem bloßen Taktieren in zusammenhanglosen Einzelgefechten gewichen. Ursächlich hierfür waren neben dem geringen Ausbau des Wegenetzes und der wenig Entfaltung gewährenden Ostseite der Vogesen in erster Linie schwere Versäumnisse der oberen Führung, insbesondere des Armeeoberbefehlshabers v. Heeringen, die die Gunst der Stunde nicht zu nutzen wussten und ihre Truppen in die frontale Abnutzung schickten. Vernachlässigung der Anbindung an die Nachbarn und schwerfällige Nachrichtenverbindungen sorgten für unnötige Friktionen im Ablauf der Operationen, die zudem unnötige Opfer forderten. „An der Grenze Elsaß-Lothringens spielte sich eine der größten militärischen Torheiten dieses Jahrhunderts ab. Die Franzosen drängten in den von Schlieffen geplanten Kessel hinein, doch die Deutschen auf dem linken Flügel warfen die Angreifer, die sich freiwillig in den Schlund des Verderbens gestürzt hatten, mit aller Kraft wieder hinaus. [...] Somit geriet die Durchführung des Schlieffenplanes im Jahr 1914 zu einer Persiflage der Schlacht von Cannae, wobei offenbar der rechte Flügel nicht wußte, was der linke tat."[91]

b) Die Zweite Schlacht bei Mülhausen[92]

Am 10. August, dem Tage des Sieges bei Mülhausen, waren die gesamten Truppen im Reichslande Elsass-Lothringen dem Oberbefehlshaber der 6. Armee, Kronprinz Rupprecht von Bayern, unterstellt worden. Unklar über die Absichten des Feindes, erkundete Rupprecht die Möglichkeiten einer Offensive seiner Armee gegen das Departement Meurthe und Mosel, wozu die 7. Armee mit XIV. und XV. AK aus dem Oberelsass abtransportiert werden und auf der Linie Colmar–Oberehnheim über die Vogesen hinweg gegen die Meurthe vorgehen sollte. Erkenntnisse über starke feindliche Kräfte gegenüber der 6. Armee ließen die OHL Rupprecht am 12. August jedoch mitteilen, ein offensives Vorgehen liege vor dem Hintergrund der Gesamtplanung nicht im Interesse der Obersten Heeresleitung.[93] Zu diesem Zeitpunkt war der Abtransport der 7. Armee bereits im vollen Gange, deren XV. AK (Deimling) wegen Differenzen in der Zusammenarbeit mit den Eisenbahnbehörden und wohl auch Bedenken Deimlings gegenüber den operativen Absichten Rupprechts[94] den Befehl des Armeeoberkommandos, auf schnellstem Wege den Einsatzraum zu erreichen, negierte und den Fußmarsch nach Norden antrat.[95] Das von aktiven Truppen entblößte Oberelsass wurde jetzt nur noch von Landwehrverbänden geschützt, die jedoch allesamt in den rechtsrheinischen Brückenköpfen versammelt waren. Unter dem Oberbefehl von General der Infanterie Gaede[96] standen eine Landwehr-Brigade unter Befehl des Kommandanten der Oberrheinbefestigungen, Generalleutnant v. Bodungen, zur Sicherung des Abschnittes von Neuenburg bis Basel, die 55. gem. Landwehr-Infanterie-Brigade des Generalleutnants Mathy, die 55. gem. Ersatz-Brigade des Generals Dame und das 4. bayer. Reserve-Infanterie-Regiment als Deckungstruppe

Das Thanner Tor in Sennheim. WGM Rastatt.

für den Abzug der 7. Armee sowie die 1. und 2. bayer. Landwehr-Brigade zur Ablösung des noch in den Vogesen stehenden Grenzschutzes des XV. AK. Die Bewegungen der deutschen Truppen im Elsass waren den Franzosen verborgen geblieben, hätten sie doch ansonsten leichtes Spiel in dem militärisch entblößten Oberelsass gehabt.

Mittlerweile hatte Joffre das VIIe Corps zur Armée d'Alsace durch Général Pau umbilden lassen, die den erneuten Stoß gegen die im Oberelsass stehenden deutschen Verbände führen sollte, um diese zu binden und den Vormarsch der 1ère und 2ème Armée flankierend zu sichern. Der Angriffsbeginn, auf den 14. August festgelegt, verzögerte sich bei der Armée d'Alsace aufgrund der vorausgegangenen Ereignisse um einen Tag. Am 15. August trat die Armee – insgesamt sechs Divisionen – mit seinem rechten Flügel am Rhein-Rhone-Kanal angelehnt zum Vormarsch gegen Mülhausen an; als Zwischenziel war die Linie Dammerkirch–Thann bestimmt worden, die sie am folgenden Tag erreichte. Gleichzeitig ging die Gruppe des Général Bataille mit dem 152ème R. I.[97] und Jägern des 5e BCP, 13^{e}

u. 30e BCA über den Schlucht-Pass im Fechttal vor und besetzte Münster.[98] Beim Erreichen der Linie Altkirch–Mülhausen–Sennheim stieß die Armée d'Alsace am 19. August mit angriffsweise vorgehenden deutschen Landwehrverbänden der Brigade Mathy (rechts), Dame (Mitte) und Bodungen (links als Flankensicherung) zusammen, die vor dem Ansturm der aktiven Verbände des VIIe C. A. (Dornach, Zillisheim, Tagsdorf) bis zum Abend über den Rhein zurückweichen mussten.

Dieser Rückzug geriet bei dem der Brigade Mathy zugehörigen Landwehr-Infanterie-Regiment 40 zur zügellosen, auch durch deren Offiziere nicht mehr aufzuhaltenden Flucht nach Neuenburg. Vorausgegangen war dieser Panik ein Gefecht in Mülhausens westlicher Vorstadt Dornach[99] in den Morgenstunden des 19. August, bei welchem die zuvor unbehelligt durch Mülhausen marschierte Truppe direkt in den Aufmarsch der französischen Armee gestoßen war. Das 42e R. I. der 28e Brigade im Verband der 14e D. I. hatte bei Erreichen Dornachs Feuer bekommen und daraufhin den Kampf mit allen zur Verfügung stehenden Mittel aufgenommen. Wegen der Intensität des Gefechtes setzte der Kommandeur der 14e D. I., Général Curé, seine 27e Brigade mit den Infanterie-Regimentern 44 und 66 ein; zugleich belegten die beiden bei Niedermorschweiler in Stellung gegangenen Abteilungen des 47e R. A. Dornach und die dort noch haltenden Landwehr-Infanterie-Regimenter 40 und 110 mit heftigem Granat- und Schrapnellfeuer. Erst als sich der Ring um Dornach durch den Einsatz weiterer Jägerbataillone (15e und 55e BCP) und Feldartillerieabteilungen (5e R. A.) zu schließen drohte, befahl General Mathy[100] um die Mittagszeit den Abbruch und Rückzug.

Der Nachbarbrigade Dame war als Tagesziel Galfingen jenseits des Rhein-Rhône-Kanals bestimmt worden, das sie durch Sicherung der Brückenübergänge über die Ill bei Brunstatt und dem südlich gelegenen Zillisheim zu erreichen suchte. Genau an dieser Stelle jedoch sollte die 66e D. R. über die Ill in Richtung Brunstatt vorgehen. Da sie Zillisheim besetzt fand, entschloss sich die Divisionsführung zum Übergang der Ill bei dem südlicher gelegenen Illfurth, um ihr Ziel zu erreichen. Von Zillisheim aus setzte die Brigade des Général Saucède das 253e R. I. gegen Flachslanden ein, auf dessen umgebenden Höhen General Dame zwei Ersatzbataillone postiert hatte, die den nun folgenden Angriff des LIR 119 decken sollten. Nach mehrmaligem Ansturm konnte sich das Regiment im Dorf unter heftiger Gegenwehr der Franzosen festsetzen und diese in schwerste Bedrängnis bringen. Auch der taktisch ungeschickte Einsatz des 97e R. I. unter Colonel Roux vermochte keine Wende herbeizuführen, sodass die Franzosen in den frühen Nachmittagsstunden des 19. August nach schwersten Verlusten in heilloser Verwirrung bis auf Zillisheim zurückgingen. Ein Denkmal an der Straße nach

Mulhouse (D432) südlich von Flaxlanden erinnert noch heute an das Schicksal dieses aus Savoyen stammenden Regiments.

Auch der am linken Illufer vorgehenden französischen Infanterie der Regimenter 215 und 303 glückte der Flussübergang nicht. Dafür griffen die auf den Höhen zwischen Diedenheim und Fröningen aufgefahrenen neun Batterien der französischen Artillerie mit Bravour in das Gefecht ein und belegten Brunstatt und Flachslanden mit schweren Kalibern. Noch während des Dornacher Gefechtes hatte die auf dem Illberg südlich von Altkirch stehende Korpsartillerie des VIIe C. A. unter Colonel Nivelle auf den Höhen um Brunstatt offen am Waldrand aufgefahrene deutsche Artillerie der Brigade Dame entdeckt und „4 Batterien (24 Geschütze) ehrenvoll zusammengeschossen"[101]; die Hälfte der Brigadeartillerie war damit vernichtet. Diese falsche, in weiten Kreisen der Feldartillerie zu Beginn des Weltkrieges verbreitete Ehrauffassung, die das indirekte Schießen als Feigheit apostrophierte, hat einen nicht unerheblichen Blut- und Materialzoll gefordert.

Auf die links eingesetzte Brigade Bodungen traf die Tête der 44e D. R. bei Emlingen völlig unvorbereitet und musste sich schleunigst zurückziehen, um die nachfolgende Hauptkolonne nicht in die Falle laufen zu lassen. Auch bei Tagsdorf gelang es dem IR 109[102], die 157e D. I. zu schlagen und deren Kommandeur, Général Plessier, tödlich zu verwunden. Die führungslosen Franzosen wichen panikartig nach Walheim zurück. Dort traf gegen 11 Uhr die linke Kolonne der Division unter Colonel Buchner mit dem wenig später bei Zillisheim unglücklich kämpfenden 97e und dem 159e R. I. ein. Buchner ergriff die Initiative und zwang in zähen Kämpfen mit den links und rechts umfassend vorgehenden Teilen der Division und der auf den Höhen bei Altkirch und Heidweiler postierten Artillerie General Bodungen zum Ausweichen gegen den Rhein.

Am Abend des 19. August hatte die Armée d'Alsace bereits Mülhausen besetzt und eine allgemeine Linie Tagsdorf–Mülhausen–Sennheim–Gebweiler gewonnen, bei welcher der Angriff erstmals innehielt, weil sich Général Pau für dessen Fortführung noch nicht stark genug fühlte. Operatives Ziel war zunächst der Gewinn der Linie Colmar–Neubreisach, auf welcher ein Zusammengehen mit den in den Vogesen die Passübergänge von Belfort bis zum Col du Bonhomme besetzt haltenden Truppen vorgesehen war. Bis zum 26. August konnte Pau seine Stellungen halten; vereinzelt kam es zu kleineren Aktionen, so am Ausgang des Fechttales bei Logelbach (vgl. die Gefechte von 1675 und 1945!), wo die Gruppe Bataille Colmar bedrohte und trotz massiven Einsatzes der 1. bayer. Landwehr-Brigade nicht nur nicht zurückgeworfen werden, sondern sogar – durch Zurücknahme der Brigade in eine Aufnahmestellung – kampflos in Colmar einrücken konnte.

Sennheim mit Blick auf Hartmannsweilerkopf und Molkenrain. WGM Rastatt.

Das lange Zögern Paus verhinderte den möglichen Durchbruch und damit die Veränderung der gesamten operativen Lage an der Westfront. Dann erforderte die kritische Lage an der Mittel- und Nordfront, in die die 2ème (Castelnau) und 1ère Armée (Dubail) gegenüber der 6. deutschen Armee geraten waren, eine Umstrukturierung der in der linken Flanke bedrohten Truppen im Oberelsass, der die Armée d'Alsace zum Opfer fiel: Sie wurde zum 26. August aufgelöst. Lediglich eine Division des VIIe Corps (41e D. I.) verblieb am Schlucht-Pass; die 57e und die 63e Reserve-Division sicherten im Rahmen der 1ère Armée den Festungsraum Belfort. Damit war der Zustand quo ante wiederhergestellt und das Oberelsass als Angriffsziel vorerst aus den Augen verloren. Die Franzosen zogen sich wieder auf die Vogesenhöhen zurück und beließen lediglich am Ausgang des Thurtales bei Thann/Alt-Thann/Leimbach/Roderen vorgeschobene Stützpunkte.

Der Preis hierfür war hoch. Allein am 19. August, dem „Ehrentag der deutschen Landwehr", verloren die drei Landwehrbrigaden Mathy, Dame und Bodungen in einer Stärke von 17 Bataillonen, dreieinhalb Eskadronen und zehn Batterien an die 3.000 Mann[103]; 4 Batterien wurden bei Brunstatt vernichtet, das Landwehr-Infanterie-Regiment 40 stark dezimiert, die Reste gingen fluchtartig in Auflösung nach Neuenburg über den Rhein zurück. Aber auch der Gegner blieb von großen Verlusten nicht verschont,[104] wenngleich er gerade bei den Absetzbewegungen mit größtem taktischen Geschick operierte. Tragisch mutet das Schicksal der 4e Chasseurs d'Afrique an, die, ohne Sicherung, bei Tagsdorf in das Feuer der Vorhut der Landwehr-Brigade Bodungen gerieten. „Ihnen schlug sofort ein prasselndes Feuer entgegen, unser Vortrupp raste heran, der Haupttrupp ebenso im Laufschritt. Die feindlichen Reiter fielen wie die Hasen im Kessel, immer langsamer wurde die Attacke, aus dem Galopp Trab, aus dem Trab Schritt, und endlich kam sie auf 200 m vor uns zu stehen. Alle Bemühungen, das Feuer zu stopfen, mißlangen, die Mannschaften, die zum erstenmal ins Gefecht kamen, wollten den Augenblick, auf den sie im Frieden so oft vorbereitet worden waren, auskosten, sie schossen, was nur aus dem Lauf ging, und bald standen nur noch reiterlose Pferde vor uns, und bewegten sich Verwundete kriechend aus dem Feuer. Endlich gelang es, das zuletzt nutzlose und unerquickliche Feuer zum Schweigen zu bringen, die Angreifer – die 4. Chasseurs d'Afrique – waren so gut wie vernichtet, nur 27 Mann wurden z. T. verwundet gefangen genommen. Ueberall leuchteten die roten Hosen in der Sonne, überall sah man Tote liegen und leere Pferde stehen."[105] Auf höherer Ebene aber entschied sich in diesen Tagen das Schicksal der Westfront: Die deutsche Führung, Oberste Heeresleitung wie der Oberbefehlshaber der 6. Armee, hatte den „Liebesdienst" der Franzosen nicht angenommen und Grundprinzipien der Schlieffen'schen Planung gröblich missachtet. Die Folge davon war das Verlassen der strategischen Ebene und die Zuflucht in operativ-taktische Scharmützel, die die Front erstarren ließen und zu einem lange andauernden, Millionen an Opfern fordernden Krieg führten. Auf diesem Kriegstheater spielte das Oberelsass – trotz seiner geostrategischen Lage – nur noch die Rolle des Statisten.

II. Die Kämpfe am Lingekopf[106]

„Ein Feldherr, der sich in einer ausgedehnten Gebirgsstellung auf das Haupt schlagen läßt, verdient vor ein Kriegsgericht gestellt zu werden."[107]

1. Militärgeografische Beschreibung[108]

Der gegen das Tal von Unterhütten vorspringende, auch Scheitholz genannte Lingekopf (986 m) ist der nördlichste Teil eines vom südlich gelegenen Kleinkopfe (940 m) über den Barrenkopf (981 m) und das Schratzmännele (1.045 m) zum

Blick vom Eichenrain zum Lingekopf. Sammlung Deisenroth.

Lingesattel (983 m) sich erstreckenden, 2,5 km langen Querriegels, Ausläufer eines vom Hauptkamm über Wettsteinpass (882 m) und Hinteren Hörnleskopf (1.000 m) ostwärts ziehenden Vogesenkammes zwischen Fecht- und Weißtal, welcher über das Hohnackmassiv (982 m) und Drei Ähren hinab nach Colmar verläuft. Das Schratz- oder Schrätzmännele, dessen Name von einem in seinem Steinbruch hausenden Berggeist (Schrat) herrührt, ist in dieser Linie die höchste Erhebung, ohne jedoch der vorgelagerten Berge wegen Einblick in die Täler südlich und nördlich des Kammes zu gewähren. Ein großer und ein kleiner Steinbruch in seinem Kammverlauf zum Barrenkopf hin bilden natürliche Sperrriegel. Der bis zum Ersten Weltkrieg weitgehend unbekannte Lingekopf – der viel gelesene Vogesenführer von Mündel erwähnt ihn erst gar nicht – ist eine nach drei Seiten steil abfallende, vom Gipfel des Schratzmännele herabziehende Gebirgsnase mit einem wenig ins Auge springenden Gipfel. Die nördlich davon gelegene Ansiedlung Unterhütten lässt im Namen schon die Struktur dieser Gegend erkennen. Einzelne Bauerngehöfte und Melkereien kennzeichnen diese zersiedelte Gegend, deren nächste größere Ortschaften im Süden Münster und Sulzern, im Norden Urbeis sind. Die Wegegabelung östlich des Lingesattels beim Bärenstall schließt den Kamm an das Fechttal an, während das westlich gelegene Wege-T beim Wettsteinpass die Täler der Weiß und der Fecht miteinander verbindet und schon vor dem Ersten Weltkrieg den einzigen befahrbaren Übergang darstellte. Einzig das Hohnackmassiv mit Kleinem (927 m) und Großem Hohnack (982 m) bietet einen weiten Rundblick, weshalb beide zum Amt Rappoltstein, einem alten österreichischen Lehen, gehörenden Gipfel auch mit stattlichen Verteidigungseinrichtungen befestigt wurden, deren eine auf dem Kleinen Hohnack noch heute, wenngleich als Ruine, in gut konserviertem Zustand einen Eindruck von der ehemaligen Größe vermittelt. Der sogenannte Hexenkessel auf dem Großen Hohnack wird als druidisches Denkmal gedeutet. Das ursprünglich wie das ganze Weißtal im Besitz der Grafen von Egisheim befindliche Schloss auf dem Kleinen Hohnack geriet im 13. Jahrhundert in den Besitz der Grafen von Pfirt als Sitz des Geschlechtes von Hohenack und kam 1288 an die Grafen von Rappoltstein, die es 1635 an Louis XIV. herausgeben mussten, der es 1654 zerstören ließ. Bei der ehedem der Dekapolis zugehörigen Reichsstadt Türkheim schließlich fällt der Kamm zur Ebene hin ab.

Türkheim – Blutgetränkter elsässischer Boden

Die Landschaft vor Türkheim, dem breiten Eingang zum Münstertale mit dem berühmten „Brand", einer der besten Elsässer Weinlagen, bot dreimal den Schauplatz heftiger Fehden zwischen den Mächten beidseits des Rheins. Am 5. Januar 1675 fand nahe der Stadt an der Fecht eine für das Elsass entscheidende Schlacht (vgl. Karte, S. 79) zwischen den Reichstruppen unter dem brandenburgischen Kurfürsten Friedrich Wilhelm III., dem „Großen Kurfürsten", sowie dem kaiserlichen General Herzog von Bournonville und dem französischen Heere unter Marschall Vicomte de Turenne im Gefolge des zweiten niederländischen Krieges der französischen Krone (1672–1678) als Rache- und Raubaktion gegen die sich den Expansionen Louis' XIV. entgegenstellenden Generalstaaten statt. Nach wechselnden Koalitionen der Kriegsparteien hatte sich im Herbst 1674 Friedrich Wilhelm III. den Kaiserlichen angeschlossen und mit seinen Truppen dem Elsass zugewandt, wo Turenne, den Bezug der Winterquartiere vortäuschend, die kaiserlichen Truppen vor Belfort überrascht und ihnen am 29. Dezember bei Mülhausen eine Schlacht angeboten hatte. Zwar ging sie unentschieden aus, hinterließ jedoch unter den Verbündeten erhebliche Verwirrung und vermittelte ihnen den Eindruck einer Niederlage, sodass sie sich schleunigst mit dem

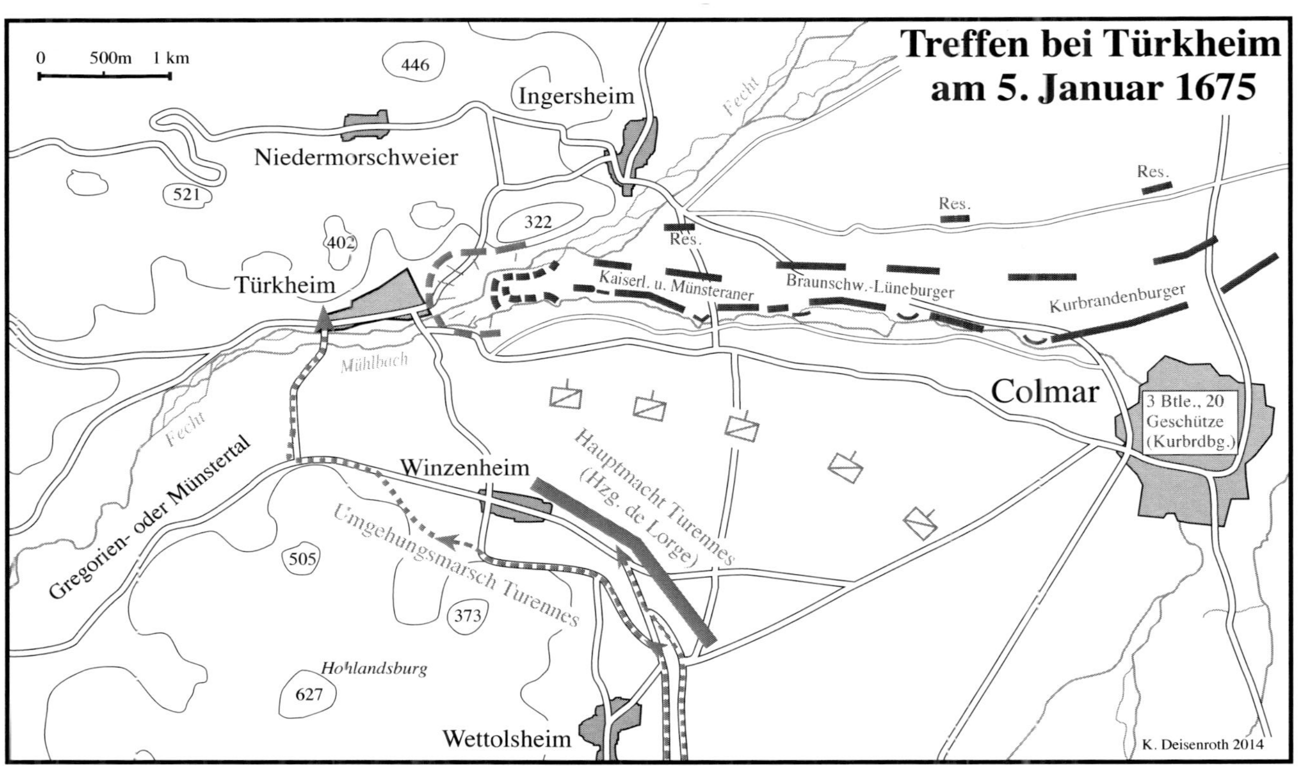

Treffen bei Türkheim
am 5. Januar 1675
0 500m 1 km
446
Ingersheim
Fecht
Niedermorschweier
Res.
Res.
521
322
Res.
402
Türkheim
Kaiserl. u. Münsteraner
Braunschw.-Lüneburger
Kurbrandenburger
Mühlbach
Colmar
3 Btle., 20
Geschütze
(Kurbrdbg.)
Fecht
Gregorien- oder Münstertal
Winzenheim
Hauptmacht Turennes
(Hzg. de Lorge)
Umgehungsmarsch Turennes
505
373
Hohlandsburg
627
Wettolsheim
K. Deisenroth 2014

Großen Kurfürsten vor Colmar zu vereinigen suchten. Mehrere große Kriegsräte der versammelten Heerführer und Diplomaten bestätigten das Bild einer unentschlossenen, widerstreitenden Bündnisarmee. Die durch die zögernde Haltung Bournonvilles versäumte Inbesitznahme Türkheims nutzte Turenne aus, um am 4. Januar 1675 in einem Gewaltmarsch von Süden über Belfort und Mülhausen her die 1673 im Zuge der Aneignungen des Elsass von der französischen Krone okkupierte und entfestigte Reichsstadt zu besetzen. Die in Anlehnung an Colmar bis vor Türkheim hinter dem Logelbach (fr. Mühlbach) entgegen den Ansichten des Großen Kurfürsten aufgestellten, in sich uneinigen Reichstruppen erwarteten die Schlacht in gespannter Atmosphäre. Am linken Flügel nordöstlich von Colmar standen die Brandenburger unter Feldmarschall Frhr. v. Derfflinger, bei Logelbach versammelte sich die Hauptmacht der Infanterie unter Herzog Georg von Celle, den rechten Flügel nahmen die Kaiserlichen und weitere kleinere Verbündete ein; hinter der Mitte befand sich die gesamte Reiterei in der Erwartung Turennes. Dieser aber hatte sich einer Kriegslist bedient: Um eine frontale Begegnung zu vermeiden, war er mit einem lediglich kleinen Teil seiner Streitmacht (einige Schwadronen Reiterei und 14 Bataillone Infanterie) über für unpassierbar gehaltene Pfade durch die Weinberge an den Westeingang von Türkheim vorgestoßen und hatte diese nur mit einer Feldwache besetzte Stadt gestürmt; seine Hauptmacht unter Führung seines Neffen, des Grafen de Lorge, hatte er in gehöriger Entfernung vor den kaiserlichen Truppen zwischen Winzenheim und Wettolsheim mit Front nach Nordosten aufgestellt. In den frühen Nachmittagsstunden begann Turenne das Treffen gegen die rechte Flanke der Verbündeten. Nach einem blutigen Gefecht um den Türkheimer Kirchhof stabilisierte sich die Front beidseits der Fecht, die die Parteien nicht ohne äußerste Gefährdung zu überschreiten vermochten. Die Zuführung von Hilfstruppen vom linken Flügel des Großen Kurfürsten konnte wegen der früh einbrechenden Nacht nicht mehr wirksam werden. Der dreistündige Kampf wurde schließlich unentschieden abgebrochen. Die Interessengegensätze bei den Reichstruppen, die „Zerfahrenheit im Oberbefehl"[109] führten dann zu einem überstürzten Rückzug mit z. T. chaotischen Auflösungserscheinungen bei der Truppe in der folgenden Nacht in Richtung Schlettstadt und Straßburg. Ein Grund für diesen Rückzug muss auch in der katastrophalen Versorgungslage gesehen werden, die in die Überlegungen zur schnellen Verlegung nach Straßburg eine nicht unwesentliche Rolle spielte. Die überlegene Kriegführung Turennes, die sich gerade in der Anwendung des Flankenangriffes und der Umgehungstaktik äußerte, hatte in Verbindung mit den Unzulänglichkeiten bei den Verbündeten, die auch noch durch den von Frankreich inspirierten Einfall der eigentlich mit Brandenburg verbündeten Schweden in die Mark genährt worden waren, zu diesem Debakel geführt. Letztlich bedeutete dies auch die endgültige politische und kulturelle Aufgabe des Elsass in seiner Zugehörigkeit zur deutschen Nation.

Preußischerseits nahmen an dieser Schlacht mit jeweils etwa 30.000–33.000 Soldaten auf beiden Seiten die Infanterie-Regimenter Nr. 2 (sp. GrenRgt 1), 3 (1806 aufgelöst) und 5 (1806 aufgelöst) sowie die Kürassier-Regimenter Nr. 2 (aufgelöst 1806), 3 (aufgelöst 1806) und 4 (sp. Leibkürassier-Regiment Großer Kurfürst Nr. 1) teil.[110] Die Verluste sollen bei den Franzosen erheblich höher als bei den Verbündeten gelegen haben; die Schätzungen gehen z. T. weit über 1.000 Mann bei beiden Kriegsparteien, doch dürfte die Zahl von 109/764 bei den Franzosen und über 600 bei den Reichstruppen der Wirklichkeit näher kommen.[111]

Etwas mehr als hundert Jahre später kämpfte hier im Koalitionskrieg gegen das revolutionäre Frankreich 1793 ein preußisches Korps unter dem Prinzen Friedrich Ludwig Christian[112] von Preußen gegen ein ebensolches der französischen Rheinarmee und obsiegte unter Gefangennahme von 1.200 französischen Soldaten. Schließlich kehrte die Kriegsfurie noch einmal am Ende des Zweiten Weltkrieges in diese gesegnete Landschaft zurück, als der Colmarer Brückenkopf, den die deutsche Wehrmacht seit Herbst 1944 zäh verteidigte, in den Tagen zwischen dem 25. Januar und 9. Februar 1945 in der „Poche de Colmar" von amerikanischen und französischen Truppen genommen wurde (s. a. S. 190).

Lit.: [Nicolas Deschamps], Die beyden letzten Feldzüge des Marschalls von Turenne in Teutschland in den Jahren 1674 und 1675, nebst dem, was nach seinem Tode unter dem Commando des Grafen von Lorges vorgegangen. A. d. Französischen, Leipzig 1762, S. 158–168; [Braubach], Bemerkungen zum Treffen von Türkheim am 5. Januar 1675, in: Wanderer 7, 1894/95, S. 169–171; Ch.[arles Alexander Claude] Gérard, La bataille de Turckheim, in: Revue d'Alsace II, 1851, S. 1–23 u. 377–419, auch Colmar 1870; G.[ustav] v. Kortzfleisch, Der oberelsäßische Winterfeldzug 1674/75 und das Treffen bei Türkheim, Straßburg 1904 (= Beiträge zur Landes- und Volkeskunde in Elsaß-Lothringen, H. XXIX); H.[einrich] Peter, Der Krieg des Großen Kurfürsten gegen Frankreich 1672 bis 1675, Halle a. S. 1870; H.[einrich] Rocholl, Der Große Kurfürst von Brandenburg im Elsaß 1674/75, Straßburg 1877; idem, Der Feldzug des Großen

Kurfürsten im Elsaß. 1. Sammlung der in den elsässischen Archiven beruhenden, die Brandenburgische Campagne betreffenden handschriftlichen Documente, Berlin 1879; idem, Studien über den Feldzug des Großen Kurfürsten gegen Frankreich 1674–75, Berlin 1900 (= Beihefte zum Militärwochenblatt, 1900, H. 2); Karl Tschamber, Der deutsch-französische Krieg von 1674/75, Hüningen 1906; Bönninghausen, Die kriegerische Tätigkeit der münsterschen Truppen 1651–1800.

Das südlich dieses Querkammes gelegene Fecht- oder Gregoriental – nach der dieses Tal beherrschenden Stadt Münster auch Münstertal benannt – war und ist bis heute die wichtigste Verbindung vom Oberelsass über den Schluchtpass nach Gérardmer und Epinal. In Münster verzweigt sich der Fechtbach in die Kleine und Große Fecht, welch letztere ihren Weg über Mühlbach und Metzeral nimmt, von wo über Sondernach auf der D27 der Anschluss an Markstein (1.266 m) und die Route des Crêtes erreicht wird. Im Norden des Lingekopfes zieht eine offene Weidelandschaft hinab zum Weißtale mit Urbeis als größerem Orte nach Kaysersberg, der Perle des Weißtales. Von Urbeis verläuft die Straße D48^{II} über das ehemalige, in der Revolutionszeit säkularisierte Zisterzienserkloster Pairis zum Weißen See, an dessen Fuße sich nördlich der Immerlinskopf (1.216 m) und der Buchenkopf (1.208 m) erheben, über die im Ersten Weltkrieg die ebenfalls heiß umkämpfte Frontlinie verlief, um beim Col du Bonhomme die alte Reichsgrenze zu überschreiten.

2. Die Operationen im Münstertal (Frühjahr 1915)[113]

Ähnlich der Situation im Thurtal bei Thann und im südlicheren Dollertal waren französische Truppenteile im August 1914 auch in die nördlicheren Vogesentäler vorgestoßen und mussten sich erst nach den beiden Mülhausener Schlachten bequemen, den Rückzug gegen den Hauptvogesenkamm anzutreten. Auf einer allgemeinen Linie Diedolshauser Höhe–Le Bonhomme–Oberhütten–Hohrod–Fechttal standen die Einheiten der Brigade mixte Gratier den deutschen Landwehreinheiten des Generals Dame gegenüber, als die Entwicklung der Lage in Nordfrankreich den Schwerpunkt operativer Handlungen bestimmte und so das Elsass vorübergehend in den Windschatten des Kriegsgeschehens geriet, bis die stabilisierte Lage an der Nordfront Frankreichs wieder die Möglichkeit von Nadelstichen gegenüber den deutschen Truppen im Elsass bzw. gar die Wiederaufnahme offensiven Vorgehens eröffnete. Schon die schweren Kämpfe beim Vorgehen gegen die Höhe 425 und gegen Steinbach bei Sennheim an der Jahres-

Hilsenfirst, eigene und feindliche Stellungen. Bayr.-Flieger-Abt.Nr. 9, Nr. 366, Lt. Biedermann, 14.XII.1915, H: 2.900 m. 1. Hilsenfirst, Punkt 1.270,2 m; 2. Laschenköpfle; 3. Lechterwandhaus; 4. Steinmauer; 5. Langenfeldhäuser. Sammlung Deisenroth.

wende 1915/16 hatten das Armeeoberkommando der Armee-Abteilung Gaede davon überzeugt, dass ein frontaler Angriff weniger Hoffnung auf Erfolg versprach als ein Vorgehen über die Linie Großer Belchen–Sudel–Molkenrain hinab ins Thurtal. Dieser Meinung schloss sich auch die OHL an, konnte den Plan jedoch wegen der noch nicht verwendungsbereiten 8. bayer. Reserve-Division nicht in die Realität umsetzen. So beschloss General Gaede, zuerst die noch teilbesetzten Täler in seinem Befehlsbereich nördlich des Thurtales zu säubern, vornehmlich das Münstertal als Einfallsweg vom Schluchtpass nach Colmar und in die Rheinebene. Hierzu bot sich auch die winterliche Jahreszeit an, die die Passstraßen nur schwer passierbar machte; darüber hinaus band am Sudelkopf das III./Landwehr-Infanterie-Regiment 123[114] seit 9. Januar 1915 starke französische Elitekräfte im Kampf um die Gipfelposition.[115] So setzten sich am 8. Februar Teile der Landwehr-

Brigade 51 unter dem Kommando von General Frech im Lauchtal in Bewegung, um durch Besetzung des Hilsenfirstmassives dem geplanten Vorgehen im Fechttal den Rücken freizuhalten. Am 13. und 14. Februar war die Linie Sengern–Hilsenfirst im Wesentlichen gesichert, sodass das Unternehmen im Münstertal[116] anlaufen konnte.

Am 19. Februar begann unter Führung des Kommandeurs der 8. bayer. Reserve-Division,[117] Generalleutnant Frhr. v. Stein, mit Unterstellung der 6. bayer. Landwehr-Division[118] von General Sontag unter winterlichen Verhältnissen der Angriff westlich von Münster, bei dem vor allem die aus dem Lauchtal über den Hilsenfirst nach Metzeral vorgehenden bayerischen Einheiten mit erheblichen Widrigkeiten zu kämpfen hatten. Unter schweren Kämpfen[119] erreichten die Bayern bis zum 23. Februar eine allgemeine Linie Barrenkopf–Reichackerkopf–Hilsenfirst, die nach Abzug der 8. Reserve-Division und Einfügung von Teilen der 6. Landwehr-Division am 6. März durch einen Angriff von Teilen der 47e Infanterie-Division gegen Reichackerkopf und Barrenkopf wieder infrage gestellt wurde, da Reserven nicht vorhanden waren.[120] Die vorerst wenig erfolgreichen Vorstöße dieser von Joffre dem Armeekorps Vosges befohlenen Unternehmung zur Beseitigung der zwischen Reichackerkopf und Langenfeldkopf[121] bis hin zum Vogesenkamm entstandenen Einbuchtung in seinem Frontbereich wurden mit dem neu ernannten Divisionskommandeur, General Pouydraguin, energisch wiederaufgenommen. So musste die gerade abgelöste 8. Reserve-Division wieder kehrtmachen und erneut ins Kampfgeschehen eingreifen. Mittlerweile hatten die auf dem Reichackerkopfe und dem Rebberge oberhalb Stoßweier eingesetzten Landsturm-Bataillone Bruchsal und Karlsruhe am 6. März „gekniffen" und ihre Stellungen geräumt,[122] sodass die 8. Reserve-Division bis zum 20. März im Einsatz war, um den zugewiesenen Abschnitt nördlich von Stoßweier–Hilsenfirst halten zu können. Die Kämpfe auf dem Reichackerkopf gingen dagegen noch bis in die letzten Märztage unvermindert weiter.[123]

Die Frühjahrsangriffe im Oberelsass hatten auf der gesamten Frontbreite der Armee-Abteilung gezeigt, dass weiterhin mit einem starken, sprungbereiten Gegner zu rechnen war, der Operationen mit begrenztem Ziel wirkungsvoll begegnen konnte, denen wiederum die eigenen schwachen Kräfte, wie das Beispiel Reichackerkopf zeigte, nicht gewachsen waren. Der deutsche Generalstabschef Falkenhayn ordnete daher am 17. März an, die Angriffsoperationen im Oberelsass einzustellen und zur Defensive überzugehen, da bis auf Weiteres keine neuen Truppen zugewiesen werden könnten. Wie desolat die Lage war, zeigt die Tatsache, dass Gaede einen „Kuhhandel" mit dem Führer der rechts anschließen-

Schloss Homburg, Sitz des AOK der Armee-Abteilung Gaede (B), 1915/16, mit Drahtnetzbespannung zum Fliegerschutz. BArch-Militärarchiv Freiburg.

den Armee-Abteilung v. Falkenhausen wegen einiger Bataillone arrangieren musste, um überhaupt eine Armeereserve formieren zu können.[124] Der französische Generalstabschef, der die Gefahr erkannt hatte, dass ein starker deutscher Vorstoß im oberen Fechttal die Front aufzureißen in der Lage war, bestand unnachgiebig auf einem forcierten Vorgehen im Münstertal. Die wechselhaften Kämpfe im April 1915 um den Hartmannsweiler- und Reichackerkopf führten bei ihm zu der Überlegung, das Fechttal mit der Stadt Münster von den Höhen herab zu nehmen, um danach den Weg zur Ebene zu gewinnen. Sein Plan sah vor, mit der 47ᵉ D. I. links umfassend über Wettsteinpass–Lingekopf–Schratzmännele–Barrenkopf ostwärts vorzubrechen und mit der 66ᵉ D. I. unter dem Kommando von Général Serret rechts über Hilsenfirstmassiv–Kahler Wasen Münster einzukesseln. Eine sofortige Inangriffnahme dieses Projektes verhinderten vorläufig jedoch der lange, bis in den April andauernde Winter in den Vogesen und die Inanspruchnahme der 66ᵉ D. I. in den Kämpfen am Hartmannsweilerkopf, wo sie eine Position gewonnen hatte, die ihr erlaubte, den Verkehr in der Ebene, vornehmlich den Bahntransport, unter beobachtetes Feuer zu nehmen.

Am 17. April 1915 setzte mit einem französischen Vorgehen gegen die 8. bayer. Reserve-Division im oberen Fechttal neuerlich ein Versuch ein, den Erfolg am HK mit einem ebensolchen im Münstertal zu verbinden.[125] Zwar gelang den rechts eingesetzten Teilen der 66e D. I. die Erstürmung des Schnepfenriethkopfes (1.258 m) und die dadurch bedingte Rücknahme des linken bayerischen Flügels, doch führten die Angriffe der 47e D. I. im Fechttal nicht zum gewünschten Erfolge: Östlich von Mittlach kam der Angriff zum Stehen. Darüber hinaus musste durch Abgabe von zwei Korps der Armeegruppe Ost für die Verwendung an anderen Fronten eine Weiterführung der eingeleiteten taktischen Maßnahmen unterbleiben. Der von Joffre geforderte „methodische" Angriff sollte nun auch an diesem Teil der Front Anwendung finden. Schon Anfang Mai traten die beiden französischen Divisionen erneut in den Kampf, nun gegen die Höhen am Sillackerwasen (Höhe 830 m), Anlaßwasen (908 m), beide westlich, und Braunkopf (713 m) nördlich von Metzeral, der bei den Bayern einen hohen Blutzoll forderte und die Zuführung einer Armee-Reserve in Gestalt der Infanterie-Brigade 187 erforderte. Darüber hinaus wurde ab Mitte des Monats als Ablösung für die stark geschwächten Bayern die 19. Reserve-Division eingeführt, der es jedoch an Gebirgserfahrung und dem Draufgängertum der Vorgänger fehlte, wie Gaede lebhaft beklagte.[126] In dieser Zeit versuchten die Franzosen wiederholt, Anlaßwasen (66e D. I.) und Braunkopf (47e D. I.) als beherrschende Position über Metzeral dauerhaft in Besitz zu nehmen.

Die erste Junihälfte war gekennzeichnet durch ein langsames Vorarbeiten der Franzosen gegen die deutschen Stellungen vor Metzeral, sodass der Führer der Armee-Abteilung Gaede mit Recht Angriffsabsichten im oberen Fechttal vermutete und den Nachrichten über Verstärkungen bei Belfort misstraute. In der Tat hatte Général de Maud'huy in Abstimmung mit seinen Vorgesetzten Dubail und Joffre ein offensives Vorgehen in Richtung Münster vorbereitet, um durch eine Begradigung der Frontlinie eine bessere Flankensicherung zu gewährleisten und die Voraussetzungen für den von Joffre projektierten Angriff über die Höhen zu schaffen. Am 14./15. Juni begannen die Kampfhandlungen, die in der Folge gefährliche Ausmaße für die deutschen Verteidiger annahmen. Bereits am ersten Tage fiel der Hilsenfirst,[127] und bedrohliche Nachrichten erreichten das Hauptquartier in Homburg. Um die kritische Lage meistern zu können, wurde am 17. Juni General Mengelbier von der 12. Landwehr-Division der Hilsenfirstabschnitt zugewiesen und alle verfügbaren Reserven herangezogen. Dessen ungeachtet gelang es den beiden französischen Divisionen, am 21. Juni sich Metzerals zu bemächtigen und die Deutschen in der Nacht zum 22. Juni auf eine Linie ostwärts des rechten Fechtufers von Mühlbach über den Ilienkopf zum Hilsenfirst zurückzudrängen. Damit waren alle Voraussetzungen vor der Front der 7e Armée erfüllt, um den Angriff angesichts der geschwächten gegnerischen Linien – die deutschen Verluste beliefen sich auf rund 3.700 Mann – frontal mit beidseitigen Flankenoperationen auf Reichacker- und Ilienkopf gegen Mühlbach und Münster und den Talausgang vorzutreiben. Diese Absicht des Kommandeurs der 47e D. I., von de Maud'huy und Dubail unterstützt, wurde jedoch durch den strikten Befehl Joffres, Münster über die Höhen des Linge- und Barrenkopfes zu nehmen, konterkariert. Die französische oberste Führung begab sich aus der Befürchtung eines deutschen Flankenangriffes von den Höhen oberhalb Münsters herab der Chance eines blutsparenden Vordringens und fasste den – angesichts der taktischen Entwicklung – unverständlichen Entschluss zum Abbruch der Fechtoffensive. Dubails halbherzige Befehlsvariante, angesichts der „nécessité de ne pas laisser l'ennemi se ressaisir" einen weiteren Vorstoß gegen Mühlbach zu gestatten, zugleich aber „renoncer à l'attaque de Mühlbach si elle doit amener la dispersion des efforts",[128] verschaffte der deutschen Seite vorerst einen Aufschub, den sie zur Umgruppierung ihrer arg lädierten Kräfte nutzen konnte. So beantragte die Armee-Abteilung Gaede dringend die Zuteilung der aus Galizien zurückgekehrten 8. bayer. Reserve-Division (9 Btle) und der 187. Infanteriebrigade, da die 19. Reserve-Division keine Gewähr dafür biete, die Stellungen im Münstertal zu halten; die Ablösung erfolgte dann Mitte Juli und war am 19. Juli beendet. Am nächsten Tage begann die große Schlacht am Lingepass.

3. Das Gefecht über die Höhen (Sommer 1915)[129]

Am 20. Juli 1915 setzte nach mehrstündiger Artillerievorbereitung auf einer allgemeinen Linie Barrenkopf–Stoßweier–Reichackerkopf–Hilsenfirst der vielfach verschobene Angriff gegen die Kammlinie Lingekopf–Schratzmännele–Barrenkopf ein (vgl. Karte, S. 88). Damit begann in etwa 1.000 m Höhenlage eine Menschen- und Materialschlacht, die im Verlauf dreier Monate Tausende von Opfern forderte und erneut Fragen nach der Verantwortlichkeit militärischer Vorgesetzter und der Sinnhaftigkeit der Kriege aufwerfen sollte. Es kann nicht Aufgabe dieses Führers zu den Schlachtfeldern der Vogesen sein, die vielfältigen, sich wiederholenden und einander ähnelnden Aktionen der Kontrahenten in jenen knapp drei Monaten im Einzelnen zu schildern; zum Verständnis der Geschehnisse jedoch können markante Situationen und Gefechtshandlungen nicht unerwähnt bleiben.

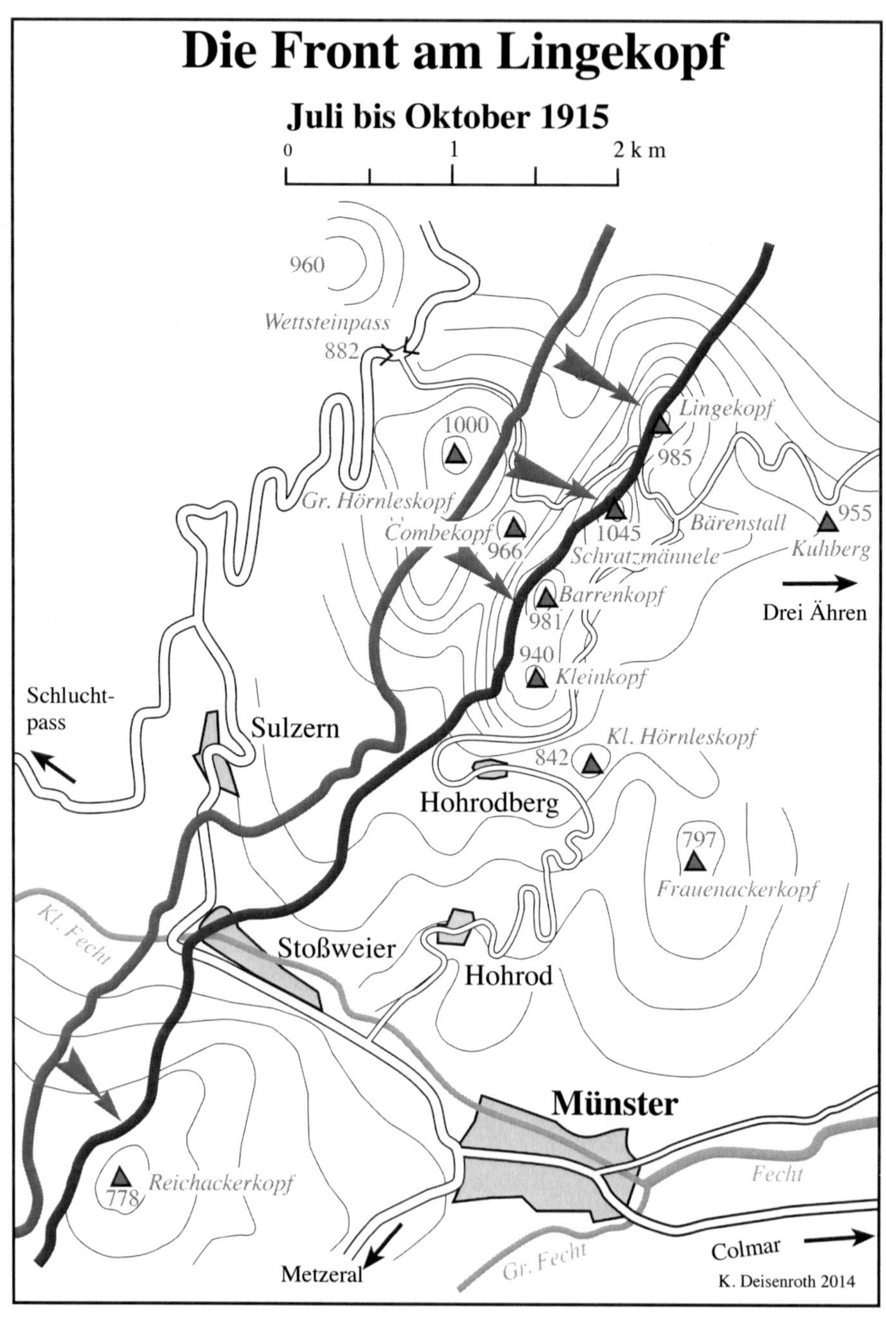
Die Front am Lingekopf
Juli bis Oktober 1915
0
1
2 km
960
Wettsteinpass
882
Lingekopf
1000
985
Gr. Hörnleskopf
1045
Bärenstall
955
Combekopf
966
Schratzmännele
Kuhberg
Barrenkopf
Drei Ähren
981
940
Kleinkopf
Schlucht-
pass
Sulzern
Kl. Hörnleskopf
842
Hohrodberg
797
Frauenackerkopf
Kl. Fecht
Stoßweier
Hohrod
Münster
Reichackerkopf
778
Fecht
Colmar
Gr. Fecht
Metzeral
K. Deisenroth 2014

Bereits zu Beginn des Jahres 1915 hatte der Alpenjägerkommandeur Oberstleutnant Brissaud-Desmaillet vom Oberbefehlshaber des Détachement d'armée des Vosges, Général Putz, den Auftrag erhalten, taktische Möglichkeiten für einen Vorstoß durch das Fechttal zu erkunden; drei Varianten hatte er genannt: einmal über den Kahlen Wasen, dann über die Côte Grimaud ins Weißtal und schließlich über die Sperre und Sichtbarriere Linge- und Barrenkopf. Hatte sich Putz anfänglich für die Lösung über das Weißtal stark gemacht, ließ die Offensive der deutschen Truppen am 19. Februar im Fechttal die dritte Möglichkeit als geboten erscheinen. Am 27. April befahl dann der OB der 7ᵉ Armée, Général de Maud'huy, in seinem Operationsplan diese auch vom französischen Generalstabschef bevorzugte Lösung. Die operative Entwicklung im Osten (Galizien), die dem deutschen Kriegstheater im Westen nötige Reserven vorenthielt, mag Letzteren in seinem Beharren auf einem Schlag im Oberelsass bestärkt haben.

Um die abgenutzte 47ᵉ D. I. zu entlasten und dem Angriff den nötigen Schwung zu verleihen, wurde eine neue Division, die 129ᵉ des aus der Artillerie stammenden Général Nollet, eingeführt. Da zwischen dem Schluchtpass und dem Col du Bonhomme nur ein Übergang über den Kamm vom Col du Louschbach aus zum Col du Calvaire beim Weißen See existierte, wurden in seiner Nähe in Hinterhanglage bei der Route des Crêtes große Mannschafts-, Verpflegungs- und Sanitätslager samt Stallungen für Zug- und Lasttiere (Maultiere) angelegt und Straßenverbesserungen bzw. -neuanlagen in Angriff genommen. Aber auch die Gegend um den Schwarzen See mit gedeckten Annäherungswegen an den Wettsteinpass nahm umfangreiche Barackensiedlungen auf. Der Operationsplan vom 23. Juni 1915, zwei Tage später von Joffre genehmigt, sah vor, dass die 129ᵉ Division, verstärkt durch die 3ᵉ Jägerbrigade, die Hauptlast des Kampfes durch einen Angriff auf die Kammlinie Linge–Barrenkopf zu tragen habe. Unterstützt werde sie durch die 47ᵉ D. I., die einen nachgeordneten Ablenkungsangriff gegen Reichackerkopf und Eichwald (westl. v. Hohrodberg) in Richtung Stoßweier zu führen habe; die 66ᵉ D. I. solle sich in Besitz der Linie Hilsenfirst–Landersbach setzen. In einer ersten Phase des Gefechtes hatte sich die 129ᵉ D. I. des Linge- und Barrenkopfes zu bemächtigen und weiter bis Kuhberg östlich des Schratzmänneles vorzustoßen, um feindliches Feuer gegen die Truppen östlich des Barrenkopfes zu verhindern und die ungehinderte Nachführung der eigenen Artillerie zu ermöglichen. Dann sollte die Division zusammen mit der 47ᵉ zangenartig gegen den Eichwald wirken, um in einer letzten Phase gegen Frauenackerkopf südlich des Kuhberges und das östlich von Münster gelegene Gunsbach im Tal vorzugehen. Doch wurde diese Ordre de bataille von de Maud'huy am 5. Juli dahingehend ge-

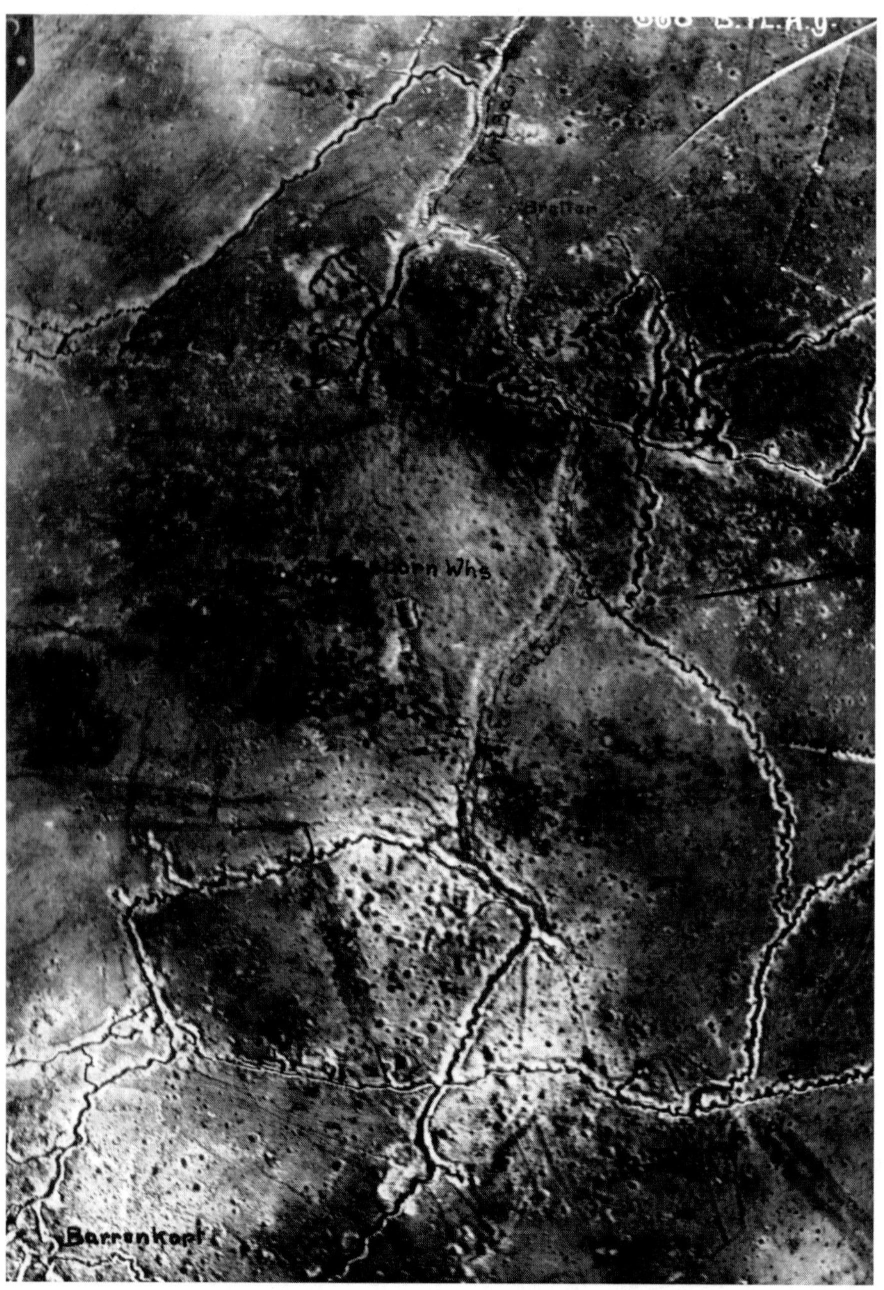
Breiter
Whs
N
Barrenkopf

ändert, dass die Aktion gegen Reichackerkopf Vorrang habe und gleichzeitig mit dem Angriff auf den Lingekopf als Ablenkungsmanöver ausgelöst werden solle.

Deutscherseits waren, etwa zeitgleich zu den Vorstößen auf dem Hartmannsweilerkopf, erstmals im Dezember 1914 auf dem von Drei Ähren parallel zum Fechttal verlaufenden Kamm Spähtruppunternehmungen durchgeführt worden, die eine Besetzung wichtiger Geländepunkte zur Folge hatten, jedoch zu keiner geschlossenen Verteidigungslinie führten. Erst die deutsche Offensive im Fechttal am 19. Februar 1915 nahm auch die Höhen genauer ins Visier und führte zu einem schwerpunktmäßigen Ausbau und der Verdrahtung der Stellungen in den nächsten Monaten bis zur Waldgrenze westlich von Linge und Schratz. Der parallel zum Lingekamm ostwärts verlaufende Eichenrain und Kuhberg nahm die gebunkerten Stellungen für die schwere Artillerie auf. Die Franzosen trafen so am Tag des Angriffsbeginnes auf eine strukturierte Verteidigungsorganisation, eine Gefahr, auf die zuvor schon Pouydraguin aufmerksam gemacht hatte.

Der französische Angriff begann, nach einer vielstündigen Artillerievorbereitung vom Wettstein und Combekopf (966 m) aus, in den frühen Nachmittagsstunden des 20. Juli 1915, ausgeführt von der 3e Alpenjägerbrigade des Colonel Brissaud-Desmaillet, während die 5e (Général Trouchaud) als Reserve bereitstand und die 151e Brigade (Colonel Susbielle) den Vogesenkamm von Oberhütten bis Col du Bonhomme bewachte. Auf deutscher Seite stand diesen Eliteformationen der Franzosen die 6. (bayer.) Landwehr-Division gegenüber,[130] in Ausrüstung und Ausbildung den Alpenjägern nur wenig entsprechend. Der widersprüchlichen Meldungen von der Front wegen ließ der Führer der Armee-Abteilung die Gardejäger aus Potsdam und die 14er Jäger aus ihren Reservequartieren nach vorne ziehen und drei Bataillone der 187. Infanteriebrigade für Eventualfälle nach Colmar beordern. Während so in erster Linie ältere Landwehrmänner die vordersten deutschen Linien verteidigen, stürmen auf der Gegenseite junge Alpenjäger gegen die verdrahteten Stellungen und Laufgräben an. Am rechten Flügel stoßen das 22^e^ BCA gegen den Barrenkopf, in der Mitte 30^e^ und 70^e^ BCA in einer zweiten Phase der Operation gegen die sog. Kurtine der Region zwischen südlichem Schratzhang und Barrenkopf sowie gegen den großen Steinbruch am Schratz, das 14^e^ und 54^e^ BCA gegen Linge und den nördlichen Schratzkamm. Gleich zu Beginn wird das 22^e^ BCA von flankierendem Maschinengewehrfeuer aus den Steinbrüchen und frontal aus dem Blockhaus am Barrenkopf, das den Artillerie-

S.90: Gedeckter Graben am Combekopf. Bahr, Flieger Abt. Nr. 9, N. 668, 22. III. 1916. Sammlung Deisenroth.

beschuss überstanden hatte, unter schärfstes Feuer genommen und muss sich unter erheblichen Verlusten zurückziehen. Am linken Flügel erreicht das 14e BCA zwar die Waldgrenze des Lingekopfes, vermag aber, gehindert durch massiertes MG-Feuer, nicht zur Gipfelstellung durchzubrechen. Auch das 54e BCA, das zum Gipfel des Schratz vordringt, muss sich, durch wütendes MG-Feuer gehindert, zurückziehen. Die in der Mitte angesetzten Bataillone müssen der kritischen Lage wegen Kompanien an den linken Flügel abtreten und fallen so für den geplanten eigenen Angriff aus.

Auch bei der 47e D. I., die mit der 4e Brigade am Reichackerkopfe und mit der 2e Brigade beim Eichwalde vorgeht, häufen sich die Gefallenen vor den deutschen Stellungen. Daher befiehlt der Oberbefehlshaber der Ostarmee, Général Dubail, nach Rücksprache mit de Maud'huy, die Angriffshandlungen auf den Lingekopfbereich zu konzentrieren und der 129e D. I. Teile der 47e D. I. zuzuführen. Nach einer Umstrukturierung der Angriffseinheiten wird für den 22. Juli ein neuer Sturm angesetzt mit der 5e Brigade de chasseurs (Général Trouchaud) in der Mitte und rechts, links mit der 3e Brigade de chasseurs mit Hauptrichtung Linge und den Steinbrüchen des Schratz als zweitrangigem Ziel. Doch wie am ersten Tag bleibt auch jetzt der Angriff im wütenden MG-Feuer der Deutschen hängen, bei denen das Wirkungsfeuer der Artillerie nicht den erhofften Erfolg zeitigte. Général Pouydraguin führte dieses Versagen auch auf die Jäger des Rekruten-Jahrganges 1915 zurück, denen es an einer sorgfältigen Ausbildung mangelte. So endet die koordiniert angelegte Operation in wenig wirkungsvollen Einzelaktionen, die den Führer zum Abbruch veranlassen. Ein neuerlicher Anlauf wird auf den 26. Juli angesetzt, um der Artillerie Zeit und Gelegenheit zu geben, sich zielgerecht einzuschießen, weil diese bisher z. T. wegen ungünstiger Wetterverhältnisse (Nebel) nicht den Erwartungen entsprochen hatte.

Am 26. Juli endlich gelingt es den Franzosen, ein Teilziel zu erreichen: den Lingekopf und den Kamm des Schratz. Nachdem sich die Verteidiger zurückgezogen haben, setzt wirkungsvolles deutsches Artilleriefeuer auf die Angreifer ein und verhindert durch Sperrfeuer auf die westlich des Lingekopfes gelegene Combesenke das Heranbringen von Nachschub und das Bergen der Toten bzw. Verwundeten. Andererseits scheitern mehrere deutsche Gegenstöße in der Morgenfrühe mit aktiven Jägereinheiten an den überhöht wirkenden Maschinengewehren der Franzosen auf der Gipfel- und Kammlinie des Linge. In dieser unübersichtlichen und verworrenen Lage geht aber auch die Verbindung zwischen den beiden französischen Brigaden verloren, die nun ohne Nachricht voneinander und von der 129e Division den Kampf führen müssen. Die in den frühen Nachmittagsstunden

Beobachtungsposten in einer Sappe am Hartmannsweilerkopf. Aquarell v. Martin Frost, Nov. 1915. WGM Rastatt.

des 27. Juli nach vorbereitendem Artilleriefeuer gegen Schratz und Barrenkopf vorgehende 5e Jägerbrigade sieht sich gezwungen, nach dem Zurückgehen des 115e Jägerbataillons im Zuge eines heftigen deutschen Gegenangriffes das dadurch in der Luft hängende 15e BCP aus seiner vorspringenden Position zwischen Schratz und Barrenkopf in den Abendstunden zurückzubeordern und somit die Frontlinie wieder zu begradigen. Auch die später angetretene linke Nachbarbrigade bleibt vor dem Kamm des Schratz hängen und muss zurück.

In dieser Phase des Gefechtes kam der Général en chef Joffre angesichts der Meldungen und der Anforderung des Armeegruppenkommandanten Dubail nach einer weiteren Division zu der Erkenntnis, dass die Einschließung Münsters über das Gebirge nicht durchführbar sei und daher weitere Operationen nicht sinnvoll erschienen. Deswegen sollte die 129e D. I. je nach den örtlichen Verhältnissen die günstigsten Voraussetzungen für den Übergang zur Verteidigung ab dem 20. August schaffen. Erst danach war eine Ablösung der ausgebluteten 129e Division in Aussicht gestellt. Wie wenig später am Hartmannsweilerkopf, so begünstigte auch hier ein System der Halbherzigkeiten und Aushilfen die ohnehin starke Position des Verteidigers und entwand dem Angreifer den Siegeslorbeer. Darüber hinaus forderte eine solche Taktik einen nicht mehr zu rechtfertigenden Blutzoll der eigenen Seite. Der Vorwurf leichtfertigen Handelns bleibt daher an Joffre und Dubail hängen, auch wenn Letzterer versuchte, die größten Härten in diesem neuen Plan zu glätten. Der Oberbefehlshaber der 7e Armee, de Maud'huy, zog aus dieser Schlappe zumindest die Lehre, als er bei nächster Gelegenheit am Hartmannsweilerkopf die gleiche Planung des Generalstabschefs nicht mehr mitzutragen bereit war und sein Kommando abgab.

Die nächsten Tage und Wochen wurden nun endgültig zum „tombeau des chasseurs", zum Grabe der Jäger, am Lingekopf. In immer neuen Anläufen gegen Kamm und Gipfel mähten die Läufe der Maschinenwaffen die Jugend Frankreichs nieder. Aber auch die deutsche Landwehr und die Jäger zahlten einen hohen Preis für ihr Festklammern am Berg. Dabei zeigte sich auf beiden Seiten die front- und truppenferne Sicht der höheren Führung, der die Bedingungen des Stellungskrieges, vornehmlich des Gebirgskrieges, nicht genügend vertraut waren.

Die Monatswende bot das immer gleiche Bild: Stoß und Gegenstoß, doch der Frontverlauf änderte sich dabei keinen Fußbreit Boden. Bis zum 6. August gingen so die Kämpfe unter unsäglichen Verlusten Tag für Tag weiter; dann übergab Colonel Brissaud, nachdem er 17 Tage ununterbrochen im Kampf gestanden hatte, das Kommando an Colonel Coybet von der 81e Brigade der 66e Division und ließ seine zwei völlig abgenutzten Jägerbrigaden durch frische Truppen ablösen. Ein letzter, wiederum von Joffre initiierter Versuch hatte die Absicht, noch einmal dem Ziel des 20. Juli zur Durchsetzung zu verhelfen, bevor die 129e D. I. endgültig die Stätte des Grauens verlassen sollte. Nach einer Artillerievorbereitung am 17. August gingen am folgenden Tage die Franzosen erneut frontal und somit erfolglos vor. Joffre, ob dieses gewöhnlichen Angriffes verärgert, befahl ein Vorgehen in Divisionsstärke auf der ganzen Linie, um endlich zum Erfolge zu kommen. Zwei neue Bataillone der 47e D. I. wurden der 129e Division zugeteilt. Wieder wurden der Gipfel des Schratzmännele und der des Barrenkopfes gestürmt; wieder wurde die gerade genommene Stellung (Barrenkopf) im Gegenzug von den Deutschen zurückerobert.[131] Der verständige OB der 7e Armee, de Maud'huy, glaubte, damit den Intentionen des Oberkommandos gerecht geworden zu sein und ging zur Verteidigung über. Dubail interpretierte dies gegenüber dem Generalstabschef dahingehend, dass, sobald es die Gegebenheiten zuließen, das vorgesehene taktische Ziel, Münster über die Höhenzüge zu nehmen, in Angriff genommen werde. Beide Seiten hatten sich entlang des Kammes eingegraben, getrennt nur durch wenige Meter Niemandsland, die Anreiz zu immer neuen Handstreichen und Nadelstichen geben sollten. Allein die Kämpfe vom 20. Juli bis zum 25. August 1915 vor Ablösung der 129e durch die 47e D. I. kosteten die Franzosen nahezu 10.000 Mann um des „Vorteiles" einer z. T. auf 10 m an den Feind heranreichenden Frontlinie willen.

4. Deutsche Reaktion

Der neue Kommandeur an der Lingefront, Général de Pouydraguin, musste gleich bei seinem ersten Besuch in den vorderen Stellungen erkennen, dass eine Verteidigung seiner schwachen Linien auf Dauer unmöglich war, zumal die der 129e D. I. beigegebene Artillerie gleichzeitig abgezogen worden war. Nur kurze Zeit blieb ihm für die nötige Reorganisation der Front, da die Umgruppierung der beiden französischen Divisionen natürlich der deutschen Seite nicht verborgen geblieben war. Diese Schwachstelle suchte Exzellenz v. Schmidt für einen deutschen Angriff am 31. August zu nutzen, bedrohten doch die auf dem Kamm des Schratz sitzenden Franzosen die deutschen Anmarsch- und Versorgungswege beim Bärenstalle. Zu dieser Zeit war die Taktik der Sturmtruppen, wie sie am Hartmannsweilerkopf dann gegen Jahresende so exzellent praktiziert wurde, noch nicht bekannt; auch existierte keine so wirkungsvolle, mit der Artillerie zusammenarbeitende Minenwerfertruppe wie am HK. Die Geschütze selbst konnten nicht unmittelbar auf die feindliche vorderste Linie wirken, weil dann die eigene

Truppe bedroht gewesen wäre, die ohnehin große Verluste durch ihre zu kurz schießende Artillerie erleiden musste. So verlief der Sturm eher unbefriedigend, wenn auch ein Stück am Lingekopf genommen werden konnte. Vorbedingung für einen Wiederholungsangriff war daher, die Sappen weit vor die feindliche Stellung zu treiben, um bessere Sturmausgangspositionen schaffen zu können. Neben den schon am 31. August eingesetzten schweren Flammenwerfern, die sich bewährt hatten, sollten auch leichte Flammenwerfer durch Pioniere mitgeführt werden.[132]

Flammenwerfer

Das schon als „griechisches Feuer" in der Antike bekannte Prinzip des Verspritzens flüssigen Öles[133] wurde im deutschen Heere erstmals in Festungskampfübungen 1907 erprobt und in zwei Systemen (Handdruckspritzen: Reddemann; Gasdruckspritzen: Fiedler[134]) gefertigt. Im Herbst 1914 sollte die Flammenwerferabteilung Reddemann, hauptsächlich aus Feuerwehrleuten im Zivilberuf bestehend, weitere Versuche mit dieser neuen Waffe auf Anregung des Deutschen Kronprinzen in den Argonnen durchführen. Bereits am 26. Februar 1915 erfolgte der erste Einsatz im Wald von Malancourt nördlich Verduns durch das Reserve-Infanterie-Regiment 10, genau ein Jahr später wurde diese Waffe erneut vor Verdun zwischen Malancourt und Avocourt mit vollem Erfolge eingesetzt, sodass die Abteilung alsbald zum Bataillon, dann zum 1. Garde-Reserve-Pionierregiment unter Führung von Major d. Lw. Reddemann[135] in unmittelbarer Unterstellung unter die OHL aufgestockt wurde.[136] Lediglich die Flammenwerfer-Züge bei den Sturmbataillonen blieben dauerhaft abkommandiert. Mittlerweile hatte sich das System der Gasdruckspritze durchgesetzt, das stationär als schwerer Flammenwerfer („Grof" = großer Flammenwerfer), tragbar als leichter Flammenwerfer („Kleif" = kleiner Flammenwerfer) Verwendung fand. Das Funktionsprinzip dieser sowohl offensiv wie defensiv anzuwendenden taktischen Waffe bestand darin, dass Flammöl mittels Stickstoff als Druckmittel über eine Rohrleitung, an deren Ausgang eine elektrische Zündvorrichtung oder Zündpatrone das Gemisch entzündete, auf den Gegner gespritzt wurde. Die Reichweite des Flammenstrahles betrug ca. 25–30 m und eignete sich vorzüglich zur Bekämpfung von Bunkern, MG-Nestern und im Kampf um Ortschaften. Die Wirkung der Flammen auf Atemwege und Haut brach in den meisten Fällen sofort jeglichen Widerstand und bahnte so den der Infanterie vorgehenden Sturmtruppen den Weg. In Anerkennung der Verdienste des Garde-Reserve-Pionierregiments wurde diesem im Juli 1916 der Totenkopf am linken Unterarm „als Zeichen besonderer Einsatzbereitschaft und hervorragenden Mutes" verliehen.

Lit.: Bernhard Reddemann, Geschichte der deutschen Flammenwerfer-Truppe, Berlin (um 1933); idem, Angriffsformen der Flammenwerfer im Weltkriege, in: Reichsoffizierblatt, Nr. 28 v. 5.X.1938, S. 770; Otto Riebicke, Von der Feuerwehrabteilung zum ruhmreichen Regiment, in: Reichsoffizierblatt, Nr. 28 v. 5.X.1938, S. 769; Fred Koch, Flammenwerfer des deutschen Heeres bis 1945, Wölfersheim-Berstadt 1995 (= Waffen-Arsenal, H. 154); Gerhard P. Groß, Lemma „Flammenwerfer", in: Enzyklopädie Erster Weltkrieg, S. 488f.

Die Leitung des Angriffes oblag Oberst v. Rath, dem Kommandeur des Reserve-Infanterie-Regiments 78, das rechts neben dem II./Landwehr-Infanterie-Regiment 73 eingesetzt war. Französische Gegenangriffe des 51^e^ und 14^e^ BCA noch in der Nacht konnten erst in den frühen Morgenstunden wirksam werden, da dichte Gaswolken in der Combesenke ein Vorführen der Truppe stark behinderten. Zur endgültigen Sicherung des Grabenverlaufes am Kamm war der 9. September ausersehen worden, an welchem auch entlang der gesamten Front im Oberelsass bis zum Hartmannsweilerkopf[137] deutsche Angriffsoperationen stattfinden sollten. Am späten Nachmittag des 9. September gingen die Sturmtruppen mit den Flammenwerfern vor, konnten aber die Gräben nach hartnäckigem Widerstand vorerst nur bei der sog. Kanzel am großen Steinbruch nehmen und sofort zum weiteren Kampf umdrehen. Erst bei Einbruch der Dunkelheit waren der Kamm sowie der westliche Hang des Schratz wieder vollständig in deutscher Hand. Ihr Besitz konnte auch am nächsten Morgen durch einen feindlichen Gegenangriff des 15^e^ BCP nicht mehr infrage gestellt werden. „Aber wie anders sah das Schratzmännle und der Lingekopf aus als vor drei Wochen! Von den hohen Tannen, die damals noch ihr grünes Nadelgewand über die Felsen breiteten, waren nur noch ein paar zersplitterte Stämme übrig. Grau und kahl ragten die Klippen des Schratzmännle in die Luft. Und rechts am Wege die Gräberstätten, wie weit hatten sie sich inzwischen ausgedehnt, wie manches Holzkreuz war hinzugekommen!"[138] Auch die Reservejäger 8[139] bestatteten ihre Toten, „wie es wackeren Jägern geziemt, zur ewigen Ruhe im grünen Walde, am 2. September, dem Sedanstage, in einem neu von uns angelegten schönen Friedhofe hart nördlich Bärenstall hinter der Reservestellung. Die Kompagnieführer mit Abordnungen, der Kommandeur mit Stab, der Brigadekommandeur und zwei Feldgeistliche gaben

Hartmannsweilerkopf, Unterstand „Heldenheim“. WGM Rastatt.

den Kameraden das letzte Geleit und legten den letzten grünen Bruch auf ihr Jägergrab. Wir haben noch manchen Jäger dort begraben."[140] Auf französischer Seite hatte die 47ᵉ Division in diesem Zeitraume einen Verlust von 170 Offizieren und etwa 900 Mann zu beklagen.

Die unhaltbare Situation an dieser Front ließ Armeebefehlshaber de Maud'huy erneut in seinen Armeegruppenchef Dubail dringen, eine zusätzliche Brigade de chasseurs zur Stabilisierung der vordersten Linien, die sich gegenwärtig unterhalb des Kammes befanden, einzusetzen. Dieser jedoch schloss jegliche weiteren Offensivpläne in dieser Region kategorisch aus und beschied de Maud'huy dahingehend, dass örtliche Einbrüche durch vorhandene Mittel zu bereinigen seien. Zu dieser Zeit lief bereits die planerische Vorarbeit für die Operation über die Höhen des Hartmannsweilerkopfes, die Abgaben an andere Bereiche der oberelsässischen Front nicht mehr zuließ. So musste sich Pouydraguin mit den geringen Mitteln bescheiden, die ihm, nach Abzug der Artillerie, in Gestalt seiner vier Jäger-Brigaden noch verblieben waren. Aber auch der Gegner hatte an diesem Bergrücken einen ungeheuren Blutzoll entrichtet, wenngleich er glückhafter geblieben war und seine Ausgangsstellungen hatte halten können. So dienten zwei nochmalige Angriffe in der ersten Oktoberhälfte nur noch dem Ausbau der auf dem Kamm verlaufenden vordersten Linie. Am 12. Oktober bekämpften Bayern des 2. und 12. Landwehr-Infanterie-Regiments mit Flammenwerfern und Gasgranateneinsatz durch die erstmals eingesetzten Sturmtruppen-Komponente des in Aufstellung begriffenen Sturmbataillons Rohr die vor ihren Stellungen sich an den Berghang krallenden Alpenjäger der 3e Brigade, die sich vor dem Lingekopf zu behaupten wussten, am Schratzkamm aber die vorderste Linie aufgeben mussten; ein weiterer Angriff am 16. Oktober blieb folgenlos. Danach trat am Lingekopf, Schratzmännele, Barren- und Kleinkopf jene eigenartige „Ruhe" ein, die gekennzeichnet war durch ein spannungsgeladenes „Quivive" vor artilleristischen und infanteristischen Überfällen, die die Zahl der Toten bis zum Ende des Krieges noch um ein Beträchtliches erhöhen sollten. Das Projekt eines gewaltsamen Überganges von den Höhen in die Täler war an den Gegebenheiten des Gebirgskrieges und dem fehlenden unbedingten Siegeswillen gescheitert. Dass dieses Experiment unter den gleichen Prämissen am Hartmannsweilerkopf erneut versucht wurde und ebenso ruhmlos endete, zählt zu den Rätseln der Kriegsgeschichte und bürdet den Verantwortlichen ein gehöriges Maß an Schuld auf, über die zu richten dem Historiker nicht ansteht.

Wollen wir am Ende unserer Darstellung ein Resümee ziehen, so können wir festhalten, dass das Konzept des französischen Oberkommandos, nach dem Fehlschlagen des Durchbruches durch die Vogesentäler über die Höhenzüge hinab die Initiative zu erringen, vollständig gescheitert war. Gescheitert, weil die Führung nach dem ersten misslungenen Vorstoß ins Elsass diesen Plan nur halbherzig weiterverfocht, sich stattdessen dem Diktat der deutschen Offensive unterwarf und sich der Nordfront zuwandte, sodass die ursprüngliche Idee einer Offensive nach Süddeutschland hinein zweitrangig wurde. So entwickelte sich das Oberelsass zu einer Nebenfront, die nur zu bestimmten Zeiten aktiviert wurde, wenn es galt, deutsche Truppen dort zu binden bzw. eine Offensive aus der trouée de Belfort als drohende Alternative möglich erscheinen zu lassen. Die Entscheidung Falkenhayns Ende des Jahres 1915, den Schwerpunkt der deutschen Frühjahrsoffensive an die Maas bei Verdun zu legen, verwies die Front in den Vogesen endgültig auf den zweiten Rang, was zugleich auch eine Ausdünnung der Truppenstärke und der Bewaffnung auf beiden Seiten in diesem Bereiche bedeutete. Zweimalige Versuche, gleichsam nebenbei die Initiative auch hier zu gewinnen, scheiterten am energischen, nicht erwarteten Widerstande der inhomogenen deutschen Verteidiger, die frühzeitig günstige Sperrriegel angelegt bzw. festungsartig ausgebaut hatten und auch einem überlegenen Gegner nur geringen taktischen Spielraum eröffneten. Der anfängliche Plan des deutschen Oberkommandos, die anhaltende Bedrohung aus dem Thurtal durch Flankenmarsch über das Gebirge auszuschalten, war schon frühzeitig mangels ausreichender Ressourcen und der feindlichen Sperren wegen als undurchführbar erkannt worden. Die französische Führung dagegen glaubte lange Zeit, erst nach Ausschalten der Höhenbedrohung durch die deutsche Besatzung auf dem HK über Sennheim in die Ebene vordringen zu können, und richtete deshalb ihre ganze Konzeption auf diesen markanten Punkt in den südlichen Vogesen, der mittlerweile durch eigene Säumigkeit zu einem Bollwerk der Deutschen ausgebaut worden war. Statt nun die Lehren zu ziehen aus einem katastrophalen Scheitern dieser Idee im Münstertal, wo eine verhältnismäßig dünne Verteidigungslinie auf dem Gebirgskamm des Linge- und Barrenkopfes den wieder und wieder anstürmenden französischen Elitetruppen über Wochen und Monate hinweg Paroli geboten hatte, versuchte Joffre am Hartmannsweilerkopf dasselbe Rezept mit dem gleichen negativen Ergebnis. Ausschlaggebend in beiden Fällen war, dass man nicht bereit war, alles zu wagen, und sich stattdessen auf ein System von Aushilfen festlegte, das schon bei der ersten Bewährungsprobe zum Scheitern verurteilt war. Die Zielvorgabe der halben Berghöhe am HK und der völlige Mangel an Reserven im Weihnachtskampfe des Jahres 1915 weisen überzeugend darauf hin. Die danach bis zum Kriegsende folgende Abnutzungsphase in einem mittlerweile symbolhaften Ringen um einen Berg sollte beiden Seiten noch vielfältige Verluste bescheren. Doch half das in den schweren Kämpfen im Gebirge gewachsene und bewährte Konzept einer Tiefengliederung den deutschen Verteidigern, Blut zu sparen. Darüber hinaus hatte sich die Taktik als günstig erwiesen, bei feindlichen Einbrüchen aus der geringen Verfügungsmasse an OHL-Reserven aktive, gebirgsgeschulte Eliteformationen zu kurzfristigem Einsatz als „Ausputzer" heranzuziehen. Diese wie die meist an gleicher Stelle eingesetzten Landwehr-Einheiten vermochten die örtlichen Kenntnisse ihres Verteidigungsstreifens taktisch geschickt einzusetzen und erhöhten so das Kampfpotenzial um ein Beträchtliches. Die schon mehrfach erwähnten Sturmtruppen, die mit ihrer Stoßtrupptaktik neue Wege in dem Bemühen, den Stellungskrieg zu überwinden, gegangen waren, legten hier den Keim für eine die Kriegskunst revolutionierende Neuerung, die ihre vollkommene Ausformung im Frankreichfeldzug 1940 in der Anlage des Sichelschnittplanes des Generals Manstein und der Panzertaktik des Generals Guderian fand. Schließlich mag auch das Gefühl, Heimatboden zu verteidigen, den Kampfeswillen der zumeist älteren Landwehr- und Landsturmmänner angespornt haben. Die tiefen Gräben, die dieser Krieg im Gelände und bei den Menschen hinterlassen hat, können heute als überwunden gelten. Als Überreste einer unmenschlichen Zeit aber mögen beide Berge, Hartmannsweilerkopf und Lingekopf, warnen vor einer Wiederholung, aber auch künden von tapferer Pflichterfüllung und Kameradschaft über Gräben und Gräber hinweg.

III. Die Gefechte um den Hartmannsweilerkopf[141]

„Ein Haufe, der in der Ebene von ein paar Schwadronen verjagt würde und von Glück zu sagen hätte, wenn er durch den eiligsten Rückzug sich vor Auflösung und Gefangenschaft rettete, ist imstande, im Gebirge, man möchte sagen mit einer Art taktischer Frechheit einer ganzen Armee unter die Augen zu treten und von ihr die kriegerischen Ehren eines methodischen Angriffs, einer Umgehung usw. zu fordern."[142]

1. Militärgeografische Beschreibung[143]

Am 6. September 1914 erkundete erstmals eine deutsche Patrouille des IV./LdwInfRgts 119 (ObstLt Ströhlin) den bisher vom Kampfgeschehen unberührt gebliebenen Hartmannsweilerkopf[144], der schon bald ins Rampenlicht der Kriegsgeschichte treten und über die Dauer des gesamten Krieges hinweg Hekatomben von Opfern von beiden Seiten fordern sollte. Vor dem Eintritt in das eigentliche Kampfgeschehen seien daher an dieser Stelle die geografisch-geologischen Voraussetzungen geschildert, um die folgenden Situationen verständlicher erscheinen zu lassen.

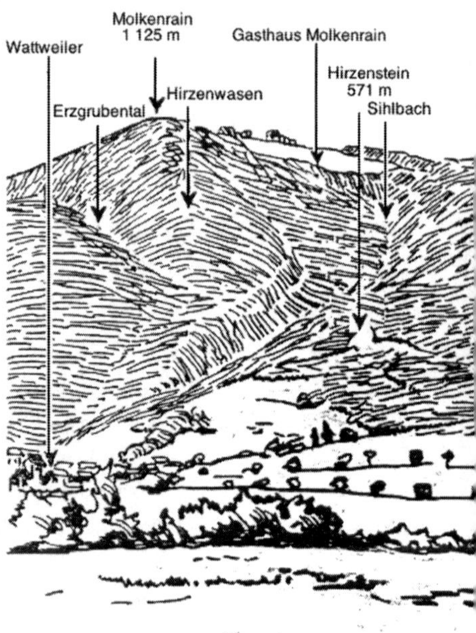

Der am Fuße des ihm den Namen gebenden Dorfes Hartmannsweiler gelegene Berg zählt zum Ausläufer eines vom Hauptkamm südostwärts verlaufenden Seitenkammes der eigentlichen Vogesen (oder des Wasgenwaldes). Diese, dem oberrheinischen Gebirgsstock angehörend, bildeten ursprünglich mit ihrem Schwestergebirge, dem Schwarzwald, eine Einheit. Durch Absenkung und Überflutung im Mesozoikum (vor ca. 200 Mio. Jahren) setzten sich Sedimentgesteine ab, die in der Zeit des Känozoikums (vor ca. 60 Mio. Jahren) durch Auffaltung und Anhebung des kristallinen Grundgebirges ein zusammenhängendes Gewölbe bildeten. Erst durch den Einbruch der Oberrheinischen Tiefebene in der Tertiärzeit entstanden die relativ scharfen Abbrüche nach Osten und der verhältnismäßig sanfte Übergang zur lothringischen Hochebene im Westen.

Der umgangssprachlich auch Habschwihrbuckel genannte, 956,5 m hohe Hartmannsweilerkopf, nur durch eine Einsattelung mit dem vom Hilsenfirst über den Großen Belchen, Sudelkopf (1.012 m), Kohlschlagsattel (828 m) und Riesenkopf (1.077 m) zum Molkenrain (1.125 m) verlaufenden Seitenkamm verbunden, war vor dem Krieg wegen seiner aus glasiertem Porphyr bestehenden Geröllhalde unterhalb des Aussichtsfelsens in Fachkreisen bekannt geworden. Einer der frühen Vogesenführer berichtet, „daß das porphyritische Steinrudel seine Verglasung nur einem mächtigen Feuer (Hochofen, Glashütte, St. Johannisfeuer oder dgl.) zu verdanken habe und sonach die Annahme, einen ausgelöschten Krater mit Resten von Lavabrocken vor sich zu haben, auszuschließen sei."[145] Der Berg selbst zeigt ungefähr die Gestalt eines Dreieckes, das auf einer Linie von etwa 900 m Höhe die Geländepunkte kurz oberhalb des Silberloches im Westen, den Aussichtsfelsen im Osten und den Bischofshut im Norden miteinander verbindet. Von

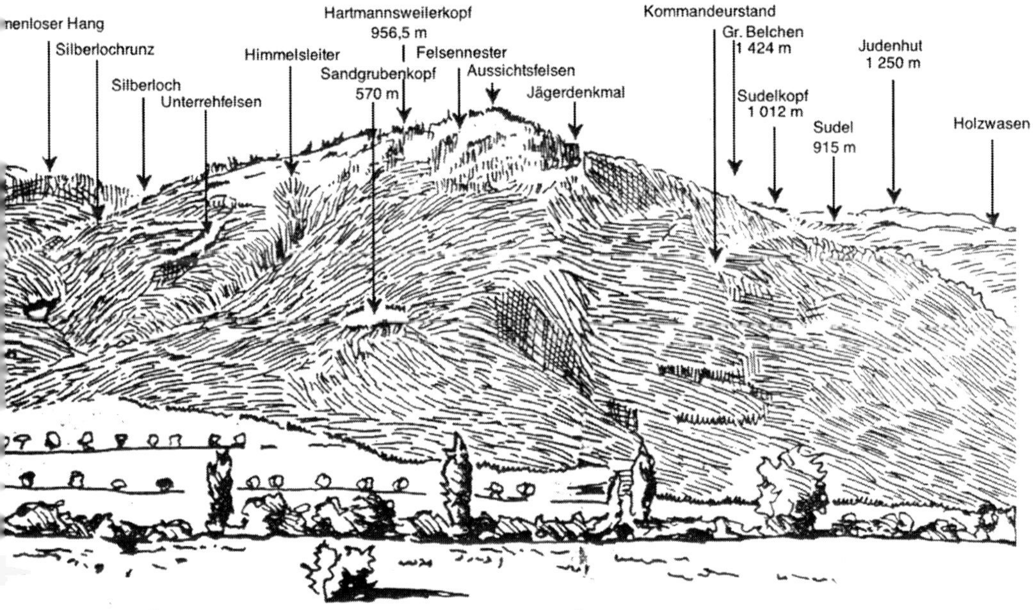

Hartmannsweilerkopf und Molkenrain von der Ebene gen Westen. Nach einer fotografischen Aufnahme der württ. Vermessungsabteilung 13. Deisenroth.

den beiden Letzteren ziehen sich im Gelände gut sichtbare Bergrücken hinab: vom Aussichtsfelsen in südostwärtiger Richtung gegen Hartmannsweiler der Porphyrgrat (cuisse droite = rechter Schenkel) zum Sandgrubenkopf (585 m), vom Bischofshut der Ziegelrücken (cuisse gauche = linker Schenkel) in nordostwärtiger Richtung ins Wünheimer Tal. Die zwischen diesen Rücken liegende Einbuchtung (entre cuisses) mit einem kleineren Grat, den der Gauchenbachrunz vom Ziegelrücken trennt, nahm später die deutschen Versorgungswege und -einrichtungen auf. Südlich des Porphyrgrates schließen sich weitere, deutlich zu erkennende Rippen an. Der Fitztanne (Fesse droite = rechte Gesäßhälfte) folgen, parallel zum Goldbachtal, die vom Unterrehfelsen herabziehende „Lippesche Schweiz" und der Sihlbach und Silberbach (faux sihl = falscher Sihlbach) trennende „Namenlose Rücken" (Crête sans nom), der beim Hirzenstein, einem 570,6 m hohen Felsgestein, das bis zur Revolution eine mehrfach umkämpfte Burg[146] murbachischen Lehens krönte, endet. Zwischen dem Silberlochsattel, von welchem der Vordere Guttenbachrunz zum Guttenbachtal, einem Seitentale des Wünheimer Tales, verläuft, und dem Ziegelrücken bildeten zwei Bergrücken gleichsam die vorderste

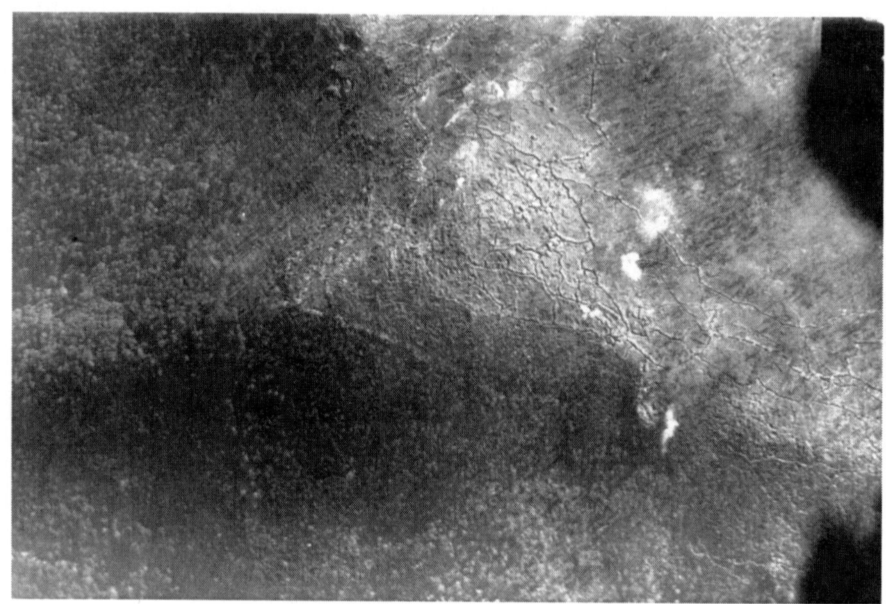

Hartmannsweilerkopf. Deutlich ist das Geschützfeuer über der Frontlinie zu erkennen. Flieger-Abt. Nr. 68, Nr. 458, 16.X.1915, Lt. v. Glasow. Sammlung Deisenroth.

Linie der Deutschen im Bereich Jägertanne und der Franzosen im Abschnitt Fesse gauche (= linke Gesäßhälfte). Erst der Weltkrieg hat den dicht bewaldeten Hartmannsweilerkopf aus seinem Dornröschenschlaf geweckt und ihm zu einem traurigen Bekanntheitsgrad verholfen.[147]

Gebirgstruppen

Vor dem Ersten Weltkriege stellten sich die Generalstäbe einen Gebirgskrieg zumeist nur auf Täler und Passübergänge beschränkt vor und sicherten diese durch Befestigungen und Sperren. Eine spezifische Winterausbildung im Hochgebirge mit speziell dazu ausgerüsteten Truppen hielt man daher noch kurz vor Kriegsbeginn 1914 für unnötig. Lediglich Österreich-Ungarn (Kaiserjäger: 4 Rgter., [Landwehr-]Landes-, seit 1917 Kaiserschützen), Italien (Alpini seit 1872: 8 Rgter. mit 26 Btle.; 2 Gebirgsartillerie-Rgter. zu je 12 Bttr.; ca. 5.000 Maultiere) und Frankreich (Chasseurs alpins: 13 Bataillone) verfügten aufgrund der Geländegegebenheiten ihres Landes über Gebirgsformationen. Deutschlands geostrategische Lage mit dem verbündeten Österreich-Ungarn und der neutralen Schweiz an seiner Südgrenze schien die Aufstellung solcher Elite-Einheiten überflüssig zu machen. Die Vogesen an der Westgrenze wurden nicht als künftiger Kriegsschauplatz erachtet, wenngleich die 82. Infanterie-Brigade in Colmar bereits vor dem Ersten Weltkrieg auch Übungen im Gebirgskrieg durchgeführt hatte. Die anders verlaufende Entwicklung zu Kriegsbeginn machte daher die Errichtung speziell für den Gebirgskrieg ausgebildeter Truppen dringend notwendig. Am 21. November 1914 stellte die Kgl. Bayer. Armee als erstes deutsches Kontingent in München das Schneeschuhbataillon Nr. 1 auf;[148] ihm folgte bald darauf das württembergische Kontingent mit der Schneeschuhkompanie Nr. 1 und die preußische Armee mit den Schneeschuhbataillonen Nr. 2 und 3. Die bis zum Frühjahr 1915 bestehenden 4 Schneeschuhbataillone wurden zum Jägerregiment 3 zusammengefasst und bildeten später, gemeinsam mit dem Jägerregiment 2, die Jägerbrigade 2 des Alpenkorps. Dies waren jedoch nur mit Skiern mobil gemachte Infanteristen, eine spezifische Hochgebirgsausbildung fehlte ihnen. Es mangelte überdies an gebirgsgängigem Artillerie- und Transportgerät. Neben diesen Neuformationen besaßen die einzelnen Kontingente Jägereinheiten, die gewisse Voraussetzungen für das Verhalten im Mittel- und Hochgebirge mitbrachten. Hierzu zählten insonderheit die auch in den Vogesen zum Einsatz gekommenen Gardetruppenteile wie das Potsdamer Kgl. Preuß. Garde-Jäger-Bataillon[149], das Berliner Kgl. Preuß. Garde-Schützen-Bataillon[150] und das Großhzgl. Mecklenb., seit 1890 in Colmar stationierte Jäger-Bataillon Nr. 14[151], die neben ihrem Einsatz als Gebirgs-Jägertruppe auch sog. „Abschusskommandos" – Scharfschützen und Patrouillengänger – zur Unterstützung der Landwehreinheiten zeitweise abstellten. Der weitere Kriegsverlauf degradierte die Vogesenfront zum Nebenkriegsschauplatz, der damit auch nicht in den Vorzug dieser Spezialtruppen kam, es sei denn als „Ausputzer" in kritischen Lagen oder als Standquartier in Ruhephasen. Lediglich die am 31. März 1915 in Gebirgskompanie umbenannte württ. Schneeschuhkompanie, die am 1. Oktober 1915 zum Bataillon aufgestockt wurde,[152] blieb bis Oktober 1916 in den Vogesen.

Die von Italien ausgehende drohende Kriegsgefahr gegenüber dem österreichischen Verbündeten veranlasste die OHL, zur Sicherung der österreichischen Grenzen zu Italien im Hochgebirge vom Kreuzbergsattel bis

Trient bundesbrüderliche Hilfe in Gestalt des neu aufgestellten „Deutschen Alpenkorps" unter dem Kommando des bayerischen Generalleutnants Konrad Krafft v. Dellmensingen zu entsenden, das bis zur Ablösung durch die vom östlichen Kriegsschauplatz herangeschafften österreichischen Gebirgstruppen im Oktober desselben Jahres die Bedingungen des Hochgebirgskrieges kennenlernen konnte. Diese verstärkte Jägerdivision setzte sich zusammen aus dem Kgl. Bayerischen Infanterie-Leibregiment, der bayerischen Garde schlechthin, drei preußischen und drei bayerischen Jägerbataillonen, den schon erwähnten Schneeschuhbataillonen und den notwendigen Unterstützungstruppen wie Gebirgs-MW-, Gebirgs-MG- und Feldartillerieabteilungen sowie schwerer Artillerie, Pionieren und Nachrichteneinheiten. Das diesem Korps nach dem Einsatz in den Dolomiten von Feldmarschall Erzherzog Eugen verliehene Edelweiß wurde zum Wahr- und Ehrenzeichen der deutschen Gebirgstruppe bis zum heutigen Tage. Daneben bestimmten die grüne Waffenfarbe und der Tschako bzw. die Bergmütze als Kopfbedeckung, ein liegendes „S" auf dem Kragen für die Schneeschuhtruppen, lederbesetzte Berghose mit Wickelgamaschen, Nagelschuhe, Schneemäntel und ein weißer sog. Windanzug für den Winterkrieg die von der Linie abweichende Uniformierung,[153] zu welcher als zusätzliche, außeretatmäßige Ausrüstung der auch vom Gegner getragene „Hartmannsweilerstock" zählte, eine unentbehrliche Hilfe im steilen, zur Winterzeit gefährlich glatten und unwegsamen Gelände. Die grüne, mit dem Gelände korrespondierende Waffenfarbe der Vorkriegszeit wurde letztlich das Vorbild für die feldgraue Uniform, mit der das deutsche Heer in den Ersten Weltkrieg zog.

Die 1888 aus den Jägerbataillonen hervorgegangenen französischen Alpenjäger (Chasseurs alpins) in einer Stärke von 12 Bataillonen verfügten bereits vor dem Krieg über drei Schneeschuhschulen (Ecole normale de ski) in Briançon (1903 mit norwegischen Instrukteuren errichtet), Pau-Cauterets (für die Pyrenäen) und Gérardmer (für die Vogesen) sowie über ausreichende Gebirgserfahrung, was ihnen einen anfänglichen Vorteil in der Führung des Mittelgebirgskrieges verschaffte, den sie aber durch vorzeitigen Einsatz der im Skifahren Ausgebildeten verspielten. Im Gegensatz zur traditionellen deutschen Jägerfarbe Grün bevorzugten die Franzosen einen einreihigen Feldrock mit breitem, liegendem Kragen in dem den Nationalfarben entlehnten Blau, allerdings in einer dunkleren Ausprägung als das der Linieninfanterie. Das Kennzeichnende der Alpenjäger wurde das breite

Béret mit dem daran angebrachten goldfarbenen Jagdhorn. Wickelgamaschen und Bergschuhe, dazu ein kräftiger Bergstock, den später auch die deutschen Soldaten am HK sich zulegen sollten, vervollständigten das jägermäßige Erscheinungsbild. Der ihnen im Ersten Weltkrieg beigelegte Ehrenname „Diables bleus" (blaue Teufel) mag dazu beigetragen haben, nicht von der Waffenfarbe abzuweichen, auch, als diese bereits von der militärischen Zweckmäßigkeit längst überholt war.

Lit.: Hermann Czant, Alpinismus. Massentouristik, Massenskilauf, Wintersport, Militäralpinistik und die 9700 Kilometer Gebirgsfronten im Weltkrieg, Berlin 1926; Günther Hebert, Das Alpenkorps. Aufstellung, Organisation und Einsatz einer Gebirgstruppe im Ersten Weltkrieg, Boppard a. Rh. 1988 (= Militärgeschichtliche Studien, Bd. 33); Theodor Sproesser et al. (Bearb.), Die Geschichte der Württembergischen Gebirgsschützen: Württ. Schneeschuh-Kompagnie Nr. 1 – Württ. Gebirgs-Kompagnie Nr. 1 – Württ. Gebirgs-Bataillon – Württ. Gebirgs-Regiment, Stuttgart 1933 (= Die württembergischen Regimenter im Weltkrieg 1914–1918, Bd. 49); Kurt Blaum, Deutsche Schneeschuhtruppen in den Vogesen im Kriegswinter 1915, in: Elsaß-Lothringisches Jahrbuch, hrsg. vom Wissenschaftlichen Institut der Elsaß-Lothringer im Reich a. d. Univ. Frankfurt a. M., XV. Bd., 1936, S. 1–25.

2. Annäherungen an den Berg (Herbst 1914 bis Frühjahr 1915)

Dem Rückzug der Franzosen aus dem Oberelsass nach dem zweiten Gefecht bei Mülhausen und der Verlagerung des Kampfgeschehens in den lothringischen Bereich folgte eine Zeit des Abwartens und Sondierens. Bedingt war dies durch die augenblickliche eigene Schwäche und fehlende Ressourcen auf französischer Seite und die Notwendigkeit der Neuordnung der Verteidigung mit nicht aktiven Verbänden im deutschen Lager. Auch nach dem Ende der Marneschlacht, die den weit ausholenden Flügelmarsch der deutschen 1. und 2. Armee zum Halten und zum Zurücknehmen der Fronten hinter die Marne zwang und das Ende des Bewegungskrieges markierte, blieb die Front im Süden des Elsass in einem eigenartigen Schwebezustand. Grund hierfür waren auch die schwierigen Geländebedingungen, die es erforderlich machten, durch enge Täler und über relativ hohe Kammlagen Waffen und Nachschub heranzuschaffen und gegen die bis zur Talmitte in Stellung gegangenen deutschen Landwehrverbände vorzugehen. Diese seit dem 19. September 1914 als „Armeegruppe Gaede"[154] zusammengefassten Deckungstruppen am Oberrhein hatten von der OHL den Auftrag erhalten, den Schutz der Rheinebene im Anschluss an die rechts eingesetzte Armee-Abteilung

Sandozweiler bei Höhe 425 nahe Sennheim. WGM Rastatt.

Falkenhausen zu übernehmen mit dem Ziel der Vorneverteidigung auf dem Vogesenkamm. Nach Abflauen der Kampfhandlungen richtete sich die Armee-Gruppe mit einer bayerischen Landwehr-Division (aus 2. u. 1. bayer. gem. Landwehr-Brigade) am rechten Flügel von Diedolshausen bis Fechttal ausschließlich, der 51. gem. Landwehr-Brigade (Abt Frech) im Fecht- und Lauchtal und der 55. Landwehr-Brigade (Abt Mathy) im Rimbachtal und von Sennheim auf einer gegen Mülhausen einschwingenden Linie über Reiningen bis Fröningen zur Verteidigung ein;[155] schließlich sicherte die Linie Illfurt–Bettlach an der Schweizer Grenze die Abteilung Bodungen in Stärke einer gemischten Brigade aus Truppen der Kommandantur der Oberrhein-Befestigungen. Eine Besetzung der Vogesenpässe zur Entlastung der Nachbarabteilung Falkenhausen lehnte Gaede mit Hinweis auf die Struktur seiner Verbände als kaum durchführbar ab. Während sich die Front in Lothringen schon verfestigt hatte, konnte Gaede seine Positionen in den Tälern noch leicht verbessern. Ansonsten bestimmten Vorpostenstellungen auf beiden Seiten der Front die Lage; rege Spähtrupptätigkeit im Vorgelände sollte eine genauere Kenntnis des Feindes wie des Geländes erbringen.

Erst gegen Jahresende 1914 schenkte die französische Armeeführung der Front im Oberelsass wieder Beachtung. Joffre hatte seinen ursprünglichen Plan eines Vorgehens durch den Sundgau und die Vogesentäler noch nicht aufgegeben und setzte erneut auf den Versuch, den Gegner in seiner schwachen linken Flanke zu fassen, ihn gegen Straßburg und dann, mittels frontalen Angriffes über die Vogesen, über den Rhein zu drängen, sodass die linke deutsche Flanke gefährlich bedroht gewesen wäre. Bereits am 2. Dezember war der Buchenkopf[156] gefallen, es folgten starke Angriffe der Franzosen gegen die an die Ortschaften angelehnte Linie Sennheim–Burnhaupt;[157] Mitte Dezember begannen an der gesamten Front Angriffe der Franzosen ohne direkte Schwerpunktbildung, aber in verstärktem Maße bei der Armee-Abteilung Gaede. Dieser war gerade rechtzeitig am 12./13. Dezember die aktive Division des Generalleutnants Fuchs auf Anweisung des deutschen Kronprinzen zugeführt worden; dazu trafen am 25. Dezember Teile der 7. Kavallerie-Division ein. Besonders der Abschnitt bei Sennheim–Steinbach und die diese Orte überragende Höhe 425 standen wegen ihrer taktischen Bedeutung am Ausgang des Thurtals seit 13. Dezember unter starkem französischem Beschuss. Nach anfänglichem Geplänkel auf beiden Seiten und verstärktem deutschen Ausbau der Linie Uffholz–Steinbach–Höhe 425 griffen am Weihnachtstag des Jahres 1914 starke französische Kräfte der 66e Division unter Général Guerrier von den Höhen des Silberthal beidseits Steinbach die deutschen Verteidigungsstellungen des im Rahmen der 29. Infanterie-Brigade unter General Mathy eingesetzten Rheinischen Infanterie-Regiments 161 (Oberst Wilcke) und des württ. Landwehr-Infanterie-Regiments 119 in Richtung Steinbach und auf der Höhe 425 südlich von Steinbach mehrfach erfolglos an. Vorstoß folgt unmittelbar Gegenstoß, nur mühsam können sich die französischen Regimenter vorkämpfen. Bis in die ersten Tage des neuen Jahres hinein dauern die verlustreichen Kämpfe an, dann gibt die deutsche Führung Steinbach und die Höhe 425 auf.[158] Das Dorf, dessen Einwohner ebenso wie die des Nachbarorts Sennheim viel zu spät evakuiert worden sind, ist durch die auf den umliegenden Höhenstellungen Amsel- und Wolfskopf, Pastetenplatz und Schletzenburg postierte französische und die bei Sennheim stehende deutsche Artillerie völlig zerstört worden. Das Tor zur Rheinebene, Sennheim, dagegen bleibt in deutschem Besitz. Denn die Angreifer sind gleichfalls am Ende ihrer Kräfte, zumal die Versorgung übers Gebirge erhebliche Schwierigkeiten bereitet. Mangelnde Reserven verhindern zudem ein weiteres Vordringen gegen die Ebene, da flankierende Maßnahmen fehlen. Damit stabilisiert sich die Front in diesem Bereich; sie bestand ohne wesentliche Änderungen bis zum Waffenstillstand im Jahre 1918. Ein Denkmal für die „15-2", die „Quinze-

Zerstörte Kammgarnspinnerei in Sandozweiler unterhalb Höhe 425. WGM Rastatt.

deux", wie dieses Regiment verkürzt genannt wird, erinnert in Steinbach an die schweren Kämpfe vom 25. Dezember 1914 bis 8. Januar 1915.

Im Hauptquartier in Freiburg herrschte bei Gaede wie bei seinem neuen Generalstabschef Bronsart v. Schellendorff Übereinstimmung, was die „unerlaubt schwache vordere Linie, in der die Truppen ohne Ablösung ermüden und zermürben müssen"[159], betrifft. Es wurde die Notwendigkeit einer starken mobilen Reserve in Stärke von etwa einer Division und ausreichender Munition, besonders für die Feldartillerie, festgestellt. Die überdehnten, zum Teil lückenhaften Fronten, die zumeist aus Landwehr-Einheiten bestanden, mussten den Gegner geradezu zum Angriff einladen. Auch hatte sich die direkte Unterstellung der Landwehr-Brigaden unter das AOK Gaede bei Kampfhandlungen als nicht vorteilhaft erwiesen. So wurden sukzessive Divisionskommandos zwischen diese beiden Ebenen eingezogen, die landsmannschaftlich gegliedert waren und dadurch das Zusammengehörigkeitsgefühl und die Kampfmoral erheblich zu stärken vermochten. Der Gegner selbst hatte ähnliche, wenn nicht noch schwierigere Pro-

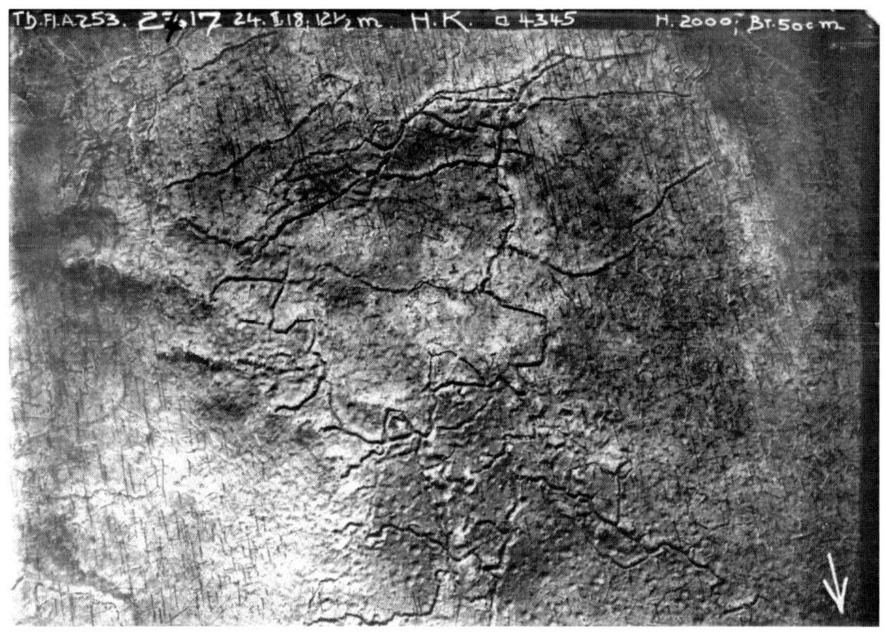

Hartmannsweilerkopf, Gipfelstellung. Flieger-Abt. A 253, Nr. 2417, 24.II.1918, 12 ½ h, H: 2.000, Br: 50 cm. Sammlung Deisenroth.

bleme mit dem Nachschub, wenngleich im Kräfteverhältnis die Franzosen als kampfstärkere, weil aktive Einheiten den Landwehrsoldaten gegenüber deutlich besser abschnitten. Nach dem erneuten Scheitern eines Durchbruches durch die Rheinebene formte sich in der französischen Planung allmählich der Gedanke an eine Invasion über das Gebirge, zumindest sollten Stützpunkte auf den Höhen die Nachschubprobleme erleichtern helfen und flankierende Operationen ermöglichen. Auch die deutsche Führung besann sich nun erst der Höhen, von denen ihr Gefahr drohte, die sie aber zugleich als Basis für Unternehmungen gegen die in die Täler eingedrungenen Franzosen zu nutzen beabsichtigte.[160] So begann Anfang des Jahres 1915 ein Kampf, der an Dramatik, Dauer und Opfern den Kämpfen an anderen markanten Punkten der Westfront durchaus ebenbürtig war.[161]

Erstmals am 4. Januar 1915 scheint im Gaede'schen Journal[162] der Name des Berges auf, der in der Folge mehr und mehr die Soldaten beider kriegführenden Staaten in seinen Bann ziehen wird. An diesem Tag bestieg die durch Soldaten

Der Hirzenstein südlich des Hartmannsweilerkopfes, Sommer 1915. WGM Rastatt.

des am 31. Dezember 1914 zugeführten 2. Landsturm-Bataillons Heidelberg verstärkte 8. Kompanie des LdwInfRgt 123 der Abteilung Frech den Berg, um dort eine Tage vorher durch Patrouillen aufgeklärte französische Gipfelbesatzung auszumachen und zu vernichten. Das III./LdwInfRgt 123 besetzte zur Sicherung der rechten Flanke den dem Hartmannsweilerkopf nördlich gegenüberliegenden Thierenbachkopf (836 m) mit dem Auftrag, einen Ablenkungsangriff auf den westlich benachbarten Sudelkopf (1.012 m) zu unternehmen. Taktisch sollte der Hartmannsweilerkopf als Stützpunkt für eine geplante Offensive gegen Thann dienen. Die vom bereits stark befestigten Gipfel des Molkenrain ausgesandte Jägerabteilung des 28e BCA hatte schon am 25. Dezember 1914, dem Beginn des Gefechtes um Steinbach, auf der Kuppe des Hartmannsweilerkopfes eine Art Blockhaus ausgebaut, mit einer Feldwache belegt und den deutschen Spähtrupps in dem undurchdringlichen Wald manches Rätsel aufgegeben. Der erste Zusammenstoß mit dem kleinen französischen Detachement endete für die deutschen Angreifer ernüchternd. Die im Gebirgskrieg ausgebildeten und geübten Alpenjäger töteten aus dem Hinterhalt, von Baumwipfeln herab, ohne selbst gesehen zu werden. Fünf Tage später, am 9. Januar 1915, scheiterte ein ähnlicher Versuch in Bataillonsstärke (I./LdwInfRgt 123 mit Pionieren); mangelhafter und unpräziser Artillerieeinsatz, der auch der eigenen Truppe zu schaffen machte, und die geschickte Verteidigung der Chasseurs alpins unter Sous-Lieutenant Canavy verhinderten eine geplante Umfassung der durch Drahtsperren unnahbaren Gipfelstellung und letztlich den Erfolg. Der Bataillonskommandeur, Major Sprandl, fiel, den Kompanien gelang es nicht, die Alpenjäger-Festung beim Gipfel zu nehmen. Auf einer Linie vom Ziegelrücken über den Aussichtsfelsen zum Oberrehfelsen stand halbmondförmig die Sicherungslinie in Schnee und Kälte.

In dieser Situation ordnete das Oberkommando den Einsatz aktiver Einheiten im Rahmen der verstärkten Kavallerie-Brigade 42 (Generalmajor Heidborn) an, darunter das Großherzoglich Mecklenburgische Jäger-Bataillon 14 und die Ulanen-Regimenter 11 und 15 der ihrer Waffenfarbe wegen so genannten gelben Ulanen-Brigade. Der Angriffsbefehl sah zwei Schwerpunkte vor, und zwar die Einnahme des Hirzensteins, sodann die Inbesitznahme einer Linie auf Höhe 908 westlich von Silberloch–Hirzenstein mit Sicherung gegen den Molkenrain. Nach eingehender Aufklärung gegen den Hirzenstein und halbstündigem Artillerie- und Minenwerferfeuer gelang Teilen des Infanterie-Regiments 25 in nur 20 Minuten der Schlag gegen den Hirzenstein. Im zweiten Teil dieser Operation hatten das durch Landwehr verstärkte Jäger-Bataillon 14 und die 3. Eskadron des Ulanen-Regiments 11 in einer ellipsenförmigen Umfassung der Kuppe mit Ausgangspunkt bei Jägertanne und Ziel am Silberlochsattel einen Ring um die Alpenjäger in der Ringburg auf der Kuppe zu legen, die nun vom Entsatz aus der Molkenrain- und Silberloch-Stellung gänzlich abgeschnitten waren und von dort keine Hilfe mehr erwarten konnten. Zwar ließ Colonel Serret mit 3 Kompanien um die Mittagszeit einen Versuch unternehmen, den Sperrriegel zu durchbrechen, doch scheiterten zwei dieser Angriffe im konzentrierten Feuer der deutschen Jäger, Ulanen und Landwehrsoldaten. Dennoch gelang es bis zum Einbruch der Nacht nicht, die sich zäh verteidigenden Alpenjäger in ihren Stellungen auszuheben. Auch am nächsten Tag konnten sich die Verteidiger trotz wütender deutscher Angriffe mit frisch eingesetzten Truppen des II./InfRgt 84 in ihrer Fliehburg halten; Entlastungsangriffe Serrets am Silberloch mit schnell herbeigeführten Kompanien seiner Alpenjägerbataillone brachen im konzentrierten Feuer des deutschen Sperrriegels zusammen. Dennoch erforderte die prekäre Lage des deutschen Truppenschleiers weitere Verlegungen zum HK, so des I./Infanterie-Regiment 25 am Nachmittag des 20. Januar, das infolge vereister Steige erst am frühen Morgen

Hartmannsweilerkopf, Mj Kachel und OLt Mühe im schweren Minenwerferstand, Juli 1915. WGM Rastatt.

des 21. Januar sein Ziel erreichte. „Da noch keine Unterstände in der Stellung vorhanden waren, verbrachten die Leute den Rest der Nacht unter freiem Himmel auf etwa 50 cm hoher Schneedecke schlafend bei 10 Grd Kälte."[163] Erst am 21. Januar fiel die Entscheidung: Nachdem ein weiteres Alpenjägerbataillon zwar die deutsche Sperre am Silberloch hatte durchbrechen können, gegen die unmittelbar darauf ins Gefecht geworfenen deutschen Reserven – bereits am Nachmittag des 20. Januar waren zur Unterstützung der geschwächten 84er die zweiten Bataillone der Regimenter 31, 84 und 89 (Regiment v. Weber) zum HK in Marsch gesetzt worden – jedoch ebenfalls wenig auszurichten vermochte, erzwang eine neue Waffe, der Minenwerfer,[164] das Ende des Kampfes. „Unter ungeheuren Schwierigkeiten wurde der mittlere Minenwerfer auf den schlechten, mit Schnee und Eis bedeckten Pfaden durch 20 Pioniere und 50 Arbeiter mit Hilfe eines Langtaues auf den Hartmannsweiler Kopf geschafft, eine geradezu vorzügliche Leistung."[165] Ein Volltreffer des am Aussichtsfelsen postierten Werfers der mittleren Minenwerfer Abteilung VI unter dem Ingenieur Leutnant d. Ldw. Türk setzte mit dem dritten von insgesamt 20 Schüssen die Verteidiger der Ringburg außer Gefecht. Ein Alpenjäger soll sich danach gegenüber Türk geäußert haben: „Malheur, malheur, fusil ce n'est rien; mais les gros obus étaient détestables!" („O weh, o weh; das Gewehrfeuer hatte nichts zu sagen, aber die schweren Granaten waren fürchterlich!").[166]

Minenwerfer

Das Steilfeuergeschütz (frz. Crapouillot), eine Art Bindeglied zwischen den Mörsern der Artillerie und infanteristischen Nahkampfmitteln (Infanteriegeschütze), verdankt seine moderne Entwicklung den Erfahrungen bei der Beschießung von Port Arthur im Russisch-Japanischen Krieg 1904/05, in welchem sich der Wert der auf geringe Entfernung verschossenen Sprengmittel beim Brescheschießen erwiesen hatte. Noch vor Kriegsbeginn 1914 gab der preußische Generalstab bei der Rüstungsindustrie Werfer in Auftrag, die dann den Pionier-Belagerungstrains zugeführt wurden, um die 4. Kompanien der Festungs-Pionier-Bataillone heimlich daran auszubilden. Eine eigene Wertertruppe existierte bis dahin nicht. Zu Anfang des Krieges führte so die deutsche Armee als einzige diese neuartige Waffe mit ins Feld (44 schwere, 116 mittlere MW[167]).

Die als Vorderlader gebauten Minenwerfer wurden in die drei Kategorien schwer (25 cm), mittel (17 cm) und leicht (7,58 cm) eingeteilt, deren letztere jedoch noch nicht ausgeliefert waren. Der schwere MW mit gezogenem Rohr und Rohrrücklauf verschoss 100-kg-Luftminen mit Doppelzünder (vereinigte Aufschlag- und Brennzünder) bis auf eine Entfernung von 420 m, der mittlere MW 50-kg-Sprengminen bis auf 800 m, der leichte MW 4,75-kg-Minen mittels Patronengeschossen bis zu 1.050 m. Die Lafetten waren mit eisernen Bettungsplatten verbunden, die zum Transport mit Rädern versehen werden konnten; die Bodenplatten der leichten MW wurden von Mannschaften oder Maultieren befördert. Die gute Wirkung der feindlichen Flügelminen in der Somme-Schlacht, die ihrer stabilisierten Flugbahn

Gebirgsmaschinengewehrabteilung mit Maultieren in den Vogesen, 1916. Archiv KSF.

wegen größere Erfolge erzielen konnte, führte 1917 zur Entwicklung der nach ihren Konstrukteuren benannten sog. Iko- (Ingenieur-Komitee-) und Albrecht-Werfer.

Seine besondere Leistungsfähigkeit bewies der MW im Stellungskrieg, wo bei den kurzen Distanzen zu den feindlichen Gräben die Artillerie nicht eingesetzt werden konnte. Bei Rohrerhöhungen von 45–75° konnte ein sMW im Bogenschuss bei geringer Streuung Stollen bis zu 8 m Dicke eindrücken. Der relativ leichten Transportmöglichkeit stand die lange Einbauzeit und geringe Feuergeschwindigkeit gegenüber.

Die anfänglich mangelhafte Organisation der Minenwerfertruppe nahm 1915 festere Formen an, als die OHL neben der Heeresreserve Minenwerfer-Bataillone aufzustellen begann (bei Kriegsende 23 Btle.), die Heeresreserve erhöhte und die wilden Formationen zu MW-Kompanien bei den Divisionen zusammenfasste. Für die Armee-Abteilung Gaede waren in der Zeit vom 17. November bis zum 1. Dezember 1914 Minenwerfer-Trupps in Istein und Neubreisach instruiert und anschließend auf die Abteilung verteilt worden. Zusätzlich befanden sich bei jeder Pionier-Kompanie 6 lMW.

1916 traten Gebirgs-MW-Kompanien mit Maultieren und Karren hinzu; die Sturm- und Jägerbataillone erhielten je 1 MWK mit 8 lMW. Um die Jahreswende 1916/17 wurden die leichten Werfer den Formationen genommen und zur Infanterie überführt (pro Btl 4 lMW im MW-Zug), die damit, was deren Einsatz betraf, beweglicher wurde. Diese wegen fehlenden Ersatzes bei den Pionieren notwendig gewordene Maßnahme wurde, aus den gleichen Gründen, Anfang September 1918 auch auf die Divisions-MW-Kompanien ausgedehnt (Stärke: 8/200, dazu 64 Mann Bespannungsabt., 56 Pferde, 15 Maultiere), die nun aufgelöst wurden und mit ihren mMW zu den Infanterie-Regimentern als 13. Kp übertraten (3 m, 9 lMW).

Die obere Führung der Minenwerfer oblag den Inspizienten der Minenwerfer Nr. 1–4 beim General der Pioniere im Großen Hauptquartier. Die Armee-Minenwerferschule am Isteiner Klotz[168] und eine Heeres-Minenwerfer-Schule in Valenciennes bildeten – Letztere seit Oktober 1917 – in diesem Fache aus. Kenntlich waren die Angehörigen der Minenwerfertruppe an den Buchstaben „M. W." auf den Pionier-Schulterklappen mit Ziffer des Bataillons bzw. der Kompanie.

Auch bei den Franzosen wurde sehr schnell die außerordentliche Einsatzmöglichkeit der Werfer im Stellungskriege erkannt und die Einführung dieser Geschützart beschlossen. Die leichten MW mit glattem, 8,1-cm-kalibrigem Rohr und 52 kg Gewicht – also deutlich leichter als die deutschen 7,6-cm-MW mit ca. 300 kg Gewicht – besaßen eine Schussweite von 1.900 m und verschossen Flügelminen. Der mittlere MW m/17 besaß gegenüber der vergleichbaren deutschen Version ein kleineres Kaliber von 15 cm und eine größere Reichweite von 2.000 m. Die Typenbezeichnung „Minenwerfer" wurde 1938 in der Wehrmacht in „Granatwerfer", in der Bundeswehr in „Mörser" geändert. Als „Granatwerfer" wurden im Ersten Weltkrieg Steilfeuerwaffen unterhalb der Ebene der Minenwerfer bezeichnet, die, auf Stöcken montiert, mittels Gewehrpatronen kleinere Granaten verschießen konnten. Wegen ihrer leichten Beweglichkeit waren sie eine zusätzliche Waffe des Infanteristen im Stellungskriege. Nach ihrem Erfinder, dem ungarischen Geistlichen Vécer, wurden sie auch „Priesterwerfer" genannt.
Lit.: Ergänzungen zu den Vorschriften über den leichten Minenwerfer, 3 Tle., Freiburg i. Br. 1917; Vorschrift für die Ausbildung der Infanterie am leichten Minenwerfer, vom 9. Jan. 1917, Berlin 1917; Handbuch der neuzeitlichen Wehrwissenschaften, Bd. II, Lemma: Pioniere, A VI b) 3., S. 567; Dieter Storz, Lemma: „Minenwerfer", in: Enzyklopädie Erster Weltkrieg, S. 722f.; Goes, Anlage und Durchführung grösserer Unter-

nehmungen im Gebirgskrieg, in: BArch-Militärarchiv Freiburg, W-10/51720, f. 40A-c; Killian, Totentanz auf dem Hartmannsweilerkopf.

Zwei verwundete Offiziere, ein weiterer Offizier und 127 Alpenjäger[169] ergaben sich schließlich dem deutschen Parlamentär, Oberleutnant v. Düring, des II./Grenadierregiments 89; ihnen wurden nach altem Brauch die militärischen Honneurs erwiesen, bevor sie als Kriegsgefangene der Etappe überstellt wurden. Damit hatte dieser Berggipfel erstmals seinen Besitzer gewechselt – ein Schicksal, das ihm in der Folge noch mehrfach beschieden sein sollte. Die neue Front verlief nun von der Jägersappe bei der Fesse gauche im Norden aufwärts, westlich am Roche Mégard vorbei über die Eierstellung zum Silberloch, wenige Meter östlich des heutigen Nationalfriedhofes, entlang der Höhenlinie 908 m, abfallend über Roche Martin zum Silberlochrunz, bei Erreichen des Bergpfades in südostwärtiger Richtung beim Unteren Rehfelsen wieder auf die alte Linie stoßend. Damit war der Hartmannsweilerkopf im Großen und Ganzen in deutscher Hand. Die Verluste waren auf beiden Seiten hoch, besonders bei den Regimentern 84 und 89 und dem Jäger-Bataillon 14. Der Gesamtverlust belief sich nach Goes auf 5/12/86 Gefallene, 9/26/128 Verwundete und 2/-/17 Vermisste.[170]

Zwei Lehren ergaben sich für die Franzosen aus dieser „Begegnung": Zum einen hatte es sich gezeigt, dass der Besitz der Gipfelstellung keine wesentlichen taktischen Vorteile mit sich brachte, da er keine Sicht über das Plateau hinweg bot, der feindlichen Artillerie dagegen treffliche Wirkungsmöglichkeiten gewährte. Zum anderen hatte sich die schwierige Nachschub- und Versorgungslage empfindlich bemerkbar gemacht und den rechtzeitigen Einsatz von Reserven verhindert. Die Wirkung der neuen Minenwerferwaffe hatte das Übrige dazu getan, neue taktische Maßnahmen auf beiden Seiten zu überdenken.

Auf deutscher Seite hatte sich gezeigt, dass das Heranholen der Reserven, z. T. aus 10 km Entfernung in der Ebene, die Marschleistung am Berg negativ beeinflusste, zumal eine jahreszeitliche Bekleidungsanpassung mit genagelten Stiefeln, Bergstöcken und Steigeisen nicht rechtzeitig durchgeführt worden war. Das Abziehen zweier erschöpfter Landwehrkompanien aus dem Bereich Jägertanne zurück an den Fuß des Berges, deren eine am anderen Tag erneut in den Einsatz geschickt wurde, vergeudete unnötig Ressourcen und Reserven für den Notfall. Der Chronist dieses Geschehens, Gustav Goes, bemängelte die eingeschränkte Bewegungs- und Handlungsfreiheit der am Osthang liegenden Jäger, denen ein Angriff untersagt worden war.[171] In diesem Falle ließ die Führung das Vertrauen in die viel gerühmte Auftragstaktik der preußischen Armee vermissen. Letztlich

Hartmannsweilerkopf, Pioniere beim Stollenbau 1915. WGM Rastatt.

hatte es an einem konzentrischen Angriff der Einschließungstruppen gefehlt, der frühzeitig zum Erfolg hätte führen können. Vorteilhaft für die deutsche Seite dagegen war das wenig flexible Vorgehen der französischen Entsatzversuche,[172] die frontal gegen den Punkt 908 und die dort versammelte Masse der deutschen Truppen anrannten, ohne eine Flankenbedrohung nur in Erwägung zu ziehen.

Ähnlich der übrigen Westfront ging auch hier der Bewegungskrieg in den Stellungskrieg über, gruben sich beide Seiten augenblicklich in die Erde ein. Der deutschen Seite brachte die intakte Infrastruktur der Rheinebene und des badischen Hinterlandes erhebliche Vorteile in der Anlage der Verteidigung am Berg. Dennoch bedeutet der fortifikatorische Ausbau des Hartmannsweilerkopfes eine außerordentliche Leistung der hieran beteiligten Pioniere, besonders aber der Armierungstruppen, die in mühevoller Kleinarbeit die bis zum Sandgrubenkopf relativ bequem herbeigeschafften Materialien über vereiste und verschneite Bergpfade oder durch unwegsames Gelände hindurch zur Kuppe beförderten. Der Einsatz von ca. 170 Maultieren vermag dabei die Leistung des einzelnen Mannes nicht zu schmälern, der es in dem felsigen Gestein des Hartmannsweilerkopfes doppelt schwer hatte, seinen Auftrag zu erfüllen.

Zur Bewältigung dieser Aufgabe wurde daher nach Abflauen der Januarkämpfe im Februar 1915 sogleich mit dem Bau einer Serpentinenstraße auf den Berg begonnen, die, als Anschluss an den von Hartmannsweiler den Bruderpfad am Fuße des Berges kreuzenden Weg, sich in sieben Windungen zu einer Höhe von knapp 800 Metern am ostnordostwärtigen Berghange emporschraubte und im Hadelnsteig unterhalb der Bastion endete. Auf diesem von fast 1.000 Arbeitern[173] angelegten sogenannten „Kurvenweg"[174] wurde während der weiteren Gefechtshandlungen der Großteil an Waffen, Gerät und Baumaterial in die Gipfelregion befördert. Daneben gewährte der Kurvenweg mit seinen zahllosen, zum Teile noch heute erhaltenen einfachen Unterständen der Truppe Schutz vor Artillerie- und Minenwerferfeuer und diente zur Anlage von Versorgungsdepots, Fernmeldeeinrichtungen, Pionierparks und Stabseinrichtungen, wie dies rudimentär noch heute bei Kurve 2 (Cantine Zeller), dem Sitz des damaligen Abschnittkommandos II unter Generalmajor v. Sproesser und dem Pionierdorf erkennbar ist. „Herrlich war es hier zu jeder Jahreszeit, einen wundervollen Ausblick hatte man auf die Rheinebene, den Schwarzwald und das nahe Waldland. Küche und Gesellschaftsräume waren vorhanden, in der Nähe entstand im Walde ein größeres Bereitschaftslager, es gab eine Buchhandlung, ein Zahnarzt arbeitete in einem gesicherten Unterstand, ein Photograph machte kunstvolle Landschaftsaufnahmen, eine Barbierstube hatte viele Kunden und eine Kapelle diente den sonntäglichen Gottesdiensten. Die zahlreichen Nachrichtenmittel waren an verschiedenen Plätzen geschickt verteilt. […] Eine große Stollenanlage im Fels sollte Schutz gewähren."[175] Zusätzlich zu dieser lange Zeit vor feindlicher Einsicht-

„Minieren von bombensicheren Unterständen in den Hochvogesen. Diese Räume gewähren Schutz auch gegen schwerste Kaliber." Lt Velten, Fotoalbum, Feldzugserinnerungen 1914/15/16. WGM Rastatt.

nahme geschützten Versorgungslinie sorgte eine zu gleicher Zeit angelegte, den Kurvenweg mehrfach querende Drahtseilbahn (Funiculaire) für die mühelose Beförderung vor allem von Werkstoffen für den Stollen- und Stellungsbau und von Munition bis unterhalb des Gipfels. Diese im Februar 1915 als erste gebaute Seilbahn führte von der Nähe des Schlosses Ollweiler (Station Gaede) über die Station Sproesser bei Kurve 5 direkt zum Aussichtsfelsen. „Die Franzosen lernten die Lage der Bahn kennen und beschossen sie regelmäßig, so daß ein 100 Meter breites Band durch den Wald kahlgeschossen war.[...] Im Jahre 1918 wurde der Betrieb durch Minenfeuer derart behindert, daß man daran ging, sie an eine andere Stelle zu verlegen. Deshalb war eine zweite, kleine Drahtseilbahn mit besonderer Berg- und Talstation bei Kurve 5 von hohem Wert."[176] Eine weitere Bahn hatte ihren Ausgang beim „Bahnhof" der Sulzer Bahn, einer Schmalspurbahn entlang

Sanitätsplatz in der Jägertannenstellung am Hartmannsweilerkopf. WGM Rastatt.

des Bergfußes vom Ausgang westlich von Wünheim am unteren Gauchenbachlager bis östlich des Hirzensteines oberhalb Wattweiler. Anfangs in westlicher Richtung verlaufend, bog sie in der Nähe des mittleren Gauchenbachlagers auf Höhe 470 in südwestlicher Richtung ab zum Klippenstollen, von wo eine Hilfsbahn zur Kurve 7 gelangte.

Mittels dieser infrastrukturellen Maßnahmen gelang es der deutschen Seite trotz wiederholter Gegenaktionen der Franzosen, unter kriegsmäßigen Bedingungen den größten Teil des Berges zu einer waffenstarrenden Festung auszubauen, die noch heute ihresgleichen sucht. Die geologische Beschaffenheit des Hartmannsweilerkopfes gestattete es dabei, mit pioniertechnischen und bergmännischen Mitteln tief in den Fels einzudringen und so, weitgehend vor feindlichem Beschuss gesichert, einem Angreifer bei Tag und Nacht entschieden entgegenzutreten. „Es waren Räume für Maschinengewehre mit Schußöffnungen vorhanden, Räume für Granatwerfer, für Schützen, die zwangsläufig in einer

Soldatenfriedhof auf dem Südosthang (Jägerdenkmal) des Hartmannsweilerkopfes, erster HK-Friedhof 1915. WGM Rastatt.

bestimmten Richtung schießen mußten. Ihre Wohnräume waren dabei. Sie hatten Lebensmittel, Munition und Waffen für viele Tage. Weiter befanden sich im Fels Gelasse für Fernsprecher, für eine Funkentelegraphenstation, Meldehunde und Brieftauben, für Artilleriebeobachter, von deren Wohnung man in einem Schacht auf einer Leiter zu einem sattelartigen Sitz emporstieg, von dem aus man mit dem Scherenfernrohr die gegnerische Stellung ausgezeichnet überblicken konnte."[177] Eine technische Leistung besonderer Art war die Versorgung der Besatzung mit Wasser, Elektrizität[178] und Fernmeldeeinrichtungen, die, unter ständigem Feuer der Franzosen, immer wieder repariert und benutzbar gemacht wurden. Diese bautechnischen und fortifikatorischen Tätigkeiten, die sich über das ganze Jahr 1915 hinzogen, mussten jedoch zusätzlich zu der eigentlichen Aufgabe des Soldaten, der Sicherung des Berges gegen einen feindlichen Durchbruch in die Ebene, ausgeführt werden. Dass es die Franzosen bei der Niederlage des 21. Januar bewenden lassen wollten, war nach der Anlage der bisherigen Operationen nicht zu erwarten; so bereitete sich die durch den Abzug aktiver Truppenteile geschwächte Armee-Abteilung Gaede auf die Verteidigung des Gewonnenen vor. Größere Aktionen waren bis frühestens zum 15. Februar, dem voraussichtlichen Termin der Gefechtsbereitschaft der 8. (bayer.) Reserve-Division, keinesfalls möglich. Auch den Franzosen war die Nachschublage schmerzlich bewusst geworden, endete doch die einzige Straße aus dem Thurtal in Goldbach unterhalb des Sudelkopfes. Daher wurden eiligst zwei Straßen von Weiler und Bitschweiler hoch zum Herrenfluh (857 m) zur schnelleren Versorgung der dort und auf dem Molkenrain eingesetzten Batterien angelegt. Die „Route Joffre" (D14 BIV) von Masmünster über Hundsrücksattel (748 m) nach Bitschweiler diente dem Materialtransport und der Verbindung des Dollertales mit dem Thurtal. Da die französische Absicht einer Erstürmung des Hartmannsweilerkopfes und der Weiterführung des Angriffes hinab in die Ebene eine dauerhafte Verteidigungsstellung überflüssig erscheinen ließ, fehlen im Bereich des französischen Stellungsverlaufes die für die deutsche Seite so typischen, mehrstöckigen Bunkeranlagen. Eine Ausnahme war die HKL an der Nordwestseite, wo auch die Franzosen, bedingt durch günstige geologische Voraussetzungen, gegenüber der deutschen Festungskette massive Anlagen errichteten, wovon Roche Mégard und Roche Sermet noch heute zeugen. Außerdem konnten die Franzosen sich im Falle eines massierten Angriffes sehr schnell in den Schutz des Molkenraines und Freundsteines begeben.

3. Weihnachtskampf um Hartmannsweilerkopf und Hirzenstein (Dezember 1915 bis Januar 1916)

„vive Le Roy et ses chasseurs"[179]

Die dem ersten Gefecht am Hartmannsweilerkopf folgenden Wochen und Monate des Jahres 1915 waren gekennzeichnet von ständigen Nadelstichen beider Seiten. Dabei ging es um die Inbesitznahme bzw. Verteidigung der Gipfelhöhe, deren wichtigster, weil aussichtsreichster Punkt, der dementsprechend genannte Aussichtsfelsen (930 m), das Ziel der französischen Begehrlichkeiten darstellte. Zwar hatte sich das Schwergewicht der Gesamt-Operationen beider Seiten auf den nördlichen Teil der Westfront verlagert, doch bildete der Vogesenabschnitt weiterhin ein im taktischen Bereich stets zu aktivierender Störfaktor im Kalkül beider Seiten, der starke Kräfte zu binden in der Lage war. Daneben spielte immer noch der operative Gedanke eines Einfalles in die Rheinebene und einer nach Norden ausgreifenden Flankenbedrohung des linken deutschen Flügels eine

Hartmannsweilerkopf, Jägerdenkmal mit Grab v. OJg Schnellbacher, Weihnachten 1915. WGM Rastatt.

gewichtige Rolle, konnten doch so mit einem Schlag die Versorgungslinien der deutschen Armeen abgeschnitten werden. Schließlich hatte der Waffenstolz der Alpenjäger, der „Diables bleus", empfindlich gelitten, sodass auch Fragen des Prestiges eine nicht unwichtige Bedeutung erlangen sollten.

Zwei Phasen erhöhter Gefechtstätigkeit ragen im Früh- und Spätjahr 1915 heraus: die Kämpfe im März/April und im September/Oktober[180] zur Wiedergewinnung verloren gegangener Positionen und zur Fortführung des Angriffes über die Höhe des Hartmannsweilerkopfes hinweg in das Rheintal. Vom 23. bis 26. März stürmten Einheiten des 152ème R. I. und des 7ème BCA nach massiver Artillerievorbereitung die vom 25. Infanterie-Regiment besetzten Gipfelstellungen. Es gelang jedoch nicht, den Angriff über die Höhe hinweg zu tragen; auch ein nächtlicher Gegenstoß der 25er blieb erfolglos. Schließlich erzielte am Nachmittag des 26. März ein erneuter französischer Einbruch einen Geländegewinn nordostwärts des Gipfels über Roche Mégard und Sermet bis unterhalb der Kurve 7 (Cuisse

Jägerfriedhof in der Jägertannenstellung. WGM Rastatt.

gauche)[181] und zurück über den Aussichtsfelsen zur Cuisse droite und zum Unteren Rehfelsen, was die deutsche Abwehrfront aus Teilen des IR 25, RIR 75, LdwIR 15 und UlRgt 11 nicht zu verhindern vermochten.[182] Die günstige Lage ausnutzend, die eine Beobachtung und Störung des Verkehrs in der Rheinebene ermöglichte, suchten die Franzosen die genommenen Stellungen auszubauen und weiter talwärts ihre Angriffe vorzutragen. Diese dauerten den ganzen Monat April an,[183] verfehlten jedoch jeweils ihr Ziel, vornehmlich am Aussichtsfelsen (7ème BCA), am Himmelsleitergraben (27e BCA) und am Oberen Rehfelsen (53e BCP). Zwei deutsche Versuche, wieder die früheren Ausgangsstellungen auf dem Gipfel zu nehmen, scheiterten: Am 19. April misslang der Einbruch des Reserveinfanterieregiments 75 in die französischen Stellungen zwischen Ziegelrücken und Rehfelsen. Ein neuerlicher Anlauf wenige Tage später am 25. April in einer zangenartigen Umfassung mit dem neu eingesetzten Garde-Jäger-Bataillon[184] am linken (Rehfelsen) und 8. Reservejägern am rechten (Jägertanne) Flügel kesselte die Verteidiger, das 152ème Régiment d'infanterie, ein und nahm wieder den Gipfel des HK, der bereits am folgenden Tag wieder verloren ging. Ressourcenknappheit französischerseits verhinderte eine Fortführung des Angriffes. Beide Seiten gin-

Hartmannsweilerkopf. Auf der Minenstraße. Verschneite Deck[ung]. Gouache v. Martin Frost, 11./12.XI.1915. MHM Dresden/Ulke.

Frost
20/1 1916
Vorm Unterstand im Reservelager d. 14. Jäger auf dem H. W

gen in der Folge zum Ausbau ihrer Stellungen über; die Kuppe, die taktisch wegen fehlender Aussicht ohne Interesse war, blieb fortan unbesetzt.

Der Stellungsverlauf auf der Gipfelhöhe verführte die Franzosen im Sommer des Jahres 1915 dazu, ihre vorgeschobenen Alarmposten in nördlicher Richtung durch Sappen gegen den Ziegelrücken vorzuschieben und damit die gegenüberliegenden deutschen Stellungen zu überhöhen. Dieser Gefahr vorzubeugen, beschloss die 82. Landwehr-Infanteriebrigade, diesen Gefahrenpunkt durch einen groß angelegten Gegenstoß zu beseitigen. Am 9. September traten Teile des Jägerbataillons 14, des Landwehr-Infanterie-Regiments 56 und der Landwehr-Pionierkompanie XIV mit erstmaligem erfolgreichen Einsatz von Flammenwerfern an und bereinigten mit Erfolg diese mögliche Einbruchstelle, die somit die vorderste deutsche Grabenstellung im Gipfelbereich wurde und den Namen Johann-Albrecht-Graben erhielt.[185] Auch die anderntags folgenden Gegenstöße des 15^{e} Fußjägerbataillons sowie die weiteren Nadelstiche gegen diesen Graben fruchteten nichts. In dieser Zeit bildete sich auch die Frontlinie heraus, die dann fast vier Jahre ohne wesentliche Veränderungen Bestand haben sollte und den deutschen Verteidigern die Möglichkeit des festungsmäßigen Ausbaues der Stellungen bot.

Die für das Reich kritische strategische Großlage an der Westfront im Sommer und Herbst des Jahres 1915 nach massiven Umfassungsangriffen der Engländer und Franzosen bei Arras und in der Champagne veranlasste die Oberste Heeresleitung, an mehreren Punkten der „ruhigen Front" Ablenkungsangriffe zu inszenieren, um den Gegner an Truppenverlegungen an die Brennpunkte des Geschehens zu hindern. Auch der Hartmannsweilerkopf wurde in diese Konzeption mit einbezogen und für den 15. Oktober ein Umfassungsangriff auf Gipfel und Oberen Rehfelsen befohlen. Der in der Hauptsache von den seit dem 18. September in der Gipfelregion eingesetzten Gardeschützen aus Berlin und einer Kompanie Gardejäger aus Potsdam getragene Angriff, unterstützt erstmals von Sturm- und Zerstörungstrupps mit Flammenwerfern des Sturmbataillons Rohr,[186] erreichte trotz mangelnder Schussmöglichkeiten der deutschen Artillerie wegen der Nähe der feindlichen zu den eigenen Stellungen das gesteckte Ziel, jedoch um einen hohen Preis an Toten und Verwundeten. Anderntags bereits stellt das

S. 128 oben: Sturm auf den Hartmannsweilerkopf, 25.IV.1915 (Gardejägerbataillon). Gouache v. Martin Frost. WGM Rastatt.

S. 128 unten: Vorm Unterstand im Reservelager der 14. Jäger auf dem H. K. Zeichnung v. Martin Frost, 20.I.1916. MHM Dresden/Ulke.

15e BCP in kürzester Zeit wieder die frühere Lage her. Beide Seiten hatten erhebliche Verluste, die auch unter dem Gesichtspunkt der gesamtstrategischen Erfordernisse nicht gerechtfertigt werden können.

Beim Chef des Generalstabes des Feldheeres v. Falkenhayn begannen im November des Jahres 1915 Pläne Gestalt anzunehmen, die Frühjahrsoffensive im Westen mit einem Schlag gegen Belfort und das südliche Oberelsass zu eröffnen. Diese Gedanken waren schon im August 1915 vom Chef der 5. Armee, General Schmidt v. Knobelsdorf, erwogen, damals aber von Falkenhayn, der sich eine derartige Operation nur in Verbindung mit einer weiteren Großoffensive an der Westfront als Ablenkungsmanöver vorstellte, eher dilatorisch behandelt worden.[187] Nun aber traten diese Überlegungen bei Falkenhayn wieder in den Vordergrund seiner Planspiele für das Jahr 1916 und damit die Aktualisierung und Vorantreibung der von der Armee-Abteilung Gaede ausgearbeiteten Angriffsentwürfe „Schwarzwald" für den Sundgau[188] und Belfort und „Kaiserstuhl" für die Südvogesen; ein dritter Entwurf „Waldfest" galt den Argonnen mit Stoßrichtung gegen die Maas und Abschnürung Verduns von Süden und sollte der Täuschung über die wahren Absichten dienen.[189] Am 4. Dezember erging ein Befehl an das AOK 5, das Unternehmen „Schwarzwald" sei in Aussicht zu nehmen, etwa vier Tage später[190] entschloss sich Falkenhayn aber für den Angriff auf Verdun. Hiervon versprach er sich wohl operative Vorteile im Unterschied zu Belfort, dessen Lage nahe der Schweizer Grenze von vornherein größere Schwierigkeiten bereitet und zudem im Falle eines Erfolges keine kriegsentscheidende Wirkung gezeitigt hätte, auch wenn die Befreiung des Elsass für die deutsche Stimmungslage sicher von erheblicher Bedeutung gewesen wäre.

Etwa zur gleichen Zeit wie die deutsche Seite beschäftigte sich der französische Generalstab mit einer definitiven Lösung des Problems Hartmannsweilerkopf im Rahmen eines Entlastungsangriffes für die Kämpfe in der Champagne und bei Arras.[191] Auch hier standen zwei Meinungen konkurrierend im Widerstreit: Der Oberbefehlshaber der Armée d'Est, Général Dubail, bevorzugte einvernehmlich mit dem Kommandeur der 66e D. I., Général Serret, eine nach Raum und Ausdehnung begrenzte Aktion, während der OB der 7e Armée, Général de Maud'huy, den Ansatz für allzu schwach erachtete und eine insgesamt großzügigere Planung beantragte. Der widerstrebende de Maud'huy „aurait voulu retarder l'opération ou obtenir un renforcement de moyens"[192] und wurde daher am 3. November durch Général de Villaret ersetzt. Zugestanden erhielt Général Dubail in einem Vorbefehl des französischen Oberkommandos vom 18. November eine beachtliche Verstärkung der Artillerie, darunter zwei 37-cm-Mörser aus Besançon.

Die endgültige „Ordre d'opérations"[193] vom 18. Dezember legte fest, dass

a) die verstärkte 81e Brigade den Hauptstoß über die Kuppe gegen Ziegelrücken, Wickle-Felsen (Porphyrfelsen) und Oberrehfelsen zu führen habe,

b) die 6e Brigade de chasseurs, eingesetzt zwischen Chemin des Dames und Erzgrubental im Süden, den Hirzenstein beidseitig zu umfassen habe.

Zur Feuerunterstützung wurde eine ungeheure Anzahl schwerer und schwerster Waffen bereitgestellt, darunter zwei 37-cm-Mörser, denen als Auftakt der Schlacht die Zerstörung von Schloss Ollweiler und Wattweiler und die weitere Unterstützung ihrer Brigaden oblagen. Zusätzlich waren noch zwei Flugzeuge und zwei Ballons zur Aufklärung zugeteilt.

Für diese Artillerie-Zusammenfassung, wie sie selbst an den großen Fronten des Weltkrieges nur höchst selten zustande kam, mag nachstehender Vergleich aufschlussreich sein:[194] Zu Beginn des Angriffes vom 21. Dezember kam auf 13 Meter der ersten deutschen Linie 1 Geschütz, und in der Gesamtfront des HK 1 Geschütz auf 17 Meter. Dagegen entsprach die Verteilung in der Champagne-Schlacht im September 1915: 1 Geschütz auf 36 Meter! An der Somme waren es im Juli 1916 24 Meter; lediglich bei Malmaison am 23. Oktober 1917 war das Verhältnis mit 1 Geschütz auf 10 Meter noch günstiger. Das Verhältnis beim Munitionsverbrauch dagegen konnte mit der Westfront nicht mithalten. Hier kamen lediglich 193 Kilo auf einen laufenden Meter, während es in der Champagne 885 Kilo, an der Somme 1.000 Kilo und bei Malmaison gar 7.000 Kilo waren. Dennoch erreichte der Munitionsverbrauch der Artillerie allein am 21. Dezember die Menge von 760 Tonnen.

Die Massierung von Truppen, Waffen und Gerät konnte den Deutschen eigentlich nicht verborgen bleiben, doch scheint die Flugaufklärung nur mangelhaft betrieben worden zu sein, denn ihr hätten die neuen Barackenlager hinter der französischen Front und die artilleristische Verstärkung auffallen müssen. Erst am 20. Dezember notierte Gaede in sein Journal: „Vor meiner Front lebhaftere Tätigkeit der Franzosen; sowohl artilleristisch als auch im Vorsappieren bei Bisel gegen die von uns kürzlich vorgeschobenen Stellungen. Überläufer kündigt Angriff auf Südhang des Hartm.' Kopfes an."[195]

a) Sturm

Der „dies ater" des 21. Dezember 1915, wie ihn Gaede bezeichnete, beginnt um 10.15 Uhr mit zwei mächtigen Schlägen und Volltreffern gegen Schloss Ollweiler und Wattweiler durch die nahe Goldbach am Kohlschlagsattel stehenden 37-cm-

Mörser, gefolgt von einem mörderischen fünfstündigen Trommelfeuer auf die deutschen Stellungen des Hartmannsweilerkopfes. Der deutsche Chronist des Geschehens am Berg, Gustav Goes, sucht seine Impressionen in Worte zu kleiden: „Trommelfeuer ...! Was noch lebt, springt in Deckungen, Stollen, duckt sich, kauert sich, rührt sich nicht mehr. Vorne sind die Reserven durch eine Eisenwand abgeschnitten von ihren Plätzen. Ganze Batterien von Minenwerfern jagen ihre Geschosse hoch, aus Richtungen stürmen Granaten an, wo bisher noch nie ein französisches Geschütz gestanden, Lufttorpedos lassen sich in die deutschen Gräben fallen, um den Hartmannsweiler legt sich eine Kappe schweren, qualmenden Rauches, die das Tageslicht nicht zu durchdringen vermag. Im fahlen, zitternden Halbdunkel liegen die Menschen, und es ist ihnen, als müsse der Berg jeden Augenblick auseinanderfallen, in furchtbaren Stürzen Lebende, Verwundete, Tote in ein einiges Grab wälzend. Abgeschlossen haben sie mit dem Dasein, ihre Seele sucht Gott ..."[196]

Gegen 14.45 Uhr legt die deutsche Artillerie Sturmabwehrfeuer auf die Kuppe, da der geplante Angriffsbeginn durch die Abhörstelle im Aussichtsfelsen bekannt geworden war. Dauernde Abgaben an andere Fronten haben dazu geführt, dass der weit überlegenen französischen Artillerie lediglich sieben Batterien der 12. Landwehr-Division und sechs Minenwerfer gegenüberstehen, deren mittlere schon zu Beginn wegen Rohrzerscheller ausfallen. Um 15.15 Uhr steigen die 152er (IIe, IIIe, Ier) unter Führung von Lieutenant Colonel Semaire aus ihren Sturmausgangslinien innerhalb der Feuerglocke und stürmen massiert zwischen Kuppe und Aussichtsfelsen gegen die zerschossenen deutschen Gräben vor und überrennen das, was von den Jägern 14, die in den vordersten Gräben als Arbeitsdienst beschäftigt waren, noch am Leben ist.

Scheinbar unaufhaltsam, das Ier Bataillon nur aufgehalten durch zähen Widerstand in der Feste Großherzog, entfalten sie sich danach am Nordosthang und stoßen mit Ier B^on^ am rechten Flügel über Porphygrat bis zur Höhe 742 am Fabeckweg/Krebspfad zwischen Kurve 6 und Kurve 2 (Pionierdorf), dem weitesten erreichten Punkt am Osthang, vor. Das IIIe B^on^, in der Mitte angesetzt, das in flankierendes MG-Feuer gerät und schwere Verluste erleidet, kann dennoch den Hadelnsteig gewinnen. Das am linken Flügel kämpfende IIe B^on^ gelangt über den Johann-Albrecht-Graben zum Bischofshut, wo es auf entschiedene Abwehr einer zusammengewürfelten Gruppe der Jäger 14 mit einem Maschinengewehr trifft, die sich schließlich auf die Bastion zurückzieht und noch einmal dem Vordringen der 152er letzten Widerstand entgegensetzt, um sich dann in die dritte Verteidigungslinie abzusetzen.

Schloss Ollweiler mit Hartmannsweilerkopf, nach der Zerstörung 1915. WGM Rastatt.

Den rechts an das 152ᵉ R. I. anschließenden Einheiten des 23ᵉ R. I. und des 15ᵉ BCP (Groupement Dussauge) obliegt die zangenförmige Umfassung des Oberrehfelsens über Porphyrgrat und Höhe 742 resp. – südostwärtig umgehend – über Unterrehfelsen. Der Angriff kommt vor allem bei den Fußjägern nur unter großen Verlusten durch das Abwehrfeuer von Teilen des II./ResInfRgt 78 voran und bleibt schließlich vor dem Unterrehfelsen im Feuer der sich dort in den Felsen krallenden deutschen Besatzung liegen. Nur im oberen Bereiche beim 23ᵉ R. I. kann die Offensive fortgeführt werden. Es gelingt schließlich, über die Himmelsleiter-Stellungen den Oberrehfelsen im Verein mit den 152ern zu umzingeln und letzte Reste der Jäger 14 zu überwältigen, um den Porphyrgrat hinab zum befohlenen Tagesziel zu stoßen.

Am rechten Flügel der Angriffsfront gelingt den Alpenjägern der 6ᵉ Brigade fast mühelos der Vorstoß gegen den Hirzenstein, den sie trotz Widerstandes des III./ResInfRgt 78 um etwa 16.00 Uhr nehmen. In Verbindung mit der überhöhenden Stellung der Angreifer beim Unterrehfelsen geraten die noch beim Hirzenstein stehenden deutschen Einheiten in größte Gefahr und retirieren auf eine rückwärtige Position, die in den frühen Morgenstunden, da der befürchtete Durchbruch in die Ebene ausgeblieben ist, noch einmal ca. 125 m zurückgenommen wird, um eine sicherere Verteidigungsstellung aufbauen zu können.

Im nördlichen Teil der Angriffszone (Jägertanne Nord) kann das 5ᵉ BCP im schnellen Vormarsch die stark befestigte Festungskette Doppelkopf–Veilchenstein–Adlerhorst–Beskid–Felseneck durchbrechen und gegen Kardinal, Schlummerklippe und Leopoldswerk vorgehen. Den deutschen Verteidigern – Teilen des I./ResInfRgt 78 und des IV./LdwInfRgt 99 – in dem von Sudel und Großem Belchen einsehbaren und pausenlos unter Beschuss stehenden Frontbereich gelingt es gerade noch, das scheinbar unaufhaltsame Vordringen der Jäger gegen Schlummerklippe und Tanzplatz zu verhindern und sie hinter den 700-m-Weg zu werfen.

Bei Einbruch der Dunkelheit ist somit der Hartmannsweilerkopf fast zur Gänze in der Hand der Franzosen. Obwohl nun die deutschen Verteidiger ersichtlich überall auf dem Rückzug sind, halten die Franzosen nach Einbruch der Dunkelheit inne und gehen zur Verteidigung über. Zwar wurde das ausgegebene Tagesziel, wenn auch unter großen Verlusten, voll erreicht, doch reichte die Kraft nicht mehr zur Fortführung des Angriffes. Die von Général de Maud'huy seinerzeit eingeforderten und nicht genehmigten Reserven wurden hier schicksalsentscheidend, zumal ihnen die Deutschen nur wenig entgegenzusetzen vermocht hätten. Der fehlende Mut zum entscheidenden Schlag gegen die deutsche Herrschaft im Oberelsass ermöglichte der 66ᵉ D. I. nur einen gewöhnlichen Sieg, dessen sie sich ob der großen Verluste – ca. ein Drittel bei den „Diables rouges" – und der bereits anlaufenden Gegenmaßnahmen der Deutschen nicht einmal eine ganze Nacht freuen konnten. Der anbrechende Tag sollte vielmehr der „dies horribilis" der Franzosen und das Ende eines ruhmreichen Regiments werden. Hier bestätigte sich Clausewitz' Aussage, „daß oft die größte Gefahr des Umschwunges erst eintritt in dem Augenblick, wo der Angriff nachläßt und in Verteidigung übergeht."[197] Der Grund für dieses Verharren in den genommenen Positionen lag vermutlich – von den fehlenden Reserven einmal abgesehen – in der Mentalität des Führerkorps, das dem Führen nach Befehl und nicht nach Auftrag verhaftet war, wie in der noch in der Nacht einsetzenden deutschen Gegenoffensive erkennbar wurde.

b) Konterattacke

Schon der Eröffnungsschlag gegen die beiden Schlösser Ollweiler und Wattweiler am Vortag hatte das Besondere dieser Offensive erkennen lassen und die Führung der 82. Landwehr-Brigade umgehend veranlasst, Reserven aus den umliegenden Ruhequartieren zu alarmieren.[198] Das am Hilsenfirst und Ebeneck im Arbeitseinsatz befindliche Reserve-Jägerbataillon 8[199] marschierte am 21. Dezember bereits um 14.00 Uhr von seinem Ruhequartier in Bühl bei Gebweiler zum HK, Kurve 2, ab. Dorthin hatte sich auch sein Kommandeur, Major Kachel, unverzüglich begeben, von General Rudolph in bester preußischer Auftragstaktik,[200] wie sie sonst im Stellungskrieg nur in beschränktem Maße anzuwenden war, mit größtmöglicher Selbstständigkeit betraut. Kachel hatte sich von dem noch unter Schockeinwirkung stehenden Kommandeur der zerschlagenen 14er Jäger[201] in die Lage einweisen lassen und erste Maßnahmen zur Wiedereroberung des Berges getroffen. Ebenso wie die Jäger 8 waren auch die Landwehrmänner der Bataillone 40 und 99 mit den örtlichen Gegebenheiten und Besonderheiten bestens vertraut und bedurften keiner langen Einweisung in ihre zugewiesenen Bereitstellungsräume bzw. Sturmausgangsstellungen.

Bis zum Eintreffen der Verstärkungen sah sich Kachel gezwungen, mit relativ bescheidenen Kräften eine erste Konsolidierung der vorgefundenen Lage zu erreichen. Die Tatsache, dass ein kleiner Rest des Jägerbataillons 14 sich in einer hufeisenförmigen Ausbuchtung unterhalb der Bastion mit einer nur dünnen Postenkette noch zu halten vermochte, veranlasste den Major, dorthin die in diesem Sektor schon früher beheimatete 3. Kompanie unter Hptm. d. R. Naendrup zu entsenden, dem es gelang, die einzige Lücke im französischen Postennetz zu finden und unbehelligt den vorgeschobenen Posten zu erreichen. Zugleich erhielt die Nachbarkompanie unter Hauptmann d. R. Müller den Auftrag, links anschließend etwa 100 m unterhalb der Station Sproesser gegen den Jägerfelsen vorzugehen.

Das relativ rasche Fortschreiten des Angriffes bewog Kachel, diesen um 11.00 Uhr auf der ganzen Linie fortzusetzen. In enger Absprache mit der Artillerie[202] auf dem Thierenbachkopf wurde zuvor Wirkungsfeuer auf die Kammlinie gelegt, das dann, um 11.00 Uhr auf die alte französische Stellung vorverlegt, als Sperrfeuer das Nachholen von Reserven verhindern sollte. Während Kurve 6 bald genommen war und gegen Kurve 7 flankierend vorgegangen wurde, boten die französischen Kräfte am Bischofshut erheblichen Widerstand. Es bedurfte daher eines wiederholten Angriffs, bis der Bischofshut seine alte Besatzung wiedersehen konnte. Im Nahkampf wurde nun Sappe für Sappe, Graben für Graben zurückerobert, bis gegen 1.30 Uhr nachmittags die ehemaligen Stellungen wieder fest im Besitze der 8er Jäger waren. An die 1.200 Gefangene und Unmengen an Waffen, Ausrüstung und Gerät wurden allein von den Jägern erbeutet.

Mittlerweile war das Landwehr-Infanterie-Regiment 56 nachgeführt worden und hatte seine Bereitstellungsräume eingenommen. Damit waren das 152e Infanterie-Regiment und das 5e Jägerbataillon zangenförmig eingeschlossen und vom Rückzugsweg abgeschnitten. In den Mittagsstunden des 22. Dezember vollendete sich das Geschick dieses Regiments. Nachdem das dritte Bataillon der „Diables rouges" auf dem Kamm ohne Aussicht auf Entkommen weitgehend dezimiert worden war, hörte dieses berühmte Regiment auf zu bestehen. Einem möglichen Durchbrechen der Deutschen stellten sich drei rasch herbeibeorderte Kompanien des 23e R. I. und die 8e/68e BCA in den alten französischen vordersten Linien entgegen. Lediglich die Teile des 5e BCP am linken Flügel beim Nordhang hatten ihre Stellungen anfangs verteidigt, sie dann aber in der Nacht befehlsgemäß zurückgenommen, weil ihre Lage unhaltbar geworden war. Insgesamt 1.530 Soldaten des Gegners konnten am Abend dieses Tages der Gefangenschaft zugeführt werden. Auf der Südseite des HK, beim Unteren Rehfelsen und beim Hirzenstein, konnte die entstandene Lage vorläufig nicht bereinigt werden, da die dortige Truppe des Geländes unkundig war.

War so in erstaunlich schneller Folge die Scharte des Vortages ausgewetzt worden, sollte sich das verbliebene Widerstandsnest der Franzosen beim Hirzenstein und Unteren Rehfelsen als wesentlich zäher erweisen und die Angreifer auf eine harte Probe stellen. Zuerst aber gelang es am folgenden Tag, dem 23. Dezember, die noch am Nordhang in den Felsennestern Felseneck, Doppelkopf und Adlerhorst ausharrenden Franzosen nach ausgiebigem Artilleriebeschuss durch die Pionier-Kompanie der Sturmabteilung Rohr, Teile LdwInfRgt 99 und 56 unter Zurücklassung ihrer Waffen zu vertreiben und die gesamte vorderste Linie bis hinauf zum Emma-Graben in Besitz zu nehmen.

Inzwischen hatte auch Général Serret das völlige Scheitern des Vorhabens erkennen müssen und die 2e Brigade de chasseurs unter Colonel Passaga zur Ablösung und Reorganisation der Verteidigung im Raume Hirzenstein/Unterrehfelsen eingesetzt. Der für Heiligabend angesetzte Angriff auf die Hirzensteinbesatzung scheiterte des wütenden Abwehrfeuers wegen bereits im Ansatz. Den Sturmkolonnen der von Drei Ähren hierher verlegten Gardejäger und einem Zug der Sturmabteilung Rohr war es nicht gelungen, die Festung zu nehmen. Bei kaltem Regenwetter musste sowohl die nördliche Gruppe im Blinddarm-Graben wie auch die stärkere Südgruppe im Sihlbachtal der hohen Verluste wegen das Vorhaben abbrechen. Auch gegen den weiter nördlich gelegenen Unterrehfelsen blieben

S. 137: Major Kachel, Kommandeur Reserve-Jägerbataillon 8. WGM Rastatt.

die Gardejäger wiederholt erfolglos. „Les Allemands sont extrêmement nerveux“, notiert der Chronist der französischen Seite.[203] Denn mittlerweile hatten sich die frischen Kräfte der Franzosen im Bereich Hexenküche gegen die deutschen Linien herangearbeitet und drohten, Teile des III./LdwInfRgt 40 und der 7./ResInfRgt 74 einzuschließen. Die Situation wurde noch heikler, als ein Volltreffer in das Handgranatenlager bei Kurve 0, an welcher gerade eine Stabsbesprechung der an dem vorgesehenen Angriff gegen den Unterrehfelsen beteiligten Truppenteile stattfand, die Leitung des Unternehmens außer Gefecht setzte, sämtliche Fernsprechverbindungen unterbrach und so die Aktion vereitelte. Dagegen brachen Alpenjäger am Nachmittag gegen die schwache Front am Rehfelsen vor, wo es ihnen gelang, Teile der dortigen Einheiten einzuschließen[204] und die unhaltbar gewordene Lage in der Lippeschen Schweiz für sich auszunutzen. Immerhin glückte es einer Kompanie der Gardejäger, aus freiem Entschluss offensiv gegen die linke Flankenbedrohung in Gestalt zweier Kompanien des 23ᵉ R. I. oberhalb des Unterrehfelsens vorzugehen und mit 250 Gefangenen zurückzukehren.

Da die bisherigen Versuche einer Bereinigung der unhaltbaren Lage am Südosthange nicht von Erfolg gekrönt waren, sollte die Einführung einer neuen Brigade mit aktiven Truppenteilen endlich den ersehnten Durchbruch ermöglichen. Am 29. Dezember übernahm die 187. Infanterie-Brigade des Obersten Gündell im Verband der 12. Landwehr-Division den Abschnitt Hirzenstein, der links an den vom Holzplatz im Wünheimer Tal bis Silberbach reichenden Abschnitt der 82. Landwehr-Infanteriebrigade anschloss; rechts neben der 82. lag der bis Sudelkopf reichende Abschnitt der 8. bayer. Landwehr-Division. Auch die Befehlsführung der einzelnen Abschnitte wurde nun angesichts des bevorstehenden Angriffes gestrafft. So erhielt der bergerfahrene Major Kachel als Kommandeur von Abschnitt II den Unterrehfelsen als Unterabschnitt IIb zugewiesen. Auf der französischen Gegenseite machte die tödliche Verwundung des Général Serret im Silberbachtal einen Wechsel im Divisionskommando nötig, das Général Nollet übertragen wurde.

Die Wende zum Jahre 1916 sollte endgültig die Schwachstelle der deutschen Verteidigung am Unterrehfelsen beseitigen. Nach der Bereinigung der Lage am Unterrehfelsen, dem Eckpfeiler des deutschen Stellungssystems am Südhang des Hartmannsweilerkopfes, sollte der 8. Januar die Entscheidung bringen. Für den Angriffstag wurde eine gewaltige Artilleriestreitmacht[205] zusammengezogen und in die Angriffsvorbereitungen, für die auch Aufnahmen der Feld-Fliegerabteilung 68 ausgewertet wurden, das Sturmbataillon Rohr an führender Stelle mit einbezogen. So konnten die bisher gewonnenen Erfahrungen voll in den Angriffsbe-

Hartmannsweilerkopf, Bischofshut. Ein Geschütz wird in Stellung gebracht. WGM Rastatt.

fehl der 187. Infanterie-Brigade einfließen[206] und die Führer und Unterführer in ihr jeweiliges Angriffsziel systematisch eingewiesen werden. Die Sturmaufstellung sah vor, das Angriffsziel von Norden und Süden her in die Zange zu nehmen.

Am frühen Morgen des 8. Januar 1916, als man in Moosch den Leichnam des Général Serret der Erde übergibt, sickern die Sturmkolonnen in ihre Ausgangsstellungen ein. Das beidseitige Artillerieduell steigert sich und liegt nun auf dem erst tags zuvor eroberten Blinddarm-Graben, der nach Versagen der Handgranaten geräumt werden muss; doch stört dies nicht den präzise vorbereiteten Gesamtablauf der Aktion. Planmäßig um 14.45 Uhr steigen die Märker aus ihren Gräben und stürmen die französischen Stellungen. Die nördliche Kolonne schafft dies in kürzester Frist, sodass sich das II. Bataillon schon nach einer halben Stunde an das III. anschließen kann. Hier, am Steilhang direkt vor dem Hirzenstein, ist das Vorgehen schwieriger und der Widerstand ausgeprägter, vermag jedoch nicht, ernsthafte Probleme zu bereiten. In vergleichsweise kurzer Zeit gelingt es, in die französischen Stellungen einzubrechen und die französischen Grabenbe-

Mj Kachel mit den Kp-Führern auf der Minenstraße am HK, Mai 1915. WGM Rastatt.

satzungen zu dezimieren; alleine das 47e BCA beklagt den Verlust von 8 Offizieren und 414 Jägern. Nun macht sich auch bei ihnen das Fehlen von Reserven schmerzlich bemerkbar; die zwei Kompanien des in den Kampf geschickten 28e BCA vermögen an der Sachlage nichts mehr zu ändern. Am Abend des 8. Januar ist die Ausgangssituation, d. h. der Frontverlauf vor dem 21. Dezember 1915, wiederhergestellt, Kaiser und Kronprinz übermitteln telegrafisch und telefonisch Dank und Anerkennung.[207] Der Erfolg ist teuer erkauft. In dieser Zeit erhält der Hartmannsweilerkopf seine traurigen Beinamen „mangeur d'hommes", Menschenfresser, und „montagne de la mort", Todesberg.

Wieder einmal, wie bereits ein halbes Jahr zuvor im Münstertale (vgl. weiter oben), hatte sich das Konzept der französischen Führung, den Kampf über die Höhen zu führen, als untauglich erwiesen. Zwei Ursachen zumindest waren beide Male ausschlaggebend für den Misserfolg: die fehlende Unbedingtheit des Wollens und die daraus resultierende Halbherzigkeit in der Ausstattung der Truppe sowie der Mangel an Reserven, der auch als Ausfluss dieses Denkens gesehen wer-

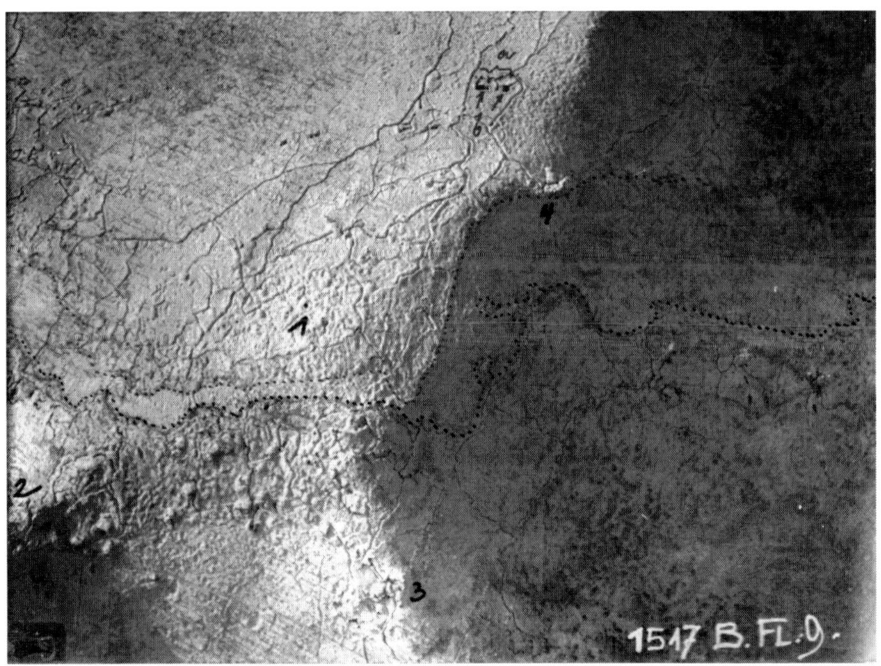

Eigene u. feindliche Stellungen auf dem Hartmannsweilerkopf. Bayr. Flieger-Abt. N. 9, Nr. 1517, 14.XII.1916, H: 2.500, Br: 25 cm. 1. Gipfel, 2. Aussichtsfels, 3. Bischofshut, 4. Sermet. Sammlung Deisenroth.

den kann. Ein weiterer Punkt kam hinzu. Zu viel kostbare Zeit hatte die Führung verstreichen lassen, bis sie überhaupt zu einem relevanten Entschluss kam. Dies hatten die Verteidiger genutzt, um den Berg zu einer waffenstarrenden Festung auszubauen und ihn so praktisch uneinnehmbar zu machen. Wenn dennoch am 21. Dezember den Franzosen ein Überraschungsschlag gelang, so wohl auch deshalb, weil die gespannte Aufmerksamkeit einer eher sorglosen Gewohnheit gewichen war. War der umgehende deutsche Gegenschlag auch ein gutes Zeichen für den gerade den Jägern innewohnenden Angriffsgeist, so zeigten doch die folgenden Tage, dass es äußerster Anstrengung bedurfte, um den Feind, hatte er sich erst einmal in wohlvorbereiteten Stellungen eingenistet, wieder daraus zu vertreiben. Hier wirkte sich zum ersten Mal die dem Sturmtruppengedanken inhärente Präzision aus, mit der letztlich der Angriff auf den Hirzenstein vorbereitet worden war.

Hartmannsweilerkopf, Hirzenstein. WGM Rastatt.

Sturmtruppen

Die Dauer des Stellungskrieges führte zu Bestrebungen, die operative Freiheit und Beweglichkeit durch überraschende Stoßtruppunternehmen wiederzugewinnen. Hervorgegangen sind diese besonders ausgebildeten und ausgerüsteten Einheiten aus dem „Sturmbataillon Rohr", das im Verband der Armee-Abteilung Gaede (B) am Hartmannsweilerkopf 1915 Verwendung fand und dort erstmals diese Taktik erprobte. Vorgänger dieser Versuchseinheit war ein Projekt der Obersten Heeresleitung im Frühjahr 1915 aus Ersatzpionieren des preußischen Pionier-Bataillons 3 gewesen, das auf dem TrÜbPlatz Wahner Heide durch Major Calsow vom PiBtl 18 ausgebildet wurde (2 PiKp mit Schutzschilden, 1 Abt 3,7-cm-Kanonen zu 20 Geschützen).[208] Der Misserfolg dieser Mustertruppe an der Lorettohöhe wegen der auffälligen Ausrüstung mit sog. Panzerschilden, die zu großen Verlusten führte, zwang zum Abbruch des Versuchs und zur Abgabe der dezimierten Einheit an die Armee-Abteilung Gaede Ende August 1915. Dort übernahm am 8. September 1915 Hauptmann Rohr aus dem Gardeschützenbataillon-das bereits am 2. März erstmals eine ausgesuchte Kompanie für ein Stoßtruppunternehmen zusammengestellt hatte, die Neuformierung mit einer veränderten Konzeption aufgrund der bisherigen Erfahrungen: Die behindernden Panzerschilde entfielen, die Zusammenarbeit mit den Maschinengewehren und der Artillerie wurde forciert. Am 4. Oktober 1915 führte Rohr am Schlossberg bei Achkarren im Kaiserstuhl eine Grabenerstürmung im steil ansteigenden Walde im Beisein des Generals Gaede vor. Schon am 12. Oktober am Lingekopf und am 15. Oktober 1915[209] beim Angriff der Gardeschützen und Gardejäger auf die Kuppe des Hartmannsweilerkopfes wurden Teile der Rohr'schen Truppe eingesetzt. Eine größere Lehrvorführung der Sturmtruppe fand, nach einem sechstägigen Lehrgang bei der 12. Landwehr-Division, am 10. und 16. Dezember unter den kritischen Augen des Führers der Armee-Abteilung Gaede bei Oberbergen[210] im Kaiserstuhl statt. In der Sturmübung am 10. Dezember wurde erstmals scharfe Artilleriemunition (Russengeschütze[211]) eingesetzt, und nach Beschuss der Stellung stürmte die Sturmtruppe mit Schutzschilden am linken, Flammenwerfern am rechten Flügel die Stellung und bereitete diese sofort zur Abwehr eines Gegenangriffes durch Einbau von Maschinengewehren sowie Stacheldraht- und Minensperren vor der Stellung vor. Ein Parademarsch mit Musik im Dorf Oberbergen beendete diese erste gelungene Mustervorführung. Das Sturmbataillon wechselte nach seiner bestandenen Feuertaufe in der großen Schlacht am Hartmannsweilerkopf am 2. Februar 1916 zur 5. Armee vor Verdun und gab den Anstoß zur Bildung weiterer Sturmbataillone. Auch bei der HG Kronprinz Rupprecht v. Bayern wurde aus dem Jäger-Bataillon 3 ein Sturmbataillon formiert. Weitere Erfahrungen wurden in der Schlacht um Verdun und an der Somme gesammelt,[212] sodass im Oktober 1916 der Chef des Generalstabes die Aufstellung derartiger Sturmtruppen bei allen Heeresgruppen/Armeen/Armee-Abteilungen anordnete, die bei den vorgenannten Stammeinheiten ihre Ausbildung erfahren sollten.[213] Ein solches Sturmbataillon umfasste den Stab, 2 Sturmkompanien (à 5/263), 1 MGK (4/85), 1 MWK (2/108) und 1 Flammenwerferzug, fallweise 1 InfGesch-/GebGeschBttr. Bei Kriegsende bestanden 17 Bataillone und 1 (bayer.) Kompanie; der Mangel an geeignetem Ersatz und Fehlstellen bei der Infanterie, zu deren Auffüllung die Sturmkompanien herangezogen wurden, verringerten das ursprüngliche Potenzial. Grundsätzlich handelte es sich hierbei um infanteristisch ausgebildete Mannschaften, weshalb sie auch als Grenadiere

Handgranatenwerfer, Sturmkompagnie 9. R. D., Gouache v. Martin Frost, März 1917. WGM Rastatt.

bezeichnet wurden und deren Uniform trugen. Eine Ausnahme machten lediglich das Sturmbataillon 3 gemäß seiner Herkunft aus der Jägerwaffe und das aus den Pionieren hervorgegangene Sturmbataillon 5 (Rohr), das innerhalb der Sturmtruppen eine Sonderstellung einnahm, einen Sonderweg ging und für die Schulung der Infanterie der Armeen beider Fronten – West und Ost – auf dem TrÜbPl Doncourt zuständig war. Hierzu waren ihm neben 5 Sturmkompanien 2 MGK, 1 MWK, ein Flammenwerfer-Zug und eine 10,5-cm-Gebirgs-Haubitz-Batterie zugeteilt. Im letzten Kriegsjahr wurde das Bataillon geschlossen in den großen Abwehrschlachten eingesetzt und abgenutzt, bis es zuletzt als Schutztruppe des Großen Hauptquartiers Dienst tat.[214] Eine Ausbildungsvorschrift für die Fußtruppen im Kriege (AVF) vom Dezember 1916 (weitere Vorschriften erschienen im Januar 1917 und Januar 1918)[215] definierte ihre Funktion als Lehrtruppe für Führer und Unterführer sowie als Kampftruppe vorzüglich im Gefecht um Stellungen. Zu diesem Behuf sollten die Führer der Infanterie beratend in ihren Einsatz eingewiesen werden und zugeteilte Sturmtrupps im Zusammenwirken mit der Infanterie den Auftrag vorbereitend ausführen. Gelehrt und geübt wurde vornehmlich das Zusammenwirken der Infanterie mit den Unterstützungswaffen und Nahkampfmitteln. Nach Vorüben an detailgetreuen Nachbildungen wurden Sturmtrupps als kleinste Teileinheit den Infanterieverbänden, in deren Abschnitt der Angriff erfolgen sollte, zugeteilt, um mit diesen, auf Zusammenarbeit angewiesen, den Einbruch nach vorheriger Luftaufklärung und Erkundung des Stellungsverlaufes durchzuführen. Aufgabe der Sturmtrupps war es dabei, die Sturmgassen zu öffnen, die feindlichen Gräben aufzurollen, MG-Nester auszuschalten, die Gräben „umzudrehen" und das Vorfeld zur Verteidigung einzurichten. Die mitgeführten schwereren Waffen hatten den Einsatz flankierend abzusichern, die Flammenwerfer sollten Widerstand in den Gräben und Blockhäusern brechen. Grundsätzlich hatten die Stoßtrupps keilartig unter Zurückstellung flankierender Maßnahmen rücksichtslos bis zum Ziel durchzustoßen, um „überraschend mit Verlegung des eigenen Artillerie- und Minenwerfer-Feuers im feindlichen Graben ein[zu]brechen"[216]. Nach erfolgtem Einweisen der Infanterie sollten dann die Sturmtrupps wieder herausgezogen werden.

Die Taktik dieser Sonderformationen änderte sich mit fortschreitendem Krieg. So wurde des Überraschungsmoments wegen weitgehend auf Artillerievorbereitung verzichtet und mit Scheinangriffen der Gegner getäuscht. Ziel war es, die normale Infanterie allmählich mit dieser Kampfweise vertraut zu machen und sie zur eigenen Ausbildung zu befähigen. Die Notwendigkeit der Sturmbataillone als Lehrtruppe bei dem immer schlechter werdenden Ersatz der letzten Kriegsjahre wurde von der OHL bis zuletzt bejaht. Die Erfolge des Generals der Infanterie Oskar v. Hutier (1857–1934) als OB der 8. Armee vor Riga im September 1917 oder in der „Großen Schlacht" im März 1918 zeitigten ihre Nachwirkung im deutschen Reichsheere, in dem diese Taktik dann allgemeinverbindliches Gut der Dienstvorschriften und der Ausbildung wurde. Die später als „Blitzkrieg" charakterisierten Operationen der Wehrmacht im Westfeldzug 1940 werden heute als die konsequente Weiterentwicklung des ursprünglichen „Stoßtrupp"-Gedankens[217] der unteren taktischen Ebene gewertet.[218]

Die Ausrüstung und Bewaffnung dieser freiwilligen „Grenadiere" war zum Teil auf die jägermäßige, zum andern aber auf die pioniertechnische Vorgehensweise ausgerichtet: Zu Stahlhelm oder Feldmütze und Gebirgsbekleidung (lederbesetzte Berghose und Bergschuhe mit Wickelgamaschen) traten Karabiner 98k mit Seitengewehr, vornehmlich jedoch Handgranaten und Pioniergerät wie kleiner und großer geschärfter Spaten, Drahtschere, Äxte und Handbeile. Unteroffiziere und Fernmeldetrupps waren mit Pistolen bewaffnet.

Auch die gewöhnliche Infanterie hatte die Vorzüge der Sondertruppe schätzen gelernt und Sturmkurse im zerstörten Schloss Ollweiler[219] eingerichtet, wo die Landwehrleute durch Übungen im Schießen, Handgranatenwerfen, Ringen, Fechten mit Bajonett und Dolch und im Zusammenwirken in der Gruppe Selbstvertrauen in ihre Kräfte gewinnen sollten. Patrouillenunternehmungen am Berg wurden in der Regel in Ollweiler an Stellungsnachbildungen vorgeübt. Diese bis Kriegende abgehaltenen Kurse förderten nicht nur das Zusammenwirken der einzelnen Waffen untereinander, sondern auch den Zusammenhalt und Kameradschaftsgeist der Truppe.

Lit.: Gruss, Die deutschen Sturmbataillone im Weltkrieg; Eberhard v. Schwerin, Königl. Preuß. Sturm-Bataillon Nr. 5 (Rohr). Nach der Erinnerung aufgezeichnet unter Zuhilfenahme des Tagebuches von Herrn Oberstleutnant a. D. Rohr, Zeulenroda 1939 (= Aus Deutschlands großer Zeit, Truppenteile des ehem. preuß. Kontingents, Bd. 116); Bruce I. Gudmundsson, Stormtroop Tactics. Innovation in the German Army, 1914–1918, New York 1989; Ian Drury, German Stormtrooper 1914–1918, London 1995 (= Osprey Military. Warrior Series Bd. 12); Werner Lacoste, Deutsche Sturmbataillone1915–1918. Der Kaiserstuhl und das Markgräflerland als Geburtsstätte und

Standort deutscher Sturmbataillone des Ersten Weltkrieges, Aachen 2009; Ralf Raths: Vom Massensturm zur Stoßtrupptaktik. Die deutsche Landkriegstaktik im Spiegel von Dienstvorschriften und Publizistik 1906 bis 1918, Freiburg i. Br. u. a. 2009 (= Einzelschriften zur Militärgeschichte, Bd. 44); Gerhard P. Gross, Lemma „Stoßtrupp", in: Enzyklopädie Erster Weltkrieg, S. 869f.; id., Lemma „Sturmbataillon", in: ibid., S. 913; Jean-Claude Laparra, Pascal Hesse, Le Sturmbataillon Rohr 1916–1918. De Verdun à Spa, le Favori du Kronprinz, Paris 2010 (= Histoire et Collections)

Die daraus gezogenen Lehren[220] konnten später an anderen Gebirgsfronten angewandt werden. So erwies sich die genaue Einweisung der Führer und Unterführer in den Gefechtsstreifen als Vorbedingung für einen möglichst verlustarmen Erfolg. Pioniertechnische Hilfen, besonders bei der Beseitigung der Drahthindernisse, waren der stürmenden Truppe segensreiche Erleichterung im Einsatz. Die artilleristische Vorarbeit hielt, im Gegensatz zum ersten Kriegsjahr, jeglicher Kritik stand. Die Zusammenarbeit des Vorgeschobenen Beobachters mit der Infanterie und die durch optische oder aber funktechnische Signale verbesserte Verbindung zu den Batterien ließ die Gefahr von Kurzschüssen geringer werden. Auch hatte die Artillerie im ersten Kriegsjahr notwendige Erfahrungen im indirekten Richten gesammelt, die zu nachhaltigen Verbesserungen führten. Die neue Waffe der Minenwerfer hatte ihre Feuerprobe bestanden und sich zu einem unentbehrlichen Helfer der Infanterie im Grabenkampfe entwickelt, wenngleich der schnelle Stellungswechsel ihre Achillesferse blieb. Die spätere Eingliederung der aus der Pioniertruppe hervorgegangenen Waffe als 13. Kompanie bei den Infanterie-Regimentern kann als Resultat dieser Erfahrungen gesehen werden. Überhaupt hatte es sich im Mittelgebirgskrieg mit seinen Nachschubproblemen sehr bald als vorteilhaft erwiesen, leicht transportierbare Geschütze einzusetzen, die das Moment der beweglichen Truppenführung unterstützten und im Notfall – beim Fehlen von Tragtieren – auch von Mannschaften bewegt werden konnten. Neben den Minenwerfern hatte sich eine weitere neue Waffe, der Flammenwerfer, gerade im Einsatz gegen Stollenbesatzungen trefflich bewährt. Die dritte „Errungenschaft" des Krieges, die Gaswaffe,[221] spielte am HK der nahen gegnerischen Stellungen und der in dieser Region häufigen Westwinde wegen, die die eigene Truppe empfindlich getroffen hätten, eine nur untergeordnete Bedeutung. Schließlich muss noch auf die dichte Versorgung der Stollen mit Fernsprechmitteln hingewiesen werden, die auch bei Beschuss und Zerstörung unverzüglich wieder hergestellt wurden und die taktische Koordinierung des Feuereinsatzes erleichterten.

So hatte es sich wiederum gezeigt, dass im Gebirge das gewöhnlich angenommene erfolgversprechende Verhältnis 3 : 1 von Angreifer und Verteidiger keine Gültigkeit hatte und von einer Überlegenheit von mindestens 7 : 1 ausgegangen werden musste. Dass die französische Führung nach dem Debakel am Lingekopf (s. o.) keine Lehren hieraus gezogen hatte, sondern in einem neuerlichen Anlauf trotz der Warnungen ihres Armeechefs eine ganze Division sinnlos „verheizte", muss als unverzeihlicher Fehler angesehen werden, dessen Folgen Legionen von Gefallenen beider Nationen waren. Den von deutscher Seite immer wieder erwarteten Vorstoß aus der trouée de Belfort, dem zeitweise mit einer eigenen operativen Maßnahme zuvorgekommen werden sollte,[222] hat der Gegner danach allerdings nicht mehr gewagt, obwohl ein wohlvorbereiteter Flankierungstoß aus dem französisch besetzten Thurtal über Thann in diesem Bereich große Erfolgsaussichten gehabt hätte. Der Tod des Divisionärs auf dem Schlachtfeld weist so auch symbolischen Charakter auf.

4. Plänkeleien (1916–1918)

Mit der Rückeroberung der alten Stellungen trat auf dem Hartmannsweilerkopf deutscherseits eine Phase der Sicherung und Besitzstandswahrung ein, die das Verteidigungssystem nach den gewonnenen Erkenntnissen umgestaltete – eine „Schule für Beton- und Stollenbau" in Zillisheim bildete speziell in dieser Fachrichtung aus – und den Berg zu einer praktisch uneinnehmbaren Festung ausbaute. Dies konnte umso besser gelingen, als zu Jahresbeginn schon absehbar war, dass der geplante deutsche Schlag nicht im Elsass, sondern in Lothringen vor Verdun stattfinden würde, wozu beide Seiten ihre schlagkräftigsten Truppen an diese Stelle der Hauptkampflinie verlegten. Die am 21. Februar 1916 dort beginnende Schlacht lenkte für ein halbes Jahr die ganze Aufmerksamkeit und Anstrengung auf diesen Abschnitt, sodass der Hartmannsweilerkopf nun endgültig „ruhige Front" wurde. Dies hieß aber nicht, dass Schnitter Tod keine Ernte mehr hätte einfahren können; doch verteilte sich nun das Sterben auf Jahr und Tag und kulminierte nur noch gelegentlich in räumlich und zeitlich begrenzten Aktionen.

Ausgangspunkt der Neustrukturierung des Verteidigungssystems war die Erkenntnis aus den bisherigen Kämpfen, dass die unmittelbare Vorneverteidigung unflexibel und mit großen Verlusten behaftet war, da infolge des nur wenige Meter gegenüberliegenden Gegners weder an einen großzügigen Ausbau der Stellungen gedacht noch das Überraschungsmoment ausgeschaltet werden

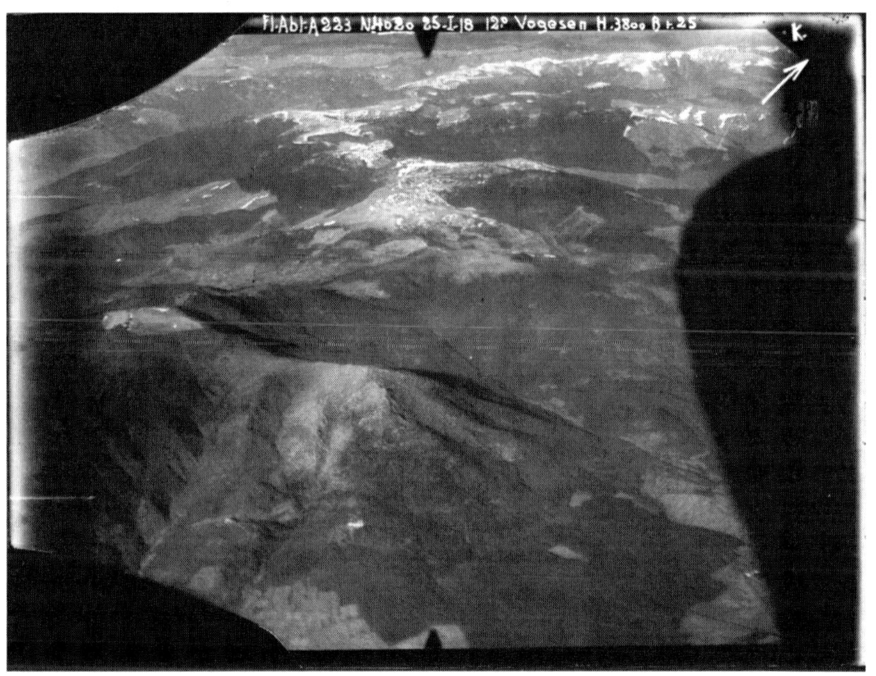

Molkenrain und Hartmannsweilerkopf. Flieger-Abt. A 223, N. 4020, 25.I.1918, 12 h, H: 3.800, Br: 25 cm. Sammlung Deisenroth.

konnte. So entstand nun in der zweiten Sicherungsphase des Berges durch Verlagerung der Hauptkampflinie in eine vom Feind nicht einzusehende Hinterhangstellung mit starken Stützpunkten und flankierenden Wirkungsmöglichkeiten eine flexibel zu besetzende Tiefengliederung. Die vordersten Stellungen dienten fortan nur als in der Nacht zu besetzende Vorpostenstellungen, während die Hauptverteidigungslinie weiter rückwärts, den Augen des Feindes verborgen, desto stärker auszubauen war, um ein elastisches Ausweichen mit anschließendem Gegenstoß zu gewährleisten – was allerdings am Hartmannsweilerkopf wegen der Geländesituation nur in sehr begrenztem Maße möglich war. Wenn auch im Jahre 1916 keine größeren Kampfhandlungen wie im Vorjahr erfolgten, so heißt dies nicht, dass sich die deutschen Verteidiger umso ungestörter ihrer Bautätigkeit widmen konnten. Ständiger mehr oder weniger starker Beschuss vom Molkenrain und von anderen überhöhenden Stellungen der Franzosen und die Antwort der deutschen Feldkanonen und Haubitzen – „Morgengebet",

„Mittagszauber" und „Abendsegen" – machten oft die Arbeit ganzer Wochen zunichte. Und der Tod hielt immer aufs Neue Einkehr in den Regimentern.

Es führte zu weit, diese im Vergleich zu den großen Kämpfen am HK unbedeutenden Nadelstiche ausführlich darzulegen.[223] Wir können uns daher darauf beschränken, zwei spektakuläre Aktionen zu erwähnen. Rege Stellungsbauaktivitäten zu Beginn des Jahres 1917 veranlasste die Führung der neu eingeführten 26. Landwehr-Division zu einer Erkundungsaktion in die feindlichen Stellungen südlich des Gipfels gegen das Silberloch zu. So fand das Unternehmen „Rumänien"[224] um 17.30 Uhr in der beginnenden Dunkelheit des 28. Januar 1917 nach zweistündiger verschleiernder Artillerievorbereitung[225] gegen den Südhang und Hirzenstein mit vier Sturmpatrouillen des bereits an der Westfront bewährten Landwehr-Infanterie-Regiments 124 statt. Als Infanterieführer bestimmt wurde der Führer III./LdwInfRgt 124 Hauptmann Jörling in der „Feste Großherzog", als Artillerieführer der Artillerie-Kommandeur der 26. Division, die Minenwerfer dirigierte der Kommandeur des Minenwerfer-Bataillons VII Major Werdelmann. Ab 14 Uhr wurde die vorderste Linie des Abschnittes HK geräumt, die Soldaten hatten in schusssichere Unterstände und Stollen unterzutreten. Ab 15.20 Uhr begannen Artillerie und Minenwerfer ihr Zerstörungswerk, das sich in festgelegten Abschnitten mehr und mehr steigerte, bis um 17.30 Uhr, nach Vorverlegung des Artilleriefeuers, die Patrouillen in die vordersten Gräben der Franzosen einbrachen und zahlreiche Gefangene mit zurückbrachten. Der Verlust des Regiments war denkbar gering: 1 Toter und 11 Verwundete – wären da nicht die 63 Toten[226] im Ziegelrückenstollen gewesen, von denen der größte Teil dem ersten Sturmtrupp des Regiments angehörte, der vor Sturmbeginn sich mit seinem Patrouillenführer im Stollen versammelt hatte und auf das Zeichen zum Angriff wartete. Fünf Minuten vor der Zeit traf vermutlich infolge eines Kurzschusses eine Granate den beim Stollen arbeitenden sMW „Christian" und mit ihm die nahebei vorschriftswidrig im Stollenvorraum lagernde Munition. Der Eingang des Ziegelrückenstollens wurde völlig verwüstet. „In einen Knäuel gepreßt, zerfetzt, zerrissen, vom Luftdruck getötet, liegen 4 Offiziere und 59 Mann unter den Trümmern in dem von giftigen Gasen und Dämpfen erfüllten Raume. Ohnmächtig sinken die hierhin vordringenden Rettungsmannschaften zu Boden, und draußen müssen sie sich erbrechen. Nur mit Sauerstoffapparaten kann man, da das Aufräumen des vorderen Stolleneingangs mehrere Tage in Anspruch nimmt, die schon in Verwesung übergehenden Leichen und Leichenteile bergen."[227] Der „Erfolg" des Unternehmens: 35 Gefangene und 1 lMG. „Der Zweck des Unternehmens war erreicht."[228]

Ein halbes Jahr später setzte die 26. Division ein weitaus umfangreicheres Unternehmen unter dem Tarnnamen „München" in Gang, das, über den Berg hinausgreifend, wegen Nachschubschwierigkeiten auf dem Munitionssektor (Flügelminen) erst verschoben, dann auch verkürzt durchgeführt werden musste. Am 27. Juni 1917 setzte ab 20.15 Uhr das Zerstörungsschießen der Minenwerfer auf der ganzen Front von Hartmannsweilerkopf – Molkenrainweg – nördlich Steinbachs ein, dem ab 21.30 Uhr die Feldkanonen, Feldhaubitzen und Kanonen der Artillerie folgten. Der Ausfall fast eines Drittels der Geschütze[229] machte die Streichung zweier Patrouillen bei Steinbach notwendig, sodass die personelle Stärke mit der des Rumänien-Unternehmens vergleichbar war. Ab 22 Uhr flossen die Patrouillen in ihr Zielgebiet ein, wo sie die französischen Gräben und Unterstände durch das eigene Zerstörungsfeuer weitgehend eingeebnet vorfanden. Der Verbrauch an Werfer- und Artilleriemunition auf der ganzen Frontbreite lag mit 11.588 Schuss um zwei Drittel höher als bei „Rumänien", die Verluste beliefen sich auf 2 Offiziere und 23 Mann gefallen, 2 Offiziere und 72 Mann verwundet. Der Zweck, die Zerstörung wichtiger feindlicher Einrichtungen, wurde im wesentlichen erreicht, die Aufklärung stellte eine neue Division fest.

Auf den Tag genau zwei Jahre nach dem Beginn der großen Schlacht am HK sollte noch einmal ein größerer Vorstoß Erkenntnisse zu Agentenmeldungen über einen geplanten französischen Angriff bringen. Das Unternehmen „A 130"[230] mit 240 Mann wurde zwei Tage vor dem Sturm durch Begasen fünf feindlicher Batterien mit Gelbkreuz-Brisanzschießen vorbereitet, am Angriffstag selbst durch einen nächtlichen Gasüberfall mit Blau- und Grünkreuzmunition (3.460 Schuss), der eine Stunde vor Angriffsbeginn viertelstündlich wiederholt wurde.

Als die Truppe frühmorgens um 7.20 Uhr antrat, fand sie entgegen ihren Erwartungen die Gräben nicht verlassen. So fiel das Ergebnis entsprechend dürftig aus: Nur 12 Gefangene konnten eingebracht werden. Zwar hatte das Gasschießen die Sperrfeuerbatterien des Feindes kurzfristig auszuschalten vermocht, jedoch keine wesentlichen Zerstörungen verursacht, sodass der Gegner es unterlaufen konnte.

Ein letztes großes Unternehmen unter dem Decknamen „Heuernte" am 29. Juni 1918 führte das III./LdwInfRgt 124 mit Teilen des JgFeldBtl 9 und der Mw-Kp 326 durch. Gegenüber der vorhergehenden Praxis des Einsatzes der Patrouillen und Stoßtrupps zeichnete es sich durch eine Neuerung aus: Diese kehrten nicht mehr zum Ablaufpunkt zurück, sondern flossen an anderer Stelle wieder in die eigene Front ein. In diesem Fall verlief der Weg der Patrouillen mit Stoßrichtung Lager Burluraux zurück über den Unteren Rehfelsen und umging damit nicht nur das französische Sperrfeuer gegen die Gipfelregion, sondern fand zugleich Schutz in den sicheren Stollenanlagen um den Unteren Rehfelsen. Die Täuschung des Gegners durch eine südlich des Lagers operierende linke Flankenpatrouille des Jäger-Feld-Bataillons 9 (1 Oberjäger, 8 Jäger mit 1 lMG) aus dem Bereich Hexenküche gelang, die beiden Trupps (1 Offizier, 36 Mann mit 4 Pionieren) kehrten nach Erledigung ihres Auftrags – Gefangene, Beute, Zerstörung der Anlagen – mit geringen Verlusten (1 Mann gefallen, 5 Leichtverwundete) hinter die eigenen Linien zurück.[231]

Es stellt sich die Frage, inwieweit die hier geschilderten „Plänkeleien" – in der Hauptsache alle vom LdwInfRgt 124 gestellt – angesichts der mehr oder minder schweren Verluste vor den eingesetzten Soldaten und der Kriegslage zu rechtfertigen waren. Der Chronist des HK, selbst Soldat, beantwortete diese Frage realistisch: „Es wird nicht genügen, durch kleine Patrouillengänge ab und zu einen feindlichen Posten abzufangen; man wird im Gegenteil dem Feind durch eine größere Unternehmung immer wieder beweisen müssen, daß man der Stärkere ist und daß man jederzeit den etwa für einen größeren Angriff gedachten Aufstellungsraum zerschlagen kann. Um dem Gegner diese Überzeugung beizubringen, wird man von Zeit zu Zeit solche Unternehmungen ansetzen müssen. Es sei hier ganz davon abgesehen, daß sie die eigene Truppe nicht in eine lähmende Untätigkeit verfallen lassen. Diese eben angeführten Gründe waren wohl die Veranlassung zu weiteren größeren Unternehmungen am Hartmannsweiler Kopf."[232] Und weiter: „Kann eine von der gegnerischen Artillerie vollkommen beherrschte Kuppe, die vermöge ihrer Ausdehnung und Lage als Basis zur Bereitstellung grösserer Angriffskräfte geeignet ist, nicht durch Vorverlegen der eigenen vorderen Linie in Besitz genommen werden, so muß sie durch zeitweiliges Ansetzen grösserer Unternehmungen mit beschränktem Ziel von uns unbedingt beherrscht werden. [...] Unsere Infanterie muß jederzeit in der Lage sein, durch Erscheinen auf der Kuppe, Zerstören feindlicher Anlagen, Einbringen von Gefangenen dem Gegner das Gesetz des Handelns vorzuschreiben."[233]

Unerwähnt lässt Goes den Zweck, feindliche Kräfte zu binden, um Operationen an anderen Fronten durch den Abzug von Truppen zu schwächen. Dies ist sicher der wichtigste Grund überhaupt, dessentwegen die vierjährigen Kämpfe um den Hartmannsweilerkopf ein solch hohes Menschenopfer gerechtfertigt erscheinen lassen.

Bis zum Kriegsende sollte diese Situation unverändert Bestand haben. Am 9. November 1918, dem Beginn der Revolution in der Reichshauptstadt, verzeichnet das Kriegstagebuch der Armee-Abteilung B keinen Eintrag. Am folgenden Tag überstürzen sich die Ereignisse: In Colmar bildet sich ein Soldatenrat, der dem nach längerer Absenz im Kaiserlichen Hauptquartier zu Spa eiligst zurückgekehrten Oberbefehlshaber rät, sein Hauptquartier schnellstens in die politisch ruhigeren Gefilde nach Freiburg zu verlegen, was dieser auch sogleich am 11./12. November ausführt. Als am 11. November 1918 Waffenruhe ab 11.55 Uhr befohlen wird, löst sich kurz zuvor noch einmal die Spannung in einem gewaltigen Feuergrollen entlang der gesamten Front. „Endlich wird es still. Überall stehen Freund und Feind auf Deckung und winken einander zu. Besuche gehen herüber und hinüber. Man bewirtet einander, und mancher scheint über dem französischen Weißbrot und Wein alles zu vergessen. Aber vielen, vielen blutet in diesem Jubel das Herz."[234] Als am Abend des 11. November die Dämmerung einsetzt, kommt „mit ihr ein unendlich schönes Schauspiel, ein Feuerwerk, wie man es niemals sah und niemals sehen wird. Millionen von Leuchtkugeln in allen Farben so weit das Auge reicht. Das ganze Rheintal ist davon übersät."[235] Das Ende ist grau, der Rückmarsch in die Heimat beginnt, die Hungerblockade der Entente wird noch zahllose Todesopfer im Frieden fordern. Aber der Große Krieg war zu Ende.

IV. Die Schlachtfelder

Der vorliegende Band bietet keinen expliziten Rundgang über die Schlachtfelder an. Es handelt sich in unserem Fall um zwei punktuell aus dem großen Schlachtengeschehen herausgehobene gleich hohe Berge. Der eine – der Lingekopf – ist in dem noch erhaltenen, in seiner äußersten Ausdehnung nur ungefähr 375 Meter langen Stellungssystem auf seinem Gipfel durch nicht zu verfehlende und übersehende Führungslinien erschlossen und in längstens einer Dreiviertelstunde zu begehen. Der andere – der Hartmannsweilerkopf – stellt als Ganzes von seinem Fuß bis zum Gipfel eine einzige, grabendurchzogene Festung dar, die je nach Interessenlage und Zeit von allen Seiten begangen werden kann und durch ihre mittlerweile dichte Beschilderung sowie einen in Vorbereitung befindlichen „animierten Lehrpfad" von 4,5 km Länge mit der Absicht, „die gezielte Lenkung der Besucherströme, die ein Verlassen des Parcours verhindern soll",[236] zu erreichen, erschlossen ist. Wer sich dieser Lenkung entziehen will, kann in Verbindung mit diesem Führer die Gipfelregion wie auch die abseits gelegenen Schlachtorte mühelos erkunden. An dieser Stelle sollen daher nur noch ergänzende Hinweise und Spezifika der jeweiligen Gefechtsfelder Erwähnung finden, die dem Besucher weiterführende Hilfe anbieten, um ihm die Ereignisse im Rahmen der Gesamtoperationen vermitteln zu können.

Glossar zu Gelände- und Stellungsbezeichnungen auf dem Hartmannsweilerkopf – eine Auswahl[237] (kursiv = französische Stellungen)

Adlergraben – Verbindungsgraben zwischen Felsennest II (Oberrehfelsen) und Wilcke-Felsen.

Adlerhorst – Stark ausgebauter Felsennest-Stollen (810 m) mit unterirdischen Gängen und Verbindungsstollen zum Veilchenstein (1916). Artilleriebeobachterstand. Inschriften: „Hochstand 10. Komp. L. I. R. 56" u. „Die 4. Komp. Res. Jäg. Batl. 8 ihrem Komp. Führer Haupt. Müller".

Amic (Roche) – Felsstollen im Silberlochrunz am Ende des Namenlosen Hanges, benannt nach Capitaine Paul Amic, Kompaniechef 6^e^/15^e^ BCP im 23^e^ R. I., Chevalier de la Legion d'Honneur (beigesetzt in Moosch, 427/15), der am 21.XII.1915 in der Nähe des Mecklenburger Weges gefallen ist. Eingang zum Stollen am ostwärtigen Rand.

Annastollen – Endpunkt von Casino-Graben, Minengasse und Mariannen-Graben nahe der Kuppe und den frz. Linien mit Beobachtungsstand und holzverschaltem, verschüttetem Stollen.

Antonstollen – Ehem., heute verfallener Stollen auf dem Sandgrubenkopf oberhalb des früheren Steinbruches mit Inschrift: „N° II Anton-Stollen Erbaut 1916 4. K. 3. L. I. Btl. Tr. VIII 29".

Aussichtsfelsen (Roche hellé) – Am Ende des Porphyrgrates gelegener Felsblock (940 m) mit 1920 aufgestelltem Metallkreuz der „engagés volontaires" der Quinze-deux und weitem Rundblick auf die Vogesen und in die Rheinebene. Umkämpfteste dt. Bastion als Hauptstützpunkt an der Südostkante der Kuppe mit unterirdischen, begehbaren Stollen in drei Etagen. Die starke Bewaffnung sollte den über die Kuppe angreifenden Feind im Zusammenwirken mit den Befestigungen Bischofshut und Bastion an der Nordseite des Berges flankierend bekämpfen. An der Ostseite das 1940 im Zuge der Denkmalbereinigung durch die deutsche Wehrmacht zerstörte monumentale Denkmal „Aux vaillants du quinze-deux tombés en Alsace" für die „Diables rouges" (152e R. I.) von Victor Antoine (1921) mit den Einsatzorten dieses Regiments: Münstertal, Hartmannsweilerkopf, Steinbach, Metzeral. Der Raum vor dem Denkmal ist mit Flügelminen abgegrenzt. 1954 in ursprünglicher Form wieder angebracht.[238]

S. 155 oben: Hartmannsweilerkopf, Auf der Minenstraße. Aussichtsfelsen vom Bischofhut aus. Gouache v. Martin Frost, Nov. 1915. MHM Dresden/Ulke.

S. 155 unten: Hartmannsweilerkopf. Kasernenbau unterm Aussichtsfelsen. Gouache v. Martin Frost, Dez. 1915. MHM Dresden/Ulke.

Frost
Nov 1915

H-Kopf
Kasernenbau unterm Aussichtsfelsen
Dez. 1915
Frost

Eberhardt-Bahn. Drahtseilbahn zur Beförderung von Nahrungsmitteln u. Heeressachen in den Vogesen (Chaume de Lusse, Dép. Vosges). Feldpostkarte, 1915. Archiv KSF.

Baden (Feste) – Betonierte, gesprengte Bunker (575 m) zwischen Sandgrubenkopf und Ulanenfriedhof.

Bamberg (Feste) – Am Bergpfad gegenüber dem Unterrehfelsen gelegen; Eingang unterhalb des Bergpfades mit Schießscharten, nicht zugänglich. Benannt nach dem Pionier-OLt Bamberg.

Barbaragraben – Verbindungsgraben zwischen Berta-Sappe und Minengasse am Ziegelrücken (945 m).

Bastion – Umfangreiches Stellungssystem auf dem Ziegelrücken unterhalb des Bischofshutes (870 m) mit zahllosen Verbindungsgräben und Stollen. Ausgangspunkt der Rückeroberung des HK am 22.XII.1915 durch 3./ResJgBtl 8 (Hptm Naendrup).

Bergstrasse – 800-m-Weg (Höhenlinie) von Monument Serret zum Felsennest II (Oberrehfelsen) mit Feste Bamberg, Unterrehfelsen, Hexenküche, Himmelsleitergraben u. Feste Heiligenstedt am Wege.

Bertasappe – Sappenkopf (945 m), dem Johann-Albrecht-Graben benachbart, Zugang zum Barbara-Graben.

Beskid – Felsenunterstand des Festungsgürtels der Fesse gauche am Kreuzotterpfade (745 m) in der vordersten deutschen Linie oberhalb des Felsenecks; Höhendifferenz zum obersten Bollwerk Doppelkopf ca. 125 m. Hufeisenförmige Stollenanlage, benannt nach dem Beskidenkorps, in welchem Hptm v. Jecklin, Kdr ResJgBtl 8, zuvor in den Kämpfen des XXXVIII. ResKorps („Beskidenkorps") unter GendKav v. d. Marwitz eingesetzt war.

Bieberstein – Gedenkstein nördlich des Hirzensteins beim Leopoldsbad im Silberbachtale am Beginn des Dickbuchenweges für ObstLt Rogalla Frhr. v. Bieberstein, Kdr ResInfRgt 74.

Bischofshut – Beherrschende Festungsanlage in taktisch günstiger Lage des Ziegelrückens (915 m) am rechten Flügel der HK-Festung mit Wirkungsmöglichkeit in den Sproessersack und zur Jägertanne. Dieser Vorteile wegen mehrfach heftig umkämpft (26.III.1915 in frz. Hand, 25.IV.1915 zurückerobert). Am 22.XII.1915 von der 3./ResJgBtl 8 (Hpm Naendrup/Lt Pabst) nach heftigen Kämpfen erobert und Stützpunkt für die Einkesselung zweier Kompanien 152[e] R. I.

Blindsack – Befestigter Unterstand (950 m) im Grabensystem der Kuppe am Moritz-/Weihnachtsgraben mit Scherenfernrohr zur Beobachtung der gegenüberliegenden frz. Stellungen (mit verrotteten Sand-Zement-Säcken als Deckung).

Böse Buben – Reihe von Unterständen an der Serpentinenstraße zwischen Kurve 0 und Kurve 1 (500 m) mit Musterunterständen, dessen einer mit Inschrift versehen ist: „13. & 14. L.I.R. 99–B 11 [Block 11 der Reihe]. Die überhastet erbauten Unterstände dieses Lagers wurden vom 13. und 14. L.I.R. 99 nach diesem Muster angefangen umzubauen. Es empfiehlt sich dieses System beizubehalten (Skizze i. Unterstd.). April 1916. 14. L.I.R. 99."

Bonnegoutte, Ravin de – Guttenbachrunz, westliche Begrenzung des Hartmannsweilerkopfgebietes, fließt in das Neuwegbächle (wie der ostwärts gelegene Vordere Guttenbachrunz), dieses in den Wünheimer Bach (Wunach).

Bremer Ratskeller – Eckbefestigung (942 m) vorderster Linie westlich der Rohrburg im Stellungssystem der Kuppe.

Cäciliengraben – Graben in der zweiten Linie des Stellungssystems auf der Kuppe zwischen Barbara- und Ziegelrückengraben.

Camp Burluraux (Burlureau) – Frz. Lager mit Fernsprechzentrale im Bereiche der vordersten Linie (875 m) südlich des Gipfels. Benannt nach Lieutenant Burluraux im I[e]/152e R. I., gefallen am 25.IV.1915 am HK.

Camp Pau – Eines von mehreren frz. Versorgungslagern in der 2. Linie auf dem Namenlosen Hang (Crête sans nom) (865 m) unterhalb C. Scheurer/Nationalfriedhof wie C. Duvernet (840 m), C. Renié (800 m, nahe Tombe Viollet, im Weihnachtskampf am HK Stabsquartier General Serrets) und C. des Dames (640 m). Benannt nach Général Pau, OB der Armée d'Alsace.

Frost
Hartmannsweilerkopf
Von den Franzosen in der Nacht d. 21.
eroberte Stellung unterhalb des
Aussichtsfelsens, die am 22. früh von
den 8. Jägern wieder genommen
wurde.

Camp Turenne (Thomannplatz) – Südlich unterhalb des Molkenrain gelegen (908 m), ehem. Nachschublager der frz. Streitkräfte. Ein Obelisk erinnert an die dort gefallenen Soldaten: „Du Memorians passant souviens toi 138 Officiers et Hommes de Troupe sont morts ici pour la patrie et pour la liberté entre 1914 et 1918./Et reposent dans ce cimetière C. Willer/Thomannplatz du Camp TURENNE jusqu'au 7 Juillet 1922, souvenir Français."

Cantine Zeller – Benannt nach der nach dem Ersten Weltkrieg von dem Hartmannsweiler Ehepaar Zeller unterhaltenen Einkehrmöglichkeit (zeitweise auch Jugendherberge) in den Baulichkeiten des Abschnittskommandos II an Kurve 2 (675 m). Eine Bronzeplakette erinnert an Mme. Zeller und ihre segensreiche Tätigkeit. In den letzten Jahrzehnten von der „Association des Amis de la Cantine Zeller" unter Leitung des ehem. Hartmannsweiler Bürgermeisters Auguste Kauffmann mit großem Engagement wiederhergestellt.

Casinogasse – Vom Mariannengraben zum Ziegelrückengraben verlaufendes Verbindungsstück im Bereich der nördlichen Gipfelstellung.

Casinograben – Verbindungsgraben (925 m) am Ziegelrücken zwischen Schwabenheim und Anna-Stollen als nördliche Begrenzung des Stellungssystems der Kuppe.

Cellesgasse – Verbindungsgraben zwischen Ziegelrückengraben und Minenweg, erinnert an die Kämpfe des ResJgBtl 8 bei Celles-sur-Plaine im Dép. Vosges.

Chambaud, Roche – Unterstand auf dem Namenlosen Hang (Crête sans nom) (815 m) mit Wirkungsmöglichkeit gegen Unterrehfelsen und Hirzenstein, benannt nach dem am 21.XII.1915 am Unterrehfelsen gefallenen Sous-Lieutenant Jacques Chambaud.

Chemin du 2ᵉ Génie – Neuzeitliches Verbindungsstück zwischen der vordersten frz. Linie auf der Kuppe beim Bremer Ratskeller zum Kammweg Silberloch-Kuppe in Hinterhanglage mit Resten von Unterstand (abri) „2ᵉ Génie–Cie 16/13–1916".

Chemin des Dames – Von der Route des Crêtes bei Bains-douches abzweigender Verbindungsweg entlang dem Südosthang des Namenlosen Hanges zum Hirzenstein; ehedem Versorgungseinrichtungen und ein frz. Soldatenfriedhof an seiner Strecke.

S. 158 oben: Hartmannsweilerkopf. Abschnitt A – Fricourtgasse. Gouache v. Martin Frost, undatiert. MHM Dresden/Ulke.

S. 158 unten: Von den Franzosen in der Nacht des 21.XII. erbaute Stellung unterhalb des Aussichtsfelsens, die am 22. früh von den 8. Jägern wieder genommen wurde. Zeichnung v. Martin Frost, Dezember 1915. MHM Dresden/Ulke.

Hartmannsweilerkopf, Jägerdenkmal. WGM Rastatt.

Chevassus, Poste – Gefechtsstand südlich oberhalb von Roche Sermet.

Cimetière national – Vgl. Anhang: „Soldatenfriedhöfe im Oberelsass".

Croix Thilly – Unterhalb des Kardinal-Felsens beim Abstieg zum Kreuzotterpfade Grabstelle für die am 16.X.1915 gefallenen frz. Jäger Eugène Thilly der 2ᵉ Cie 15ᵉ BCP und Jean Turlais der 5ᵉ Cie 15ᵉ BCP.

Czichongraben – Von der Rohrsappe am Himmelsleitergraben nach Nordosten abzweigender Laufgraben mit Anschluss an die Saubucht.

Dickbuchenweg – Vom Fabeckweg zwischen Kurve 6 und Krebspfad abzweigend, über Ulanenfriedhof und Aufgang zur Lippeschen Schweiz zum Leopoldsbad und weiter nach Wattweiler führend.

Donongasse – Verbindungsgraben zwischen Ziegelrückengraben und Minenweg oberhalb des Bischofshutes

Doppelkopf – Oberste, stark befestigte Bunkeranlage (870 m) des Festungsgürtels der Fesse gauche am Nordhang des HK mit drei Stockwerken, auf oberster Ebene Stahlplatte für Periskopeinrichtung für Artilleriebeobachter. In den unteren Stockwerken Felsenkaserne für Truppenunterkunft. Eine geplante unterirdische Verbindung zu Veilchenstein wurde nicht verwirklicht.

Dorasappe – Sappenkopf (945 m) mit Dora-Hütte in vorderster Linie unmittelbar vor dem Gipfel mit MG- und Beobachtungsstand.

Dortmunder Graben – Vom Johann-Albrecht-Graben zur Dora-Sappe führender Verbindungsgraben in vorderster Linie

Drahtseilbahnen – Bereits im Februar 1915 mit Baubeginn des Kurvenweges wurde eine erste Material-Seilbahn auf den HK im Bereich Entre Cuisse (Sproessersack) angelegt. Beginnend bei Station Gaede (360 m) im Ollwiller Wald führte sie, den Kurvenweg mehrfach querend, zu Station Sproesser oberhalb Kurve 5, von dort in einem leichten Knick zur Endstation am Schneiderpfade unterhalb des Storchennestes (Aussichtsfelsen), in welcher noch heute die Maschinen der Seilbahn zu sehen sind. Eine zweite, im Frühjahr 1916 gebaute Bahn begann am Bahnhof der entlang des Bruderpfades nach Wattweiler verlaufenden Kriegs-Schmalspurbahn im unteren Gauchbachlager bei Wünheim und wandte sich nach einem „Knick" beim Gauchweg zum Klippenstollen, wo eine neue Trasse zur Kurve 7 führte, mit Fortsetzung als Hilfsseilbahn bis unterhalb des Bischofshutes. Eine dritte, wesentlich kürzere Materialbahn verkehrte vom Tanzplatz zum Bärenstollen am Nordhang des HK. Schließlich soll auch noch die kleine Hand-Drahtseilbahn nahe dem Westfalen-Lager Erwähnung finden, die von der Hirzenstein-Brücke aus die Truppen in diesem Bereitstellungsraum zu versorgen hatte. Die frz. Artillerie hatte sich auf diese Bahnen frühzeitig eingeschossen und breite Schneisen in den Wald geschlagen, sodass die Trassen immer wieder repariert bzw. erneuert werden mussten. In Ausnahmefällen dienten die Bahnen auch zum Transport von Verwundeten.

Dromedarstollen – An der Westseite des Unterrehfelsens in vorderster Linie gelegener Stollen mit Beobachtungsstand und unterirdischer Verbindung zum Kamm-Graben.

Ehrenfriedhof – Vgl. Anhang: „Soldatenfriedhöfe im Oberelsass".

Eierstellung – Vorderste dt. Stellung (900 m) vom 21. Januar bis 5. März 1915 nahe dem Silberlochsattel. 1971 wieder entdeckt und rekonstruiert.

Emmagraben – Am nördlichen Ende des Stellungssystems der Kuppe (940 m) gelegen mit Verbindung zum Mariannen-Graben und zur Berta-Sappe.

Fabeckweg – Verbindet Kurve 2 mit Kurve 6 auf direktem Wege über Höhe 742, der weitesten Ausbuchtung des frz. Angriffes am 21.XII.1915. Benannt nach dem Kdr Garde-Jäger-Bataillon IX.1914–IV.1916 Major Hans v. Fabeck (1868–1945), zuletzt Oberst.

Favier, Poste – Frz. Stellung der vordersten Linie (710 m) am Nordhang des HK, durch Angriff des ResJgBtl 8 am 9.VI.1916 mit geballten Ladungen nach vorausgegangenem Artilleriebeschuss völlig zerstört.

Felseneck – Unterste Bastion (720 m) im Festungsgürtel (frz.: pain de sucre = Zuckerhüte) der Fesse gauche mit drei Etagen

Felsenkaserne – Unterhalb des Aussichtsfelsens und der Wartburg in den Felsen angelegte, zweistöckige Mannschaftskasernen (900 m) zur Bereitstellung der Sturmtruppen.

Felsennest – Am Wünheimer Weg gelegener Bunker (540 m) mit Stollen und Beobachtungsposten für Signalverbindung mit den gegenüber auf dem Thierenbachkopf liegenden Batteriestellungen (in den frz. Karten als Felsennest 1 bezeichnet).

Fesennest 1 – Am Ende des Adlergrabens, unterhalb des Wilcke-Felsens gelegene, nicht mehr existente Befestigung.

Fesennest 2 – Am Beginn des Adlergrabens in den Felsen getriebener hufeisenförmiger Stollen (830 m) und Beobachtungsstand.

Fesennest 3 – Zwischen Mecklenburger-Weg und Sachsenpfad am Südhang des HK gelegener Felsenstollen (750 m).

Feuchte Ecke – Mannschaftslager für zwei Bereitschaftskompanien im Felsbunker (500 m) an der Kurvenstraße nach Kurve 0, benachbart der Unterstand Musiktempel, Unterstände Böse Buben mit Küche, Kantine Stallungen und Brunnen. Inschrift: „Soldaten, kommt aus Stellung ihr, so wascht euch eure Füße hier!".

Fitztanne – Flurname für den Bereich zwischen Silberbach und Porphyrgrat, mit Felsen und Geröllhalden durchsetzt.

Freudenkindgraben – Zwischen Felsennest I und Kanzel am Nordhang unterhalb des Verbindungsweges sich hinziehender Laufgraben mit Stollen.

Fricourtgasse – Abzweigung vom Ziegelrücken-Stollen zum Malepartus-Stollen in ostwärti-

Hartmannsweilerkopf, Kardinal-Felsen. WGM Rastatt.

Hartmannsweilerkopf. Vor dem Oberen Rehfelsen. Zeichnung v. Martin Frost, Dez. 1915. MHM Dresden/Ulke.

ger Richtung, erinnert an die Kämpfe des ResJgBtl 8 bei Fricourt in der Picardie in der Somme-Schlacht Juli 1916.

Friedensengel – Unterstand (920 m) oberhalb Bischofshut am Ende des Ziegelrückengrabens. San-Unterstand des ResJgBtl 8.

Friedhöfe – Siehe Anhang: „Soldatenfriedhöfe im Oberelsass". Eine erste Bestandsaufnahme stammt von Joseph Zeller im Auftrag des frz. Staates.

Gabelsappe – Oberhalb des 800-m-Weges nahe der F. Bamberg liegender Graben in der vordersten frz. Linie aus der Zeit des dt. Vorstoßes vom 21. Januar bis März 1915.

Gaede (Station) – Bodenstation (360 m) der ersten, im Februar 1915 gebauten Drahtseilbahn auf den HK. Sie führte in der Mulde zwischen Porphyrgrat und Ziegelrücken (Entre cuisses) im Bereich der Kurvenstraße zur Zwischenstation Sproesser (775 m), von dort zur Endstation unterhalb des Aussichtsfelsens (915 m). Ihre Trasse wurde durch andauernde Beschießungen vielfach zerstört und wiederaufgebaut.

Gallaschburg – Am Minenweg nahe Verbindungsgraben Nr. 1 und Kreutzburg gelegene Küchenunterstände (930 m), benannt nach Brigadeadjutant 82. LdwBrig, Hptm Gallasch.

Gauchenbachrunz – Bei der Saxonia-Quelle entspringend, in den Wünheimer Bach mündend. Die Quelle trägt die Inschrift: „Wasserleitung Saxonia. Erbaut 1915 vom III. Kgl. Sächs. Arm. Batl. 23 – 1. Komp. Utffz. Helfer L. I. R. 40 – Utffz. Schubert – Utffz. Horn".

Gelbe Ulanen, Gedenkstein – Kleiner, 1971 wieder aufgefundener Gedenkstein an der Biegung des Dickbuchenweges bei Erreichen des Silberbachtales: „Den Gefallenen der Gelben Ulanen-Brig. 5./UL 15-April 1915".[239]

Gewerkschafsstollen – Längster Stollen des HK, vom Schneiderpfad (Eingang) bis zur Rohrburg verlaufend, mit mehreren Seitengängen zur Bereitstellung von Sturmtruppen; ausgestattet mit elektrischem Strom, Fernsprechern und Entlüftung. Über der Eingangstür der alte Bergmannsgruß „Glück auf" und der Name der „Gewerkschaft" – einer besonderen Gesellschaftsform im Bergrechte –, der die aus dem Ruhrgebiet kommenden Bergleute des LdwIR 99 angehörten. Der Stollen ist heute verfallen und unbegehbar.

Goldbach – Von der Badenia-Quelle nahe dem Unterrehfelsen ausgehender, in den Silberbach beim Bieberstein mündender Bach. Bei der Querung des Dickbuchenweges beim Badenia-Brunnen Gedenkstein: „Sei mir gegrüßt, du liebe Hütte. Erbaut von der 4. Esk. Ulanen-Rgt 11. Lt. Röder und Cremer, Lt. Arnold, gef. 14.IV.1915, Lt. Untermann. Diesen Stein widmet 3. Kp. Gardejäger-Bataillon".

Grossherzog (Feste) – Eine der großen Festungsanlagen im Stellungssystem der Kuppe mit zwei Beobachtungsständen (Artillerie), unterirdischen Stollen mit Verbindung zur Feste Mengelbier, Aussichtsfelsen, Rohrburg und Minenweg sowie einem weitläufigen Grabensystem, in südliche Richtung nach unten abgehende Stollen und nach Norden ins Freie in die zweite Linie führender Ausgang. Linker Eckposten der HK-Festung. Benannt nach dem badischen Großherzog Friedrich II.

Hadelnsappe – Von der Himmelsleiter bei 870 m abgehende Sappe, benannt nach dem späteren Generalmajor und Pour-le-mérite-Träger Major Heinrich Frhr. v. Hadeln, Kdr Gardeschützen-Bataillon (Berlin) von XII.1914–VI.1916.

Hadelnsteig – Nach dem Kdr Gardeschützen-Bataillon benannte Wegstrecke von Kurve 6 nach Kurve 7.

Hanseatenstein – Gedenkstein am Kurvenweg kurz vor Kurve 2, gewidmet „Dem tapferen hanseatischen Reserve-Infanterie-Regiment No 75 25.IV.1915/12. Landw. Div. – Armeeabt. Gaede – 82. Landw. Inf. Brig." Der Stein ist integriert in eine größere, begehbare Bunkeranlage.

Harmsburg – Reste eines ehem. Sanitätspostens und Verbandsplatzes am Kurvenweg zwischen Kurve 5 und 6. Benannt nach dem Leiter der außeretatm. sp. etatisierten Musik (12 Mann) im ResJgBtl 8, Oberjäger Harms, seit 3.IV.1916. Die Musiker der preußisch-deutschen Armee wurden im Kriegsfall als Hilfssanitäter eingesetzt. Daneben Unterstand Badischer Landsturm (1915).

Hartfelsenschloss (Roche dure) – Auf einem vom Kohlschlagsattel auslaufenden Bergrücken gegenüber Hartmannsweilerkopf gelegen (747 m). Ehedem bischöflich Straßburgisches Lehen, verm. 1525 im Bauernkrieg zerstört. Im Weltkrieg frz. Artilleriestellung in vorderer Linie.

Heiligenstedt (Feste) – Unterhalb des Bergpfades im Bereich Mittlerer Rehfelsen (Geröllhalde) gelegen. 1916 erbaut von der PiKp 250 u. der 2./LdwPiKp XIV. AK (Plaketten mit Hirschgeweih). Zwei unterirdische, durch einen senkrechten Schacht verbundene Etagen. Benannt nach Major v. Heiligenstedt, Kdr JgFeldBtl 9.

Heimatblick (Villa) – Bunker zwischen Kurve 2 und Friedhof LdwIR 124 in Hanglage (620 m) und freiem Blick auf Ebene und Schwarzwald.

Herrenfluh – Burgruine (855 m) an der Route des Crêtes (N431), einst Murbachisches Lehen, 1312 erbaut durch Johann von St. Amarin, gen. Nordwind, 1376 durch Armagnaken zerstört, 1468 durch die Schweizer abgebrannt, zum Amt Wattweiler gehörend. Im Weltkrieg B-Station der frz. Artillerie.

Hexenküche – Am Bergpfad in Richtung Oberrehfelsen nach Feste Bamberg gelegene Unterstände mit hufeisenförmigem Stollen.

Hilda, Feste – Auf halber Strecke des Ziegelrückengrabens (945 m) nordostwärts des Cäciliengrabens, Durchgangsstollen, Verbindung zur Cellesgasse und Friedrichsburg. Benannt nach der letzten badischen Großherzogin.

Himmelsleiter – Steile, ca. 400 m lange Verbindung von Bergpfad westlich von F. Heiligen-

Hartmannsweilerkopf, Rheinisches Jägerhaus. WGM Rastatt.

stedt (810 m) und Gipfelstellungen (930 m) im Bereich der Hexenküche mit 560 z. T. verfallenen Stufen als gedeckter Sturmpfad mit zahlreichen, nach Osten abzweigenden Verbindungsgräben zu Wedel-Graben (Rohrsappe, Czichon-Graben, Saubucht), Reuß-Graben (Oster-, Pfingst-, Weihnachtsstollen), Feste Stralsund (ab Hindenburg-Stollen). Über Hadeln-Sappe, Kachel-Sappe, Moß-Sappe zum Kammpfad.

Hirschburg – In den Fels gesprengter Unterstand (850 m) des Lauenburgischen Jäger-Feld-Bataillons 9[240] unterhalb Kurve 7 im Laubachlager. Unweit davon ostwärts drei Grabdenkmäler von Angehörigen dieses Bataillons.

Hirzenstein – Um 1265 von Berthold von Steinbrünn, Abt zu Murbach, erbaut. Zum Amt Wattweiler gehörendes Murbachisches Lehen; 1376 durch die Engländer, 1468 von den Schweizern im Gefolge der Armagnakenzüge abgebrannt, 1525 von Wilhelm Rudolf von Wattweiler gegen die aufständischen Bauern gehalten, nach dem Dreißigjährigen Krieg verfallen. Am 25.XII.1914 von den Franzosen besetzt, wurde der Fels (570 m) am 19.I.1915 vom IR 25 genommen. Erneut am 21.XII.1915 vom 28ᵉ BCA erobert, wurde er endgültig am 8.I.1916 durch IR 188 u. 189 genommen.

Jägerdenkmal – Erinnerungspyramide des Reserve-Jäger-Bataillons Nr. 8 am Oberrehfelsen (830 m) unterhalb des einstigen Jäger-Friedhofes für die dort eingesetzten Jägereinheiten des deutschen Heeres, bereits während des Ersten Weltkrieges errichtet. Ende des Zweiten Weltkriegs zerstört, später rekonstruiert und am 28. Juni 1959 wieder eingeweiht. Das früher mit zwei gekreuzten Gewehren und einer Granate bekrönte Denkmal mit seiner unvergleichlichen Aussicht auf Rheinebene und Schwarzwald trägt Stein- und Metallplaketten für die einzelnen Einheiten. Die Tafeln entsprechen nicht mehr dem Original; hatte es ursprünglich geheißen: „Hier kämpfte siegreich das Garde-Jäger-Bataillon...", so lautet nun die Botschaft: „Hier kämpften heldenmütig die Potsdamer Gardejäger. Ehre und Dankbarkeit den gefallenen Helden. 1915"; weitere Erinnerungszeichen für das Gardeschützen-Bataillon Berlin, Lauenburgisches Jäger-Bataillon 9, Reserve-Jäger-Bataillon (Rheinisches) Nr. 8 (Schlettstadt), Großhzgl. Mecklenburgisches Jäger-Bataillon Nr. 14 (Colmar), Aachener Infanterie-Regiment v. Lützow Nr. 25 mit Angabe seiner Verluste von 24/1.664 Soldaten, Württ. Landwehr-Infanterie-Regiment Nr. 124, Pionier-Bataillon XIV. AK,[241] MWK 312. Die Plaketten des PiBtl XIV. AK, des GJgBtl und des LdwInfRgt 124 wurden in den letzten Jahren durch Denkmalschänder entwendet, inzwischen aber wieder erneuert.

Jägerfels – Dreistöckiger Kampfraum nördlich von Kurve 5 am 700-m-Weg mit „Kampfzentrale MWK 312 1915–1917" und sMW-Stand (Bettungsplatte noch vorhanden). Daneben Unterstand der „MGK Gardejäger-Bataillon". Etwas oberhalb davon der „Elsässerstein". Unterhalb des Weges ehem. Küchengebäude. Der Jägerfels war neben der Bastion Ansatzpunkt der Rückeroberung des HK am 22.XII.1915 durch Hptm Müller 4./ResJgBtl 8.

Jägertanne – Flurname für den nordwestlichen Teil des HK von der Gipfelstellung bis zum Wünheimer Bach, ostwärts begrenzt vom Ziegelrücken. Als Abschnitt Jägertanne Nord im Wechsel von InfRgt 161, ResJgBtl 8, LdwInfRgt 56 und GSchtzBtl besetzt.

Jahngraben – Um die Bastion zur Kurve 7 verlaufender Graben.

Johann-Albrecht-Graben – Laufgraben in vorderster Linie ostwärts des Gipfels am Beginn des Ziegelrückens, vielfach umkämpft, benannt nach dem Chef der 14er Jäger, General der Infanterie Johann Albrecht Herzog zu Mecklenburg.

Kachel-Sappe – Im oberen Teil der Himmelsleiter (900 m), benannt nach Major Kachel, zuletzt Oberstleutnant im 3. Garde-Regiment z. F., Kdr des ResJgBtl 8 bis Februar 1916.[242]

Kamelstollen – Bezeichnung für den durch den Osteingang des Unterrehfelsens erreichbaren Stollen.

Kanzel – Felsennest oberhalb der am Ende des Wünheimer Weges gelegenen Barriere (595 m) vorderster Linie mit Schutzmauer als westlichem Abschluss und hufeisenförmigem Stollen in unmittelbarer Nähe von Freudenkind und Felsennest I. Über dem Eingang die drei württembergischen Hirschstangen mit Handgranatenmotiv und dem Wahlspruch „Ein feste Burg ist unser Gott" als Zeichen des württ. LdwIR 124

Das „Haus Käthe" in Jugendstilmanier. Aufnahme Deisenroth.

(vgl. auch unter „Wartburg"). Über die sog. „Blitztreppe" der Kanzel Durchgang zum Leopoldswerk.

Kardinal – Mächtige Felsenfestung (850 m) unterhalb des Pabststuhles mit unterirdischen Stollenanlagen und prächtigem Ausblick auf die gegenüberliegenden Höhen des Thierenbachkopfes und Hartfelsens.

Karlsfeste – Oberhalb des Minenweges beim Gewerkschafts-Stollen gelegener Sanitätsunterstand (925 m) mit davorliegendem Minenwerferstand und noch vorhandenen Fundamenten einer Latrine.

Katzensteg – Vom Doppelkopf zu den Gipfelstellungen führender, ehedem mit Treppen versehener Pfad, der im Sappen-Graben unterhalb des Mariannen-Grabens endet.

Klippenstollen – Zwischen Kurve 5 und Schlummerklippe am Hangweg hufeisenförmig angelegter Stollen (675 m). Rechts unterhalb Reste der ehem. Zwischenstation der vom Unteren Gauchbachlager kommenden Seilbahn D 101.

Kommandant des HK – Sitz bei Kurve 6 unterhalb des Jägerdenkmals. Daneben Geschaftszimmer und Stabsquartiere mit Küchengebäude.

Kommandeurstein – Gedenkstein an der Stelle des früheren Kommandeurstandes unterhalb Kurve 2 für die Stabsoffiziere und Kommandeure Abschnitt II: Oberst Moß, Oberst

Eingang zum Ziegelrückenstollen. Aufnahme Deisenroth.

Schramme, Major Frhr. v. Hadeln, Major Kachel, Oberstleutnant v. Schkopp, Hauptmann v. Diepow, Hauptmann Frhr. Schenck zu Schweinsberg, Major v. Fabeck. Daneben ein gereimter „Gästebucheintrag": „Hier aß, trank und machte Rast Dr. Gerber Oberstabsarzt L. I. R. 56 als Gast". Ein weiterer, mit einem Krebs gezierter Findling mit den Namen des Adjutanten im Garde-Jäger-Bataillon, OLt v. Dewitz gen. v. Krebs,[243] und des Adjutanten des LdwIR 56, Leutnant Oelze.

Kompressorraum – Unterhalb des Storchennestes (Aussichtsfelsen) befindlicher Maschinenraum (930 m) mit noch vorhandenem, stark verrostetem Kompressor.

Krähennest – Unterhalb des Wilcke-Felsens auf dem Porphyrgrat am Ende des Adlergrabens nur noch ruinös erhalten (890 m).

Krefeldstein – Ehem. Brunnen beim Aufgang zum Chemin des Dames hinter der Maison familiale am Hirzenstein, als Gedenkstein mit Eisernem Kreuze im Eichenlaube und der Jahreszahl 1915 gestaltet, gewidmet von der 3./LdwIR 56 „Den tapferen Söhnen der Stadt Krefeld".

Krebspfad – Von Kurve 4 in Hanglage zum Dickbuchenweg ziehend. Seine Höhe 742 oberhalb des Pionierdorfes bildete die weiteste Ausdehnung des frz. Angriffes vom 21.XII.1915.

Kreutzburg – Am Verbindungsgraben Nr. 1 oberhalb der Gallaschburg (Minenweg) gelegener Unterstand (935 m), im Juni 1916 nach dem katholischen Feldgeistlichen der 12. LdwDiv, Benedict Kreutz, benannt.

Kreuzotterpfad (Klippenweg) – Teilstück des von Kurve 5 zur Schlummerklippe abbiegenden Weges von der Abzweigung zum Kardinal bis Beskid in der vordersten dt. Stellung. Am Beginn Küche (links) des LdwIR 56 und Kantine (rechts unterhalb) des LdwIR 124.

Krottenloch – Hufeisenförmig gestalteter Unterstand (952 m) im vordersten Stellungssystem der Kuppe, zwischen Weihnachtsgraben und Verbindungsgraben Nr. 2 gelegen.

Kurvenweg (Voie serpentine) – Deutsche Versorgungsstraße zwischen Ziegelrücken und Porphyrgrat, vom Bruderpfad am Fuße des HK mit neun Kurven, beginnend bei Kurve 00 (450 m) ab der Rößler-Quelle und endend bei Kurve 7 (Wendestelle für Gespanne) unterhalb der Bastion (885 m). Baubeginn Anfang Februar 1915. „Man stieß auf gewaltige Schwierigkeiten, denn überall traf man auf Fels, so daß viele Sprengungen vorgenommen werden mußten. Fast 1.000 Arbeiter bauten an dieser später so bekannt gewordenen Schleifenstraße, während Pioniere Felsen sprengten und Gebirgsbäche und Schluchten überquerten."[244] Von den Franzosen nicht eingesehen, stand sie dennoch unter häufigem Beschuss, wovon noch heute zahllose Unterstände zeugen. Hier waren auch wichtige Depots und Stabsstellen untergebracht, so bei Kurve 0 ein Pionierlager und an Kurve 2 (Pionierdorf) das Abschnittskommando II;

im oberen Bereich zwischen Kurve 6 und 7 „befanden sich im Fels oder betoniert die Unterstände für die Reservekompagnien, Revierkrankenstube, Arztwohnung, Geschäftszimmer, Handwerkerstuben gut gesichert. Nur die kleinen Fenster schauten aus dem Gestein, auch sie konnten durch Panzerplatten gegen Sprengstücke gesichert werden. Vielfach sah man Blumenstöcke an den Fenstern."[245]

Läusegraben, -turm – Unterhalb der Sophien-Quelle zum Wünheimer Weg hinziehender Laufgraben und MG-Stand („Läuseturm", 580 m).

Laubachlager – Zwischen Klippenstollen und Kurve 7 gelegener Raum mit zahlreichen Unterständen, Kasernen 1 u. 2 (Landeck-Lager) am Christophpfad und Soldatengräbern, darunter auch frz. Gefallene des 152ᵉ R. I.; drei dt. Einzelgräber mit Inschriften.

Leopoldswerk – Tief gegliedertes Stellungssystem (600–700 m) am Nordhang des HK mit Kanzel als Basis und in einer Distanz von ca. 100 Höhenmetern hinziehendes Geflecht von Verteidigungsanlagen in vorderster Linie.

Lippesche Schweiz – Gedeckter Verbindungsgraben vorderster Linie von Unterrehfelsen zum Dickbuchenweg auf dem Rücken zwischen Silberlochrunz und Goldbachtal (frz.: Fesse droite). In großen Teilen gut erhaltener, gemauerter, mit Schützenständen und Ablagemöglichkeiten und Stufen versehener Laufgraben zur gedeckten Annäherung in die vordersten Stellungen mit z. T. bis zu 21/2 m Tiefe. Auf der Seite zum Goldbachtal Bunkerstellungen (im oberen Teile: Ulanen-Regiment 11, Feste Scheufele; nahe dem Dickbuchenweg: Felsenstellungen der Gardejäger und des Landwehr-Infanterie-Regiments 56; nahebei Gedenkstein für Gefallene des Regiments.

Malepartus, Feste – Felsenkaserne an der Minenstraße zur Truppenbereitstellung mit Anschluss an Sengerngasse. Zwischen den beiden Stolleneingängen Fundamente des Kommandeurgebäudes der Grabenkampfschule aus dem Zweiten Weltkrieg.

Malepartusstollen – Hufeisenförmiger Unterstand (930 m) am Minenweg mit Verbindung zum Sengern-Graben und zur Fricourt-Gasse.

Mariannengraben – Nördlicher Begrenzungsgraben (930 m) des Stellungsystems der Kuppe zwischen Emma-Graben und Minengasse mit Anna-Stollen.

Marthapfad – Ehem. Verbindungsstück zwischen Jägerdenkmal und Aussichtsfelsen über Zündmittelraum und Minenwerferstellungen Mwkp 326 (1s, 2m MW).

Mecklenburgerweg – Von Höhe 742 am Osthang des HK auf einer Höhenlinie bis Unterrehfelsen verlaufend. Gedenkstein etwa in der Mitte des Weges, signiert von Paul Maass: „Dieser Weg wurde gebaut im Nov. 1915. v. d. Pion. Park-Komp. der Sturmabteilung Rohr Leitung Lt Wegmann"; ehedem mit Schmalspurbahn. Ein weiteres Denkmal wenige Meter ostwärts: „Gedenkstein der Jubiläums-Feier 1916–2. Komp. Jäger-Feld-Bataillon 9", nach Zweitem Weltkrieg gesprengt. Oberhalb der Gedenksteine Reste von Felsennest III.

Mégard (Roche) – Nach Sous-Lieutenant Auguste Mégard im 57e R. I. T. (beigesetzt in Moosch, 271/11) benannte, 1972/73 wiederhergestellte Bastion (850 m) an der Nordwest-Flanke des HK mit Blockhaus (nicht original), westlich der Roche Sermet gelegen, mit zwei unterirdischen Gängen mit Seitenräumen und Schießscharten. Ab 26.III.1915 in frz. Hand, ausgebaut als Bastion; ca. 50 m unterhalb der Sous-Mégard mit VB der Artillerie.

Mengelbier (Bastion) – Stark bewaffnete unterirdische Stollenanlage (925 m) in vorderer Linie des Stellungssystems der Kuppe, südlich des Aussichtsfelsens, mit gepanzertem Beobachtungsstand gegen Herrenfluh und Molkenrain am Rande des Sturmfelsens (zw. Aussichtsfelsen und Mengelbier gelegenes Plateau), mit Verbindungsstollen zu F. Großherzog. Benannt nach Generalmajor Mengelbier, Kdr 12. LdwDiv, 24.IV.1916 beim Unterrehfelsen durch Bauchschuss schwer verwundet.

Minengasse – Graben 2. Linie vom Annastollen zum Barbaragraben im nördlichen Bereich der Gipfelstellungen mit Art.-Beobachter nördlich vom Minenkeller.

Minenweg – Kriegspfad in Hinterhanglage (Norden) zwischen Gewerkschaftsstollen und Bischofshut, z. T. über Felsgestein des Porphyrgrates entlang dem Sproessersack.

Minenkeller – An der Minengasse zwischen Kalte Bucht und Barbaragraben gelegener Unterstand mit Minenstollen im nördlichen Bereich der Gipfelstellungen.

Monument du 6e/152 – Gedenkstele auf dem Kammweg unterhalb des Gipfels in ostwärtiger Richtung zur Erinnerung an einen verlustreichen Vorstoß der 6. Kompanie des Regiments 152 am 23.III.1915: „En 1915 par trois fois, le 152e Régiment d'Infanterie a attaqué et conquis cette montagne du prix d'énormes sacrifices. Le 23e mars, la 6e compagnie a donné un assaut particulièrement valeureux qui lui a valu d'etre citée a l'ordre de l'Armée et son fanion décoré de la croix de guerre."

Mossgraben – Verbindung zwischen Bremer Ratskeller und Moß-Sappe.

Moss-Sappe – Zwischen Bremer Ratskeller und Scharfem Eck am südlichen Ende des Moß-Grabens gelegen (930 m) und diesen mit dem Flankierungsgraben verbindend. Benannt nach Oberst Moß, Kdr LdwIR 87, gef. am 28.IV.1915 an dieser Stelle, beigesetzt auf dem Soldatenfriedhof in Gebweiler.

Moyret, Poste – An einer großen Kurve des Kammpfades vom Silberloch zum Gipfel gelegene frz. Fernmeldestelle (920 m) und Befehlsstand (poste de commandement). Von hier aus leitete Colonel Semaire den Angriff seines 152e R. I. Gegen diese Einrichtung war auch das dt. Stoßtruppunternehmen des 10.XI.1917 gerichtet.

Mühestollen – Nordwestlich des Aussichtsfelsens am Schneiderpfad gelegener Maschinenstollen, benannt nach dem Adjutanten im ResJgBtl 8 von VIII.1914–IX.1916, OLt Hans Mühe.

Crête-sans-Nom (Namenloser Hang) – Zwischen Silberlochrunz und Sihlbächle südostwärts vom Silberlochsattel hinabziehender Bergrücken mit wichtigen Stabsstellen und Versorgungseinrichtungen der Franzosen wie (von oben) Camp Pau, Camp Duvernet, Camp Baudot, Camp Renié, Camp des Dames. Weitere Lager befanden sich südwestlich davon im Bereich Sihlbächle- und Erzgrubental (Camp de Pierre, Camp Canavy, Camp Barrié, Camp Muller, Camp Vordar, Camp Hoche).

Omnibus – Nördlich unterhalb der Karlsfeste gelegener Unterstand (910 m), ehedem von Hptm. Rohr; Beispiel für die wirkungsvolle Bauweise von Unterständen in Zonen andauernden Beschusses: Über mehreren Lagen stärkster Stämme eine meterdicke federnde Faschinenschicht, darüber eine erneute Schicht von Stämmen mit zwei Meter Steingeröll als Krepierschicht.

Oßwaldhütte – Vor dem Malepartus-Stollen an der Minengasse im Jahre 1943 angelegtes Wohn- und Stabsgebäude für den mit der Ausbildung der Truppe im Gebirgskrieg[246] beauftragten General Oßwald[247]. Nur noch die Fundamente sind erhalten.

Pabststuhl(-Klippe) – Oberhalb Kardinal am Nordhang des HK gelegenes Felsennest (850 m), benannt nach Lt. d. R. Pabst 3./ResJgBtl 8, dem zusammen mit seinem Kp-Chef Hptm Müller die Einkesselung vorderer Teile des 152[e] R. I. am 22.XII.1915 gelang.

Pionierdorf – Versorgungseinrichtungen an Kurve 2 (650 m) beim Gefechtsstand des Abschnittskommandos II, von Mj Heiligenstedt JgFeldBtl 9 ausgebaut und mit Holztäfelung versehen; lange Zeit Sitz des RgtsStabes LdwIR 124, ein Dorf im Wald. Die heutige Cantine Zeller bei den in den Fels gehauenen Stollenanlagen ist der letzte Rest dieser einst großartigen Anlage.

Ratz (Feste) – Felsenunterstand (910 m) südostwärts des Aussichtsfelsens mit Mannschaftsraum und Geschützstand für eine Schnellfeuerkanone vom Isteiner Klotz; benannt nach dem OLt (sp. Hptm) d. L. I, Ratz, Chef 2./LdwPiBtl XIV, erbaut Sommer 1916.

Ratzburg – Unterstand kurz vor Kurve 2 mit Namensinschriften: „21 – Landw. Pion. Komp. 14 – März 1916 – Oberleutn. Ratz – Leutn. d. R. Maennche – Leutn. d. L. Herbst – Leutn. d. R. Trunzer – Assist. Arzt Felber".

Ratzfelsen – Felsen nordostwärts von Kurve 6.

Rehfelsen – Oberer, Mittlerer und Unterer Rehfelsen, im Bereich Fitztanne am Südhang des HK gelegene Felsgruppen, im Krieg zu gewaltigen Festungen der Deutschen ausgebaut. Der Obere Rehfelsen (840 m) als Ausläufer des Porphyrgrates nahm die Stellungen von Felsennest II, das Jägerdenkmal und den gegenüberliegenden Friedhof der 8er Reserve-Jäger auf, der Mittlere Rehfelsen (790 m) ist gekennzeichnet durch die Festung Heiligenstedt und eine darunter liegende große Geröllhalde, der Untere Rehfelsen (740) beherbergte die mächtige Trutzburg unmittelbar gegenüber der frz. vordersten Linie, deren Dach einen unvergleichlichen Eindruck und Ausblick bietet.

Auch während des frz. Angriffes v. 21.XII.1915 gelang den frz. Fußjägern die Eroberung des Rehfelsens nicht. Die durch drei Eingänge an der West-, Süd- und Ostseite zu betretenden unterirdischen Räume und Stollen (Kamel-Stollen) können mit obwaltender Vorsicht durchquert werden. Das Innere der Festung kündet von der pioniertechnischen Leistung, die diesen Fels auf drei Ebenen ausgehöhlt und „bewohnbar" gemacht hat. An der südlichen Außenseite eine Bronze-Plakette für einen nahe dem Rehfelsen gefallenen frz. Offizier: „Sur ce rocher, à la tête de sa section/est tombé pour la France/Jacques Chambaud/né à Mulhouse/Sous-Lieutenant/au 15e Baton de Chasseurs à Pied/le 21 décembre 1915 a l'age de 28 ans".

Reussgraben – Parallel zum Himmelsleitergraben ostwärts verlaufender Graben, der in seinem nördlichen Teil in den Himmelsleitergraben mündet und durch zwei Verbindungsgräben und die Saubucht mit diesem verbunden ist; in seinem unteren Teile „Wedelgraben".

Rheinisches Jägerhaus – Am Nordhang nahe Tanzplatz und Sophien-Quelle gelegener Befehlsstand des Abschnittskommandos I aus Beton mit vorgeblendetem Holzgiebel und Inschrift: „Kommandostand R 8 B".

Ringburg – Erste frz. Befestigung in einer Mulde westlich des Gipfels. Am 21.I.1915 nach Minenwerfereinsatz der MWK 312 genommen. An ihrer Stelle heute eine Steinpyramide, geschmückt mit dem Truppenzeichen der Alpenjäger, dem waldhornförmigen Clairon, durch dessen kreisrunde Windung ein Lorbeerzweig gesteckt ist. Darunter eine Bronzeplakette zur Erinnerung an die Besatzung der Ringburg: „Ici se trouvait l'avant-poste du 28e B. C. A. premier enjeu de la lutte pour ce sommet Janvier 1915."

Ritgenpfad – Steiler Verbindungsweg zwischen Feste Baden beim Sandgrubenkopf und dem Sihlbachtal, wo sich ein gut erhaltener, befestigter MG-Stand mit Unterstand des LdwIR 124 befindet. Benannt nach Hptm d. R. Ritgen, Führer III./LdwIR 56.

Rohrburg – Bastion (940 m) am Kammweg des HK mit unterirdischen Stollenanlagen (sechs Eingänge!) für Beobachtungsstand, Generatorenraum und Verbindungsgängen zu den anderen Stellungen. An der Nordseite Zugang zum längsten Stollen des Berges („Gewerkschaftsstollen") mit Ausgang am Minenweg, heute verschüttet. Die Südseite umgibt ein Verbindungsgraben (Schweinsberggraben). Benannt nach dem späteren Oberstleutnant im Reichsheere (II./IR 6) Rohr, Kdr Sturmbataillon Rohr.

Rohr-Sappe – Am Anfang der Himmelsleiter oberhalb des Bergpfades gelegen (810 m), benannt nach Hptm Rohr, Kdr Sturmbataillon Rohr.

Sachsenpfad – Von Kurve 6 zum Mittleren Rehfelsen (Geröllhalde) über Rheinlust u. Felsennest III ziehend und dort endend.

Sandgrubenkopf – Südostwärtiger Vorsprung des HK (570 m) im Lehwald nördlich von Wattweiler, benannt nach einer ehem. Sandgrube in diesem Bereich. Standort mehrerer

Regimentsstäbe (LdwIR 56, GJgBtl), Truppensammel- und Verbandsplatz, Minenwerfer-Stellung und Munitionsdepot. Reste ehem. Stollen (Anton-St.) und Bunker („Reg. Stab L. I. R. Nr. 56 – Maj. Melchers Kommd. – Ltn. Oelze Adjutant – Dr. Huber Stabsarzt – Erb. Mai 1916").

St.-Gotthard-Tunnel – Grabenüberdachung nördlich des Grabensystems der Rohrburg zum Verbindungsgraben Nr. 3 mit zwei Unterständen mit Beobachtungsstand, erbaut von der PiKp 250.

Saubucht – Fortsetzung des Czichongrabens mit nördlicher Einmündung in Wedel- und Reussgraben.

Schauinsland – Unterstand nordwestlich unterhalb des Jägerdenkmales gegen Kurve 6.

Scheufele (Feste) – Nahe dem Unterrehfelsen in der Lippeschen Schweiz gelegener Unterstand (710 m).

Scheurer (Monument) – Denkmal am Silberloch zwischen Gasthof (Camp du Silberloch, Verbandsplatz) und Krypta an der Stelle des ehem. Camp Scheurer. An dieser Stelle wurde der Sous-Lieutenant Pierre Scheurer im April 1915 tödlich verwundet. Die Inschrift lautet: „A la mémoire de Pierre SCHEURER/né à Thann en 1887/S-Lt au Rég. d'Infanterie/Blessé mortellement en ce lieu le 26 avril 1915." Ein Bild zeigt ihn als Fahnenträger des 152e R. I. am 27.II.1915 in Bitschweiler. Er verstarb am 28.IV.1915 im Lazarett Moosch.

Schlummerklippe – Am Kreuzotterpfad (Klippenweg) liegende dreistöckige Felsbefestigung (750 m) mit sanitären Einrichtungen und einem Bad.

Schwabenheim – Kantine (923 m) nahe Friedensengel am Aufgang zum Casino-Graben mit Inschrift: „Schwabenheim/Erb. L.I.R. 124. 12. K" mit Eisernem Kreuz.

Schweinsberggraben – Die Feste Rohrburg südlich umlaufender Graben mit westlichem Anschluss an Moß-Sappe und ostwärtigem Zugang zum Wohngraben, die beide sich weiter südlich zur Himmelsleiter vereinigen.

Sechsundfünfziger Brunnen – Brunnen mit Plakette „56er Brunnen" beim Aufstieg zur Lippeschen Schweiz am Dickbuchenweg.

Sengerngraben – Zwischen Gallaschburg und Oßwald-Hütte abzweigender, stark ausgebauter, mit seitlich abzweigenden Armen versehener Laufgraben zur vordersten Linie zwischen Dora-Sappe und Moritz-Graben.

Sermet (Roche) – Große, die Nordwest-Flanke des HK beherrschende, in den 1970er-Jahren wiederhergestellte Festungsanlage (910 m) vorderster Linie in der Fesse gauche mit guten Wirkungsmöglichkeiten gegen den dt. Festungsgürtel der Jägertanne, benannt nach dem am 22.IV.1915 beim Angriff auf die Kuppe des HK gefallenen Commandant Sermet. Zweistöckige Anlage mit umgebenden Laufgräben. Unterhalb frz. Blockhaus (verfallen).

Serret (Monument) – Im Silberlochrunz, wenige Meter nach einem den Silberbach überbrückenden Steg, wird die Erinnerung an den berühmten Kommandeur der 66e D. I., Général Serret, durch einen gemauerten quadratischen Gedenkstein wachgehalten, der an dieser Stelle seine tödliche Verwundung in den frz. Abwehrkämpfen am 29.XII.1915 erhielt. Serret war von seinem Standort Hirschbächle (Freundsteinrunz) westlich des Molkenrain in die vordersten frz. Linien im Silberlochrunz geeilt und auf dem Rückweg nach Camp Renié hier durch Granatsplitter schwer verwundet worden. Er wurde ins Spital Moosch verbracht, wo er am 6.I.1916 verstarb und am 8.I.1916 auf dem dortigen Friedhof beigesetzt wurde (485/18). Zwei Inschriften künden von diesem Ereignis. Eine in historisierendem Stil in Gestalt einer Schriftrolle gehaltene, mit dem Lorbeerzweige geschmückte Tafel meldet: „En cet endroit a été blessé mortellement le 29 décembre 1915 le général Serret, commandant la 66e division d'infanterie." Eine neuere Plakette, verziert an den oberen Ecken mit dem Jagdhorn als Zeichen der Jägertruppe, nennt mit fast gleichlautenden Worten das falsche Tagesdatum des 28. Dezember.

Sicurani, Chapelle – Unterhalb des Hartfelsens und seiner ehem. Befestigungen gelegene Gedenkkapelle (720 m), errichtet auf Betreiben des Divisions-Feldgeistlichen Abbé Cabanel für den Capitaine Sicurani im 68e BCA und seine Mitkämpfer durch das 7e BCAT vom 25.VII.–15.IX.1916.

700-m-Weg – Name für einen ab November 1915 angelegten, an die 700-m-Höhenlinie angelehnten Weg, beginnend eigenartigerweise bei Kurve 5 (756 m), um kurz vor dem Jägerfels hinab zum von Kurve 3 abzweigenden Löwenpfad zu ziehen, von wo er vereint bis unterhalb Schlummerklippe verläuft, um dann als Hangweg auf gleicher Höhe weiterzuführen. Der „Siebenerweg" war beim Angriff vom 21. Dezember 1915 als Ziellinie für die frz. Truppen ausgegeben worden.

Sophienquelle – Am Nordhange nahe dem Rheinischen Jägerhause gefasste Quelle (575 m) in Hausform. Inschrift über dem Tore: „Sophien-Quelle 1916. Res. Jäger 8 – L.I.R. 56. Kommandeure Hauptmann v. Jecklin/v. Boeltzig."

Sous-Mégard (Roche) – 50 m unterhalb Roche Mégard gelegener Beobachtungsposten (800 m) mit drehbarem, gepanzertem Turm (Einmannstand). Von dort führt die „Tranchée des 6e et 7e BTC" zur westlich gelegenen Roche Fendue.

Sproesser (Station) – Zwischenstation (775 m) der ersten, im Februar 1915 gebauten Drahtseilbahn auf den HK kurz hinter Kurve 5 aufwärts.

Sproessersack – Stark verdrahtetes Gebiet am Nordosthang des HK zwischen Minenweg und Hadelnsteig (letzter Teil des Kurvenweges bis Kurve 7) zur Verhinderung eines feindlichen Durchbruches. Nach den Weihnachtskämpfen Anfang 1916 angelegt.

Sproesserstein – Denkmal für die am Hartmannsweilerkopf eingesetzte 82. Landwehr-Brigade. Das 1971 restaurierte Denkmal war am 1. Mai 1916 errichtet worden und „Den wackeren Kämpfern der 82. Ldw. Inf. Brigade – Kommandeur Generalmajor von Sproesser" gewidmet. Es befindet sich unmittelbar nach Kurve 2 beim ehem. Abschnittskommando II

Strelitzhöhle – Zwischen Mecklenburger- und Dickbuchenweg unterhalb Felsennest 3 liegender Unterstand (695 m), erbaut vom mecklb. GrenRgt 89.

Sturmpfad – Von Kurve 6 zum Felsennest II mit Stufen versehenes Verbindungsstück.

Tangermanns Aufstieg – Von Kurve 7 zur Fricourt-Gasse aufsteigender Weg, benannt nach Hptm d. R. Tangermann, Chef 1./GSchtzBtl.

Tanzplatz – Truppenverbandsplatz (575 m) im Bereich Jägertanne mit Überbleibseln der Basisstation einer Seilbahn, die den oberhalb des Chemin des Parisiennes gelegenen Bärenstollen verbindet. Es handelt sich um ein mächtiges, die Verbandsstelle LdwIR 124 aufnehmendes Gebäude sowie Reste von Versorgungseinrichtungen wie Küchengebäude und Kantine. Oberhalb dieser Anlage zwei ehem. Kasernen („Kaserne II. Erbaut im Juni 1916 – 3. RJB 8 – 12. LIR 56"), „Haus Käthe", Stollen und diverses Kriegsgerät.

Thierenbachkopf – Westlich von Jungholz gelegener Berg (835 m) über dem Wünheimer Tal gegenüber dem Hartmannsweilerkopf. Standort dt. Batterien.

Tranchée de Pierre – Verbindungsweg zwischen Poste Chevassus zum Gipfel.

Truppenlager – Mannschafts-, Waffen- und Materiallager im Kampfgebiet. Neben dem Pionierdorf bei Kurve 2 und dem Bruderpfadlager (400 m) als den wohl größten Depots seien erwähnt das Ratzedorflager (500 m) am Wünheimer Weg, das Mittlere Gauchenbachlager (500 m) am Gauchweg, das Untere Gauchenbachlager (400 m) nahe der 2. Drahtseilbahn und der Station der Förderbahn nach Wattweiler, das Obere Gauchenbachlager (700 m) nördlich von Kurve 3, das Laubachlager (800 m) unterhalb Kurve 7, der Pionierpark bei Kurve 0 und das Lager bei Feuchte Erde, das Ulanenlager (Reservelager; 600 m), das Rechberglager (700 m) ostwärts des Unterrehfelsens, das Albrechtlager (600 m) am Dickbuchenweg im Goldbachtal, das Möllendorfflager (560 m) nördlich des Hirzensteins, angelegt vom Garde-Jäger-Bataillon Anfang 1916, und das Westfalenlager (450–500 m) ostwärts des Hirzensteines am Weg nach Wattweiler. Auf französischer Seite befanden sich die meisten Lager versorgungstechnisch günstig im Bereich der zweiten Linie in Hinterhangstellungen: die frontnächsten Camps waren C. Burluraux (875 m) und C. Forey (750 m) oberhalb von Poste Favier, dahinter C. Barbier (650 m) am Hangweg. C. Pagnoz (750 m) und C. Rochette (745 m) bei Roche Fendue, C. Scheurer am Silberloch und C. de Pierre (960 m) zwischen Silberlochsattel und Molkenrain, die Lager hinter der zweiten Linie am Namenlosen Hang (C. Pau, Duvernet, Baudot, Renié, les Dames, Vordar) und jenseits des Sihlbächle im Wattweiler Wald (C. Barrié, Canavy, Muller), um nur die wichtigsten zu nennen.

Ulanenfriedhof – Vgl. Anhang: „Soldatenfriedhöfe im Oberelsass".

Veilchenstein – Stark ausgebautes Felsennest (800 m) gegenüber den frz. Stellungen am Nordhang des HK zwischen Doppelkopf und Adlerhorst, mit Letzterem unterirdisch verbunden.

Verbindungsgräben 1–4 – Laufgräben zwischen 1. und 2. Linie im Bereich der Gipfelstellungen südlich des Sengerngrabens und nördlich der Feste Großherzog.

Viollet (Gedenkstein) – Auf dem Kamm des Namenlosen Hanges in der Nähe des Camp Renié an der Stelle eines ehem. Friedhofes gelegen für den Leutnant Viollet: „Ici fut inhumé le Sous-Lieutenant Marcel Viollet – Mort pour la France le 22 janvier 1915 – Souvenir de sa mère". Porzellanblumen und eine Granate halten die Erinnerung an seinen Tod wach.

Wartburg – Unterhalb des Storchennestes am Marthapfad gelegener Unterstand (890 m) mit drei Inschriftentafeln. Links: „Eine feste Burg ist unser Gott, eine gute Wehr und Waffe." Mitte: „Glück auf! Landw. Pionier Komp. 14, Sommer 1915". Rechts Namentafel: „G. Graf · A. Neckermann · J. Bock · F. Grönewald · G. Vierling · G. Schröder · L. Schmitt · K. Bauer · Ph. Hecker · J. Mathes".

Wedelgraben – Siehe „Saubucht" und „Reussgraben".

Weihnachtsgraben – Laufgraben des vordersten Stellungssystems der Kuppe zwischen Blindsack und Krottenloch mit Zugang zum Bremer Ratskeller.

Westfalenlager – Stollen ostwärts des Hirzensteins bei Geländepunkt 14 im Silberbachtal, erbaut von LdwIR 56 als Unterstand für ein Reservebataillon.

Wilckefelsen (Rocher Wicklé) – Auf dem Porphyrgrat unterhalb der F. Ratz am Kammpfad liegender ehem. Kampfstand des Kdr InfRgt 161, Oberst Wilcke. In den frz. Quellen zu „Wicklé" verballhornt.

Wohngraben – Von der Kachel-Sappe nach Norden ausgehender, ostwärts des Himmelsleiter-Grabens verlaufender Graben zum Scharfen Eck (Flankierungsgraben) und zum Kronprinz-Stollen.

Ziegelrückengraben – Von der Dora-Sappe (945 m) zum Bischofshut (915 m) hinabziehender gemauerter Laufgraben mit Schützenständen und seitlichen Deckungsmöglichkeiten.

Ziegelrückenstollen – Im unteren Drittel des Ziegelrückengrabens Eingang in den ab etwa der Mitte verschütteten Stollen (940 m). Im Innern zur Linken ein vermauerter Eingang, hinter dem Teile der vermutlich durch Kurzschuss eines Minenwerfers kurz vor Beginn des Unternehmens „Rumänien" am 28.I.1917 getöteten Stollenbesatzung (4/59) des LdwIR 121 ruhen sollen. Über dem Eingangstor des Stollens die Inschrift:

„Ziegelrücken-Stollen. Den am 28. Januar 1917 hier gefallenen tapf. Kameraden. L.I.R. 124". An der rechten Mauer vor dem Eingang erinnert überdies ein Eisernes Kreuz an dieses Unglück.

Zimmermannskreuz – Auch Holzplatz genannter Ort (474 m) im Wünheimer Tal am Fuße des HK (Parkplatz) mit Kruzifix. Das Neuwegbächle aufwärts führt zur vordersten dt. Stellung. Das Ablasskreuz erinnert an den am 23. Dezember 1865 an dieser Stelle verunglückten Joseph Zimmermann aus Wünheim, für welchen zum Gebet aufgerufen wird.

Zündmittelraum – Am Felsenweg vom Oberrehfelsen (Jägerdenkmal) kommend linker Hand gelegen (860 m), teilweise erhalten. Mit ihm verbunden der Stand eines mMW (Weser). Inschrift innen beim Ausgang: „MWK 326 Lt. Klein Uoffz. Schmidt Pio. Maurer Pio. Weber Walther u. Rechkemmer". Inschrift außen: „MWK 326 E ... [verderbt]".

1. Lingekopf

Es empfiehlt sich, vor Besichtigung des Schlachtfeldes (vgl. Karte, S. 181) dem angeschlossenen Museum mit wenig deutschfreundlichem Personal einen Besuch abzustatten, um sich anhand eines Dioramas des Gefechtsfeldes und der ausgestellten Bewaffnung und Ausrüstung von Freund und Feind einen Überblick und Eindruck zu verschaffen. Die dort gezeigte Tonbildschau (17 min)[248] vermittelt dem Betrachter noch einmal die Situation des Jahres 1915 und zeigt die durch fast pausenlosen Beschuss völlig veränderte Natur. Das Schlachtfeld selbst bietet heute dem Betrachter ein konserviertes Bild eines Grabensystems, wie es in dieser Vollständigkeit und Erhaltung freilich während des Krieges nie existiert hat. Schon am 11. Oktober 1921 ist das ehemalige Gefechtsfeld am Lingekopf zur denkmalgeschützten kulturhistorischen Zone erklärt („Site classé. Territoire historique de Champ de Bataille 1914–1918") und demzufolge in seinem damaligen Bestand und Zustand über die Zeiten hinweg erhalten worden. Im Kampf gegen die Natur wurde so ein „Freilichtmuseum" geschaffen, das in seinen vielfältigen Nachbesserungen nur noch bedingt die Situation von 1918 widerspiegelt, dennoch aber als eines der ganz wenigen Relikte des Schützengrabenkrieges im Westen angesehen werden muss. Mithilfe von Führungslinien und einer großen Lagetafel am Eingang zum Gefechtsfeld ist das stacheldrahtbewehrte Grabensystem des Lingekopfes mit untereinander verbundener erster, zweiter und dritter Linie und einem noch erhaltenen stahlbetonierten Blockhaus an der Nordflanke und gemauerten Unterständen, Bunkern mit unterirdischen Verbindungsstollen sowie Felsenkasernen und Unterstand des Abschnittkommandeurs ohne Schwie-

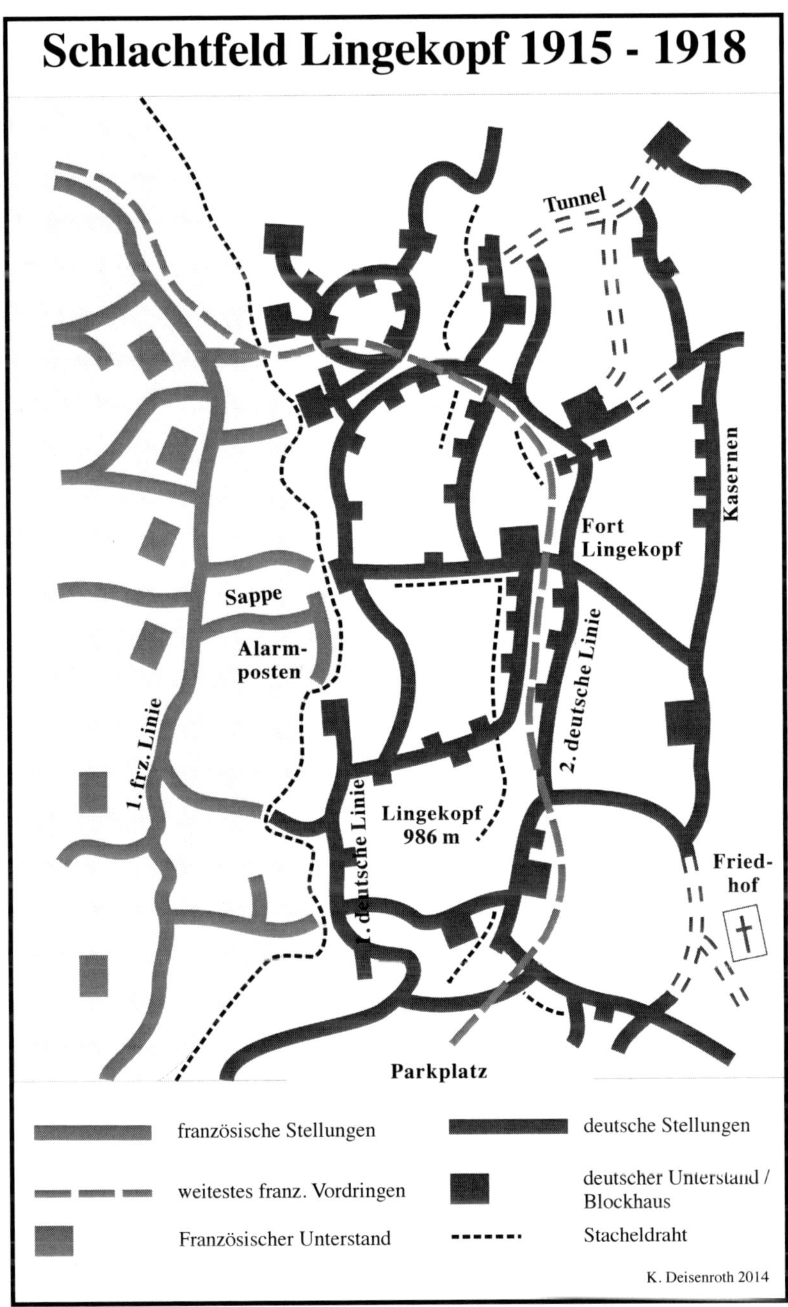
Schlachtfeld Lingekopf 1915 - 1918
Tunnel
Kasernen
Fort
Lingekopf
Sappe
Alarm-
posten
2. deutsche Linie
1. frz. Linie
Lingekopf
986 m
1. deutsche Linie
Fried-
hof
Parkplatz
französische Stellungen
deutsche Stellungen
weitestes franz. Vordringen
deutscher Unterstand / Blockhaus
Französischer Unterstand
Stacheldraht
K. Deisenroth 2014

rigkeiten zu begehen. Es bietet einen Eindruck vom Leben des Soldaten im Stellungskrieg und lässt die Schwierigkeiten erahnen, die ein Angreifer an den Steilhängen dieses Bergrückens zu überwinden hatte, bevor er im Nahkampf Graben um Graben aufrollen musste, um kurz darauf durch einen Gegenstoß der beim Kuhberg oder Bärenstall postierten Alarmreserve wieder aus den heiß erkämpften Gräben herausgeworfen zu werden. Die französischen vordersten, nicht durchgehend angelegten, gewöhnlich nur mit Alarmposten besetzten Stellungen klammerten sich in einer Distanz von z. T. weniger als 10 Metern von der ersten deutschen Linie an den westlich abfallenden Hang, während die dahinter liegende Linie den eigentlichen Frontverlauf mit Unterständen, Bunkern etc. markierte. Deutlich sichtbar in der Gegenüberstellung wird die festungsartige, fast lehrbuchhafte Ausmauerung der deutschen Schützenstände mit Schützenauftritten und gepanzerten Schutzschilden mit verschließbarer Gewehröffnung, Ablagenischen für Handgranaten und Munitionskästen, metallenen Haltegriffen, Steigleitern und dergleichen mehr. Die gewundene Grabenführung bot eine gewisse Sicherheit vor einem eingedrungenen Feind, und Handgranatenabweisgitter, wie sie teilweise noch zu sehen sind, sollten die vorderste Grabenbesatzung vor der nur wenige Meter gegenüberliegenden feindlichen Stellung schützen. Betonierte und metallarmierte Beobachtungsunterstände an taktisch wichtigen Punkten gewährten den Posten Schutz und Sichtfeld zugleich. Fast armselig dagegen wirken die noch vorhandenen Laufgräben der unter ständigem deutschen Feuer liegenden Angreifer, denen die Möglichkeit eines ungestörten Ausbaus und Materialnachschubs nicht gegeben war.

Die museale Anlage auf dem Lingekopf zeigt so fokussiert einen Ausschnitt aus dem gesamten Kampfgebiet, das kaum noch rudimentär im Gelände zu erkennen ist und sich dem Interessierten nur bei Kenntnis des Geschehens an diesem Teil der Westfront erschließt. Auf dem Kammweg zum Schratzgipfel waren bis vor einiger Zeit noch rechts und links des schmalen Pfades die Eingänge zu unterirdischen Unterständen zu sehen, die nun im Zuge einer Verbreiterung des Kammweges zugeschüttet wurden; auch eine fahrwegbreite Holzabfuhrschneise auf halber Höhe des Schratz schlägt neuerdings Wunden in die bisher weitgehend unberührte Landschaft und vernichtet weitere Relikte des Krieges. Im ehemaligen Kampfraum Barrenkopf und Kleinkopf, der durch einen 2,5 km langen Rundweg (circuit du Barrenkopf), ausgehend vom Parkplatz am nördlichen Ortsrand von Hohrodberg, mit Erläuterungstafeln (gekennzeichnet durch einen Poilu = Behaarter[249] von 1914) an einzelnen markanten Punkten erschlossen ist, lassen sich nur noch sehr spärliche Hinweise auf das einstige Geschehen finden. Einige wenige Denkmäler in der Gegend des Lingekopfgebietes erinnern individuell oder in cumulo an die Opfer des Krieges: Direkt gegenüber dem Parkplatz am Lingekopf steht das im August 1935 errichtete Monument für das 5^{e} BCP, den am 21. Juni 1915 am Hilsenfirst gefallenen Commandant Colardelle und den am 4. August 1915 gefallenen Commandant Barberot sowie die während des gesamten Kriegsverlaufes getöteten oder vermissten 48 Offiziere und 2.160 Unteroffiziere und Mannschaften. Es ist ein im oberen Teil abgebrochener Obelisk als Symbol des Todes mit den Insignien der Jägerbataillone, dem lorbeergeschmückten Jagdhorn. Eine seit 1950 angebrachte Plakette berichtet von der beabsichtigten Zerstörung durch den „Eindringling" und der Wiedererrichtung dieses Denkmals zur Ehre der Jäger aller Zeiten („honorer les chasseurs de tous les temps"). An der Straße zum Wettsteinpass bei der Abfahrt zur Ferme-Auberge Glasborn gedenkt ein Obelisk im Angesicht des Schratz und des Lingekopfes der Toten des Weltkrieges, insonderheit der Jäger und Infanteristen der Divisionen 47, 66 und 129, die in den Jahren 1914 bis 1918 an der Linge-Front gekämpft haben und gestorben sind „pour la France". Zwischen Hohnack und Bärenstall, beim Weierer Kreuz, kündet ein 1922 errichteter, 1940 beseitigter und 1946 wieder aufgestellter Findling von einer überfallartigen Kampfhandlung des IIIe/152^{e} R. I. am 19. August 1914 im Rahmen der 2. Schlacht von Mülhausen gegen Teile des 2. bayer. Landwehr-Regiments (Kolonne Kehl mit 6 Komp.) an dieser Stelle.[250] Nach der französischen Schilderung blieben auf der Kampfstätte 300 Bayern und 21 Franzosen. Ein naturalistisch gestaltetes, dem Stein aufgesetztes Képi der „Diables rouges" und deren Regimentswappen, ein roter Teufel, als Plakette fallen aus dem Rahmen der üblichen Denkmalskultur. Die Namen der Gefallenen und ein ehrendes Andenken aller Toten dieses Truppenteiles stellen diesen Gedenkstein zugleich in den Totenkult des noch bestehenden Regiments in Colmar.

Auf weiteren Kampforten des Münstertales, dem Hilsenfirst und dem Langenfeldkopf wie auch dem Reichackerkopf und dem Buchenkopf (Tête des Faux), sind die Spuren der Kriegshandlungen schon kaum mehr sichtbar. Hier hat sich die Natur des geschundenen Raumes wieder bemächtigt und gnädig ihren Flor über die ehemaligen Schlachtfelder gebreitet. Doch wird das aufmerksame Auge auf Schritt und Tritt der signifikanten Merkmale eines Krieges, der Laufgräben und Granattrichter, gewahr, die einst eine Spur der Vernichtung in den Boden der elsässischen Berge eingebrannt haben. Während der Hilsenfirst, Einsatzort des späteren Feldmarschalles Rommel, und der Langenfeldkopf westlich des Kleinen Belchens (Petit Ballon) nur noch geringe Relikte des Kriegsgeschehens bergen, können Buchenkopf und Reichackerkopf noch mit im Gelände erkennbaren

Überresten aufwarten. Zu beiden Gefechtsfeldern wurden in den letzten Jahren Rundwege geschaffen, die dem Besucher Hinweise zu den einzelnen markanten Denkmalen und Geländepunkten vermitteln.[251] Der aus zwei Gipfeln (778 m und 769 m) bestehende Reichackerkopf oberhalb von Mühlbach und Stoßweier, ein die Täler der Großen und Kleinen Fecht trennender und den Zugang zum Fechttal beherrschender und sperrender Bergrücken, bietet drei Rundwege an, die entweder beim „kleinen Sattel" (Col du Sattel)[252] mit seinen beiden Denkmalen für die hier gefallenen französischen Soldaten oder von Gaschney aus begonnen werden können und mit einem Zeitansatz von insgesamt etwa fünf Stunden zu bewältigen sind. Besonders erwähnenswert ist der auf dem Circuit historique Nr. 3 unweit Gaschney gelegene frz. Soldatenfriedhof „Germania" für 361 gefallene französische und nordamerikanische Soldaten aus den Jahren 1915-1918.
Information: Office de Tourisme de la Vallée de Munster, 1 rue du Couvent, F-68140 Munster, Tel.: 0033-389773180, Fax: 0033-389770717; http://www.valleemunster.eu/.

Der Buchenkopf (Tête des Faux, 1.220 m), zwischen Diedolshausen (le Bonhomme) und Weißem See (Lac Blanc) gelegen und durch seine Überhöhung bestens geeignet zur Beobachtung der Diedolshauser Höhe (Col du Bonhomme) und des Luschbach-Passes (Col du Louchbach), war nach heftigen Kämpfen in den Weihnachtstagen 1914 zwischen den den Gipfel beherrschenden Alpenjägern vom 30^e^ Bon und den Mecklenburgischen Jägern 14 endgültig bis Kriegsende in den Besitz der Franzosen gelangt,[253] während sich die deutschen, vornehmlich bayerischen Einheiten in der südostwärtigen Hanglage festsetzten. Aus dieser Zeit sind noch beträchtliche Überreste auf uns gekommen, so auch die Reste eines deutschen Friedhofes bei der Ferme de l'Etang du Devin. Ein im Entstehen befindlicher „Sentier de mémoire de la Tête des Faux" führt mit einer Länge von 12 km vom Kalvarienberg (le Calvaire) über den Rabenfelsen (Roche du Corbeau) zur Auberge de l'Etang du Devin.
Information: Office de Tourisme de Lapoutroie-Orbey, 48 rue Charles-de-Gaulle, F-68370 Orbey, Tel.: 0033-389713011, Fax: 0033-389713411; http://www.kaysersberg.com.

2. Hartmannsweilerkopf

Im Unterschied zu vorgenannten Kampfstätten zeigt sich auch heute noch der Hartmannsweilerkopf im Ganzen als Relikt des Großen Krieges, dessen beide in einer Linie von Nordwest nach Südost verlaufenden Fronthälften je nach Interessenlage begangen werden können (vgl. Karte, S. 186). Das bereits 1921 für den Bau eines Nationaldenkmals unter Denkmalschutz gestellte Gelände war in den Nachkriegsjahren bis zum Bau des Nationalfriedhofes am Silberloch häufig von Andenkenjägern und Leichenfledderern heimgesucht worden. Später hat die Natur gnädig ihren Mantel über die ehemaligen Stellungen von Freund und Feind gedeckt; doch vernichtete ein großer Waldbrand im Juni des Jahres 1934 erneut die gerade nachgewachsene Flora des Berges. So zeigt sich heute die ehedem mit dichtem Nadelwald bestandene Kuppe weitgehend kahl oder mit niederen, schnell wachsenden und vergehenden Salweiden und mannigfaltigen Staudenpflanzen, während sich in den unteren Lagen ein buntes Gemisch der verschiedenartigsten Baumbestände gebildet hat. Die während des Zweiten Weltkrieges am HK durchgeführten Gebirgskriegsübungen der Wehrmacht haben dagegen bis auf die Reste der Umfassungsmauern des Kommandeurhauses beim Malepartusstollen und eines Munitionslagers in der Kehre von Kurve 6 keine Spuren hinterlassen. Seit den frühen 1970er-Jahren wird dieser Berg von den Freunden des Hartmannsweilerkopfes denkmalpflegerisch betreut und die ruinösen oder verfallenden Stellungen und Bunkeranlagen werden von freiwilligen Helfern – Franzosen wie Deutschen – wieder für die zahlreichen Besucher zugänglich gemacht. Dass dabei des Öfteren des Guten ein wenig zu viel getan wurde,[254] darf hierbei nicht verschwiegen werden. Immerhin ist mittlerweile jeder markante Punkt des HK mit Namensschild versehen und so leicht zu identifizieren. Vom Vogesenclub (Club Vosgien, CV) gut markierte Rund- und Verbindungswege gestatten eine mühelose Begehung nach eigenem Gutdünken und jeweiliger Interessenlage, die ihren Ausgangspunkt in der Mehrzahl vom Parkplatz am Silberloch aus nehmen wird. Für einen ersten Eindruck bietet sich der vom nordostwärtigen Friedhofsausgang zum Gipfelkreuz verlaufende ehemalige französische Versorgungsweg an. Auf der Kuppe selbst gewährt der entlang der früheren HKL bis zum Aussichtsfelsen verlaufende Pfad genügend Einblicke in das Stollen- und Grabensystem beider Seiten und einen Eindruck von den Möglichkeiten von Freund und Feind in diesem verwirrenden Labyrinth. Die Neugestaltung der Gipfelregion, die das französische Verteidigungsministerium anlässlich der hundertsten Wiederkehr des Kriegsbeginns von 1914 als französisch-deutsches „Leuchtturmprojekt" durchführt, lässt angesichts von Musterschützengräben, Videoinstallationen, QR-Codes an markanten Punkten des Gefechtsfeldes, einer App mit Namen „Die Vogesenfront 1914–1918" sowie weiteren, einem „eventsüchtigen" Zeitgeschmack geschuldeten Installationen jedoch Skepsis ob des eingeschlagenen Weges aufkommen.

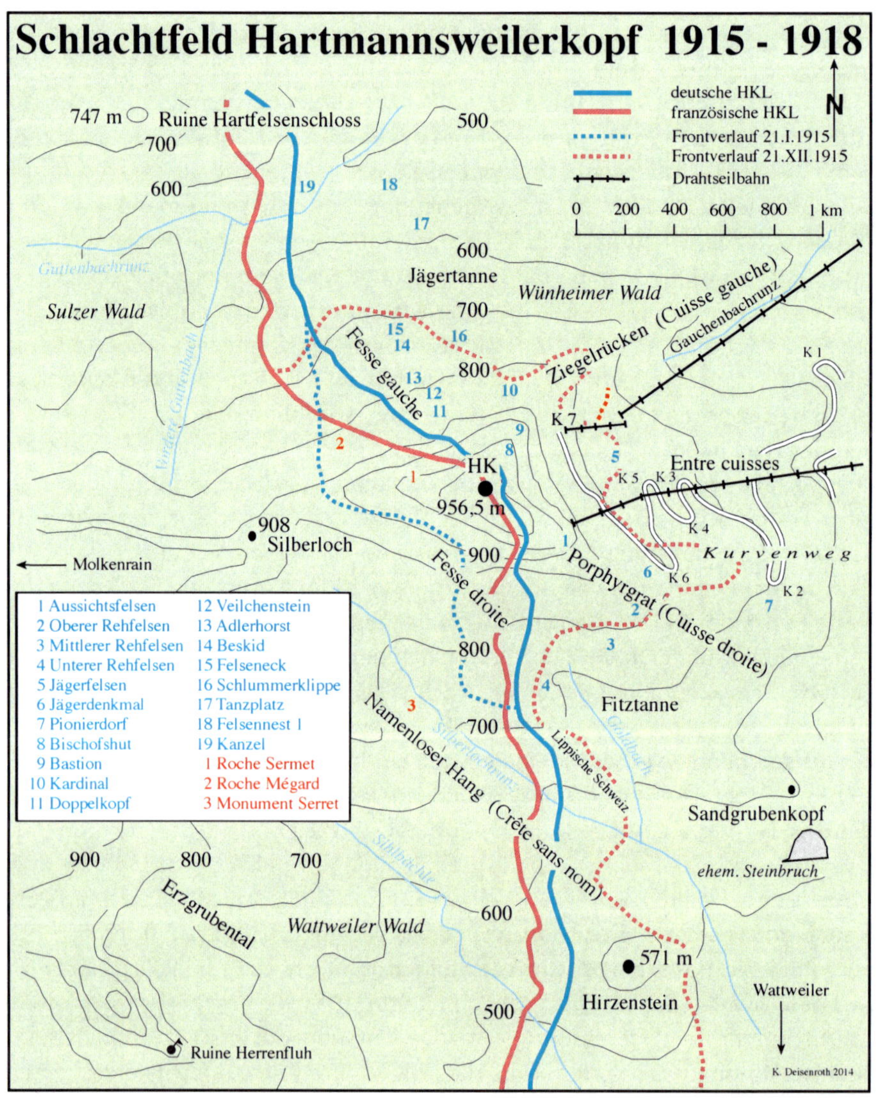
Schlachtfeld Hartmannsweilerkopf 1915 - 1918
deutsche HKL
französische HKL
Frontverlauf 21.I.1915
Frontverlauf 21.XII.1915
Drahtseilbahn
N
0 200 400 600 800 1 km
747 m
Ruine Hartfelsenschloss
Guttenbachrunz
Sulzer Wald
Jägertanne
Wünheimer Wald
Ziegelrücken (Cuisse gauche)
Gauchenbachrunz
Fesse gauche
Entre cuisses
Kurvenweg
HK
956,5 m
908
Silberloch
Molkenrain
Fesse droite
Porphyrgrat (Cuisse droite)
Fitztanne
Namenloser Hang (Crête sans nom)
Lippische Schweiz
Sandgrubenkopf
ehem. Steinbruch
Erzgrubental
Wattweiler Wald
571 m
Hirzenstein
Wattweiler
Ruine Herrenfluh
1 Aussichtsfelsen
2 Oberer Rehfelsen
3 Mittlerer Rehfelsen
4 Unterer Rehfelsen
5 Jägerfelsen
6 Jägerdenkmal
7 Pionierdorf
8 Bischofshut
9 Bastion
10 Kardinal
11 Doppelkopf
12 Veilchenstein
13 Adlerhorst
14 Beskid
15 Felseneck
16 Schlummerklippe
17 Tanzplatz
18 Felsennest 1
19 Kanzel
1 Roche Sermet
2 Roche Mégard
3 Monument Serret
K. Deisenroth 2014

Für Interessenten solcher elektronischen Wegweiser wurde im Gedenkjahr 2014 die dreisprachige Netzseite www.front-vosges-14-18.eu eingerichtet, die neben Veranstaltungshinweisen ein umfangreiches Angebot an fotografischen und archivalischen Dokumenten bereithält. Diese beziehen sich auf die insgesamt elf Erinnerungsorte, acht davon im Département Haut-Rhin, die der elsässische Generalrat und der Tourismusverband des Haute-Alsace als erinnerungswürdig erkoren haben.[255] Auf der Seite http://region-alsace.eu/article/centenaire-de-la-premiere-guerre-mondiale/ können die Termine der für die folgenden vier Jahre projektierten Ausstellungen und Veranstaltungen zu Themen des Ersten Weltkrieges abgerufen werden. Schließlich bietet die Seite http://centenaire.org/ de in Form einer internationalen Online-Enzyklopädie vielseitige Eindrücke und Einblicke in die Thematik. Eine dreisprachige Informationsbroschüre, Flugblätter und Filme[256] sollen das überbordende Angebot ergänzen.

Zu den einstigen Kriegsrelikten hat sich mittlerweile auch eine ganze Reihe von Denkmälern gesellt, die von den Taten der am Berg eingesetzten französischen Regimenter und Bataillone, aber auch von Einzelpersonen künden. Neben dem monumentalen Wandepitaph des Bildhauers Victor Antoine am Aussichtsfelsen für die „Diables rouges" aus dem Jahr 1922, das nach Beseitigung durch die Deutschen 1940 im Jahre 1954 wieder errichtet wurde, weist die Kammlinie auf der Kuppe des HK noch weitere Gedenksteine auf. Nahe dem Croix lumineux, dem mächtigen, 22 m hohen Gipfelkreuz mit Innenbeleuchtung[257], steht auf dem Rocher du Sommet die „Borne du front" (= Demarkationsstein[258]), ein abgebrochener granitener Obelisk, früher mit einem französischen Helm geschmückt, der gleichfalls an das Regiment 152 mit den Worten „Monument remis en état par le III/152e R. I." erinnert. An der Stelle der ehemaligen Ringburg markiert ein granitener Gedenkstein das Opfer des 28e BCA am 21. Januar 1915. Wenige Schritt weiter gen Osten mitten auf dem Kammweg bezeichnet ein neuer, pultartiger Stein mit bronzener Plakette, über dessen Notwendigkeit und Gestaltung sich trefflich streiten ließe, die Stelle, von der aus die 6. Kompanie der 152er am 23. März des Jahres 1915 einen verlustreichen Angriff gegen die deutschen Gipfelstellungen unternahm, für welchen sie im Armeebefehl genannt und ihre Fahne mit dem Croix de Guerre geziert wurde.[259] Auch an Stellen außerhalb des HK wird des tapferen, seiner Kernmannschaft beraubten Regiments gedacht, so in Steinbach, dem Ort seines Einsatzes in den Kämpfen um die Jahreswende 1914/15, und in Thann vor der Mairie, nahe dem Münster St. Theobald. Beim ehemaligen Camp Scheurer am Silberloch, das wegen der Anlage des Friedhofes beseitigt wurde, kündet ein kleiner Gedenkstein von dem Leutnant und Fahnenträger im 152^{e} In-

Hartmannsweilerkopf, Denkmal der „Diables rouges" am Aussichtsfelsen. WGM Rastatt.

fanterie-Regiment. Und am Thomannplatz schließlich, dem Orte des Camps Turenne südlich des Molkenrains, gibt ein Obelisk Kunde vom Tod von 138 Offizieren und Mannschaften während des Ersten Weltkrieges an dieser Stelle. Auch der dem Hartmannsweilerkopf benachbarte Sudelkopf (1.012 m) und der Zwischensudel (le Sudel, 915 m) weisen auf ihren Bergrücken noch einige weitgehend gut erhaltene militärische Relikte auf, die auf die heftigen Kämpfe im Ersten Weltkriege verweisen.[260] Der Besitz der dortigen Passhöhe war für die französische Seite entscheidende Voraussetzung für den schnellen und reibungslosen Nachschub auf der Route des Crêtes zur Versorgung der Frontstellungen an Molkenrain und Hartmannsweilerkopf und zur Verhinderung eines deutschen Durchbruches ins Thur-Tal. Eine kleine Kapelle beim Sudelkopf erinnert noch heute an die beim Einsatz gefallenen französischen Soldaten.

Ein einsames Holzkreuz auf deutscher Seite in Neuenburg am Rhein gedenkt bescheiden der Opfer, die dieser Berg von deutschen Soldaten gefordert hat. Geweiht und genagelt wurde das Hartmannsweilerkopf-Kreuz vom Kommandanten des Brückenkopfes Neuenburg, Oberstleutnant z. D. Otto Bachelin im Beisein des Führers der Armee-Abteilung Gaede am 23. April 1916 unter großer Anteilnahme von Soldaten und Bevölkerung. Es trug die Worte: „Wanderer blicke gen Westen hinauf zu den Bergen in Ehrfurcht! Helden dort fielen für dich; Wanderer bete für sie!" Im Zweiten Weltkrieg zerstört, wurde es am alten Platz später wieder errichtet, musste letztlich jedoch Straßenerweiterungsmaßnahmen weichen und mahnt heute an anderer Stelle an der Gabelung der Basler und Mühlenstraße noch immer an das blutige Geschehen auf dem gegenüberliegenden Vogesenberg. Aber das größte Denkmal für die Opfer eines menschenmordenden Schlachtens wird immer der Berg selbst bleiben, dessen Namen sich bis heute in das Gedächtnis der Menschen geschrieben hat und der einem neuen Jahrtausend und Jahrhundert den Spiegel des alten vorhalten möge zu beständiger Erinnerung und Mahnung zugleich.

D. Endkampf am Rhein 1945 – La Poche de Colmar[261]

Nur viereinhalb Jahre nach dem blitzkriegartigen Vorgehen der Wehrmacht im Frankreichfeldzug hatte sich das Blatt entschieden gewendet: Die deutschen Truppen standen in heftigem Abwehrkampf gegen die unaufhaltsam vorrückenden alliierten Verbände. Im Raum um Colmar hatte sich deutscherseits ein letztes Aufgebot den aus Norden über Straßburg vorrückenden Amerikanern der 7. Armee (A. M. Patch) und den aus der Burgundischen Pforte über Mülhausen Mitte Oktober 1944 vorstoßenden französischen Truppenteilen der 1. Frz. Armee (J. de Lattre de Tassigny) entgegengestellt. Gleich einem überdehnten Sperrriegel ragte der deutsche Brückenkopf vom Westrand der Vogesen über Colmar bis Neubreisach am Rhein in die elsässische Landschaft. Die vorsichtig operierende Grundhaltung des OB der Alliierten, Eisenhower, ließ allerdings bei stärkeren deutschen Angriffen sogar die Möglichkeit eines taktischen Rückzuges bis an die Ostabhänge der Vogesen unter Preisgabe Straßburgs zu, was aus französischen Prestigegründen von de Gaulle verhindert werden konnte. „Als die Deutschen im Januar [1945] im Anschluß an ihr katastrophales Ardennenunternehmen den Rückzug angetreten hatten, wandte sich mein Augenmerk wieder Colmar zu. Mich hatte diese deutsche Stellung, die ja an einem empfindlichen Teil unserer Front lag, schon immer beunruhigt, und so beschloß ich jetzt, unverzüglich damit aufzuräumen. Am 20. Januar begann die Frz. 1. Armee dort anzugreifen ...".[262]

In drei Phasen verlief dieser endgültige Rückzug der Deutschen über den Rhein: Nach dem Verlust von Mülhausen (22.XI.) und Straßburg (27.XI.) flauten die Kämpfe erst einmal ab, sodass die 19. Armee mit LXIV. Armeekorps nördlich bzw. LXIII. Armeekorps südlich von Colmar (insgesamt 8 Infanterie-/Volksgrenadier-Divisionen und 1 Panzerbrigade), seit 2. Dezember dem Oberbefehlshaber

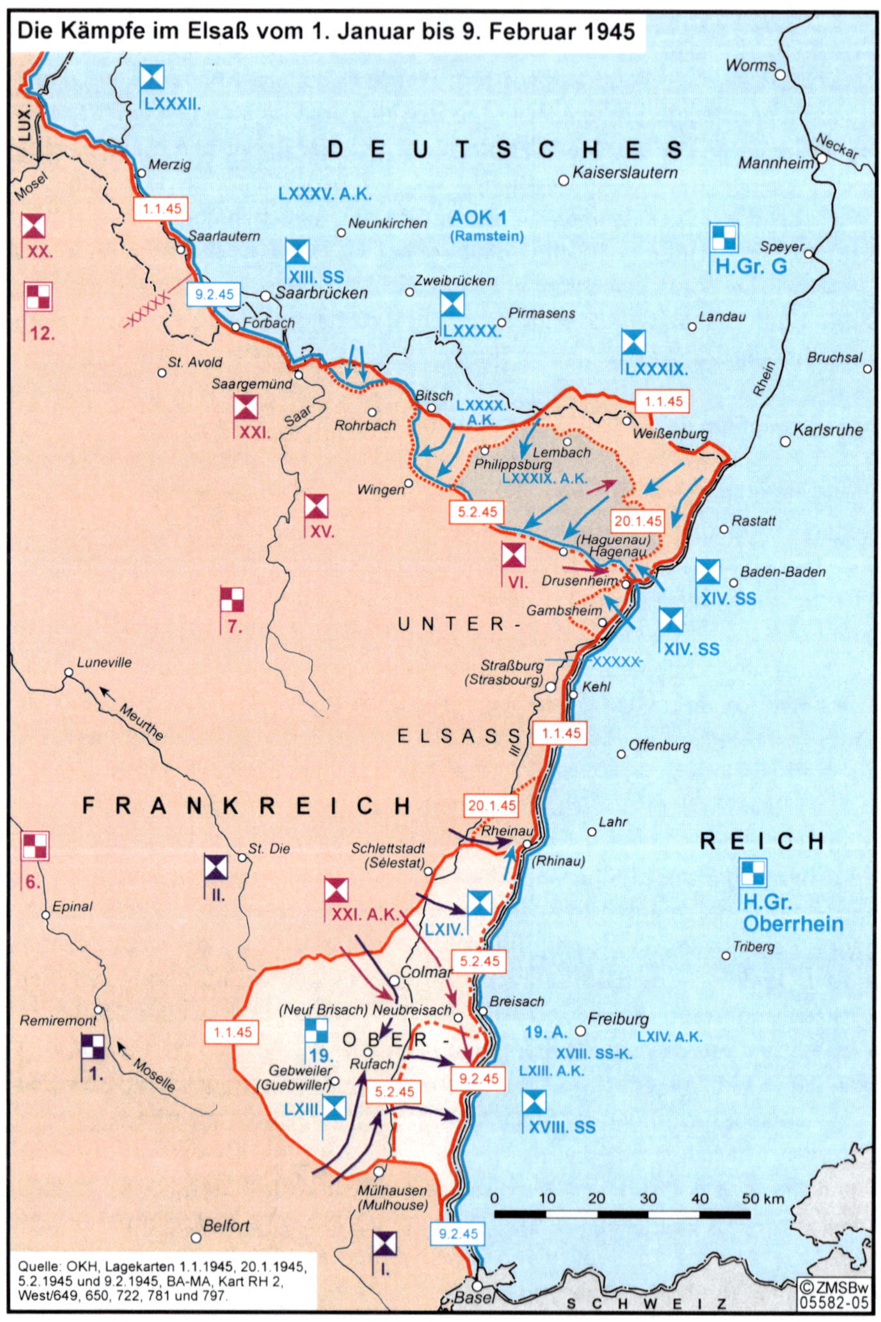
Die Kämpfe im Elsaß vom 1. Januar bis 9. Februar 1945
D E U T S C H E S
R E I C H
F R A N K R E I C H
U N T E R -
E L S A S S
O B E R -
S C H W E I Z
LUX.
LXXXII.
LXXXV. A.K.
AOK 1
(Ramstein)
XIII. SS
LXXXX.
LXXXIX.
H.Gr. G
LXXXX. A.K.
LXXXIX. A.K.
XIV. SS
XX.
12.
XXI.
XV.
VI.
7.
6.
II.
XXI. A.K.
LXIV.
19.
LXIII.
1.
I.
H.Gr. Oberrhein
19. A.
LXIV. A.K.
XVIII. SS-K.
LXIII. A.K.
XVIII. SS
Worms
Mannheim
Neckar
Kaiserslautern
Merzig
Mosel
Saarlautern
Neunkirchen
Speyer
Saarbrücken
Zweibrücken
Pirmasens
Forbach
Landau
St. Avold
Saargemünd
Saar
Bruchsal
Rhein
Bitsch
Rohrbach
Weißenburg
Karlsruhe
Lembach
Philippsburg
Wingen
Rastatt
(Haguenau)
Hagenau
Drusenheim
Baden-Baden
Gambsheim
Luneville
Meurthe
Straßburg
(Strasbourg)
Kehl
Offenburg
Rheinau
(Rhinau)
Lahr
St. Die
Schlettstadt
(Sélestat)
Epinal
Triberg
Colmar
Breisach
(Neuf Brisach) Neubreisach
Freiburg
Remiremont
Moselle
Rufach
Gebweiler
(Guebwiller)
Mülhausen
(Mulhouse)
Belfort
Basel
1.1.45
9.2.45
5.2.45
20.1.45
0 10 20 30 40 50 km
Quelle: OKH, Lagekarten 1.1.1945, 20.1.1945, 5.2.1945 und 9.2.1945, BA-MA, Kart RH 2, West/649, 650, 722, 781 und 797.
©ZMSBw
05582-05

Oberrhein – Reichsführer-SS Himmler – unterstellt, Gelegenheit erhielt, durch Zuführung von Verstärkung den stark eingedrückten nordwestlichen Bereich des Brückenkopfes zu arrondieren. Das kurzfristig angesetzte Unternehmen „Habicht" vom 12. bis 14. Dezember 1944 war angesichts der katastrophalen Ausstattung der z. T. nicht kampferprobten, zusammengewürfelten Einheiten aus Lehrgangsteilnehmern von Offizier-, Reserveoffizierbewerbern und Unteroffizieren, Teilen des Ersatzheeres und der Waffen-SS von vornherein zum Scheitern verurteilt. So brachte der durch die Stoßgruppe Süd (189. Infanteriedivision mit Unterstellungen) auf die nördlich von Sigolsheim gelegene Höhe 393 („Blutberg") vorgetragene Angriff gegen Teile der 36th Infantry Division erst nach mehrfachen Sturmversuchen den Einbruch; das taktische Ziel, die Vernichtung der vermuteten Artilleriestellungen des Feindes bei Bergheim und Rappoltsweiler in Zusammenwirken mit der Panzerbrigade „Feldherrnhalle", wurde nicht erreicht. Auch der Stoßgruppe Nord (198. Infanteriedivision), angesetzt am rechten Flügel gegen Schlettstadt, gelang es nicht, der Panzerbrigade einen Korridor zu öffnen zum Durchbruch Richtung Hohkönigsburg. Dieser Angriff musste bereits am Abend des 12. Dezember u. a. auch wegen jahreszeitbedingter Unpassierbarkeit des Geländes abgebrochen werden. Immerhin konnten die geringen Geländegewinne gehalten und ausgebaut werden. Der beabsichtigte Nebeneffekt dieser Aktion und des Unternehmens „Nordwind" im nördlichen Elsass, die Bindung alliierter Truppen vor der am 16. Dezember beginnenden Ardennenoffensive, rechtfertigte jedoch keineswegs die großen Verluste.

In einer zweiten Phase zu Jahresbeginn 1945 sollte die 19. Armee mit dem Unternehmen „Sonnenwende" (7.I.–12.I.) in Verbindung mit dem Unternehmen „Nordwind" eine Brückenkopfbildung nördlich von Straßburg forcieren. „Nordwind" war dazu gedacht, die ins Stocken geratene Ardennenoffensive zu unterstützen, indem die 1. Armee im nördlichen Elsass mit dem operativen Ziel der Zaberner Senke vorging. Nicht bereitgestellte bzw. vom OB Oberrhein freigegebene Verbände, Meinungsverschiedenheiten zwischen der 19. Armee und der Heeresgruppe G, schließlich fehlende Waffen und Gerät verhinderten einen Erfolg der als „zur Abwehr bedingt geeignet" eingestuften 198. ID[263] in diesem fünftägigen Ringen. In den Tagen bis zum 20. Januar mussten überdies alle Panzer und Sturmgeschütze zum Einsatz bei der 1. Armee abgegeben werden.

Die letzte Phase dieses Ringens jenseits des Rheins beginnt am 20. Januar 1945. An diesem Tag setzt ein Großangriff der 1ère Armée française mit unterstellten US-Verbänden mit überlegenen Kräften gegen die 19. Armee im Brückenkopf Colmar ein, beim LXIII. AK nordwestlich von Mülhausen mit anfangs nur geringem Erfolg des Ière CA. Zwei Tage später tritt auch im nur schwach besetzten Abschnitt am Nordflügel der Armee bei Guémar der Gegner (IIe CA) zum Angriff an und drängt das LXIV. AK hinter den Colmar-Kanal zurück. In den nächsten Tagen vermag auch die bruchstückhafte Zuführung der 2. Gebirgsdivision das feindliche Vordringen von beiden Seiten nicht aufzuhalten. Um ein Abschneiden der noch in den Vogesen stehenden Verbände zu vermeiden und gleichzeitig die Nord- und Südflanke des um jeden Preis zu haltenden Brückenkopfes abzustützen, werden diese sukzessive herangeführt. Nach dem Übergang der 3rd Infantry Division über den Colmar-Kanal am 30. Januar und der Zuführung der 75th Infantry Division westlich davon droht den ausgeweiteten Linien des Brückenkopfes die Gefahr, eingekreist und von den Rheinübergängen bei Neubreisach und Eichwald abgeschnitten zu werden – eine Möglichkeit, die von der französischen Armee jedoch nicht wahrgenommen wird. Als schließlich am 3. Februar Colmar fällt und sich die von Norden vorstoßenden Amerikaner des XXI. US Army Corps mit den von Süden kommenden Franzosen des 1[ére] CA bei Rufach vereinigen und den Brückenkopf in zwei Hälften spalten, muss dieser aufgegeben werden. Unter Halten der Nordfront südlich des am 5. Februar genommenen Neubreisach wird die Restarmee, immerhin noch drei Viertel des früheren Bestandes, unter heftigen Abwehrkämpfen über die einzige Brücke bei Neuenburg und wenige Rheinfähren, die wegen der Wetterlage von der feindlichen Luftwaffe verschont bleiben, auf das Ostufer des Rheins zurückverlegt. Ein Führerbefehl gestattet erst am 9. Februar die Räumung des Brückenkopfes Neuenburg. Damit hatte die 21-tägige Abwehrschlacht um die Poche de Colmar unter hohen Verlusten ihren Abschluss gefunden und die zahlenmäßig schwachen, schlecht ausgebildeten und unzureichend bewaffneten deutschen Truppen wieder auf ihren Ausgangspunkt zu Kriegsbeginn zurückgeworfen. Der blutige Kampf um die Heimat sollte nun erst beginnen.

Die Verluste auf beiden Seiten waren beträchtlich. Bei der französischen Armee belief sich die Zahl der Toten auf 1.595, die der Verwundeten auf 8.583 Offiziere und Mannschaften. Das im Verband der 1ère Armée eingesetzte XXI. US Army Corps hatte 542 Tote. Deutsche Zahlen liegen nicht vor und können nur aus Schätzungen des Gegners rekonstruiert werden, der die Gefangenenzahl mit ca. 20.000–22.000 Offizieren und Mannschaften angibt. Die Zahl der Toten und Verwundeten wird jedoch deutlich unter den Feindzahlen anzusiedeln sein.

E. Dokumentation

I. Kriegsgliederungen

1. Das deutsche Reichsheer im Oberelsass 1674/75

Oberbefehlshaber: Friedrich Wilhelm III., Kurfürst von Brandenburg („Der Große Kurfürst")

Kaiserliche Truppen, Befehlshaber: Feldmarschall Alexander Herzog von Bournonville
- Fußvolk: Rgter Portia, Reuss, Sereni, Strein, Vehlen, ½ Kaiserstein
- Dragoner: Rgt Reiffenberg
- Reiterei: Kürassier-Rgter Bournonville, Caprara, Baireuth,½ Dünewald, Jung-Lothringen, Jung-Holstein
- Kroaten: Rgt Lodron
- Artillerie: 8 (?) Geschütze

Brandenburger, Befehlshaber: Feldmarschall Frhr. v. Derfflinger
- Fußvolk: Leibgarde z. F. (v. Pöllnitz), Rgter Derfflinger, Dohna, Goltz, Götzen, Schöning, Dönhoff (4 Kp), Flemming (4 Kp), ½ Holstein, ½ Fargel
- Dragoner: Dragoner-Garde (v. Grumbkow), Rgter Derfflinger, Bomsdorff
- Reiterei: Trabanten-Garde u. Leib-Rgt z. F. (d'Espense), Rgter Prinz Friedrich, Anhalt, Derfflinger, Hessen-Homburg, Görtzke, Lüdeke, Mörner, Printzen
- Reiterei: Rgter Brockdorff, Croy
- Artillerie: 47 Geschütze

Braunschweig-Lüneburger, Befehlshaber: Herzog Georg Wilhelm von Celle
- Fußvolk: (Celle) Garde- oder Leib-Rgt, Rgter Ende, Mollesson, Joquet, Melleville, Linstow, (Wolfenbüttel) Holstein, Reuss, vac. Noot, Schmiedeberg
- Dragoner: Rgter Franke (Celle), Schack (Wolfenbüttel)
- Reiterei: (Celle) Leib-Rgt v. Haxthausen, Rgter Chauvet, Mellinger, Beauregard, (Wolfenbüttel) Reuss, Lobech, Ziegler, Wilke
- Artillerie: 32 Geschütze

Münsteraner, Befehlshaber: Generalmajor Post
- Fußvolk: Rgter Wedel, Limburg-Stirum, Mias, Erden
- Dragoner: Rgt Barleben
- Reiterei: Bischöfl. Garde Schade, Rgter Post, Uffeln, Bönninghausen, Westerholt, Macdonelli, Hautyn

Lothringer, Befehlshaber: Herzog Karl IV. von Lothringen
- Reiterei: Chevaulegers d'Allemont, Garde Chaussee, Rgter du Puy, du Houx, de

Mercy, Thouvenin, Rheingraf, vac. Berrière, Ruchemferd (?), Welden
- Dragoner: Rgt Silbach

2. Der Erste Weltkrieg am Oberrhein

Stand: August 1914

a) Deutsches Reich

7. Armee (108 Btle, 28 Esk, 81 Bttr mit 468 Geschützen, 11 PiKp)

Armeeoberkommando 7
OB: GenOb v. Heeringen
Chef d. GenSt: GenLt v. Hänisch
Armeetruppen: Feld-Flieger-Abt 26

XIV. Armeekorp (30 Btle, 8 Esk, 28 Bttr mit 160 Geschützen, 3 PiKp)
KG: GendInf Frhr. v. Hoiningen gen. Huene
Chef d. GenSt: ObstLt v. Brauchitsch

28. InfDiv, Kdr: GenLt v. Kehler, mit:
- 55. InfBrig (Kdr: Oberst v. Olszewski) aus GrenRgt 109 u. 110
- 56. InfBrig (Kdr: GenMj Freyer) aus FüsRgt 40, InfRgt 111
- JgRgt z. Pf. 5
- 28. FeldaBrig (Kdr: GenMj Fabarius) aus FeldaRgt 14 u. 50
- 2. u. 3./Pi 14

29. InfDiv, Kdr: GenLt Isbert, mit:
- 57. InfBrig (Kdr: GenMj v. Trotta gen. Treyden) aus InfRgt 113 u. 114
- 58. InfBrig (Kdr: GenMj Stenger) aus InfRgt 112 u. 142
- 84. InfBrig (Kdr: GenMj v. Koschembahr, gef. 9.VIII.; Oberst v. Zaborowski) aus InfRgt 169 u. 170
- DragRgt 22
- 29. FeldaBrig (Kdr: Oberst Hamann) aus FeldaRg 30 u. 76
- 1./Pi 14
- Fußa: II./14
- Feld-Flieger-Abt 20

XV. Armeekorps (26 Btle, 8 Esk, 28 Bttr mit 160 Geschützen, 3 PiKp)
KG: GendInf v. Deimling
Chef d. GenSt: ObstLt Wild

30. InfDiv, Kdr: GenLt v. Eben, mit:
- 60. InfBrig (Kdr: GenMj v. Altrock) aus InfRgt 99 u. 143
- 85. InfBrig (Kdr: Oberst Nagel) aus InfRgt 105 u. 136
- JgRgt z. Pf. 3
- 30. FeldaBrig (Kdr: Oberst Goeden) aus FeldaRgt 51 u. 84
- 1./PiBtl 15

39. InfDiv, Kdr: GenLt Frhr. v. Watter, mit:
- 61. InfBrig (Kdr: GenMj v. Frankenberg u. Ludwigsdorf) aus InfRgt 126 u. 132, JgBtl 8
- 82. InfBrig (Kdr: GenMj Sommerfeld) aus InfRgt 171 u. 172, JgBtl 14
- DragRgt 14
- 39. FeldaBrig (Kdr: GenMj Erythropel) aus FeldaRgt 66 u. 80
- Fußa: II./10
- FeldFlieger-Abt 3

XIV. Reserve-Korps (26 Btle, 6 Esk, 15 Bttr mit 90 Geschützen, 3 PiKp)
KG: GendArt v. Schubert
Chef d GenSt: ObstLt Bronsart v. Schellendorff

26. ResDiv, Kdr: GendInf Frhr. v. Soden, mit:
- 51. ResInfBrig (Kdr: GenLt v. Wundt) aus InfRgt 180 u. ResInfRgt 121
- 52. ResInfBrig (Kdr: GenLt v. Auwaerter) aus ResInfRgt 119 u. 120
- (Württ.) ResDragRgt
- ResFeldaRgt 26 (9 Bttr.)
- 4./PiBtl 13

28. ResDiv, Kdr: GenLt v. Pavel, mit:
- 55. ResInfBrig (Kdr: GenLt v. Sieg) aus ResInfRgt 40 u. 109, ResJgBtl 8
- 56. ResInfBrig (Kdr: GenMj Frhr. v. Hammerstein-Equord) aus ResInfRgt 110 u. 111, ResJgBtl 14
- ResDragRgt 8
- ResFeldaRgt 29
- 1. u. 2. Res/PiBtl 13

60. gem. Landwehr-Brigade (5 Btle., 1 Esk)

Kdr: GenMj Heidborn

LdwInfRgt 60 (2 Btle) u. I.–III./LdwInfRgt 99

1. LdwEsk des XIV. AK

Deckungstruppen am Oberrhein (21 Btle, 5 Esk, 10 Bttr mit 58 Geschützen, 2 PiKp)

55 gem. Landwehr-Brigade (6 Btle, 2 Esk, 4 Bttr mit 24 Geschützen),
Kdr: GenLt v. Frech, aus:

- LdwInfRgt 40 u. 109
- 1. u. 2. LdwEsk XIII. AK
- LdwFeldaAbt XIV. AK (2 Bttr)
- ErsFeldaAbt zur mob. Verwendung XXI. AK, 2 ErsBttr FeldaRgt 67

LdwInfRgt 110 (3 Btle, 1 Esk, 3 Bttr mit 18 Geschützen) aus

- I.–III./LdwInfRgt 110
- 2. LdwEsk XIV. AK
- LdwBttr XIII. AK
- ErsFeldaAbt zur mob. Verwendung XXI. AK, 2 ErsBttr FeldaRgt 31

1. bayer. gem. Landwehr-Brigade (6 Btle, 1 Esk, 1 Bttr mit 6 Geschützen, 1 PiKp),
Kdr: GenMj Eichhorn, aus:

- I.–III./bayer. LdwInfRgt 1, I.–III./bayer. LdwInfRgt 2
- 1. LdwEsk I. bayer. AK
- 1. LdstBttr I. bayer. AK
- 1. LdstPiKp I. bayer. AK

2. bayer. gem. Landwehr-Brigade (6 Btle, 1 Esk, 1 Bttr mit 6 Geschützen, 1 PiKp),
Kdr: GenMj v. Lachemair, aus:

- bayer. LdwInfRgt 3 u. 12
- 2. LdwEsk I. bayer. AK
- 2. LdstBttr I. bayer. AK
- 2. LdstPiKp I. bayer. AK

Fußartillerie:

- 1 Bttr I./16

b) Frankreich

1ère Armée

OB: Général Dubail

VIIIe, XIIIe, XIVe, XXIe Korps zu je zwei InfDiv, 2 KavDiv, 1er Groupement mit 3 ResDiv, zwei Festungs-ResDiv, Schwerer Artillerie

VIIe Corps d'Armée, Kdr: Général Bonneau

- 14e D. I. (Général Curé) mit 27e u. 28e Brigade
- 41e D. I. (Général Superbie); ab 10.VIII.1914 umgegliedert zur

Armée d'Alsace

OB: Général Pau

VIIe Corps d'Armée, KG: Général Vautier, mit

- 14e D. I. (Général Curé)
- 41e D. I. (Général Superbie)
- 44e D.R. mit 88e u. 89e Brigade (bis 22.VIII.1914)
- 57e D.R. (Général Bernard, Belfort) mit 113e (Général Farinaux) u. 114e Brigade (Colonel Quais)
- 1e Groupement (58e, 63e u. 66e D.R.)
- 8e D. C. (Général Aubier)
- zusätzlich 5 BCA (12, 13, 22, 28, 30e) zum Einsatz im Gebirgskrieg (aufgelöst 25.VIII.1914)

Stand: 10.XII.1914

Groupement d'Armée des Vosges (Armee-Abteilung Vogesen), der 1ère Armée (Général Dubail) unterstellt

OB: Général Putz

Chef GenSt: Colonel Challe

41e D. I.

66e D.R. (Kdr: Général Serret, seit 28.I.1915)

71e D.R.

10e D. C.

57e D.R. Belfort; Festung Belfort

ab 3.IV.1915: 7e Armée (OB: Gén. d'Maud'huy)

66e D. I. mit 5 Gruppen

- 1er Secteur Thann-Steinbach (Colonel Sicre): 229e u. 357e R. I. mit 2 B.T.
- 2e Secteur Uffholz-Wattweiler (Colonel Goybet): 5e u. 15e BCP

- 3e Secteur Hartmannsweilerkopf (Lieutenant-Colonel Tabouis): 1ère Brigade alpine de chasseurs außer 13e BCP und 2 B^{on} 152e R. I.
- 4e Secteur Riesenkopf (prov. Lieutenant-Colonel Sambourra du 213e R. I.): 334e R. I., 1 Btl 213e R. I., 6e BTC
- 5e Secteur Oberes Lauchtal (Lieutenant-Colonel Boussat): Gruppe der Jägerbataillone der 66e D. I.
- Reserve: 1 B^{on} 152^{e} R. I., 13^{e} BCA in Moosch und Geishausen

47^{e} DI aus drei Alpenjägerbrigaden u. einer Gruppe Reserve-Alpenjäger

- links: 3^{e} Brigade de chasseurs (Colonel Brissaud-Desmaillet) vom Col du Bonhomme bis Wettstein mit 14^{e}, 30^{e}, 54^{e}, 70e BCA
- Mitte: 2e Brigade de chasseurs (Colonel Passaga) vom Wettstein bis Ampfersbach einschl. mit 11e, 12e, 51e, 52e BCA
- rechts: 4e Brigade de chasseurs (Colonel Roux) vom Reichackerkopf zum Rainkopf mit 6e, 23e, 24e BCA, 3e BTC
- Groupe de Bons de chasseurs de réserve (Colonel Franchet d'Esperey) mit 47e, 63e, 64e, 67e BCA bei Gaschney

Stand: 19.III.1917

7e Armée

129e D.I

- Armeereserve: 66e D. I.

161e D. I.

52e D. I.

- Armeereserve: 170e D. I.

157e D. I.im Abschnitt des XXXIVe Corps:

- 134e D. I.
- 58e, 47e, 13e u. 43e D. I.
- Armeereserve: 5e D. C., 164e D. I.; 6e D. C., 46e D. I.

c) Einsatz deutscher Verbände im Oberelsass 1914–1918 (Divisionsebene)

aktive Truppenteile

- Garde-Infanterie-Division 9.VIII.–2.X.1917
- 5. Infanterie-Division 18.II.–17.IV.1917
- 6. Infanterie-Division 8.II.–14.IV., 4.V.–30.VI.1917

- 7. Infanterie-Division	6.VII.–27.VII.1917
- 10. (bayer.) Infanterie-Division	25.V.–12.VI.1917
- 11. (bayer.) Infanterie-Division	23.IV.–26.IV.1917
- 12. Infanterie-Division	22.VIII.–24.IX.1917
- 12. (bayer.) Infanterie-Division	28.VII.–4.X.1916
- 16. Infanterie-Division	11.VII.1914–11.IV.1915
	4.I.–23.I.1915
	17.III.–26.IV.1915
- 18. Infanterie-Division	30.XI.–16.XII.1917
	1.I.–9.II.1918
- 20. Infanterie-Division	16.II.–6.III.1917
- 27. Infanterie-Division	17.XI.1917–1.II.1918
- 28. Infanterie-Division	5.VIII.–9.VIII.1914
	9.VIII.–10.VIII.1914
	18.IX.–22.X.1917
- 29. Infanterie-Division	31.VII.–8.VIII.1914
	9.VIII.–10.VIII.1914
- 30. Infanterie-Division	9.VIII.–10.VIII.1914
	3.I.–23.X.1917
- 37. Infanterie-Division	6.I.–3.V.1917
- 39. Infanterie-Division	9.VIII.–10.VIII.1914
- 91. Infanterie-Division	28.IX.–11.XI.1918
- 113. Infanterie-Division	15.II.–20.IV.1917
- 187. Infanterie-Division	1.VII.–15.VIII.1916
- 195. Infanterie-Division	9.XII.–31.XII.1917
- 204. (württ.) Infanterie-Division	7.VII.–11.VIII.1917
- 240. Infanterie-Division	1.III.–26.VIII.1917
- 301. Infanterie-Division	29.I.–31.VII.1917
	1.I.–16.I.1918
- Jäger-Division	5.VII.–18.VII.1918
- 4. Kavallerie-Division	19.V.–11.XI.1918
- 6. Kavallerie-Division	1.V.–5.VII.1918
- 7. Kavallerie-Division	27.XII.1914–18.I.1915
	15.V.–31.XII.1917
	1.I.–19.V.1918
- 7. Kavallerie-Schützen-Division	1.XI.–11.XI.1918
- Deutsches Alpenkorps	19.V.–29.VII.1917

inaktive Truppenteile

- Garde-Ersatz-Division	9.IX.–18.IX.1918
- Bayerische Ersatz-Division	5.VIII.–19.VIII.1914
- 3. Reserve-Division	1.X.–18.XI.1917
- 6. (bayer.) Reserve-Division	4.VIII.–10.X.1917
- 8. (bayer.) Reserve-Division	21.I.–17.V.1915
(Münster)	19.II.–20.III.1915
	17.IV.–17.V.1915
	20.VII.–14.X.1915
	7.XI.–12.XI.1915
	7.XII.1915
	1.III.–4.VII.1916
- 9. Reserve-Division	21.X.–23.XI.1916
- 10. Reserve-Division	14.IV.–8.VI.1916
- 14. Reserve-Division	2.VIII.–21.VIII.1918
	18.IX.–3.X.1918
- 16. Reserve-Division	13.VI.–5.VII.1917
- 19. Reserve-Division	17.V.1915–29.II.1916
	14.VI.–21.VI.1915
	24.VI.1915
(Münster)	20.VII.–14.X.1915
	21.XII.1915–9.I.1916
	1.III.–14.III.1916
- 22. Reserve-Division	4.XII.1917–6.IV.1918
- 30. Reserve-Division	31.X.–3.XI.1914
	14.I.–29.IV.1917
	29.X.1917–11.XI.1918
- 36. Reserve-Division	11.VI.–3.VII.1917
- 39. Reserve-Division	3.I.1917–16.I.1918
- 48. Reserve-Division	3.VII.1917–14.II.1918
- 78. Reserve-Division	18.IV.–10.V.1917
- 1. Landwehr-Division	18.IX.–1.X.1918
- 6. (bayer.) Landwehr-Division	29.I.1915–29.II.1916
(Münster)	19.II.–14.X.1915
	1.III.1916–31.XII.1917
	1.I.1918–11.XI.1918

- 7. Landwehr-Division	29.I.1915–29.II.1916
	22./23.II.1916
	1.III.1916–15.II.1917
- 8. Landwehr-Division	29.I.1915–29.II.1916
	13.II.–21.III.1916
- 12. Landwehr-Division	16.IV.1915–29.II.1916
	1.III.1916–15.V.1917
- 21. Landwehr-Division	3.IV.–1.V.1918
- 25. Landwehr-Division	23.IV.–31.XII.1917
	1.I.–11.XI.1918
- 26. Landwehr-Division	12.I.–31.XII.1917
	1.I.–11.XI.1918
- 44. Landwehr-Division	16.X.1917–11.XI.1918

d) Deutsche Truppenteile im Abschnitt Hartmannsweilerkopf 1914–1918

Vorbemerkung: Angesichts der auf dt. Seite häufig wechselnden Unterstellungen und Zuteilungen auch kleinster Einheiten in kürzesten Zeiträumen kann diese Zusammenstellung zwar nicht den Anspruch auf vollständige, jedoch weitestgehende Vollständigkeit erheben. Berücksichtigt sind die Einheiten i. d. R. bis zur Kompanieebene.

Der Armee-Abteilung Gaede (bis 4.IX.1916, danach „B“) unterstanden im Abschnittsbereiche des Hartmannsweilerkopfes nachstehende Verbände und Einheiten:[264]

Infanterie und Jäger
16. InfDiv
29. InfBrig
187. InfBrig
II./GFüsRgt
I. u. II./InfRgt 25
(bayer.) InfRgt 28
II./InfRgt 31
InfRgt 69
II./InfRgt 84
II./GrenRgt 89
InfRgt 161
InfRgt 186
InfRgt 188
InfRgt 189
InfRgt 437
GJgBtl
GSchtzBtl
(mecklenb.) JgBtl 14
(lauenb.) JgFeldBtl 9
(württ.) GebBtl
RadfahrKp Neubreisach
MG-ScharfschtzAbt 3
MG-ScharfschtzAbt 58

WGM Rastatt.

MGAbt 254
GebMGAbt 227
GebMGAbt 228
(bayer.) 2. GebMGK
MGK 701
MG-Zug FüsRgt 86
FeldMG-Zug 77
FeldMG-Zug 256
FeldMG-Zug 303
MG-Zug 284
ResInfRgt 71 (Teile)
ResInfRgt 73 (Teile)
ResInfRgt 74 (Teile)
II. u. III./ResInfRgt 75
I./ResInfRgt 78
ResInfRgt 221
ResJgBtl 8
7. LdwDiv
12. LdwDiv
(württ.) 26. LdwDiv
55. gem. LdwInfBrig
82. LdwInfBrig
I./LdwInfRgt 1
LdwInfRgt 40
I./LdwInfRgt 56
V./LdwInfRgt 76
I. u. IV./LdwInfRgt 87
IV./LdwInfRgt 99
LdwInfRgt 110
(württ.) LdwInfRgt 119

(württ.) LdwInfRgt 121
(württ.) LdwInfRgt 123 (Teile)
(württ.) LdwInfRgt 124
(württ.) LdwInfRgt 126 (Teile)
LdwInfRgt 436
2./LdstInfBtl Heidelberg
2./LdstInfBtl Mannheim
LdstInfBtl Offenburg
Kp LdstInfBtl Pforzheim

Kavallerie

42. KavBrig
UlRgt 11
UlRgt 15
ErsEsk DragRgt 26
1. (württ.) LdwEsk XIII. AK
2. LdwEsk XIV. AK

Feldartillerie

ArtKdr 141
(würrt.) FeldaRgt 116
FeldhaubitzenAbt/ResFeldaRgt 19
ResFeldaRgt 30 (Teile)
ResFeldaRgt 48 (2 Abt)
ErsFeldaRgt 14
ErsFeldaAbt 17 (Teile)
(bayer.) I. FeldaAbt/ErsDiv
(württ.) LdwFeldaRgt 1
LdwFeldaRgt 76

Fußartillerie

(bayer.) FußaRgt 2 (Teile)
FußaRgt 12
FußaRgt 13
FußaRgt 16
ResFußaBtl 13
ResFußaBtl 23
FußaBttr 245 D, E (Teile)
Bttr 211
Bttr 364
Bttr-C/ErsBtl 20
GebKanBttr 1
GebKanBttr 9
GebKanBttr 10
FeldBttr 49
FeldBttr 817
FeldBttr 828
FeldBttr 871
FeldBttr 901

Pioniere

GPiBtl (Teile)
1. PiKp/SturmAbt Rohr (5)
SturmBtl 16
PiKp 250
1. LdwPiKp X. AK
(württ.) 3. LdwPiKp XIII. AK
4. u. 6. LdwPiKp XIII. AK
1. LdwPiKp XIV. AK
4. FeldPiKp/PiBtl 14
1. LdwPiKp XIX. AK
LdstPiZug XIV. AK
MwBtl VII
(bayer.) MwBtl 9
(sächs.) MwAbt 22
sMwAbt 16
sMwAbt 23
mMwAbt 151
MwKp 312
(württ.) MwKp 325
(württ.) MwKp 326

Nachrichtentruppen

FernsprAbt 526

Kraftfahrtruppen

DivKraftwagenKol 795

Sanitätskorps

LdwSanKp 31
FeldLaz 8/XIII

Flugwaffe

Feld-FlgAbt 68

FlgAbt 253

(bayer.) FlgAbt 296

Armierungstruppen

ArmierungsBtl 23

ArmierungsBtl 67

ArmierungsBtl 70

BauKp Stein

e) Einsatz französischer Einheiten im Bereich Lingekopf/Münstertal 1914–1918

Régiments d'infanterie: 35e, 37e, 43e, 59e, 79e, 152e, 155e, 159e, 213e, 215e, 227e, 229e, 235e, 240e, 244e, 256e, 260e, 297e, 305e, 334e, 357e, 359e, 371e, 372e

Bataillons de chasseurs: 3e BCP, 5e BCP, 6e BCA, 7e BCA, 11e BCA, 12e BCA, 13e BCA, 14e BCA, 15e BCP, 22e BCA, 23e BCA, 24e BCA, 25e BCP, 26e BCP, 27e BCA, 28e BCA, 29e BCP, 30e BCA, 42e BCP, 45e BCP, 46e BCA, 47e BCA, 51e BCA, 52e BCA, 54e BCA, 62e BCA, 63e BCA, 64e BCA, 65e BCP, 67e BCA, 68e BCA, 70e BCA, 106e BCP, 107e BCP, 114e BCA, 115e BCA, 120e BCP, 121e BCP, 122e BCP, 1e Skieurs/28e BCA, 4e BCT, Bon de marche

Régiments de cavalerie: Dragons 10e, 11e, 15e, 16e, 18e, 19e, 20e, 25e, 26e; Hussards 10e, 16e; Chasseurs à cheval 11e, 22e

Régiments d'artillerie: 1e, 2e, 5e, 6e, 8e, 9e, 15e, 21e, 31e, 37e, 41e, 42e, 44e, 47e, 49e, 56e, 103e C.R.A.P.

Régiments du génie: 1er, 2e, 7e, 11e, 28e

f) Einsatz französischer Einheiten am Hartmannsweilerkopf 1914–1918[265]

Régiments d'infanterie: 1er, 19e, 21e, 23e, 52e, 75e, 106e, 109e, 140e, 152e, 213e, 229e, 233e, 244e, 245e, 320e, 334e, 348e, 363e, 369th (US), 371e

Régiments territoriaux d'infanterie: 43e, 55e, 57e, 96e

Bataillons de chasseurs: 5e, 6e, 7e, 11e, 12e, 13e, 15e, 17e, 21e, 22e, 23e, 24e, 26e, 27e, 28e, 46e, 47e, 49e, 51e, 52e, 53e, 60e, 61e, 62e, 63e, 64e, 65e, 66e, 67e, 68e, 69e, 1re/115e Compagnie de Skieurs

Bataillons territoriaux de chasseurs: 3e, 5e, 6e, 7e

Hartmannsweilerkopf, Gipfel. Borne du Front im Originalzustand. WGM Rastatt.

Éqesmuletrs: 35/7, 1/12/14, 3/12/14, 1/11/14, 2/10/14

Régiments d'artillerie: 2e, 5e, 6e, 10e, 15e, 26e, 31e, 35e, 37e, 38e, 40e, 42e, 44e, 56e, 62e, 101e, 111e, 115e, 133e, 225e, 227e, 240e, 247e

Régiments d'artillerie de montagne: 1er, 2e

Régiments d'artillerie de tranchées: 175e

Compagnies du génie: 11/2e, 11/52e, 11/71e, 14/1er, 14/51e, 16/13e, 16/13e BIS, 16/24e, 16/63e, 17/64e, 21/13e, 27/2e

Compagnies specles (Lance flammes)

Ambulance: Nr. 1/70

Compagnies de Travailleurs

Gefechtskalender des Abschnittes Lingekopf[1]

Tag	Wetterlage	Kommandobehörde/Truppenteil	Ereignis
4.XI.1914	dichter Nebel, drückend	Abt Frech	Misslungener, von OB Gaede nicht gewollter Angriff im Münstertal (4/77 Tote).
2.XII.1914	mild, klar	28ᵉ u. 30ᵉ BCA, Tle. 215ᵉ R.I.	Angriff auf Buchenkopf wirft bayer. Landwehr aus den Stellungen. In der Folge Stellungskrieg und Versuch der Wiedergewinnung des Gipfels.
24.XII.1914, 22.30 Uhr	Nebel, -18 °C	JgBtl 14	Rückeroberung[2] des Buchenkopfes misslingt; Verluste: 4/10/20 tot, 2/10/128 verw., 21 verm. Der Gipfel bleibt fortan in französischem Besitz.
19.I.1915		Armeeabt. Gaede	Abt. Frech (mit ResJgBtl 8, ResJgBtl 14, 2 SchneeschuhläuferKp u. 6 GebGeschützen) für Besetzung des Höhenzuges vom Gr. Hörnleskopf über Braunkopf südlich über Sulzern vorgesehen.
25.I.1915		Frz. GenStab	Joffre legt für Armeegruppe Vogesen neues Ziel fest: Münster über die Höhen zu nehmen.
8.II.1915	warm, vorm. Regen, abends klar	LdwBrig 51	Vorgehen des rechten Flügels im Lauchtal gegen Hilsenfirstmassiv.
13.II.1915	Regen u. Wind	Abt. Frech (51. gem. LdwBrig)	Frühjahrsoffensive in den Vogesen.[3] Hilsenfirst zur Flankendeckung des Angriffes im Münstertal unter leichten Gefechten genommen;[4] 135 Gefangene; am folgenden Tag Stabilisierung und Gewinnen der Linie Sengern (westl. Lautenbach)–Hilsenfirst.
19.II.1915	sehr mild, Sonne u. Regen	8. bayer. ResDiv, 6. LdwDiv	Beginn der 1. Schlacht von Münster (bis 21.II.):[5] Metzeral und Reichackerkopf (778 m) von 8., Barrenkopf u. Hörnleskopf von 6. Div genommen. Starke dt. Beschießung des Altenbergs und Schluchtpasses mit Kal. 13 u. 21 cm.
20.II.1915	sehr mild, sonnig u. klar	8. bayer. ResDiv (von Süden), 6. LdwDiv (von Osten)	Fortsetzung des dt. Angriffes auf eine stark befestigte Linie Gaschneykopf–Sattelkopf–Sattel–Reichackerkopf–Mönchskopf; 6. LdwDiv nimmt Kleinkopf-Hohrodberg, Barrenkopf.

Tag	Wetterlage	Kommandobehörde/Truppenteil	Ereignis
21.II.1915	nasskalt	Brigade Pechmann (8. ResDiv), 6. LdwDiv	Angriff kommt zum Stehen, große Verluste bei 8. ResDiv; Landsturm u. abgesessene Kavallerie nimmt abends Stoßweier, Höhen noch in fdl. Hand; Schluchtstraße teilweise zerstört, Hotel Altenberg brennt.
23.II.1915	nasskalt, Regen u. Nebel		Starke Verluste beim Angriff auf Sulzern u. Ampfersbach, Krise bei Truppe.
24.II.1915	starker Schneefall, 2 °C		Einstellung der Kämpfe wg. Erschöpfung der Truppe u. Munitionsmangel beidseitig. Dt. Verluste ca. 3.000 von 14.000 Mann; frz. Verluste innerhalb von 5 Tagen: 33/1.519, davon 7/306 tot. Sulzern, Gr. Hörnleskopf u. Sattelkopf in Feindeshand.
28.II.1915	stürmisch, Regen	bayer. LdwIR 22	Erfolglose Erkundung gegen Sulzern u. Ampfersbach; frz. Gegenstoß.
6.III.1915	mild u. trüb, Regen	Tle. 47ᵉ D.I.; LdstBtl Bruchsal u. Karlsruhe, 8. bayer. ResDiv	Franzosen greifen im Münstertal an: Reichackerkopf (Bruchsal) u. Rebberg oberhalb Stoßweier (Karlsruhe) aufgegeben. Gegenstoß der gerade abgelösten Bayern. Reichackerkopf bis auf Gipfelstellung wieder genommen (7.III.).
19.III.1915	Regen, 7 °C	Tle. 47ᵉ D.I.	Mehrfache frz. Angriffe gegen Reichackerkopf.
20.III.1915, nachm.	Sonne, frisch	Tle. 8. bayer. ResDiv u. III./75	Reichackerkopf genommen; schwere frz. Verluste.
23.III.1915	leicht bedeckt, 10 °C	Tle. 47ᵉ D.I.	Starke frz. Angriffe gegen Reichackerkopf mit großen Verlusten beidseits.
26.III.1915		Groupement des Vosges	Gen Pouydraguin übernimmt Kdo über 47ᵉ D.I.
4.IV.1915		7. frz. Armee	Gen de Maud'huy OB 7ᵉ Armée (ehem. Armée d'Alsace).
17.IV.1915, nachm.	sonnig, warm	Tle. 47ᵉ D.I.	Frz. nehmen Schnepfenriethkopf (1.258 m) bei Metzeral; starke dt. Verluste. 8. bayer. ResDiv muss linken Flügel zurücknehmen.
5.V.1915	starker Morgennebel, dann sonnig	Tle. 47ᵉ u. 66ᵉ D.I.	Angriff auf Höhenstellungen westlich von Metzeral (Sillacker, Höhe 830) scheitert an 8. bayer. ResDiv sowie IV./99 u. JgBtl 14 (bis 8.V.1915).[6]

Tag	Wetterlage	Kommandobehörde/Truppenteil	Ereignis
16.V.1915		Armeeabt. Gaede	Ablösung der 8. bayer. ResDiv durch 19. ResDiv (Gen d Inf Bahrfeldt).
2.VI.1915		OHL	Zuführung der InfBrig 187 als OHL-Reserve für die Kämpfe im Münstertal.
14./15.VI.1915	sonnig	47e u. 66e D.I.	Angriff auf Stellungen der 19. ErsResDiv am Hilsenfirst u. Braunkopf erfolgreich; Division ohne Gefechtserfahrung.
17.VI.1915	sonnig	Armeeabt. Gaede	Mobilisierung der letzten Reserven wg. starker Bedrohung Metzerals; Kdo über Abschnitt Hilsenfirst an Gen. Mengelbier der 12. LdwDiv übertragen; Aufgabe in Braunkopf u. Höhe 830, Metzeral kann noch gehalten werden.
21.VI.1915	sonnig	19. ResDiv	Fall Metzerals; neue dt. Verteidigungslinie von Mühlbach über Höhen ostw. Metzerals zum Hilsenfirst (Verluste: dt. 111/3.565, davon das ResIR 73 allein 20/736; frz. über 6.000); Herauslösung der 19. Div.
16.VII.1915	Sonne, gewittrig		Ablösung der 19. ResDiv durch 8. bayer. ResDiv beginnt (bis 19.VII.).
20.VII.1915, 15.00 Uhr	Sonne	129e (3e Brig. de chasseurs) u. 47e D.I.	2. Schlacht um Münster[7] (bis 14.X.): Großangriff nach stundenlangen Art.-Feuer gegen Lingekopf, Schratzmännele u. Barrenkopf (6. bayer. LdwDiv) und (als Ablenkung und Entlastung) Reichackerkopf (8. bayer. LdwDiv). Kräfteverhältnis: 893/4 Btle. (dt.) gegen 1.301/2 Btle. (frz.).
im Laufe des Tages u. später		Armeeabt. Gaede	Heranziehung von Reserven (GJgBtl, JgBtl 14, Tle. 187. Brig).
21.VII.1915	Sonne	47e D.I (4e Brig. de chasseurs mit 6e, 24e u. 46e)	Setzen Angriff auf Reichackerkopf fort; am Abend 72/986 Mann Verluste.

Tag	Wetterlage	Kommandobehörde/Truppenteil	Ereignis
22.VII.1915, 5.15 Uhr	Sonne	bayer. LdwRgt 2, JgBtl 14	Schwere frz. Beschießung der bayer. u. meckl. Stellungen.
11.30 Uhr		5^{e} u. 3^{e} Brig. de chasseurs	Erneuter Angriff auf Barrenkopf, Schratz und Linge erstirbt im flankierenden MG-Feuer der Verteidiger; zahlreiche Verluste durch Kurzschüsse der Art.
		Armeeabt. Gaede	Beantragte Inf. der 19. ResDiv von Falkenhausen nicht genehmigt.
23.VII.1915	Regen		Abebbende frz. Angriffe wg. starker Verluste und ungenügender Art.-Vorbereitung.
		JgBtl 14	Ablösung durch III./bayer. LdwIR 3 u. II./IR 188.
26.VII.1915, 18.00 Uhr	Nebel, regnerisch	3^{e} Brig (14^{e} u. 30^{e} BCA)	Nach heftigem Art.-Beschuss Frontalangriff gegen Stellungen I. u. II./IR 188;[8] Linge-/Barrenkopf fallen. Einbau JgBtl 14 in die Front.
27.VII.1915, ab 3.00 Uhr	nachm. bis abends schwere Gewitter	GJgBtl, JgBtl 14	Mehrere Gegenstöße mit starker Art.-Unterstützung vom Eichenrain bleiben vor der Kammstellung liegen. Starke Verluste (auch durch Kurzschüsse der Art.): GJgBtl 47 Tote, 126 Verw., 14 Verm.; JgBtl 14: 82 Tote, 263 Verw., 85 Verm. bzw. Gef.
13.10 Uhr		5^{e} Brig. de chass. (115^{e}, 120^{e} u. 15^{e} BCP)	Angriff auf Schratz u. Barrenkopf. Zurückgeworfenes 115^{e} BCP bringt 15^{e} BCP in Einbruchstelle zw. Schratz u. Barrenkopf in unhaltbare Position.
28.VII.1915	Gewitter, Regen	Frz. Generalstab	Joffre befiehlt Übergang zur Verteidigung ab 20.VIII.1915 (Ablösung 129^{e} D.I.); bis dahin Ziel, günstige Ausgangspositionen zu gewinnen.
		Armeeabt. Gaede	Ablösung I. u. II./IR 188, GJgBtl, JgBtl 14 wg. starker Verluste durch ResIR 92.[9]
29.VII.1915	kühl, trüb	$V^{e}/129^{e}$ D.I.	Angriff gegen Schratz vom Lingepass ausgehend.
15.30 Uhr		5^{e} Brigade	Angriff gegen Schratz (15^{e} B^{on}) u. Barrenkopf (11^{e} B^{on}). IR 92, frisch eingesetzt, gibt Stellungen auf.

Tag	Wetterlage	Kommandobehörde/Truppenteil	Ereignis
noch 29.VII.1915 18.40 Uhr		3., Radfhr. u. RadfhrErs./GjgBtl	Nach direktem Art.-Beschuss des Lingekopfes vom Eichenrain Angriff auf Lingekopf, scheitert u. wird 21.00 Uhr auf Brigadebefehl trotz Einspruch v. Fabeck (Gaede: „cunctator") wiederholt u. scheitert erneut (39 Tote).[10]
31.VII.1915		Dt. Art.	Schwerer Beschuss der frz. Stellungen am Lingepass. Metzeral, Pfeiferberg, Braunkopf u. Reichackerkopf.
		GjgBtl	Ablösung durch II./ResIR 74.
1.VIII.1915, 19.30 Uhr	gewittrig mit Regenschauern	3^{e} u. 5e Brig/129^{e} D.I.	Nach Art.-Vorbereitung geht 3^{e} gegen Schratz links eingesetzt, 5^{e} gegen Schratz u. Barrenkopf rechts eingesetzt vor. Auf dt. Seite IR 74, 92, III./IR 188, bayer. LdwIR 2 halten bis auf kleinere Einbrüche die Stellungen.
2.VIII.1915	schwüle Gewitterstimmung	IR 188	Ablösung durch I. u. III./ResIR 74; Verluste: 8/477.
4.VIII.1915, 10.00 Uhr	gewittrig	Dt. Art.	Schwerster Beschuss der Linie Lingekopf–Schratzmännele–Barrenkopf.
18.00 Uhr		ResIR 74	Angriff gegen Lingekopf.
5.VIII.1915, 17.00 Uhr		ResIR 74, I./ResIR 92, 1/2 II./bayer. LdwIR 1[11]	Angriff gegen das Blockhaus am Lingekamm; wird durch das 54e Bon zurückgeworfen.
6.VIII.1915		7e Armée	Nach den mehrtägigen wechselseitigen Angriffen Ablösung der frz. Einheiten und Ersetzung Colonel Brissaud-Desmaillet durch Colonel Coybet (81e Brig/66e D.I.).
7.VIII.1915, 13.00 Uhr		ResIR 74, III./ResIR 79	Nach unvollkommenem Wirkungsschießen der Art. wird der vorgesehene Sturm auf Lingesattel abgeblasen.
8.VIII.1915	Sonne, heiß	Dt. Art.	Dt. 42-cm-Eisenbahngeschütz bei Colmar beschießt Schluchtstraße u. macht diese nahe Altenbergtunnel unpassierbar.

Tag	Wetterlage	Kommandobehörde/Truppenteil	Ereignis
noch 8.VIII.1915		ResIR 74, III./ResIR 79	Wirkungsschießen mit Minenwerfern führt zu keinem Erfolge; Sturm zerbricht an frz. Blockhaus am Sattel. Verluste ResIR 74 v. 4.–8.VIII.: 172 Tote, 674 Verw., 104 Verm., ein Drittel seiner Kampfkraft.
9.VIII.1915		Armeeabt. Gaede	Verluste der 6. bayer. LdwDiv u. der 8. bayer. ResDiv v. 21.VII.–7.VIII.1915: 116/4594.
14.VIII.1915		II./ResIR 74	Ablösung durch II./ResIR 78.
15.VIII.1915		8. bayer. ResDiv	Kg. Ludwig III. von Bayern besucht seine Truppen.
17.VIII.1915		$11^{e}/129^{e}$ D.I., 27^{e} BCA	Nach Art.-Vorbereitung frz. Angriff mit kleinen Erfolgen bei Sondernach, Lingekopf (11e), Schratzgipfel (27e).
22.VIII.1915	Regen, mit Sonne abwechselnd	22e u. 23e BCA	Nehmen Schratzgipfel (22e) u. (vorübergehend) Barrenkopf (23e); Offensivgedanke über die Höhen endgültig aufgegeben.
26.VIII.1915		7e Armée	Gen Pouydraguin übernimmt Kdo. 129e D.I. wird durch 47e D.I. abgelöst. Vom 20.VII.–25.VIII.1915 176/9.485 frz. Gefallene, darin enthalten 18/776 auf dem Reichackerkopf.
29.VIII.1915		ResJgBtl 8	Wird von der Kuppe des HK zum Lingekopf verlegt für bevorstehenden Angriff.
29.VIII.1915		Armee-Abt. Gaede	Unterstellung unter Armee-Abt. Falkenhausen aufgehoben.
30.VIII.1915		Dt. Artillerie am Eichenrain	Einschießen; wg. Kurzschüsse der Mörser zahlreiche Tote bei eigener Truppe (ResJgBtl: 1/24).
31.VIII.1915, 18.00 Uhr		Tle. ResJgBtl 8, ResIR 78, II./ResIR 73	Angriff[12] nach Art.-Vorbereitung (mit Gasgranaten). Erstmals Flammenwerfereinsatz. Gegenstöße des 51^{e}, 14^{e} u. 22^{e} BCA ändern die Lage nur geringfügig.
Erste Septemberwoche			Begrenzte Angriffe beider Seiten ohne durchgreifenden Erfolg.

Tag	Wetterlage	Kommandobehörde/Truppenteil	Ereignis
5.IX.1915		3e Brigade de chasseurs	Colonel Brissaud-Desmaillet übernimmt wieder Kdo über Abschnitt am Lingekopf von Col. Passaga.
9.IX.1915, 18.30 Uhr	starker Morgennebel, dann heiter	ResIR 78, II./ResIR 73, ResJgBtl 8	Angriff[13] ohne Art.-Vorbereitung auf der ganzen Linie (bis HK) mit Flammenwerfern u. Gasgranaten bei günstiger Windrichtung; am folgenden Tag ganze Kammlinie wieder in dt. Besitz. Verluste bei ResJgBtl 8 bis zu diesem Tag: 97 Tote, 220 Verw.; bei ResIR 73 v. 22.VIII.–27.IX. 3/146 tot, 16/544 verw., 39 verm.
12.X.1915, 17.29 Uhr	trüb, nachm. starker Regen	Tle. IR 187 mit 2./Sturmbtl Rohr, 2. u. 12. bayer. LdwRgt, PiKp 250	Dt. Flammenwerfer- u. Gasgranatenangriff auf Grabenstück am Schratzmännele mit ziemlichen Verlusten durch 14e BCA (17 Tote, 60 Verw.).[14]
16.X.1915	sonniger Herbsttag		Letzter dt. Angriff scheitert; Übergang zur reinen Verteidigung mit gegenseitigen kleineren Stoßtruppunternehmen. Am HK Fortsetzung der Angriffe. Verluste v. 20.VII.–21.X.1915: 6. bayer. LdwDiv. 152/6758; 8. bayer. ResDiv. 82/3603, einschl. zugeteilter Truppen; Gesamtverluste v. 20.VII.-9.IX.1915: 1.699 tot, 5.270 verw., 468 verm., Sa. 7437.

1 Zusammengestellt nach den Berichten der Armee-Abt. Gaede, KTB Gaede und Gefechtsberichten der beteiligten Verbände.

2 Schenck zu Schweinsberg/Bornefeld/v. Wilamowitz-Möllendorff, Das Großhzgl. Mecklenb. Jäger-Bataillon Nr. 14, S. 44-48.

3 Vgl. den Armeetagesbefehl zum Jahrestag der Armee-Abt. Gaede, Abt. Ia Nr. 1430 geh. v. 13.II.1916: KTB Gaede 1914-1916, 2. T., Anlage, f. 85; BArch-Militärarchiv Freiburg, N4/5.

4 Blaum, Deutsche Scheeschuhtruppen in den Vogesen, S. 16-19. Es handelte sich hierbei um das erste Gefecht von Schneeschuhtruppen im Gebirge in der Kriegsgeschichte.

5 Zur 1. Schlacht von Münster vgl. die Gedenkblätter d. 8. K. B. Reserve-Division, in: GLA Karlsruhe, 456 F 3/ 1117; Krafft v. Dellmensingen/Feeser, Das Bayernbuch vom Weltkriege 1914-1918, S. 185-196.

6 „Die Bayer. 8. Res. Div. hat in der letzten Nacht bei 830 vorgeschobene feindl. Schützengräben gestürmt und alle Franzosen dort umgebracht." KTB Gaede 1914-1916 v. 10.V.1915; BArch-Militärarchiv Freiburg, N4/4.

7 Garde-Jäger-Bataillon (1934), S. 110-120. Die Verluste der Gardejäger im Einsatzzeitraum vom 22.VII.-31.VII.1915: 303 Gardejäger, davon 85 Gefallene (S. 120); Schenck zu Schweins-

berg/Bornefeld/v. Wilamowitz-Möllendorff, Das Großherzoglich-Mecklenburgische Jäger-Bataillon Nr. 14 im Weltkrieg, S. 71-75. In der Zeit vom 20.VII.-28.VII.1915 verlor das Bataillon insgesamt 430 Jäger, davon 82 Gefallene (S. 75); Krafft v. Dellmensingen/Feeser, Das Bayernbuch vom Weltkriege 1914-1918, S. 255-258.

8 Rose, Das Infanterie-Regiment 188 im Weltkriege, S. 8 ff. An Verlusten zählte das Regiment 8/477 Gefallene, Vermisste und Verwundete.

9 Blankenstein, Geschichte des Reserve-Infanterie-Regiments Nr. 92 im Weltkriege, S. 144-151. Verluste des Regiments v. 28.VII.-7.VIII.1915: 4/199 gefallen, 14/527 verwundet (davon 33 verstorben), 0/5 vermisst.

12 Garde-Jäger-Bataillon (1934), S. 117 f.; KTB Gaede 1914-1916 v. 29.VII.1915; BArch-Militärarchiv Freiburg, N4/4.

13 Kreuter, Das K. B. Landwehr-Infanterie-Regiment Nr. 1, S. 110-131.

14 v. Jecklin, Das Reserve-Jäger-Btl. Nr. 8 im Weltkriege, S. 68-74; Geschichte des Reserve-Infanterie-Regiments 73, S. 237-240; Möller, Kgl. Preuß. Reserve-Infanterie-Regiment Nr. 78, S. 107-119.

15 v. Jecklin, Das Reserve-Jäger-Btl. Nr. 8 im Weltkriege, S. 74 f.; Geschichte des Reserve-Infanterie-Regiments 73, S. 240-245; Möller, Kgl. Preuß. Reserve-Infanterie-Regiment Nr. 78, S. 117-119.

16 Vgl. 6. K. B. LwDiv Abt. I Nr. 2209 v. 17.X.1915: Bericht über das Gefecht am Schratzmännele am 12.X.1915, in: GLA Karlsruhe, 456 F 3/ 929, f. 297 ff.; KTB Gaede 1914-1916 v. 12.X.1915; BArch-Militärarchiv Freiburg, N4/4.

Gefechtskalender des Abschnittes Hartmannsweilerkopf 1914–1918[1]

Tag	Wetterlage	Kommandobehörde/ Truppenteil	Ereignis
25.XII.1914		Chasseurs alpins	Erste Besetzung des Gipfels.
29.XII.1914		1./LdwEsk/XIII. AK	Erster (dt.) Toter auf dem HK bei Jägertanne Nord (Drag Franz Josef Leinmüller).
4.I.1915		Teile LdwIR 119 u. 8./123	Inbesitznahme HK als Stütze für eine Offensive über die Höhen gegen Thann scheitert am Einsatz des 28ᵉ u. 15ᵉ BCA; Rückzug auf Aussichtsfelsen.
9.I.1915	regnerisch, auf Gipfel nasser Schnee	51. gem. Brig mit I./LdwIR 123	Erneuter dt. Angriff endet mit starken Verlusten durch 68ᵉ BCA. Ausbau der Kuppe durch 1ʳᵉ/28ᵉ BCA (Lt Canavy; Ringburg). Keine Flankensicherung.
		III./LdwIR 123	Besetzung des Sudelkammes und Ausbau desselben (Stellung „Crailsheim").
19.I.1915, 7.30 Uhr	Nebel, auf Höhen tiefer Schnee, -10 bis -12 °C	Div Fuchs, UlRgt 11, JgBtl 14, IR 25	Dt. Großangriff[2] mit aktiven Truppenteilen; Hirzenstein wird erobert (IR 25), der HK von Norden (1./Jg14, 3./119 u. 2./123) und Süden (3./Jg14, 3. u. 4./UlRgt 11) in die Zange genommen. Sperrriegel am Südwesthang.
12.30 Uhr			Gen Serret schickt 2 Kp 53ᵉ und 1 Kp 13ᵉ BCA zur Unterstützung von Herrenfluh. Dt. Angriff auf Ringburg scheitert; Kämpfe am Silberloch und am Gipfel.
20.I.1915, 2.00 Uhr	sonnig, trockene Kälte, leichte Schneedecke	II./84 IR	Verstärkung bei Jägertanne.
6.30 Uhr		13ᵉ u. 53ᵉ BCA	Angriff bleibt vor Jägertanne stehen. Andauernde Kämpfe um die Gipfelstellung der Alpenjäger.
21.I.1915, 14.00 Uhr		13ᵉ, 53ᵉ, 27ᵉ BCA	Frz. Angriff gegen Stellung am Silberloch.
15.00 Uhr		Tle. IR 84, II./89. IR u. IR 25	Dt. Gegenstoß. Mineneinsatz gegen Ringburg (MwKp 312) führt zur Aufgabe dieser. Gefangene 2/125.

Tag	Wetterlage	Kommandobehörde/ Truppenteil	Ereignis
24.I.1915		Armeeabt. Gaede	Verlegung des HQu von Freiburg i. Br. nach Homburg/Oberelsass.[3]
4.II.1915, 10.00 Uhr	Sonne, Tauwetter	Div Fuchs	Angriff[4] bei St.-Antoni-Kapelle und auf HK mit IR 161, IR 25 kommt vor fdl. Stellung zum Halten. Verluste IR 161: 63 tot, 166 verw., 103 verm.
11.II.1915	Sonne, klar, leichter Frost	24e BCA, Tle. 334e R.I.	Angriff[5] gegen Stellungen III./LdwIR 123 auf Sudelkopf; starke Verluste der Landwehr, Aufgabe der Stellung „Gutermann".
17.II.1915, 9.00 Uhr	mild, sonnig	24e BCA, 334e R.I.	Nach schwerem Zerstörungsfeuer Angriff[6] auf Stellung „Crailsheim" des III./LdwIR 123; schwere Verluste des Btls., Stellungen werden auf den Hinterhang zurückverlegt.
27.II.1915	Sonne, Fliegerwetter	13e, 7e u. 53e BCA, 27e BCA Reserve	Frz. Angriffe am HK scheitern am Widerstand IR 161.
28.II.1915		66e D.I.	Gén Serret übernimmt Kdo über die Division.
5.III.1915, 10.30 Uhr	trüb, mild	13e BCA	Nach massivem frz. Art.-Beschuss Wegnahme der Jägertanne-Eierstellung (I./IR 161).
7.III.1915		III./IR 161	Vergeblicher Gegenstoß.
10.III.1915		Armeeabt. Gaede	29. InfBrig übernimmt Abschnitt der 42. KavDiv.
17.III.1915, 16.00 Uhr	bedeckt, 6 °C	7e u. 13e BCA	Frz. Angriff gegen Stellungen des IR 25 mit geringem Erfolg.
19.III.1915		Groupement des Vosges	R.I. 152 löst 13e BCA ab.
		Armeeabt. Gaede	Erstmalige Zuteilung von Handgranaten an die Jäger.
23.III.1915, 14.00 Uhr	leicht bedeckt, 10 °C	Tle. 152e R.I., 7e BCA	Frz. stürmen nach massiver Art.-Vorbereitung Stellungen des IR 25, können Gipfelstellung aber mangels genügender Art.-Vorbereitung nicht nehmen. Nächtlicher Gegenangriff IR 25 scheitert.

Tag	**Wetterlage**	**Kommandobehörde/ Truppenteil**	**Ereignis**
24.III.1915		OHL	Falkenhayn ordnet Abzug der Div. Fuchs an; als Ersatz nach und nach neue Verbände von OHL zugesichert (die spätere 12. LdwDiv).
26.III.1915, 15.30 Uhr	bewölkt, trocken	152^{e} R.I., 7^{e}, 27^{e} u. 53^{e} BCA	Neuerlicher frz. Angriff[7] wirft dt. Truppen (Tle. IR 25, RIR 75, LdwIR 15, UlRgt 11) auf Osthang, Porphyrgrat u. Oberrehfelsen sowie Kurve 7 in frz. Hand; Verluste bei IR 25 ca. 1.000 Mann.
29.III.1915		Armee-Abt. Gaede	Eintreffen der Potsdamer Gardejäger.
30.III.1915		Armee-Abt. Gaede	Schriftliche Vereinbarung Gaedes mit Gen v. Falkenhausen, HK wieder zu nehmen. Eintreffen der Gardeschützen aus Berlin-Lichterfelde.
6.IV.1915	nasskalt, windig	7^{e}, 27^{e}	Schwere frz. Angriffe auf HK, die auch nachm. u. 53^{e} BCA nachts fortgesetzt werden; Gipfel geht verloren.
8.IV.1915		12. LdwDiv	29. InfBrig wird durch 82. LdwBrig (Kdr: GenMj v. Sproesser) in der 12. LdwDiv mit LdwIR 56 u. 57 und zugeteiltem ResIR 75 abgelöst, übernimmt am 16.IV.1915 deren Abschnitt.
11.IV.1915		Armeeabt. Gaede	Div Fuchs wird von 55. (ehem. 51.) gem. LdwBrig (Kdr: Gen v. Frech) abgelöst u. tritt am 17.IV. zur 12. LdwDiv; Stab der Division wird an die Westfront verlegt.
12.IV.1915	teilweise sonnig, mild		Erneuter schwerer frz. Angriff auf HK mit starken Verlusten.
14.IV.1915, nachm.	Sonne, dunstig, mild	63^{e} BCA	Frz. Angriffe[8] am Himmelsleitergraben gegen I./IR 25, Tle. I./GJgBtl abgeschlagen.
15.IV.1915		Abschnittskdo II	Mj v. Fabeck übernimmt Abschnittskommando II (Oberer Rehfelsen bis Hirzenstein) mit GJgBtl rechts u. Ulanen 11 u. 15 links eingesetzt.
16.IV.1915		Armee-Abt. Gaede	LdwIR 87 (Kdr: Oberst Moß) aus I. u. IV./LdwIR 87 u. V./LdwIR 76 (sp. III./LdwIR 87) von Urbeis auf HK verlegt zur Ablösung IR 161. Gesamtverluste: 42/215/2012.

Tag	Wetterlage	Kommandobehörde/ Truppenteil	Ereignis
19.IV.1915, 4.00 Uhr	Sonne, warm	ResIR 75	Ungenügende Art.-Vorbereitung vereitelt mehrfach verschobenen dt. Gegenangriff auf Stellungen 152^{e} R.I. u. 7^{e} BCA. Falkenhayn drängt pers. auf sofortige Wiederholung des Angriffs.
22.IV.1915		12. LdwDiv	Gen Mengelbier übernimmt Kdo über 12. LdwDiv.
25.IV.1915	nach Nebelauflösung sonnig, mild		KavBrig 42 (UlRgt 11 u. 15) scheidet aus dem Verband der Armeeabt. Gaede aus.
18.00 Uhr		82. LwBrig mit GJgBtl, ResIR 75, 4./PiBtl 14, ResJgBtl 8, 1. LdwPiKp XIV, LdstPiZug XIV	Nach massivem Art.-Beschuss (16.00 Uhr) zangenförmiger Angriff[9] (18.00 Uhr) gegen Stellungen II. u. III./152^{e} R.I. u. IIe/57^{e} R.I.T. (links u. rechts davon eingesetzt). Am Abend Kuppe in dt. Hand. 11/749 frz. Gefangene, 4 MG, 6 MW.[10]
26.IV.1915, 15.30 Uhr	trüb mit Regen, mild	GJgBtl, ResJgBtl 8, ResIR 75, LdwIR 56 u. 87	Frz. Art- u. Minenfeuer, Gegenstöße 7^{e} BCA abgewehrt.
28.IV.1915		LdwIR 87	Oberst Moß, Kdr LdwIR 87, am HK gefallen, beigesetzt auf dem Soldatenfriedhof Gebweiler; Nachfolger: Oberst Schramme.
6.V.1915		Armee-Abt. Gaede	Wechsel des Chefs: ObstLt Hesse löst ObstLt v. Bronsart ab.
15.V.1915		Armee-Abt. Gaede	Zuführung der 19. ResDiv.
9.IX.1915, 18.00 Uhr	starker Morgennebel, dann heiter	82. LwInfBrig mit 1. u. 4./JgBtl 14, 1. LdwPiKp XIV; Tle. I./LdwIR 56 als Grabenbesatzung	Angriff[11] mit begrenztem Ziel auf den später so benannten Johann-Albrecht-Graben zur besseren Geländebeherrschung mittels Flammenwerfereinsatzes gegen 213^{e} R.I., 57^{e} R.I.T., Tle. 15^{e} BCP; Gefangene: 3/85 des 213^{e} R.I.
14.IX.1915	Regen, schwül		Frz. Gasangriff abgewiesen.
15.X.1915, 6.00 Uhr	dichter Nebel	GschtzBtl mit 1./GJgBtl, 1. PiKp, Sturmbtl Rohr, ResJgBtl 8, 9./LdwIR 56	Begrenzter dt. Entlastungsangriff[12] mit Sturmtruppen (Flammenwerfer); ca. 4.000 Mann auf 2 km Front gegen V^{e} u. VIe/ 334^{e} R.I.R., IIe/57^{e} R.I.T.; 5/221 Gefangene, frz. Verluste ca. 500; dt. Verluste: 6/87 gef., 7/381 verw., 17 verm.; nach Aktenlage: 5/149 gef., 16/591 verw., 1/109 verm.

Tag	Wetterlage	Kommandobehörde/ Truppenteil	Ereignis
16.X.1915, 12.00 Uhr	Sonne, frisch	15^{e} BCP	Frz. Gegenangriff mit starker Art.-Unterstützung; dt. Truppen ziehen sich wieder in ihre früheren Stellungen zurück; dt. Verluste: 32 tot, 203 verw., 63 verm.; beim GSchtzBtl innerhalb von zwei Tagen 3/8/53 tot, 8/22/282 verw., 38 verm.
31.X.1915		LdwIR 56	Gesamtverluste des Regiments v. 27.I.–31.X.1915: 2/261 tot, 10/548 verw., 31 verm. 22/367 wg. Krankheit ausgeschieden.
3.XI.1915		7e Armée	Kommandowechsel von Gén d'Maud'huy an Gén de Villaret.
21.XII.1915	Schneeluft, 0 °C		Weihnachtskampf am HK.[13] Der frz. Plan zur Eroberung des HK wird in die Tat umgesetzt.
10.15 Uhr		66e D.I., 23e R.I., 47e BCA (16 Jg- u. InfBtle, 51 Bttr mit 240 Geschützen, 32.150 Granaten, 33 Minenwerfern)	Fünfstündige Art.-Vorbereitung.
15.15 Uhr		6^{e} Brigade CA (BCA 7, 27, 28; BCP 67 als Arbeitskräfte, Kdr: LtCol Hennequin)	Im Südabschnitt eingesetzt, nimmt 16.00 Uhr Stellungen des IR 78 beim Hirzenstein (28^{e} BCA). Fehlende Reserven verhindern Vorstoß nach Wattweiler u. Sennheim.
		81^{e} B.I. (152^{e} R.I., 5^{e} u. 15^{e} BCP, 1 Btl/23^{e} R.I.; 68^{e} BCA als Arbeitskräfte)	Nimmt Gipfel u. überrennt Stellungen des JgBtl 14; 18.00 Uhr Angriffsziele erreicht. Dt. Gefangene: 26/1384.
		Armee-Abt. Gaede	Alarmierung dt. Reserve-Verbände: LdwIR 56 Mülhausen, ResJgBtl 8 (Tle. in Bühl u. am Hilsenfirst), LdwIR 40 (Sausenheim u. Baldersheim).
		I./LdwIR 56	Auftrag: Rehfelsen.
		II./LdwIR 56	Auftrag: Jägertanne.

Tag	Wetterlage	Kommandobehörde/ Truppenteil	Ereignis
noch 21. XII.1915		III./LdwIR 56	Auftrag: HK.
22.XII.1915, 3.00 Uhr	bedeckt, 5 °C	3. u. 4./ResJgBtl 8 mit Tln. JgBtl 14	Dt. Gegenangriff, Nordabschnitt: 3. (Naendrup, Pabst) u. Tle. Jg 14 fassen frz. Besatzung bei Bastion in den Rücken u. nehmen Bischofshut. 4. (Müller) nimmt Jägerfelsen bei Kurve 5.
8.30 Uhr		III./LdwIR 56	Geht am rechten Flügel gegen Kuppe HK vor.
9.00 Uhr		Dt. Artillerie	Beschuss der Linie Oberrehfelsen–Aussichtsfelsen–Gipfel.
10.00 Uhr		3 Kp 23e R.I., 8e/68e BCA	Zur Verstärkung der Gipfelbesatzung; kann um die Mittagszeit lediglich die alten Stellungen wieder besetzen.
11.00 Uhr		Dt. Artillerie	Feuersprung auf ehem. frz. Stellungen.
bis 12.30 Uhr		2./ResJgBtl 8 u. 9./LdwIR 56	Über Höhe 742 und Fabeckfelsen bei Kurve 6 gegen 3./152e R.I.; weiter gegen Oberrehfelsen.
bis 14.00 Uhr		ResJgBtl 8	Vom Emma-Graben bis Karl-Sappe ursprüngliche Stellung wieder in Besitz genommen; 152e R.I. hat zu bestehen aufgehört.
		I./LdwIR 56	Das vom Sandgrubenkopf angesetzte Btl. nimmt Oberrehfelsen und schneidet 1. u. 2./152e R.I. Rückzug ab.
		II./LdwIR 56	Geht vom Tanzplatz in Richtung über Schlummerklippe gegen Gipfel vor und nimmt diesen; Tle. schwenken nach Norden gegen Kardinalfelsen zum Flankenangriff auf den Gegner. Insgesamt 21/1.509 frz., 1.668 dt. Gefangene. Verluste JgBtl 14: 5/9/76 tot, 4/8/51 verw., 1/3/51 verm., 10/46/563 gef., Verluste des 152e R.I.: 48/1.950.
nachm.		Brigadekdo.	Gen Rudolph bei Kurve 2 durch Granatsplitter verw.; Gen v. Sproesser übernimmt wieder ab 23.XII.
23.XII.1915, 14.30 Uhr	Regen, 7 °C	PiKp SturmBtl Rohr, 14. u. 15./LdwIR 99 u. Tle. 6./LdwIR 56	Im Laufe des Nachmittags gelangt, nach Artillerievorbereitung, die Nordseite des HK endgültig in deutschen Besitz (Felseneck, Adlerhorst, Doppelkopf).

Tag	Wetterlage	Kommandobehörde/ Truppenteil	Ereignis
24.XII.1915, 14.00 Uhr	Regen, 10 °C	Dt. Artillerie	Trommelfeuer gegen Hirzenstein.
15.00 Uhr		2. PiKp Rohr, 1. u. 2./GJgBtl, Tle. 3. u. MGK GjgBtl	Angriff mit Flammenwerfern scheitert an ungenügender Art.-Vorbereitung.
28.XII.1915, 12.50 Uhr	bedeckt, 8 °C	Frz. Artillerie	Trommelfeuer auf Rehfelsen.
13.30 Uhr		Abschnitt II	Explosion des Mun-Lagers bei Kurve 0 tötet u. verwundet Teilnehmer einer Lagebesprechung; Hptm Graf zu Solms-Laubach übernimmt Fhrg. GJgBtl für den verw. Mj v. Fabeck.
15.00 Uhr		12^{e} BCA	Angriff auf Unteren Rehfelsen; ResIR 74 u. 11./LdwIR 40 werden nach Durchbruch bei 9./LdwIR 40 umfasst, Feldwache Rehfelsen (Teile 11./LdwIR 40 u. 7./ResIR 74, Lt Schaper) vom Hinterland abgeschnitten.
		11^{e} BCA	Überrennt Lippesche Schweiz.
17.30 Uhr		4./GJgBtl	Handgranatenangriff auf 6e u. 7e/23e R.I., 6/244 Gefangene.
29.XII.1915		Armee-Abt. Gaede	Einschub der 187. InfBrig (Kdr: Oberst Gündell) im Anschluss an 82. LdwBrig; Neuordnung der Angriffsstreifen. Neuaufstellung JgBtl 14 in Colmar.
		66e D.I.	Gén Serret im Silberbachtal tödlich verwundet; Nachfolger Gén Nollet.
30.XII.1915	bedeckt, 6 °C; Niederschläge, bedeckt, 8 °C	GJgBtl	Gegenangriffe der 2. u. 3./Gardejäger vom Mecklenburger-Weg führen zur Rückeroberung des Rehfelsens (11e u. 12e BCA).
1.I.1916, 17.00 Uhr	sonnig, frühlingsmild, sp. bedeckt	GJgBtl, 2. LdwPiKp XIV	Himmelsleiter, Lippesche Schweiz, Hexenküche genommen (11^{e}, 12^{e} u. 51^{e} BCA, Tle. 23^{e} R.I.). Verluste: 1/2/10 tot, 7/24 verw.

Tag	Wetterlage	Kommandobehörde/ Truppenteil	Ereignis
2.I.1916		82. LdwBrig	Verluste seit 20.XII.1915: 27/369 tot, 44/1.423 verw., 22/1.839 verm.
7.I.1916, morgens	Wolken, Regen, 12 °C	3./IR 188	Räumung des Blinddarm-Grabens für Art.-Überfall; beim anschließenden Sturm wg. ungenügender Art.-Vorbereitung erhebliche Verluste, 106 Gefangene.
8.I.1916, 9.35 Uhr	Regen, 4 °C	Dt. Art., MWKp 312, MWAbt 22	Dt. Angriff auf Hirzenstein mit 123 Gesch. und 17 MW in vier Art.-Gruppen mit mehr als 27.000 Schuss während 5 Stunden.
14.45 Uhr		IR 188 u. 189, Tle. Sturmabt. Rohr	Angriff[14] gegen Hirzenstein (erstmals in den Vogesen mit Gasmunition) und Sturm der Festung (6ᵉ Brigade de chasseurs aus 7ᵉ, 47ᵉ u. 67ᵉ BCA). Damit ist der ursprüngliche Zustand wiederhergestellt. Verluste 21.XII.–31.XII.1915: 29/455 tot, 58/1.753 verw., 25/1.929 verm., 7 gef.; 1.I.–10.I.1916: 9/242 tot, 11/794 verw., 75 verm., Gefangene: 50/3.254, 1 Feldgeistlicher, 32 MG, 1 MW; frz. Verluste 21.XII.1915–9.I.1916: 165/7.318, von diesen 1.465 Tote. 66ᵉ D.I. wird abgelöst.
7.II.1916		ResJgBtl 8	Mj Kachel (demnächst Kdr 3. GRzF) übergibt Kdo über sein Btl an Hptm v. Jecklin (ab 18.II.).
3.IV.1916		Abschnittskdo II	Mj v. Fabeck (GJgBtl) übergibt Kdo an Mj v. Heiligenstedt (JgFeldBtl 9).
4.IV.1916		Armeegruppe Ost	Gen Franchet d'Esperey löst Gen Dubail als OB ab; dieser wird Militär-Gouverneur von Paris.
24.IV.1916	bewölkt	12. LdwDiv	Gen Mengelbier am Unteren Rehfelsen schwer verwundet; Gen v. Drabich-Wächter Nachfolger als Kdr 12. LdwDiv.
1.V.1916		Dt. Westfront	Umstellung auf Deutsche Sommerzeit (1 Std. vor).
31.V.1916		InfBrig 187	Umbildung zur 187. Division.
8.VII.1916	sonnig, schwülwarm		Angriffe der Franzosen auf Sudel und HK ohne Erfolg.

Tag	Wetterlage	Kommandobehörde/ Truppenteil	Ereignis
4.IX.1916		Armee-Abt. Gaede/B	OB Gen Gaede gibt aus Krankheitsgründen Kdo an Gen v. Gündell ab; am 16.IX. in Freiburg i. Br. verstorben. Umbenennung in Armee-Abt. B.
30.IX.1916		12.LdwDiv	Als Ersatz für abgegebene aktive Truppen Aufstellung LdwIR 436 durch Verschlankung von LdwIR 56, 40 u. 87 und Zuteilung von Landsturmeinheiten.
13.XII.1916	Regen u. Schnee	Armee-Abt. B	Besuch S. M. des Kaisers u. Königs. Besuch des Hohnack wg. schlechten Wetters aufgegeben.
31.XII.1916		Armee-Abt. B	Das bei der AA aufgestellte Sturmbtl. erhält die Bez. Nr. XVI.
		LdwIR 56	Verluste 1916: 47 tot, 325 verw., 1 verm.
1.I.1917		Armee-Abt. B	Einschub der 26. LdwDiv (Kdr: Gen v. Teichmann) zwischen 12. u. 7. Ldw-Div mit 51. LdwBrig (119.u. 123. LdwIR), 124. LdwIR m. W. v. 18.I.1917. Frontbreite 12 km zw. Wünheimer Tal im Norden. Ober-Aspach im Süden, DivStab in Ensisheim.
25.I.1917		Armee-Abt. B	I. Staffel der AA übersiedelt von Homburg nach Colmar.
28.I.1917, 15.20 Uhr	stürmisch, -14 °C, Schnee	Art., MW-Btl VII, MWK 312	Stoßtruppunternehmen „Rumänien“,[15] Art.-Eröffnung (47 Gesch.), 24 sMW, 3 mMW u. 18 lMW.
17.25 Uhr		LdwIR 124	Noch vor Sturmbeginn 63 Tote in Ziegelrückenstollen (4/59) und 24 Verw. durch verm. Kurzschuss.
17.30 Uhr		Vier Sturmtrupps I. u. III. Btl	Verluste LdwIR 124: 4/41 tot, 33 verw.; 35 Gefangene, 1 MG.
7.III.1917		Armee-Abt. B	Armee-Abt. A u. B scheiden aus dem Verband der HG Kronprinz aus.
27.VI.1917	bedeckt, schwülwarm		Unternehmen „München“[16]

Tag	Wetterlage	Kommandobehörde/ Truppenteil	Ereignis
noch 27.VI.1917 20.15 Uhr		26. LdwDiv (LdwIR 119 u. 124, FeldaRgt 141, MW-Btl IX, MWK 326)	78 Geschütze, 32 MW schießen Wirkungs- u. Zerstörungsfeuer.
22.00 Uhr			4 Stoßtrupps bringen nur wenige Gefangene, da Franzosen vordere Stellungen rechtzeitig geräumt. Verluste: 25 Tote, 74 Verw.
10.XI.1917, 17.00 Uhr		LdwIR 124, SturmBtl XVI, 4./LdwPiBtl XIII	Nach Art.- u. MW-Vorbereitung Stoßtruppunternehmen „X 64“[17] gegen Roche Moyret; 37 Jäger (65ᵉ BCP) gefangen.
21.XII.1917, 7.20 Uhr	sonnig, klar	26. LdwDiv, (LdwIR 124, SturmBtl XVI, Pioniere und MWK 326 u. 3./MW-Btl XIII)	Unternehmen „A 130“,[18] Vorstoß nach Art.- u. Gasbeschuss gegen 28ᵉ BCA, Tle. 77ᵉ D.I. und Lager Burlureau endet mit Misserfolg.
23.II.1918, 10.30 Uhr		Frz. Artillerie	Ablenkungsangriff auf dt. Stellungen (17.000 Schuss Art.-Mun. u. 2.500 Minen auf Inf.-Stellungen, 12.000 Schuss auf Art.-Stellungen; Verluste: 18 Gefallene, 39 Verwundete).
Anfang Mai 1918		12. LdwDiv	Zugewiesener Stab der 1. KavBrig übernimmt nördl. Divisionsabschnitt mit LdwIR 124 u. den Jägerbataillonen.
7.V.1918		Württ. GebBtl Sproesser	Unternehmen „Sproesser“ (Tle. 22ᵉ D.I.).
29.VI.1918, 22.00 Uhr		III./LdwIR 124, Tle. JgFeldBtl 9; Art u. MWK 326	Unternehmen „Heuernte“[19] gegen Lager Burluraux (Tle. 22ᵉ D.I.) zwei Stroßtrupps; 4.490 s, m, l Minen, 3.000 Brisanzgeschosse, 2.225 Gasgranaten, 450 Nebelkerzen.
11./12.VII.1918		Tle. 22ᵉ D.I.	Frz. Artillerie- u. Gasflaschenbeschuss ohne Infanterieangriff.
21.VIII.1918, 4.02–6.30 Uhr		JgFeldBtl 9	Stoßtruppunternehmen „Blattzeit“:[20] Zerstörung Camp des Dames beim Hirzenstein. Erfolg: Einbringung eines Gefangenen, 2 MG; Verluste: 1/3 Tote, 1 Verw.

Tag	Wetterlage	Kommandobehörde/ Truppenteil	Ereignis
12.IX.1918	Sturm, Regen	GardeJgBtl, MWK LdwIR 124	Letztes dt. Stoßtruppunternehmen „Papierverbrauch" (1er R.I.). 11 Gefangene.
15.X.1918		6th US-Div, 161^{e} D.I.	Besetzung der frz. Stellungen auf dem HK.
4.XI.1918		Armee-Abt. B	Letzter deutscher Gefallener (OffzStellv Weckerle 9./LdwIR 124) am HK.
11.XI.1918, ab 11.55 Uhr		an allen Fronten	Waffenruhe.
13.XI.1918		LdwIR 124	Abmarsch aus den Stellungen in die Heimat; Nachhut folgt am 15.XI. Franzosen besetzen den Berg.
23.XII.1918		Armee-Abt. B	Auflösung des Oberkommandos der Armee-Abt. B.

1 Zusammengestellt nach Operationsberichten AAbt Gaede, KTB Gaede 1914-1916 und Gefechtsberichten der beteiligten Verbände. Die angegebenen Zeiten entsprechen ab 1915 vom 1.V.-30.IX. jeweils Deutscher Sommerzeit (1 Stunde vor)!

2 Hüttmann/Krüger, Das Infanterie-Regiment von Lützow Nr. 25, S. 37 ff.; Schenck zu Schweinsberg/Bornefeld/v. Wilamowitz-Möllendorff, Das Großherzogliche Mecklenburgische Jäger-Bataillon Nr. 14, S. 49-52.

3 Das ursprünglich zur österreichischen Herrschaft Landser gehörende Dorf und Schloss am Rhein gegenüber Neuenburg war von 1148 bis zur Französischen Revolution im Besitz der Herren von Andlau, danach der Familie des Mülhausener Fabrikbesitzers Köchlin. Die heutige neugotische Anlage stammt aus dem Jahr 1834 mit späteren Anbauten in den 1860er- bis 1870er-Jahren. Heute beherbergt es ein Golf-Restaurant und zwei 18-Loch-Plätze. Le Guide des Châteaux de France, Haut-Rhin, S. 69-71.

4 Hüttmann/Krüger, Das Infanterie-Regiment von Lützow Nr. 25, S. 39.

5 Mack, Württembergisches Landw.-Inf.-Regiment Nr. 123 im Weltkrieg, S. 41 f.

6 Mack, Württembergisches Landw.-Inf.-Regiment Nr. 123 im Weltkrieg, S. 43 f.

7 Löbbecke/Maß/Riep, Die gelbe Ulanen-Brigade, S. 139.

8 Hüttmann/Krüger, Das Infanterie Regiment von Lützow (1. Rhein.) Nr. 25 im Weltkriege, S. 47 f.

9 Garde-Jäger-Bataillon (1934), S. 95-98; v. Jecklin, Das Reserve-Jäger-Btl. Nr. 8 im Weltkriege, S. 64 f.; Die Badischen Pioniere im Weltkriege, S. 98 f. (Angriffsskizze).

10 KTB Gaede 1914-1916, v. 25.IV.1915, BArch-Militärarchiv Freiburg, N4/4.

11 Schenck zu Schweinsberg/Bornefeld/v. Wilamowitz-Möllendorff, Das Großherzogliche Mecklenburgische Jäger-Bataillon Nr. 14, S. 76 ff.

12 von Alten/von Hadeln/von Arnim, Geschichte des Garde-Schützen-Bataillons 1914-1919, S. 203-219; Garde-Jäger-Bataillon (1934), S. 125 ff.; v. Jecklin, Das Reserve-Jäger-Btl. Nr. 8 im Weltkriege, S. 80 ff.; KTB Gaede 1914-1916, v. 15.X.1915; BArch-Militärarchiv Freiburg, N4/4.

13 Eine operativ-taktische Studie zu diesem Hauptereignis am Hartmannsweilerkopf im Ersten Weltkrieg liegt bisher lediglich in Gestalt des im Reichsarchiv entstandenen, für einen breiteren Leserkreis erzählerisch gestalteten Buches von Goes, Hartmannsweilerkopf (H. K.) a. d. J. 1930 vor; auf die von Goes schon in den 1920er-Jahren erstellten Studien geht Loosli, Hartmannsweilerkopf 1914-1918, S. 28-38, ein, der jedoch in mancherlei Hinsicht unzuverlässige Angaben bietet und den Schwerpunkt eher im didaktischen Bereiche sieht. Zu den beteiligten Regimentern: v. Jecklin, Das Reserve-Jäger-Btl. Nr. 8 im Weltkriege, S. 90-100; Schenck zu Schweinsberg/Bornefeld/v. Wilamowitz-Möllendorff, Das Großherzogliche Mecklenburgische Jäger-Bataillon Nr. 14, S. 82-87; Oelze, Das Landwehr-Infanterie-Regiment Nr. 56 im Weltkriege, S. 25-34; Duckstein, Die Feldzugsgeschichte des Reserve-Feldartillerie-Regiments Nr. 19, S. 98-104; Fortenbach, Das Württ. Landwehr-Feldartillerie-Rgt. Nr. 1, S. 10 f.; Bauer, Reserve-Infanterie-Regiment Nr. 74, S. 258-273.

14 Rose, Das Infanterie-Regiment 188 im Weltkriege, S. 12-17.

15 Szymanzig, Das Württemb. Landw.-Inf.-Rgt. Nr. 124, S. 96-99; Goes, Anlage und Durchführung grösserer Unternehmungen im Gebirgskrieg, in: BArch-Militärarchiv Freiburg, W-10/51720, f. 11-32.

16 Knies, Das württemberg. Pionier-Bataillon Nr. 13, S. 227 f.; Szymanzig, Das Württemb .Landw.-Inf.-Rgt. Nr. 124, S. 105 ff.; Goes, Anlage und Durchführung grösserer Unternehmungen im Gebirgskrieg, in: BArch-Militärarchiv Freiburg, W-10/51720, f. 32-40.

17 Szymanzig, Das Württemb .Landw.-Inf.-Rgt. Nr. 124, S. 108 f.; Knies, Das württemberg. Pionier-Bataillon Nr. 13, S. 228; Goes, Anlage und Durchführung grösserer Unternehmungen im Gebirgskrieg, in: BArch-Militärarchiv Freiburg, W-10/51720, f. 41 f.

18 Szymanzig, Das Württemb .Landw.-Inf.-Rgt. Nr. 124, S. 110 ff.; Goes, Anlage und Durchführung grösserer Unternehmungen im Gebirgskrieg, in: BArch-Militärarchiv Freiburg, W-10/51720, f. 42 f.

19 Die den vorausgegangenen Unternehmen „Prüfungsschießen" der Artillerie und „Sproesser" des Württ.GebBtl versagten Erfolge sollte nun die „Heuernte" einbringen. Szymanzig, Das Württembergische Landwehr-Infanterie-Regiment Nr. 124, S. 115 ff.; ausführlich hierzu Goes, Anlage und Durchführung grösserer Unternehmungen im Gebirgskrieg, in: BArch-Militärarchiv Freiburg, W-10/51720, f. 44 f.

20 Badinski, Aus großer Zeit, S. 192-200 (mit Skizze).

II. Kurzbiografien

Louis Marie Gaston d'Armau de Pouydraguin, Général de division
* 1.II.1862 Sélestat – † 17.I.1949 Paris

1882–1883 Ausbildung in St. Cyr, 1.X.1884 Sous-Lieutenant im 27e BCP, 1893 Capitaine im 17e R. I., 1907 außeretatmäßiger StOffz im GenStab, 1910 Lieutenant-Colonel, 1914 Colonel im 69e R. I., 1914 Général de brigade und Kdr 47e D. I. (Diables bleus), 1917 Général de division und Kdt 18e C. A. Mulhouse, 1920 3e C. militaire, 1921–1922 mil. Gouverneur von Strasbourg, 1923–1924 Kdt 20e C. A. Nancy; Groß-Offizier der Ehren-Legion 1934, Croix de Guerre, Ehrenbürger von Sélestat.

Lit.: Qui êtes-vous? Annuaire des Contemporains, 1924 (4); Nouveau dictionnaire de Biographie Alsacienne, Bd. 1, 1983.

Berthold Karl Adolf v. (1905) Deimling, General der Infanterie
* 21.III.1853 Karlsruhe – † 3.II.1944 Baden-Baden

Eine der schillerndsten Soldatenpersönlichkeiten unseres Jahrhunderts begegnet uns in Gestalt des Sohnes eines badischen Kreisgerichtsrates und der Tochter eines Oberpostdirektionsrates in Freiburg i. Br. Nach einer glänzenden militärischen Karriere im Kaiserreich, die ihn zur höchsten in Friedenszeiten zu erwerbenden Charge des Kommandierenden Generals eines Armeekorps führte, brach der als besonders schneidig geltende Offizier – ihm war 1916 der „Pour le mérite" verliehen worden – mit den Vorstellungen seiner Standesgenossen und begab sich politisch in linkes Fahrwasser, aus dem er schließlich als in der Wolle gefärbter Pazifist wieder auftauchte. Seine militärische Laufbahn hatte er im Freiburger Hausregiment 113 noch im Deutsch-Französischen Krieg begonnen. Seiner Ernennung zum Leutnant im Jahr 1873 und dem Besuch der Kriegsakademie 1889–1892 folgten wechselnde Front- und Generalstabskommandos, darunter eine dreijährige Verwendung beim Generalstab des XVI. AK in Metz von 1895–1898 und als Abteilungschef im Großen Generalstab in Berlin als Mitarbeiter Schlieffens in den Jahren 1900–1903.

Eine besondere Beziehung hatte er zeitlebens zum Elsass und zur Stadt Mülhausen, wo er erstmals 1898–1900 als Bataillonskommandeur im Infanterie-Regiment 112 die besondere Situation in den Reichslanden kennenlernen konnte. Dasselbe Regiment führte er von 1903–1904 als Kommandeur; von 1907–1910 kommandierte er die 58. Infanterie-Brigade in Mülhausen. Schließlich krönte er seine Friedenslaufbahn in Straßburg als Kommandierender General des XV. AK im Jahr 1913, als der er in die politischen Spannungen im Gefolge der Zabern-Affäre mit hineingezogen wurde. Seiner Garnison Mülhausen errichtete er aus Dankbarkeit den „Deimlingfonds" zum Bau eines Soldatenheimes und zur Unterstützung kriegsversehrter Regimentsangehöriger. Politische Erfahrungen hatte er schon früher sammeln können: als Kommandeur des 2. Feldregiments 1905–1906 und der hieraus herrührenden Funktion eines Kommissars des Bundesrates im Reichstag, dann als Oberbefehlshaber der Schutztruppe in Deutsch-Südwest 1906–1907, als der er einen Waffenstillstand mit den Hottentotten (Nama/Khoi-Khoi) erzielen konnte.

Wann der Umschwung in seinem Denken erfolgte, kann bei dem im Ersten Weltkrieg an den Brennpunkten der Westfront eingesetzten und recht eigenmächtig entgegen den Befehlen handelnden Deimling nur vermutet werden; die OHL entband ihn jedenfalls 1917 von seinem Kommando und versetzte ihn in den Ruhestand. Von nun an stellte er sich auf die Seite der Friedenspartei und auf den Boden der Weimarer Verfassung, die er als Mitglied der demokratischen Wehrorganisation „Reichsbanner Schwarz-Rot-Gold" seit 1924 und der „Deutschen Demokratischen Partei" (DDP) aktiv zu verteidigen bereit war. Daneben standen der Einsatz für eine Aussöhnung mit Frankreich, die Option für den Völkerbund und ein vernünftiger Pazifismus gegen Kriegsverherrlichung und Völkerhass auf seinem Programm. Damit hatte er sich endgültig der Achtung seiner Standesgenossen begeben. Nach 1933 erhielt der „Reichsbannergeneral" überdies Rede- und Auftrittsverbot; selbst der ihm zustehende Ehrensold als Pour-le-mérite-Träger wurde ihm noch 1940 aberkannt.

Das sehnsüchtig herbeigewünschte Kriegsende hat dieser widersprüchliche Charakter nicht mehr erlebt. Sein Nachlass, darunter ein maschinenschriftlicher Entwurf seiner Lebenserinnerungen, befindet sich im BArch-Militärarchiv Freiburg i. Br.

Lit.: Christoph Jahr, Berthold von Deimling: Vom General zum Pazifisten. Eine biographische Skizze, in: Zeitschrift für die Geschichte des Oberrheins, 142. Bd., Stuttgart 1994, S. 359–387; idem, „Die reaktionäre Presse heult auf wider den Mann" – General Berthold von Deimling (1853–1944) und der Pazifismus, in: Wolfram Wette (Hrsg.), Pazifistische Offiziere in Deutschland 1871–1933, Bremen 1999 (= Schriftenreihe Geschichte und Frieden, Bd. 10), S. 131–146; Kirsten Zirkel, Vom Militaristen zum Pazifisten. General Bertold von Deimling – eine politische Biographie, Essen 2008 (= Frieden und Krieg .Beiträge zur historischen Friedensforschung, Bd. 9).

Edmond-Augustin Yvon Dubail, Général d'armée
* 16.IV.1851 Belfort – † 7.I.1934 Paris

Der Sohn eines Weinhändlers trat 1868 in die Kriegsschule St. Cyr ein, nahm nach deren Beendigung 1870 mit dem 10e BCP am Deutsch-Französischen Krieg teil, geriet in deutsche Gefangenschaft und beteiligte sich nach seiner Entlassung am Kampf gegen die Pariser Kommune. Im März 1873 zum Lieutenant, 1878 zum Capitaine ernannt, wurde er 1883 Ordonnanzoffizier des Kriegsministers Général Thibaudin, drei Jahre später in derselben Funktion bei Général Boulanger und erreichte, nach Verwendungen an der Front (Kdr des 1. Zuaven-Regiments 1901), im Generalstab (Stabschef des Gouvernements Epinal) und in der Lehre in St. Cyr (Lehrer der Kriegskunst, 1906 Kdr), dank seiner Entschlussfähigkeit und Initiativen Schlüsselstellungen in der Armee der Jahrhundertwende, so u. a. zweimal als Chef des Militärkabinetts unter Berteaux (1905 u. 1911). Seine militärische Laufbahn – Lieutenant-Colonel 1898, Colonel 1901, Général de brigade (Generalmajor) 1904, Général de division (Generalleutnant) 1908 – wurde im ersten Jahrzehnt des 20. Jahrhunderts gekrönt durch die Stellung eines Chefs des Generalstabes der französischen Armee (Chef d'etat-major général de l'armée); nach der Übernahme dieses Amtes infolge der Reorganisation des französischen Oberkommandos durch Joffre wurde er 1912 Kommandierender General des 9e Corps d'armée in Tours. Im Krieg führte er die 1ère Armée im Oberelsass und in den Vogesen; 1915 wurde er Chef der Groupe d'armées de l'Est. Ab dem Erreichen der Altersgrenze im April 1916 bis 1918 nahm er die Geschäfte eines Gouverneurs von Paris war. In dieser Stellung wurde er zum Großkanzler der Ehrenlegion (1918) ernannt, in die er schon 1914 mit dem Großkreuz des Ordens berufen worden war. Nach dem Krieg kümmerte er sich besonders um die Belange des Ordens, dem er im Jahr 1925 ein eigenes Museum einrichten konnte. Seine Erinnerungen über seine Tätigkeit im Weltkrieg hat er in einem dreibändigen Werk hinterlassen.

Lit.: [Edmond Augustin Yvon] Dubail, Quatre Années de Commendement 1914–1918. Journal de Campagne, 3 Bde., Paris 1921.

Hans Emil Alexander Gaede, Dr. phil. h. c. (15.XII.1915 Univ. Freiburg), General der Infanterie
* 19.II.1852 Kolberg – † 16.IX.1916 Freiburg i. Br.

Der Sohn des Generalmajors z. D. Alexander G. war nach humanistischem Abitur und einem Einblick in das Studium in Berlin und Bonn[266] 1870 als Dreijährig-Freiwilliger zu den Waffen geeilt und hatte im Grenadier-Regiment Nr. 2 den Einigungskrieg mitgemacht, in dem er bei Dôle schwer verwundet worden war. Auf den Besuch der Kriegsakademie 1875–1878 folgte ein Wechsel zur Trigonometrischen Abteilung im Generalstab. Nach wechselnden Front- und Generalstabskommandos, darunter als Bataillonskommandeur im Freiburger Infanterie-Regiment Nr. 113 (1892), wurde er Abteilungschef im Kriegsministerium (1894) als „Referent für den Etat". „Er beherrschte diese schwierige Materie in dem Grade, daß in der Budgetkommission selbst die Abgeordneten Eugen Richter und Windthorst ihm ihre Anerkennung nicht versagten."[267] In seinen letzten beiden Verwendungen als Generalmajor und Kommandeur der 84. Infanterie-Brigade in Lahr (1900) und als Generalleutnant und Kommandeur der 33. Division in Metz (1904) fand er engeren Kontakt zur oberrheinischen Landschaft und Kultur, der er sich auch nach seiner Stellung zur Disposition 1907 durch Wohnsitznahme in Freiburg und zahlreiche Aktivitäten in Freiburgs bürgerlicher Gesellschaft widmete (u. A. im Vorstand der Akademischen Gesellschaft, als Gründer des Breisgau-Vereins für Luftfahrt, als Gründer und Ehrenvorsitzender des Chorvereins). Auch eine kriegsgeschichtliche Darstellung des Feldzuges um Freiburg 1644 ist Ausfluss dieser Mußezeit. Der Erste Weltkrieg beendete diesen Ausflug zu den Musen und rief Gaede als Stellvertretenden Kommandierenden General des XIV. Armeekorps nach Karlsruhe. Die sich überstürzende Lageentwicklung im Oberelsass führte zur Mobilmachung des Generalkommandos und zum Einsatz an der Oberrheinfront. Schließlich wurden, nach Abtransport der 7. Armee zur Unterstützung der 6. (bayer.) Armee in Lothringen, die im Oberelsass zur Sicherung verbleibenden Landwehr-Verbände (3 Landwehr-Brigaden) zu einer Armee-Gruppe, seit November 1914 zu einer Armee-Abteilung, unter Führung von Gaede zusammengefasst. Damit wurde ihm der Schutz der „südwestdeutschen Marken", insbesondere aber die Front im Gebirge überantwortet. Trotz Truppen zweiter und dritter Kategorie (Landwehr/Landsturm) gelang es ihm, die Front im Elsass stabil zu halten. In dieser Stellung erwies sich Gaede aber auch im politischen Sinne zuverlässig, wenn er mit besonderer Strenge gegen liberale Tendenzen in den zivilen Verwaltungsbehörden des Reichslandes vorging und sich der ihm als unsichere Kantonisten erscheinenden Elsässer durch Abschub an die Ostfront entledigte. Eine sich rasch verschlimmernde Krankheit führte im September 1916 zu seiner Ablösung im Kommando und zu einem raschen Tode nach einer Operation in Freiburg. Für seine militärischen Verdienste, besonders in der Schlacht um Münster, hatte er am 25. August 1915 den preußischen Orden „pour le mérite" erhalten. Mit seinem Namen verbunden ist die Einführung der sog. „Gaede-Haube", einer Vor-

form des 1916 eingeführten Stahlhelmes, den er aufgrund der sich häufenden Verletzungen im Gebirgskrieg wegen ungenügenden Kopfschutzes durch den Oberstleutnant Hesse im Artillerie-Depot Mülhausen in Eigeninitiative herstellen ließ. Sein Nachlass befindet sich im BArch-Militärarchiv Freiburg i. Br. und im Badischen GLA Karlsruhe.

Werke: Der Feldzug um Freiburg 1644. Eine kriegsgeschichtliche Studie, Freiburg 1910.

Quellen: BArch- Militärarchiv Freiburg, N 4/8: Korrespondenz Gaedes 1914–1916; ibid., N 4/4: Pers. Tagebuch des Generals Gaede aus den Kämpfen des Oberelsasses 1914–1916; GLA Karlsruhe, 456 F 3/ 19: Exzellenz Gaede; ibid., 456 F 3/ 759: KTB AOK Gaede v. 17.VIII.1914–31.XII.1915.

Lit.: Friedrich-Christian Stahl, Lemma „Gaede, Hans", in: Badische Biographien, NF, Bd. III, Stuttgart 1990, S. 95f.; Möller, Geschichte der Ritter des Ordens „pour le mérite" im Weltkrieg, Bd. 1 (1935), S. 352f.

Erich v. Gündell, General der Infanterie, Dr. phil. (Göttingen 1922), erbl. Adel 28.XI.1901

* 13.IV.1854 Goslar – † 21.XII.1924 Göttingen

Schulpforta 1873 Abitur, 1.IV.1873 Eintritt bei IR 94 (Weimar), 15.X.1874 ScLt, 8.XI.1876 BtlAdj, 1.X.1881–7.1884 kdiert zur KrAk, 17.X.1883 PrLt, 1.IV.1887 zum GrGenSt kdiert, 22.III.1888 Hptm im GenSt der Armee, 22.III.1890 zum GenSt 6. Div (Brandenburg) vers, 4.V.1891 KpChef im FüsRgt 40 (Köln), 15.VIII.1893 Mj, 1894–1897 im Nebenamt Lehrer an der KrAk, 15.XII.1897 BtlKdr im IR 113 (Freiburg), 1.X.1899 AbtChef im GrGenSt, 18.IV.1900 ObstLt, 16.VII.1900 Chef des Ostasiatischen Expeditionskorps, 14.XI.1901 Chef GenSt I. AK (Königsberg), 22.IV.1902 Oberst, 24.IV.1904 Kdr IR 27 (Halberstadt), 27.I.1906 OQuM (m. d. W. b.), 14.VI.1906 GenMj u. OQuM, 15.VI.–18.X.1907 mil. Vertreter bei der 2. Haager Friedenskonferenz, 17.IX.1909 GenLt, 27.I.1910 Kdr 20. Div (Hannover), 22.III.1913 Direktor der KrAk, 16.VII.1913 char. GendInf, 4.IX.1913 z. D., 20.X.1913 stud. phil. Göttingen, 1.VIII.1914 KG V. ResKorps, 2.IX.1914 GendInf, 3.IX.1916 Führer Armeeabt. B, 26.XII.1918 MobBestimmung aufgehoben, X.–XI.1918 Vorsitzender der Waffenstillstandskommission der OHL.

Quellen: Im Frühjahr 2014 Nachlassteile bei den Nachkommen in Potsdam aufgetaucht.

Lit.: Obkircher, General Erich von Gündell.

Seite 230: OB der Armee-Abt. Gaede (B), General der Infanterie Hans Gaede. GLA Karlsruhe.

Ernst Vollbehr
2 Mai 1916

André Maginot, frz. Politiker
* 17.II.1877 Paris – † 7.I.1932 Paris

Trat im Alter von 23 Jahren nach Ableisten seiner Wehrpflicht im 94e R. I. in den Staatsdienst als Mitarbeiter verschiedener Ministerien, 1903 Direktor des Innern bei der Generalverwaltung von Algerien, 1910 Abgeordneter der republikanisch-demokratischen Linken für das Bar-le-Duc im Departement Meuse, 1913 stv. Staatssekretär im Kriegsministerium, im Weltkrieg Dienst im 44e Landwehrregiment, 9.XI.1914 schwer verwundet als Sergeant, danach Vorsitzender des Heeresausschusses der Kammer, 1917 Kolonialminister, 1920–1922 als Vertreter des Bloc national Pensionsminister – in dieser Eigenschaft bestimmte er 1920 den Unbekannten Soldaten für den Arc de Triomphe –, 1922–1924 Kriegs- und Pensionsminister, 1924 Mitbegründer der Nationalrepublikanischen Liga gegen das Linkskartell, 1927 Vorsitzender, 1928/29 erneut Kolonialminister, 1929/30 und ab 1931 Kriegsminister, Vorsitzender des nationalen Frontkämpferbundes. Als Kriegsminister verantwortlich für die Bewilligung der Kredite für die später nach ihm benannte Verteidigungslinie im Norden und Osten Frankreichs.

Lit.: Marc Sorlot, André Maginot (1877–1932), l'homme politique et sa légende, Metz 1995 (veränderte Phil. Diss Nancy 1994).

Louis Ernest de Maud'huy, Général de division
* 17.II.1857 Metz – † 16.VII.1921 Paris

Eintritt in St. Cyr 1875, Adjutant und Lehrer an der Kriegsschule 1896–1898, danach Lehrer für Kriegsgeschichte, Strategie und allgemeine Taktik von 1903 bis 1909. Général de brigade am 29.VI.1912, wird er am 2.VIII.1914 zum Kommandeur der 19e Division, am 30.VIII.1914 zum Général de division ernannt. Am 4.IX.1914 übernimmt er das 18e C. A., einen knappen Monat später wird er OB der 10e Armée, am 2.IV.1915 OB der 7e Armée. Wegen Differenzen mit Generalstabschef Joffre hinsichtlich eines Angriffes über die Höhen und die hierfür benötigten Truppen und Reserven tritt er am 3.XI.1915 von seinem Kommando zurück. 2.IV.1916 Kdt 15e C. A., 25.I.1917 11e C. A., 3.VI.1918 zur Führerreserve versetzt, 22.XI.1918 Gouverneur von Metz, 10.X.1919 Abschied. Député (= Abgeordneter) de la Moselle. VII.1920 Erster Führer der frz. Pfadfinderorganisation.

Seite 232: Erich von Gündell, General der Infanterie, Kommandierender General des V. Reservekorps. Zeichnung v. Ernst Vollbehr, 2. Mai 1916.

Ein vor allem in den Kämpfen am Chemin des Dames bekannt gewordener Offizier „de la plus haute valeur"[268], beigesetzt im Invalidendom.

Marcel Serret, Général
* 25.XI.1867 Bléneau (Yonne) – † 6.I.1916 Moosch/Thur

Der aus einer alten flämischen Familie als Sohn eines Industriellen stammende Serret besuchte das Lyzeum in Saint-Quentin, um danach zur Offiziersschule Saint-Cyr zu wechseln (1885–1887). Nach dem Abschluss trat er ins 8e BCP als Sous-Lieutenant ein, wurde im Dezember 1895 zum Capitaine befördert und nahm die übliche Karriereleiter mit Wechsel zwischen Front (18e BCP in Stenay, 20e BCP in Baccarat) und Generalstab (Kabinett des Kriegsministers, 2. und 3. Büro des Generalstabes der Armee), Ordonnanzoffizier des Général de Noincé und im April 1906 wieder bei der Truppe als Bataillonskommandeur im 35e R. I. in Belfort. Zwei Jahre später finden wir den Commandant (Major) wieder bei seiner Jägertruppe im 17e BCP, deren blau-schwarzer Uniform er auch noch im Krieg treu blieb. Im Juli 1911 erfolgte ein neuerlicher Wechsel ins Kriegsministerium, im September desselben Jahres schließlich das Kommando zur École des Hautes Études militaires. Der am 20. Januar 1912 zum Lieutenant-Colonel Beförderte wird im Juli desselben Jahres zum Militärattaché in Berlin bestimmt. Zu Beginn des Großen Krieges nimmt der am 28. September 1914 zum Colonel beförderte Serret (P v. 1.XI.1914) die Stelle eines Stabschefs im 1er Corps d'armée ein. Dann kommandiert er unter dem OB der 10e Armée, Général de Maud'huy, ein Detachement von fünf Jägerbataillonen im Artois und in Flandern, seit Anfang 1915 eine Brigade de chasseurs alpins der 66e D. I. im Elsass, die er kurz darauf Anfang Februar 1915 als Général de brigade a. i. übernimmt (P v. 25.XI.1915). Mit ihr bestreitet er die Kämpfe in den Vogesen bis zu seinem frühen Soldatentod nach seiner Verwundung am 29. Dezember 1915 während des Weihnachtskampfes am Hartmannsweilerkopf im Silberlochtal.

Lit.: Henry Bordeaux, Pour d'Alsace. Vie et mort du général Serret, Paris 1927; Dictionnaire des généraux et amiraux français de la grande guerre Bd. 2 (2008), Lemma: Serret.

Viktor v. (1905) Sproesser, Generalleutnant
* 15.I.1853 Heilbronn – † 26.XII.1925 Stuttgart

Als Sohn eines Kaufmannes am 1.X.1871 Eintritt als Einjährig-Freiwilliger in das Infanterie-Regiment Nr. 7, 5.V.1873 ScLt (P v. 3.III.1873), 1876–1879 zur KrAkad kdiert, 14.IV.1879 PrLt im IR 126, 1.XI.1882–2.XII.1885 RgtsAdj, 26.IV.1887 Hptm u. KpChef im IR 125, 1.IV.1893 KpChef im IR 120, 27.I.1897 Major, 22.III.1897 dem IR 66 aggregiert, 10.IX.1898 BtlKdr im II./IR 66, 22.III.1903 Kdr der Kriegsschule Glogau, 18.IV.1903 ObstLt, 18.VIII.1903 dem IR 121 aggregiert, 24.IV.1904 z. D. und im Stab des XIII. AK in die etatmäßige Stelle der inaktiven Stabsoffiziere eingerückt, 25.II.1905 pers. Adel, 10.IV.1906 char. Oberst, 18.X.1907 Oberst u. Kdr des Landwehr-Bezirks Stuttgart, 18.X.1912 char. GenMj und seiner Stellung enthoben, 5.IX.1914 Kdr des LdwIR 121, 23.IV.1915 GenMj, 10.XII.1915 Kdr der 82. LdwBrig, 11.VIII.1919 char. GenLt unter Aufhebung der Mob-Verwendung.

Sproesser, das Beispiel eines echten Troupiers („der kleine Grabenschreck") und eines um seine Soldaten fürsorglich bedachten Generals, genoss das Wohlwollen seiner Vorgesetzten und die Achtung seiner Untergebenen. „Es verging fast kein Tag, an dem wir ihn nicht in der Stellung sahen, oft war er am ganz frühen Morgen in unseren Gräben […] von Posten zu Posten kriechend und rutschend anzutreffen, trotz der ständigen Gefährdung durch feindliche Handgranaten."[269]

Quellen: HStA Stuttgart, M 660/043: Militärischer Nachlass Viktor v. Sproesser.

Henri de La Tour d'Auvergne, Vicomte de Turenne, Maréchal de France
* 11.IX.1611 Sedan – † 27.VII.1675 Sasbach (Baden)

Der zweite Sohn des Herzogs Heinrich von Bouillon, in den Niederlanden calvinistisch und durch den Prinzen Moritz von Oranien militärisch erzogen, nahm 1630 als Colonel französische Dienste an und kämpfte im Dreißigjährigen Krieg im Piemont und unter Bernhard von Weimar am Oberrhein. 1644 zum Marschall ernannt und mit dem Oberbefehl über die französischen Truppen im Elsass und südwestdeutschen Raum betraut, schaffte er, trotz wechselnden Kriegsglücks, die militärischen Voraussetzungen für die Friedensverhandlungen in Münster, die Frankreich den Gewinn weiter Teile des Elsass brachten.

Während der Fronde des großen Condé wechselte er die Front und verhalf Louis XIV. zur Rückkehr nach Paris 1652. In den folgenden Kriegen Louis' XIV. war Turenne durch seine Schlachterfolge maßgeblicher Vorbereiter der für Frankreich günstigen Friedensschlüsse (Flandernkrieg mit Pyrenäenfrieden 1659, Devolutionskrieg 1667/68, Holländischer Krieg mit Frieden von Vossem 1673), sodass ihn der König bereits 1660 zum Generalmarschall ernannte. Der Krieg in den Jahren 1674/75 im südwestdeutschen und elsässischen Raum lieferte noch einmal Proben seiner exzellenten militärischen Befähigung im Kampf gegen die Kaiserlichen und seinen berühmten Gegenpart, Graf Montecuccoli. Nach der Verwüstung der Pfalz zog er sich in das Oberelsass zurück und lieferte mitten im Winter den Kaiserlichen die Schlachten von Mülhausen (29.XII.1674) und Türkheim (15.I.1675), die sie zum Rückzug über den Rhein zwangen. Mitten in der Verfolgung der Flüchtigen traf ihn bei Sasbach in der Ortenau die tödliche Kugel. Ein Obelisk von 1829 erinnert noch heute an den Ort seines Todes. Von Louis XIV. nach der königlichen Grablege in St. Denis überführt, ließ ihn Napoleon I. 1800 im Invalidendom beisetzen. Neben Montecuccoli und Condé war Turenne wohl der herausragendste Feldherr seiner Zeit, der in seinen Briefen und Memoiren auch methodisch-theoretische Gedanken seiner Kriegführung hinterlassen hat.

Lit.: P.[aul] Marichal, (Hrsg.), Turenne – „Mémoires", 2 Bde., 1909–1914 (= Publication de la société de l'histoire de France, Nr. 364); [Nicolas Deschamps], Die beyden letzten Feldzüge des Marschalls von Turenne in Teutschland in den Jahren 1674 und 1675, nebst dem, was nach seinem Tode unter dem Commando des Grafen von Lorges vorgegangen. A. d. Französischen, Leipzig 1762, S. 158–168.

III. Zeitgenössische Zeugnisse und Dokumente

a) Erster Weltkrieg

Wohl kein anderer hat das Grauen und Inferno der Materialschlachten und Stellungskämpfe des Ersten Weltkrieges signifikanter zum Ausdruck zu bringen vermocht als der deutsche Schriftsteller und Ritter des Ordens „pour le mérite" Ernst Jünger (1895–1998), der in seinem Erstlingswerk „In Stahlgewittern" seinen Einsätzen an der Westfront sprachgewaltiges Erinnern gesichert hat. Über den Stoßtruppeinsatz berichtet er Mitte 1918 während einer Ruhe- und Ausbildungsphase in Cambrai:

„Vor allem widmete ich mich der Ausbildung einer kleinen Stoßtruppe, da mir im Verlauf der letzten Kämpfe immer deutlicher geworden war, daß sich eine zunehmende Umschichtung unserer Kampfkraft vollzog. Für den eigentlichen Stoß konnte man nur noch auf wenige Leute rechnen, die sich indessen zu einem Schlag von besonderer Härte entwickelt hatten, während die Masse der Mitläufer höchstens als Feuerkraft in Frage kam. Unter diesen Verhältnissen war man oft lieber Führer einer entschlossenen Gruppe als einer zaghaften Kompagnie."[270]

In einem weiteren Frühwerk zeichnet Jünger die innere Verfassung des Kriegers in den Schützengräben und Unterständen „im Schoße der Erde vom Grauen mit tausend Armen umschleimt.":

„Der Graben. Arbeit, Grauen und Blut haben das Wort genietet zu stählernem Turm, auf bangen Hirnen lastend. Nicht Wall und Bollwerk zwischen kämpfenden Welten allein, auch Wall und finstere Höhle den Herzen, die er in stetem Wechsel einsog und ausstieß. Glühender Moloch, der langsam die Jugend der Völker zu Schlacke brannte, versponnenes Geäder über Ruinen und geschändeten Feldern, aus dem das Blut der Menschheit in die Erde pulste. [...] Auch in den Stollen, den Unterständen, die man sich zu Schutz und Ruhe gewühlt, erblühten selten Stunden, in denen sich die Bahn des Lebens über träges Vegetieren hinausschwang. Wie konnte man auch freier atmen in diesen Höhlen, deren holzverkleidete Wände gelblicher Schimmel zerfraß, auf deren Nebeln die kleinen, zitternden Lichter der Kerzen schwammen und feuchtes, grobrindiges Gebälk mit glitzernden Mänteln behingen. Das waren enge Geniste eingehüllter, schmutziger Menschen voll Qualm, Dünsten und Tabaksrauch. Zuweilen stand einer auf, wortlos, nahm das Gewehr in die Faust und verschwand. Dann polterte ein anderer herunter, stumpf, verwacht und nahm den leeren Platz, ein kaum bemerkter Wechsel. Wortfetzen, abgerissen wie die kurzen Hiebe draußen zerschellender Geschosse, fügten sich zu eintöniger Unterhaltung. Man war so ineinander versponnen, so auf dasselbe Rad des Schicksals geflochten, daß man sich verstand, fast ohne zu sprechen. Jeder wanderte durch dieselbe nächtliche Landschaft des Gefühls, ein Seufzer, ein Fluch, ein Witzwort waren die Flammen, die für Augenblicke das Dunkel über dem Abgrund zerrissen. [...] Wieder zogen die Tage und Nächte über den Graben dahin, Schiffe, die immer gleiche Fracht in die Ewigkeit schleppten. Verwesung brütete über der Landschaft. Langsam zerfielen die Toten, vereinten sich ganz mit der Erde, ganz mit dem Graben, um den sie gekämpft. Irgendwo in Wind und Dämmern schwankten am Grabenrande zwei Weidenruten, die ein Kamerad zum Kreuze gebunden."[271]

Eindrucksvoll schildert der Literaturhistoriker und Theaterwissenschaftler Artur Kutscher (1878–1960) in seinem Kriegstagebuch den Schauplatz des dem Lingekopf benachbarten Reichackerkopfes im Vogesenkrieg; in ähnlicher Weise haben wir uns auch den Linge- und Hartmannsweilerkopf, mithin alle umkämpften Gipfel im Mittelgebirgskrieg, vorzustellen:

„Der früher dicht bewaldete Gipfel ist jetzt kahl geworden. Nur wenige starke Föhren stehen noch, von Tausenden von Geschossen zerfetzt, und treiben ein paar kümmerliche Ansätze. An der Ostseite steht dichtgedrangt eine Gruppe gänzlich zerschossener kronenloser junger Tannen – ein tragischer Anblick. Sonst bietet die Kuppe ein Bild wüster Zerstörung. Mannstarke Stämme zersplittert, geknickt. Eine Waldbreite von zehn Metern als Verhau niedergelegt und mit Draht

Gardeschützen bei Kurve 6 am Hartmannsweilerkopf (Lt Adler). Oberhalb ist das Jägerdenkmal zu erkennen. Hans Hildenbrand, Kriegsfotograf. Sammlung Deisenroth.

durchzogen. Ein Netz von Laufgräben und Schützengräben, teilweise verschüttet von Granat- und Minentrichtern, von umgebrochenen Baumstämmen und Astgestrüpp bedeckt, eingestürzte Unterstände, Hunderte von Schutzschilden, Sprengstücke von Granaten, nichtexplodierte Minen verschiedenen Kalibers, eine Menge Gewehre und Gewehrteile, Lederzeug, Tornister, Haufen von Munition, Mäntel, Uniformfetzen, Filzschuhe, Spaten und Picken, Konservendosen, Parfümflaschen, Briefe, Ansichtskarten, Photographien, Gräber von Bayern und französischen Alpenjägern, teils mit Kreuz und Steinfassung versehen, teils auch nur erkennbar an der Form des Erdhaufens und an dem Geruch. Hier und da liegen noch Glieder bloß, findet man noch Stiefel mit Beinen. Zwölf Meter hoch in einen Tannenast geschleudert hängt mit Schuh und Hose der Schenkel eines Alpenjägers bis zum Hüftknochen. Fünfzig bis sechzig Leichen sind nun in helleren Nächten oder an nebligen Tagen schon von uns mit Chlorkalk bestreut und eingescharrt worden, aber immer noch ist die faulige Luft unerträglich, die von der Höhe herunterkommt. In den Gebüschen am Nordwesthang fand ich persönlich noch zwölf Alpenjäger, die dort seit Ende Februar [1915] lagen; jetzt ist keiner mehr über der Erde."[272]

Der Leutnant im Rheinischen Infanterie-Regiment „von Lützow" Nr. 25, Friedrich Wilhelm Krüger, traf mit dem Regiment am 12. Dezember 1914 von der Westfront kommend in Mülhausen i. E. ein und wurde umgehend in den Kampf um Steinbach und die Höhe 425 geworfen. Am 1. Januar 1915 notierte er in sein Tagebuch:

„Das Dorf Steinbach, östlich des Amselkopfes gelegen, wurde durch die schweren Kämpfe der letzten Wochen ziemlich dem Erdboden gleichgemacht. Doch wogte der Kampf hin und her. Gestern gehörte der Ort den Franzosen, heute uns. Wie oft mag das noch wechseln. Nur wer die beherrschende [Höhe] 425 und die von Uffholtz besitzt, ist auch Herr dieses kleinen, vollkommen zerschossenen Ortes. Mit größter Zähigkeit versuchten die Franzosen ihre vergeblichen Angriffe gegen diese Stellungen der 161er und 25er. Wir werden auch Sieger bleiben."[273]

Eine zeitgenössische Begehung des Hartmannsweilerkopfes über den Kurvenweg im Kriegsjahr 1916 schildert der damalige Oberarzt d. R. Dr. Grote, Stab Lauenburgisches Jäger-Feld-Bataillon Nr. 9:

„Wollte man zum gewaltigen Bergmassiv des H. K. hinaufsteigen, so ging das einmal vom Dorf Sulz aus oder von dem fast vollständig zerschossenen Panjenest Hartmannsweiler. Bei weitem mehr benutzt wurde der Weg über Sulz, er war vom Feinde weniger einzusehen und an gefährdeten Stellen gut durch Strauchblenden maskiert. Durch Weinberge, kleine Waldparzellen, Schluchten und Hohlwege führte der Weg heran zur eigentlichen Bergstraße auf den H. K., der sogenannten Kurvenstraße. In 8 Kurven, 0–7,[274] kletterte diese vorzüglich gehaltene Kieschaussee durch wundervollen Edeltannenbestand in mächtigen Windungen den Berg herauf. Wer Kurve 0 passierte – von hier führten strahlenförmig Waldwege zum Sandgrubenkopf, zum Hirzenstein, zum Abschnitt Jägertanne und Unteren Rehfelsen –, der wunderte sich über die fabelhaften Granattrichter, die zerschmetterten Stämme riesiger Tannen und schaute sinnend auf zu den Resten eines Autoverdecks, das hoch oben in einer Baumkrone hing[275]. [...]

Im weiteren Verlauf des Weges von Kurve 0 bis Kurve 1 wurde das Bild friedlicher. Es ging vorbei an den Küchen und sonstigen Wirtschaftseinrichtungen der vorne eingesetzten Kompanien und Bataillone. Hier standen auch die Esel und Tragtiere, die in Speiseträgern täglich das Essen nach vorne schafften. Kurz vor Kurve 2 passierte man die Abhörstation, genannt Lokalanzeiger des Abschnitts, und das General Sproesser-Denkmal, das zu Ehren der 82. Landw.-Inf.-Brig. von fleißigen Soldatenhänden als Wahrzeichen der schweren Kämpfe der Brigade um den Besitz des H. K. errichtet war. Dicht oberhalb der Kehre von Kurve 2 lag das schmucke Häuschen ‚Hubertushütte' des Abschnitts-Kommandeurs vom H. K., mit imposantem Fernblick weit ins Land. Die Hälfte des Aufstieges war jetzt geschafft. Kürzer wurden die Wegstrecken zwischen Kurve 2 und 5, wo bereits Reservelager der vorne eingesetzten Truppe die Nähe der Front erkennen ließen. Die zum Kopf führende Drahtseilbahn querte hier zum ersten Mal die Straße. Hoch über einem liefen herauf und herunter die vollen und leeren Körbe. Vorwiegend diente dieses kleine technische Kunstwerk dem Materialtransport und der Munitionsversorgung der hier oben eingebauten M. W. aller Kaliber. Ab und an vertraute sich auch ein Soldat ihrem luftigen Weg an, dem der weite Aufstieg zu Fuß zu beschwerlich erschien. Solche Abkürzungsfahrt konnte aber auch sehr unangenehme Seiten haben, wenn es dem Franzmann gefiel, überraschend – und er tat das oft und gerne – mit seiner Gebirgsbatterie vom Gr. Belchen her die Bahn in fabelhaft schneller Feuerfolge zu beschießen. Glückte es ihm ein Seil zu durchschießen, so stand die Karre still und manch ein wandermüder Jäger hat stundenlang hilflos auf schwindelnder Höhe in seinem Förderkorb wartend und frierend gesessen.

Nach etwa einer Stunde Weges war Kurve 6 erreicht. Man befand sich hier bereits im Stellungsgelände. Der einst so prachtvolle Wald war fast gänzlich verschwunden. Die letzten Kämpfe vom Frühjahr und Winter des Jahres zuvor hatten ihm den letzten Rest gegeben. Kahle, teils verdorrte Stümpfe, genannt Zahnstocher, ragten als letzte Säulen verklungener Pracht aus Geröll, Schutt und Stacheldraht hervor. Ein wahrhaft trostloser Anblick, ein ausgesprochenes Trümmerfeld.

Bei Kurve 6 verließ man im allgemeinen die große Straße und ging über das Jägerdenkmal, am Ehrenfriedhof vorbei, den Martha-Pfad zum Aussichtsfelsen, dem höchsten Punkt auf dem H. K. [sic!]. Am Jägerdenkmal zu verweilen war Ehrensache und ein wirklicher Genuß. Aus Findlingen verschiedener Größe war hier ein Obelisk aufgemauert, an dessen flachen Seiten rings herum Tafeln eingelassen waren, die in treffendem Sinnspruch das Andenken an die Formationen und Truppenteile festhielten, die dereinst um den Besitz des H. K. gekämpft hatten. Eine ganz besondere Weihe erhielt der Platz durch die unmittelbare Nähe des sogenannten Ehrenfriedhofes, auf dem wohl 100 Holzkreuze den Vorübergehenden an stilles Heldentum deutscher Männer und bester Soldaten erinnerten. Nach Osten, der fernen Heimat zu, winkte jenseits der weiten, tief zu Füßen liegenden Rheinebene der Schwarzwald. Wie ein Riesenspielzeug muteten die im Sonnen-

Württembergische Gebirgsschützen in der Hilsenfirststellung, Winter 1915. WGM Rastatt.

schein liegenden Orte Sennheim, Thann und Altkirch den sinnenden Beschauer an. War die Luft besonders klar, so konnte man zur Zeit des Sonnenunterganges im Süden den fernen Gürtel der Alpen, das schöne Berner Land mit seinen Schneegipfeln, der Jungfrau, dem Mönch und Finsterahorn gut erkennen."[276]

Die noch heute bestehende „Himmelsleiter", beginnend etwa bei Höhe 790 m am Bergpfad, führt mit ihren angeblich 560 Stufen hinauf auf 930 m Höhe. Dieser Sturmpfad barg besonders in der kalten Jahreszeit bei Schnee und Eis erhebliche Gefahren für die Besatzung der Stollen und Bunker, wie der Bericht eines Kompanieführers im Landwehr-Regiment 124[277] schildert:

„Mit der Schneeschmelze brach wohl für die Himmelsleiterstellung am Südhang des Hartmannsweiler Kopfes die schwerste Zeit an. Die unzähligen den steilen Hang hinunterführenden Stufen waren in Gebirgsbäche verwandelt. Zischend und brausend stürzten die Wassermassen über die Stufen, Leitern und Treppen zu Tal, die Befestigung der Grabenwände unterspülend und viel Eis, Erde und Geröll mit sich führend, das sich an engen, gewundenen Stellen dicht zusammenstauend aufeinander häufte. In fast allen Stollen und Unterstände drangen die

Fluten und machten ein Bewohnen vielfach unmöglich. Mitten in der Nacht oft kam das Wildwasser angebraust und ergoß sich mit solcher Schnelligkeit in die Stollen, daß die Leute nur mit großer Mühe und tief im Wasser watend ihre Ausrüstungsstücke und sonstige Habseligkeiten notdürftig in Sicherheit bringen konnten. Insbesondere war die rasche Bergung der Lebensmittel und Munitionsbestände mit den größten Schwierigkeiten verknüpft. [...] Mitten in der Schneeschmelze gab es wieder eisig kalte Tage, und die Stufen der Hunderte von Metern weit sich ausdehnenden Hangstellung waren in wenigen Stunden derart vereist, daß der Boden des Grabens in eine steilabfallende, spiegelglatte Eisfläche verwandelt war. Beinbrüche, Stürze mit allen erdenklichen Verletzungen waren an der Tagesordnung, und wochenlang verging kein Tag, ohne daß die Leute ins Lazarett oder dem Revier überwiesen werden mußten."

Über die bei Kurve 2 des HK gelegene „Cantine" vermittelt uns René Schickele in seiner Trilogie „Das Erbe am Rhein" einen eindringlichen Eindruck, den er bei einem Besuch in der Nachkriegszeit empfangen hatte:

„Wo der Wald aufhörte und die bloße Schädelstätte begann, das Steingeröll, vom Blust der Weidenrosen überhaucht, lud eine tief in den Berg gesprengte und betonierte, sodann mit Balken und gestampfter Erde gedeckte Kantine den Ausflügler ein, zu verweilen und des historischen Ortes bei einem Labetrunk zu genießen. Seine Vorgänger hatten hier Champagner getrunken und Shimmy getanzt. Den Tanz verbot jetzt ein Plakat. Es war ein ehemaliger Verbandplatz.

Der Wirt bot Karten feil, die auf zwölf zusammenhängenden Blättern ein Sortiment der besterhaltenen Friedhöfe zeigte, auch Pläne der Schützengräben gab es zu kaufen, und auf ihnen erkannte man alle Ausflüchte des Urmenschen wieder. Höhlen, für einen allein, der vorgeschoben war, um aufzupassen, und für ein Dutzend Männer dahinter, die auf seinen Raubvogelschrei herbeieilen sollten, um das Wild zu schlagen, und Erdgänge zwischen kunstvollen Verstellungen, die man der Natur abguckte, Tobel, in dessen Wänden man lag wie in engen Gräben, Felsnester mit zwei, drei Stockwerken und sogar ganze Dörfer, die sich mit friedlichen Namen, Namen, die es in der Heimat gab, gegen den allgemeinen Angsttraum versichert hatten. Dazwischen starrten Tausende von kahlen, entseelten Bäumen in die Bläue des Sommertages – der gemordete Wald.

Von den Ausflüglern, die an diesem Tag den Totenberg bevölkerten, hatten die meisten in der betonierten Kantine haltgemacht, hauptsächlich die Männer, denn der Aufstieg zum Gipfel war steil, und die Sonne schürte den Durst. Einige Damen aber saßen auf Kamelhaardecken im Geröll unter dem Gipfel, tauschten Ausrufe der Bewunderung über die schöne Aussicht auf Rheinebene und Schwarzwald und schrieben Ansichtskarten. An ihnen vorbei erklommen wir die höchste Stelle des Berges. Und hier stand ein Kreuz, daneben eine Stange mit der Trikolore ..."[278]

Seit der Jahreswende 1915/16 lag die 2. Kp des neu aufgestellten Württ. Gebirgsbataillons Nr. 1[279] mit ihrem Chef, Oberleutnant Erwin Rommel[280], in der Stellung Hilsenfirst-Süd:

„Der neue Kompanieabschnitt ist 1800 m breit und hat zwischen dem rechten und linken Flügel einen Höhenunterschied von 150 m. Vor der Front befinden sich starke Hindernisse, darunter eines, das bei Nacht elektrisch geladen wird. Eine durchlaufende Besetzung der Stellung ist bei dieser Breite unmöglich. Einige besonders beherrschende Stellungsteile werden als Stützpunkte ausgebaut. Jeder einzelne bildet eine kleine Festung für sich mit Verteidigungsmöglichkeiten nach allen Seiten, mit Munitions-, Verpflegungs- und Wasservorrat. Im Stollenbau werden die reichlichen Erfahrungen aus den Argonnen verwertet: mindestens zwei Ausgänge, sehr starke Eindeckung!"[281]

Das aus dem Rheinland stammende III./Landwehr-Infanterie-Regiment Nr. 56 wurde im Frühjahr 1915 auf dem Hartmannsweilerkopf eingesetzt. Am 23. April bezog es, von der Westfront kommend, seine Ortsunterkunft in Isenheim.

„Das III. Bataillon war von dem Anblick der reizenden deutschen Dörfer so begeistert, daß erst mal einer gehoben wurde. Nach monatelanger Enthaltsamkeit kann man nichts mehr vertragen, und so kam es, daß nach dem Genuß von wenigen Glas Bier, dem mancher auch noch einen Kirsch oder Trester zufügte, das ganze Bataillon, wie man so sagt, voll war und auffiel. Bei der Division war man sprachlos, und die Schale des Zorns wurde ausgegossen über den unschuldigen Regimentskommandeur, der dann seinen Zorn weiter nach unten kundgab, wie man das beim Militär nennt. Manch braver Wehrmann hat für seine Begeisterung beim Anblick des schönen Isenheim eine Strafe bekommen. Hauptm. vom Hofe hielt seinem Bataillon eine niederschmetternde Ansprache, in der er verlangte, daß seine Soldaten mehr Drang zu Eisernen Kreuzen als zum Alkohol hätten."[282]

b) Zweiter Weltkrieg

Das Kriegstagebuch des AOK 7 kündet abschließend sichtlich voll Stolz von dem angesichts der inhomogenen Truppenteile beachtlichen Erfolg in der Schlacht um Frankreich 1940:

„Rückblickend und zusammenfassend ist zu dem Unternehmen ‚Kleiner Bär' der 7. Armee zu sagen, daß die Größe des erzielten Erfolges zutreffend nur dann gewürdigt werden kann, wenn man sich die außergewöhnlichen Schwierigkeiten vor Augen hält, die die Armee zu bewältigen hatte. Zweifellos hätte der Angriff von aktiven, in allen Kampfarten geschulten Divisionen, zudem bei stärkerer Zuteilung von Pionieren und Brückengerät und besserer Ausstattung der Armee mit Artillerie noch schneller geführt werden können. Ein vorbildlicherer Kampfgeist im Rahmen der eigenen Fähigkeiten und Möglichkeiten wäre aber auch bei solchen Verbänden nicht zu finden gewesen.

Ganz besonderer Erwähnung bedürfen die Bautruppen, die während der Kampftage Hervorragendes geleistet haben. Sie wurden hinter den ersten Wellen der Infanterie über den Rhein gesetzt und haben sofort, zum Teil im feindlichen Feuer beim Bau von Behelfsbrücken anstelle der von den Franzosen zerstörten Übergänge über die Altwasser und Kanäle westlich des Rheins, an der Instandsetzung der Straßen für den Vormarsch und der Beseitigung von Hindernissen zu arbeiten begonnen. Ohne ihren vorbildlichen Einsatz hätte der Angriff nicht so rasch vorgetrieben werden können.

Eine außergewöhnliche Leistung war auch der in wenigen Tagen durchgeführte Bau einer 30-t-Behelfsbrücke über den Rhein bei Breisach durch ein für eine solche Aufgabe nicht ausgebildetes Straßenbau-Bataillon. Diese Brücke diente in erster Linie für den Nachschub der Armee, erwies sich aber insbesondere auch für den Abschub der Gefangenen und für den späteren Rückmarsch der Angriffsdivisionen als unentbehrlich.

Höchsten Anforderungen wurden bei der Vorbereitung des Angriffs und während der Operationen die Nachrichten-Einheiten gerecht, denen es trotz größter technischer Schwierigkeiten gelang, der Führungsabteilung der Armee jederzeit ein nahezu lückenloses Fernsprechnetz zur Verfügung zu halten und darüber hinaus auch der Luftwaffe alle für den Einsatz erforderlichen Leitungen sicherzustellen.

Der verhältnismäßig geringe Munitionsverbrauch der Armee und die sich in erträglichen Grenzen haltenden eigenen Verluste ließen eine Überbeanspruchung der an sich auch sehr knapp bemessenen rückwärtigen Dienste der Armee in den Angriffstagen vermeiden. Gleichwohl war die Sicherung des Nachschubs nur durch eine straffe Zusammenfassung der vorhandenen Kräfte möglich und stellte an jede Versorgungseinheit hohe Anforderungen. Außergewöhnliche Leistungen mußten von den rückwärtigen Diensten verlangt werden, als der Armee die Versorgung von rund 200.000 Gefangenen zufiel.

Auf die Schwierigkeiten, die die Luftwaffe vor und während der Operationen zu bewältigen hatte, wurde bereits hingewiesen. Abschließend muß festgestellt werden, daß die Zusammenarbeit des A. O. K. mit allen Verbänden der Luftwaffe ausgezeichnet war. Durch die Kommandierung eines Verbindungsoffiziers des V. Fliegerkorps zum A. O. K. war die schleunige Übermittlung aller von der Armee an die Fliegerkampfkräfte zu stellenden Wünsche sichergestellt. Trotz der weiten Entfernung der Flugplätze des V. Fliegerkorps gelang stets ein völlig zeitgerechter Einsatz seiner Verbände. Die Luftaufklärung brachte ungeachtet der teilweise äußerst ungünstigen Wetterlage rasch die wichtigsten Meldungen, wobei sich auch die erst eben neu aufgestellte 1./(H) 32 durchaus bewährte. Die Flak-Brigade Veith des Luftgaukommandos VII hatte den Luftschutz der Bereitstellungsräume und des Artillerie-Aufmarsches, sowie den Schutz der Übergangsstellen und der Brückenschläge übernommen. In besonderem Maße bewährten sich ihre Einheiten bei der Bunkerbekämpfung und zwar sowohl bei der Feuervorbereitung für das Übersetzen, wie auch in den folgenden Tagen im feindlichen Festungskampffeld.

Der Erfolg der Operationen der 7. Armee konnte erreicht werden, weil dank der Einsatzbereitschaft jedes Einzelnen die Truppe sich mit der Schwere der gestellten Anforderungen auch Aufgaben gewachsen zeigte, für die ihr an sich die nötige Ausbildung fehlte."[283]

Unter den Rückzugskämpfen der deutschen Wehrmacht aus dem Colmarer Brückenkopf zu Jahresbeginn 1945 hatte auch die Zivilbevölkerung in unsäglichem Ausmaße zu leiden. Ein Teilnehmer als junger Offizier berichtet über den Angriff auf das schon während des Frankreichfeldzuges 1940 in Mitleidenschaft gezogene Dorf Jebsheim nördlich von Neubreisach, der zu den blutigsten und verlustreichsten dieses Endkampfes zählte:

„In der Nacht zum 27. Januar, um 2.45 Uhr, eröffneten 4 Feld-Artillerieabteilungen ihr mörderisches Feuer auf das unglückliche Dorf. Eine Feuerwalze schlimmsten Ausmaßes zerfetzte Häuser und ganze Straßenzüge; bereits nach wenigen Minuten begann sich der Himmel blutrot zu färben. Das Vieh, soweit es sich nicht in den Ställen losmachen konnte und nun wie irrsinnig vor Angst durch die Straßen und Gassen rannte, ging zu einem großen Teil unter den niederbrechenden Balken und brennenden Dächern elend zugrunde.

In den Kellern und ungeschützten Stallungen, in denen sich die Zivilbevölkerung oft bis zu 40 Personen zusammendrängte, hielt der Tod schon in den ersten Stunden des Kampfes reichlich Ernte. Viele dieser Menschen waren Flüchtlinge aus dem ehemaligen Frontgebiet. Sie waren – wie z. B. aus Illhäusern, schon am 20. Dezember 44 evakuiert worden und mußten nun hier die Schrecknisse eines unbarmherzigen Krieges zum zweiten Male über sich ergehen lassen."[284]

Und Général de Lattre resümiert in seiner „Geschichte der 1. Frz. Armee":

„Nichts kann eine Vorstellung darüber geben, wie schrecklich es in diesem unglücklichen Dorfe aussieht. 500 deutsche Gefallene verwandeln die Straßen in ein wahres Schlachtfeld. Wir selbst haben 300 Mann Verluste und die Amerikaner mindestens ebenso viele. 750 Deutsche haben wir gefangen und das 254. US-Regiment über 300."[285]

Aus dem letzten Wehrmachtbericht über die Schlacht von Colmar v. 10. Februar 1945:

„Nach schweren Kämpfen gegen die bei Tag und Nacht angreifenden de Gaulle-Truppen wurden unsere noch auf dem Westufer des Oberrheins stehenden Kräfte mit allen Waffen und Versorgungsgütern auf das Ostufer überführt und vor dem nachdrängenden Feind die Brücken bei Neuenburg gesprengt. Die 21tägige Schlacht um den Brückenkopf im oberen Elsaß, in der unsere Truppen tapfer kämpfend eine oft zehnfache feindliche Übermacht abwehrten, ist damit abgeschlossen. Im Verlaufe dieser Kämpfe vernichteten unsere Truppen 200 Panzer sowie zahlreiche Panzerspähwagen und Kraftfahrzeuge des Feindes."[286]

IV. Soldatenfriedhöfe[287] im Oberelsass[288]

„O Hartmann, auf deinem schwarzen Gestein
Da liegt viel liebes Kameradengebein.
Liegt und ruht dort, hart bei hart –
Hartmann ist auch unsere Art!
Und, wo einer zu Erd' vergeht,
Ein' stolze Tannen im Sturmwind weht."[289]

„Argonnerwald, Argonnerwald, ein stiller Friedhof wirst du bald ..."[290] Diese Verszeile aus einem der bekanntesten und beliebtesten Soldatenlieder des Ersten Weltkrieges kann sinnbildlich auch für die Vogesen und das gesamte Elsass gelten. Zog doch die Kriegsfurie allein im 20. Jahrhundert zweimal über dieses geschundene Land hinweg: Neben den Gefallenen des Großen Krieges, wie ihn heute noch die Franzosen und Briten nennen, ruhen die Opfer des letzten Weltkrieges, und hier nicht nur Soldaten, sondern auch die Toten unter der Zivilbevölkerung, die bei den Rückzugsgefechten der deutschen Wehrmacht und den Bombenangriffen der Alliierten zu Tode kamen. Es bedürfte einer heute infolge der Aktenverluste des letzten Krieges und der Vielzahl der über die Dauer der Kämpfe von 1915 bis 1918 eingesetzten Einheiten und Verbände kaum noch möglichen Quellenarbeit, um eine der tatsächlichen Zahl an Toten angenäherte Verlustliste beider Seiten erstellen zu können. Frühe Bezifferungen der Toten von nahezu 60.000 Mann für den Hartmannsweilerkopf[291] und ca. 30.000 Mann für den Kampfraum Lingekopf sind unzutreffend, da im Begriff „Verluste" auch immer die Verwundeten, ob kurz- oder langfristige Ausfälle, Vermissten und Kriegsgefangenen mit einbezogen sind. Doch wird angesichts der beständigen Front an diesen Abschnitten über fast vier Jahre hinweg mit einer nicht unerheblichen Zahl an Toten gerechnet werden müssen. Immerhin beziffern sich die Verluste, d. h. die Gesamtzahl der Ausfälle, alleine für die drei Monate der Schlacht am Lingekopf auf ca. 10.000 Franzosen und 7.000 Deutsche! Eine französische Quelle spricht von Verlusten am HK in Höhe von 14.500 Soldaten, darunter 4.500 Toten.[292] „Aber mag die Rechnung Zahlen in drei-, vier- oder mehrfacher Divisionsstärke ergeben, der H. K. steht jenseits jeden Rechenexempels. Er war eine Schicksalsstätte, an die sich wohl jeder, der sie im Kriege erlebt hatte, mit einer Art Angstliebe gekettet fühlte. Und er ist noch heute mit seiner zernarbten Haut und in seiner Naturschönheit ein Gedenkmal von tiefer Eindringlichkeit."[293] So reihen sich in den Ortschaften der Ebene und der Täler Soldatenfriedhöfe an Soldatenfriedhöfe, auch im Tode in Reih und Glied und zumeist getrennt nach ihren Nationen. Den deutschen Soldaten widmet sich seit seinem Bestehen im Jahre 1919 der Volksbund Deutsche Kriegsgräberfürsorge in Kassel, der mithilfe zahlloser Freiwilliger in den Jahren nach den Kriegen den Totendienst an den Gefallenen besorgt hat und diese unter zum Teile schwierigen Bedingungen exhumiert, identifiziert und in würdige Ruhestätten umgebettet hat.[294]

Soldat und Tod liegen nahe beieinander. Was Wunder, wenn die gefallenen Kameraden in den oft kurzen Kampfpausen in allernächster Nähe der Stellung ein schlichtes Grab fanden, das oft genug bei neuerlichem Beschuss seine traurigen Reste wieder freilegte. Es war daher seitens des preußischen Kriegsministeriums geplant, den unkontrollierten Wildwuchs an Denkmälern und Grabanlagen mittels eines Beratergremiums in die richtigen Bahnen zu lenken. Diese Landesberatungsstellen sollten in künstlerischer und gartenarchitektonischer Hinsicht die mit der Anlage und Pflege betrauten Stellen verantwortlich unterstützen. Eine AKO vom 28. Februar 1917 etatisierte überdies einen künstlerischen und geistlichen Beirat bei den Etappeninspektionen und Generalgouvernements. Eine endgültige Regelung sollte nach dem gewonnenen Krieg Platz greifen. Die graue Wirklichkeit jedoch holte bald auch die Toten und ihre vorläufige Ruhestätte ein: Das Versailler Friedensdiktat bestimmte in Teil VI, Zweiter Abschnitt, Artikel 225 zwar ganz allgemein nur die äußeren Modalitäten der Achtung und

Unterhaltung der Gräber der Heeres- und Marineangehörigen durch staatlich eingesetzte Kommissionen und setzte damit die bereits nach dem Deutsch-Französischen Krieg im Frankfurter Friedensvertrag vom 10. Mai 1871 begründete zwischenstaatliche Regelung der Gefallenenfürsorge[295] fort, in der Praxis aber legten die französischen Stellen diese vertraglich vereinbarten Maßnahmen eher restriktiv aus. Besonders die mit dem Namen Hartmannsweilerkopf verbundenen Sentiments und Ressentiments verhinderten eine zumindest in räumlichem Zusammenhang stehende deutsche Nekropole auf diesem Berg. Stattdessen mussten die deutschen Gefallenen, die auf unzähligen, zum Teil noch heute vorhandenen oder erkennbaren Friedhöfen nicht nur provisorisch bestattet worden waren, schon kurz nach Kriegsende eine Umbettung in die vorgelagerte Ebene erfahren. „Den Unterschied zwischen Freund und Feind hatten sie selbst verwischt, wie sie ineinander eingedrungen waren, sich miteinander durchsetzt hatten, sie lagen, wo sie gefallen waren, unlöslich verstrickt und Schicht um Schicht übereinander geworfen und zugedeckt vom jahrelangen Ausbruch des Berges. Sie trennen? Gerade so leicht hätte man den Berg gespalten ...".[296] René Schickeles Empfinden der Einheit dieses Totenreiches hatte sich nicht erfüllt. Der größte Teil dieser Kriegstoten fand, neben aus Südfrankreich überführten verstorbenen Kriegsgefangenen des Ersten Weltkrieges, seine letzte Ruhe auf dem deutschen Soldatenfriedhof in CERNAY, auf dem insgesamt 7.485 Soldaten beigesetzt wurden, davon 6.063 in Einzelgräbern. Zu dieser Zahl sind aber auch noch 1.479 Gefallene der letzten Kriegstage des Zweiten Weltkrieges hinzuzurechnen Der 1920 vom französischen Gräberdienst „in der üblichen, wenig liebevollen Weise angelegt[e]", 1929 vergrößerte und 1980 mit Metallkreuzen umgestaltete Friedhof, ausgeschildert wie alle Soldatenfriedhöfe mit dem Signet des Volksbundes – fünf schwarzen Kreuzen auf weißem Grunde –, liegt „völlig flach an einer jenseits des Bahnhofs entlang führenden Nebenstrasse mit dem Blick auf das hässliche Bahnhofsgelände und auf die nichtssagende Landstrasse"[297] am südlichen Stadtrand von Cernay nahe der D34.

Ein nach dem Krieg eingeebneter Friedhof befand sich in dem einstigen vorderösterreichischen Verwaltungssitz Ensisheim, wo Kommandeur und Stab der 26. Landwehr-Division ihr Stabsquartier hatten. „An der Thur lag ein stimmungsvoller Soldatenfriedhof mit alten Bäumen, schon von der 12. Landw.-Division geschaffen. Ein Kunstbildhauer hatte ihm würdigen Schmuck verliehen."[298]

Seite 249: Hartmannsweilerkopf, Friedhof. Aquarell v. Martin Frost, undatiert. WGM Rastatt.

Hartmannsweilerkopf

Ein französischer Soldatenfriedhof an der Straße nach Uffholtz (D5, kurz vor dem Ortseingang von Uffholtz) birgt die Überreste französischer Soldaten des Zweiten Weltkrieges; auffallend sind hier die vielen muslimischen Grabsteine als Hinweis auf den Einsatz der französischen Kolonialtruppen. Auch im gesamten Thurtal (N66) reiht sich wie eine Perlenkette von THANN über BITSCHWILLER, WILLER, SUR-THUR, MOOSCH (letzte Ruhestätte des Generals Serret und weiterer 578 Soldaten), ST. AMARIN, RANSPACH und KRUTH ein französischer Soldatenfriedhof an den andern.

Hineingebettet in die Senke des Silberlochsattels (908 m) zwischen den Gipfeln des Molkenrains und des Hartmannsweilerkopfes liegt der wohl größte und gestalterisch gelungenste Friedhof des Ersten Weltkrieges im Oberelsass für die gefallenen Söhne Frankreichs (MONUMENT NATIONAL DE L'HARTMANNSWILLERKOPF). Bald nach Ende des Großen Krieges wurde von regionalen Komitees der Gedanke an ein auf dem Hartmannsweilerkopf zu errichtendes „Monument Commémoratif National"[299] gefasst, für welches seit 1921, als das Schlachtfeld als eines der ersten unter Denkmalschutz gestellt worden war, Spenden gesammelt wurden. Die Planung hierfür lag in den Händen des Architekten Robert Danis, Direktor der Beaux Arts in Elsass-Lothringen. Finanziert wurde diese Planung durch eine nationale Spendensammlung, die den Bau ohne Staatsmittel ermöglichte. Daraus erwuchs eine hangwärts zu einem mit den Namen der Spenderstädte geschmückten bronzenen Altar des Vaterlandes (L'Autel de la Patrie) ansteigende Nekropole mit 1.264 Einzel- und sechs Massengräbern. Die unter diesem Altar gewölbte Krypta soll in einem Beinhaus[300] die unbekannten Soldaten beider Nationen, deren Zahl auf 12.000[301] geschätzt wird, bergen. Verschlossen ist dieses Ossuarium mit einer Art bronzenem Schutzschild, den als Umschrift die Anfangszeile eines berühmt gewordenen Gedichtes von Victor Hugo (1802–1885) schmückt: „Ceux qui pieusement sont morts pour la Patrie, ont droit qu'à leur cercueil la foule vienne et prie", als „Hymne à la France éternelle" von Henri Rabaud vertont. Eine katholische Kapelle mit einer Marienstatue des bekannten französischen Bildhauers Antoine Bourdelle (1861–1929) und zwei diese flankierende Zeichen protestantischen und mosaischen Glaubens gestatten die Abhaltung von Gottesdiensten, wie sie vornehmlich am vorletzten Sonntag des Monats Juni im Kreis militärischer und lokaler Honoratioren, organisiert vom Comité du Monument National de l'Hartmannswillerkopf/Vieil Armand, stattfinden. Den Eingang der durch einen grabenartigen Zugangsweg zu erreichenden Krypta flankieren zwei durch ein Schwert charakterisierte Siegesengel, wiederum gestaltet von Bourdelle. Eingeweiht wurde das Monument am 9. Oktober 1932 durch

Soldatengräber beim Unterabschnitt-A-Unterstand in der Jägertanne, 1915/16. Vorlage für das Aquarell des Kriegsmalers Martin Frost. WGM Rastatt.

den Präsidenten der Republik, Albert Lebrun,[302] im Beisein des Général und Vorsitzenden des Komitees, d'Armau de Pouydraguin. Während des Zweiten Weltkrieges, im Frühjahre 1941, bestanden bei der deutschen Zivilverwaltung und der NSDAP-Gauleitung Bestrebungen, das „Schandmal" auf dem HK samt der Krypta zu entfernen und einzuebnen, um Platz für ein deutsches Ehrenmal zu schaffen. Kurz vor der geplanten Sprengung wurde Einhalt geboten, um die Zusammenarbeit mit der Vichy-Regierung nicht zu belasten, aber auch aus grundsätzlichen Erwägungen zum Schutz von Kriegsgräbern und Denkmalen heraus.[303] Alljährlich findet auf dem bereits am 1. Oktober 1922 eingeweihten Friedhof am Silberloch inmitten der gleichförmigen Grabkreuze mit der Aufschrift „Mort pour la France" der Regimentstag des 152ème Régiment d'Infanterie aus Colmar, der berühmten „Diables rouges", statt. Dabei ertönen in einem geschickten symbolischen Arrangement in Erinnerung an den ersten deutschen Angriff im Januar 1915 und die dramatische Verteidigung der Alpenjäger in der Ringburg die hilfeheischenden Claironrufe von der Höhe des Gipfels.

Die hundertjährige Wiederkehr des Kriegsbeginnes 1914 sowie Wasserschäden veranlassten das Comité du Monument National de l'Hartmannswillerkopf in Verbindung mit dem elsässischen Tourismusverband zu einer umfänglichen Umgestaltung sowohl der Krypta als auch des Gipfelbereiches und der Wegebeschilderung. Ein bislang fehlendes Museum soll die Besucher ähnlich dem Lingekopf-Museum in die Lage einführen und das Verständnis für die Geschehnisse am Berg wecken. Es bleibt abzuwarten, ob dieses Projekt, vornehmlich die Maßnahmen auf dem Gefechtsfeld, nicht zu einer Musealisierung der ursprünglichen Situation führt, deren bisherige Abwesenheit den authentischen Charakter dieses Berges so plastisch kennzeichnete.

Einen gemeinsamen deutsch-französischen Soldatenfriedhof finden wir im Waldfriedhof in GUEBWILLER am südwestlichen Ortsrand. Er wurde als deutscher Soldatenfriedhof im Juli 1915 durch General Gaede eingeweiht. Dort ruhen aus den Kämpfen des Ersten Weltkrieges 910 Deutsche und 281 Franzosen in Einzelgräbern sowie 153 Deutsche und 162 Franzosen in Massengräbern; aus dem letzten Weltkrieg haben 175 deutsche Soldaten Aufnahme gefunden. Hier wurde auch Oberst Moß, Kommandeur LdwInfRgt 87, der am 28. April 1915 in vorderster Stellung an der Stelle der nach ihm benannten Moß-Sappe gefallen ist, zur letzten Ruhe gebettet. Ein gesondert aufgestellter Gedenkstein am Eingang des Friedhofes mit einer in den Stein eingelassenen Figur erinnert an David Bloch aus Gebweiler, einen jüdischen Elsässer in französischen Diensten, der im Flugzeug mit Brieftauben aus Frankreich ins Elsass gebracht worden war, nach einer missglückten Notlandung bei Merxheim unter falscher Identität gefasst werden konnte und am 1. August 1916 als Spion erschossen wurde.[304] Im Mai 2010 wurde der Friedhof Opfer einer Grabsteinschändung, deren Täter bisher nicht ermittelt werden konnten. Volksbund und Soldaten der Deutsch-Französischen Brigade haben mittlerweile die Schäden wieder beseitigt.

Südwestlich von Mülhausen liegen in ILLFURTH an der D432 jenseits der den Ortskern berührenden Eisenbahnlinie 1.964 Gefallene, von denen 539 in einer gemeinsamen Grabanlage bestattet sind. Zwei Besonderheiten birgt dieser Friedhof: Dort wurden am 19.VII.2013 die letzten an der Front im Oberelsass aufgefundenen toten deutschen Soldaten in einer feierlichen Zeremonie der Erde übergeben. Bei Straßenarbeiten für eine Umgehungsstraße bei Carspach im Kreis Altkirch fand man von Oktober 2010 bis November 2011 in einem verschütteten, ca. 500 Mann Platz bietenden und 125 m langen gut erhaltenen Schutzstollen (Kilianstollen), ca. 140 m hinter der vordersten Linie gelegen, am Hang des Lerchenberges die Gebeine von 21 namentlich bekannten deutschen Soldaten der

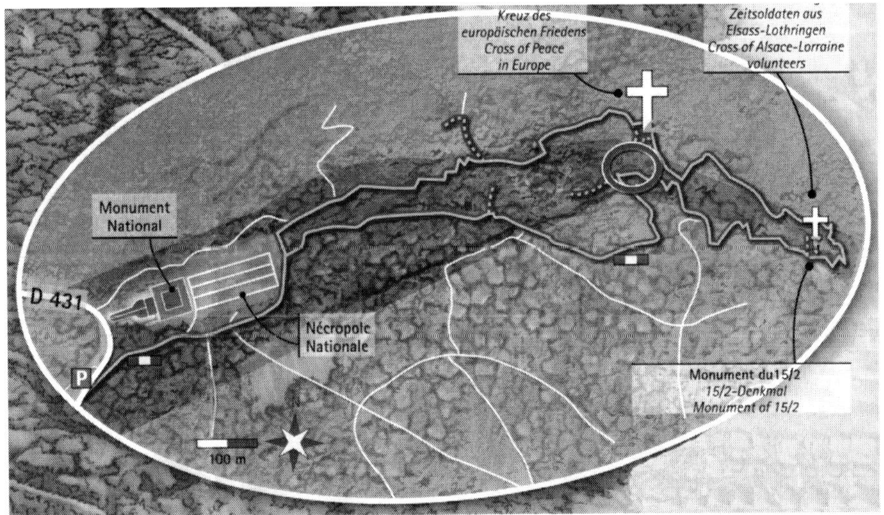

Orientierungstafel. Comité du Monument National de l'Hartmannswillerkopf/ Vieil Armand.

6. Kompanie des Reserve-Infanterie-Regiments 94.[305] Weitere 13 tote Soldaten waren bereits am 18. März 1918 beim Einbruch des 1916 gebauten Stollens durch französischen Werferbeschuss geborgen worden.[306] Eine zweite Besonderheit stellt das Grab des ersten deutschen Kriegstoten dar. Albert Mayer, Leutnant im Jägerregiment z. Pf. Nr. 5,[307] Mülhausen, fiel am 2. August 1914, noch vor der Kriegserklärung des Deutschen Reiches an Frankreich, bei einer Rekognoszierung gegen Belfort bei Joncherey auf französischem Gebiet.

Um den einstigen Kriegsschauplatz der Schlacht um Münster und den Lingekopf gruppieren sich eine Reihe mehr oder weniger großer Kriegerfriedhöfe mit den bedeutendsten am Brennpunkt des Geschehens selbst. Im Unterschied zum Hartmannsweilerkopf fanden hier die Opfer einer mörderischen Schlacht zwar keine gemeinsame, aber eine im Umfeld ihres seinerzeitigen Einsatzgebietes liegende Ruhestatt. Am Kreuzungspunkt der von Trois-Épis kommenden D11[VI] und der von Munster über Hohrodberg führenden Serpentinenstraße D5[BIS] liegt, leicht ansteigend, der deutsche Soldatenfriedhof HOHROD/BÄRENSTALL (976 m). Bereits während des Krieges befand sich an der Stelle der Kreuzung unterhalb des Schratzmännele ein provisorischer Friedhof, von welchem noch heute zwei Steindenkmäler, eines davon in Pyramidenform, Zeugnis ablegen. Den Platz des heutigen, 1928 und 1973 erweiterten Friedhofes nahmen während der Großkampftage am Lingekopf Stab und Eingreifkompanien des Garde-Jäger-Bataillons ein. Der in den letzten Jahren vom Volksbund würdig hergerichtete Ort, straßenseitig eingerahmt von einer Feldsteinmauer und bewacht von einem ehemaligen Straßenbeobachtungsbunker der Maginot-Linie, ist belegt mit 1.497[308] Einzelgräbern, alle seit 1973 in einheitlichem Stil in Gestalt schwarzer Metallkreuze[309], und einer den Südrand einnehmenden gemeinsamen Grabanlage mit 942 Gefallenen, deren Namen auf großen, rechteckigen Metallplatten festgehalten sind. Flankiert wird dieser Bereich von zwei mit Metallkreuzen gezierten, gedrungenen, quadratischen „Wachtürmen", deren rechter die Sinngebung des Sinnlosen in der Art des berühmten Epigramms[301] des Griechen Simonides von Keos (um 556-um 467 v. Chr.) nachvollzieht: „Wanderer, verweile in Andacht/Und künde zu Hause,/Wie wir als Männer gefallen/In Treue zur Heimat." Besonders auffällig in dem Wald von Metallkreuzen erscheinen die den alttestamentarischen Gesetzestafeln nachgebildeten hellen Sandsteingrabmale für die im deutschen Heer als Musketiere, Wehrmänner und Landsturmmänner in Erfüllung ihrer Pflicht gefallenen Deutschen jüdischer Abkunft.[311]

Auf der anderen Seite des Bergmassivs hat der französische Staat für seine Kriegstoten am Col du Wettstein (882 m) hinter dem Wege-T der vom Lingekopf herabführenden D11[VI] und der den Pass kreuzenden D48 von Orbey nach Soultzeren den CIMETIÈRE DES CHASSEURS angelegt. Die Ankündigung der deutschen Verteidiger des Lingemassivs, der Lingekopf werde das Grab der französischen Jäger werden, scheint sich hier erfüllt zu haben. Um ein den Friedhof dominierendes Steinkreuz mit der mahnenden und erinnernden Aufschrift „PAX/Aux morts du Linge" herum gruppieren sich zwei Massengräber mit 720 (Ossuaire Nr. 1) und 615 (Ossuaire Nr. 2) unbekannten Kämpfern, umrahmt von unzähligen Steinkreuzen der Art, wie wir sie bereits auf dem Hartmannsweilerkopf kennengelernt haben und wie sie einheitlich und verbindlich vom „Souvenir Français" festgelegt worden sind. Während die deutschen Soldatenfriedhöfe auf plastischen bildhauerischen Schmuck weitgehend verzichten, finden wir auf der anderen Seite häufig realistische Darstellungen des Kampfgeschehens; hier ruht ein toter Krieger aufgebahrt gleichsam auf dem Altar des Vaterlandes vor dem Steinkreuz, die Waffe ist ihm entglitten, die Finger im Todeskampfe verkrampft. Eine unterhalb angebrachte Plakette zweier Soldaten der „Diables rouges" und „Diables bleus" erinnern an deren heldenmütige Angriffsleistungen am Lingekopf. Den Sockel des Kreuzes bedecken Bronzeplaketten mit allen hier vertretenen Einheiten und Verbänden von Infanterie, Kavallerie, Artillerie und Genie-Truppe

Frz. Soldatenfriedhof „Victoire" bei Kurve 6, angelegt für die dort Gefallenen der Weihnachtskämpfe 1915. WGM Rastatt.

sowie der aktiven Jägerbataillone, insgesamt etwa 3.600 Tote. Auf beiden Friedhöfen, Bärenstall und Wettstein, finden am Vormittag des zweiten Augustsonntages gemeinsame Gedenkfeiern zu Ehren der Gefallenen statt (einstiges Komitee Bärenstall in der Union des Friedens in Soldatischer Kameradschaft e. V., seit 2013 vom Volksbund verantwortlich gestaltet).

Außer diesen beiden zentralen Anlagen im unmittelbaren Kampfbereiche finden wir im weiteren Umfeld der Schlacht kleinere Grablegen von Soldaten beider Seiten. In MUNSTER grenzt ein relativ kleiner militärischer Friedhofsteil an den zivilen Teil; neben 382 Toten des Ersten Weltkrieges liegen 32 des folgenden Krieges. Dagegen weist die Terrassenanlage des deutschen Soldatenfriedhofes auf dem Krähenberge südwestlich von BREITENBACH unterhalb des Ilienkopfes, ca. 4 km südwestlich von Münster, eine den Friedhof am Bärenstall übertreffende Zahl von 2.271 Toten in Einzelgräbern und 1.085 in einem Kameradengrab auf, die vornehmlich auf die heftigen Abwehrkämpfe um den Sperrriegel bei Metzeral zurückzuführen sind und zu einem beträchtlichen Teil dem Reserve-Infanterie-Regiment 74 angehören. Auch 172 Gefallene des Zweiten Weltkrieges haben hier Aufnahme gefunden. Der Friedhof war im Jahr 1920 von Frankreich angelegt und 1928 erweitert worden; schließlich wurden 1978 die Holzkreuze durch das dauerhaftere Metall ersetzt.

Dem ursprünglichen Frontverlauf entsprechend, befinden sich im oberen Fechttal hinter Metzeral zwei französische Friedhöfe vor MITTLACH an der D10VI (Cimetière National du Chêne Millet mit 1.760 Einzelgräbern und 855 in einem Ossuaire Beigesetzten) und südlich von SONDERNACH talaufwärts an der D10 (Cimetière National du Bois de Maettle mit 381 Einzelgräbern). Auch in unmittelbarer Nähe eines anderen Kriegsschauplatzes, zwischen dem heiß umkämpften Buchenkopf und dem Immerlinskopf (1.218 m), haben französische Soldaten in einem dunklen Waldstück ihre letzte Ruhe gefunden. Der „Cimetière Duchesne" (1.121 m) unterhalb des TÊTE DES FAUX (nur zu Fuß über den markierten Wanderweg G. R. 532 erreichbar) erinnert in einem Obelisk an den Namensgeber des Friedhofes, Commandant Henri Duchesne, Bataillonskommandeur im 215e R. I., der beim „Assaut de Grimaud" am 2. Dezember 1914 gefallen ist. Eine zweite Seite dieses Steines gedenkt der für Frankreich gefallenen Waffenbrüder im 14e BCP mit der zeitlichen Angabe „Juni 1915". Ein Massengrab birgt die sterblichen Reste von 116 Kämpfern, weitere 294 einzelne Grabkreuze künden von individuellen Schicksalen in jenem Völkerringen. Ein auf der gegenüberliegenden Nordostseite des Buchenkopfes gelegener ehemaliger deutscher Soldatenfriedhof ist heute bis auf Reste nicht mehr existent.

Hinter dem früheren deutschen Frontverlauf, sozusagen bereits in der Etappe, befinden wir uns in LES TROIS-ÉPIS (673 m). Nordöstlich des alten Wallfahrts- und Luftkurortes an der D11 nach Ammerschwihr bietet sich dem Besucher eine besonders ansprechend gestaltete, 1973 vergrößerte kleine Gräbergruppe mit 259 Toten des Krieges 1914–1918 und 14 Gefallenen des letzten großen Völkerringens. Im nahe gelegenen COLMAR, vor dem Ersten Weltkrieg eine starke preußische Garnison, überwiegen die Toten französischer Nation. Der neben dem französischen Zivilfriedhof an der Ladhofgasse im Norden Colmars mit 868 Deutschen belegte Friedhof, der 1972 mit Steinkreuzen ausgestattet wurde, weist darüber hinaus 488 französische Soldaten des Ersten und 1.723 des Zweiten Weltkrieges aus, die in der „Poche de Colmar" im Frühjahr 1945 den Soldatentod fanden. An dieses letzte kriegerische Ereignis erinnern auch zwei Friedhöfe in der näheren Umgebung Colmars: Zum einen ist dies der 1975 eingeweihte deutsche Soldatenfriedhof hart nordwestlich des im letzten Krieg heiß umkämpften BERGHEIM nahe Ribeauvillé unterhalb der Hohkönigsburg, der mit 5.307 Toten des Zweiten Weltkrieges als Sammelfriedhof für das Oberelsass gelten kann, sind hier doch Gefallene von 225 Orten auf dem Bergheimer Grasberg zusammenge-

Jägerfriedhof in der Jägertannenstellung am Hartmannsweilerkopf, 1915. WGM Rastatt.

führt worden. Zwei Täler weiter südlich, auf den nördlichen Höhen des in den letzten Kriegstagen stark zerstörten, nördlich von Colmar gelegenen SIGOLSHEIM mit seiner romanischen Peter-und-Paul-Kirche aus dem 12. Jahrhundert erstreckt sich mit weitem Blick in die elsässische Landschaft und die Rheinebene eine terrassenförmig angelegte „Necropole nationale“ für 1.589 französische, im Oberelsass in der Endphase des Krieges im Verband der 1ère Armée française Rhin et Danube Gefallene, die, zuvor weit verstreut auf kommunalen, kirchlichen oder Soldatenfriedhöfen gelegen, auf diesen „Blutberg“ umgebettet wurden. Unter den gewohnten Grabkreuzen der am 2. Mai 1965 eingeweihten Totenstätte fallen 792 Grabplatten für die Soldaten muslimischer Religion auf. Eingebunden in das Konzept dieser Toteninsel öffnet sich absteigend zur Ebene an der nach Osten geneigten Bergnase eine gemauerte Rotunde mit der Erinnerung an den Anteil der amerikanischen Streitkräfte an der Befreiung des Elsass. Eine Pyramide, auf deren Spitze das Sternenbanner weht, nennt die Namen der beteiligten Einheiten und Verbände, die an der „Poche de Colmar“ in den Januar- und Februartagen des Jahres 1945 beteiligt waren: neben dem 21. US Army Corps mit 3., 28., 75. Infanterie-Division und 12. Panzer-Division die 36., 45., 63. und 103. Infanterie-Division. Weniger einen Friedhof denn eine Gedenkstätte stellt die Erinnerungsstätte am Ort der ehemaligen Jebsheimer Mühle wenige hundert Meter am nordwestlichen Ortsausgange von JEBSHEIM[312] dar. Hier fanden vom 25. bis 29. Januar 1945 erbitterte Rückzugskämpfe der Wehrmacht, besonders des II. und I./IIGebJgRgt 136, mit alliierten Truppen – Amerikanern (254th US I. R.) und Franzosen (Fremdenlegionäre, Fallschirmjäger) – statt, in deren Gefolge die Mühle und der gesamte Ort zerstört wurden und 900 Soldaten neben 2.000 Verwundeten den Tod fanden. Ursache für diesen verbissenen und teilweise gegen die Kriegsgesetze verstoßenden Kampf seitens der Alliierten war eine etwa 2,5 km große Lücke in der HKL zwischen Grussenheim, Jebsheim und dem Kanal, die zur Sicherung des laut Führerbefehls unbedingt zu haltenden Colmarer Brückenkopfes schnellstens zu schließen war, um einer alliierten ostwärtigen Umfassung zuvorzukommen. Eine Privatinitiative dreier ehemaliger Mitkämpfer führte zur Errichtung eines von drei Pfeilern gestützten Kreuzes, symbolisch die drei kriegführenden Nationen verkörpernd. Die dreisprachige Inschrift lautet: „Sie sind im Tode vereint. Laßt uns auch im Frieden einig sein." Am 12. Juni 1988 eingeweiht, findet alljährlich am 2. Sonntag im Juni ein internationales Treffen an diesem Orte statt (Association La Croix du Moulin, F-68320 Jebsheim).

Nahe beim Hartmannsweilerkopf, am nordwestlichen Ortsende von WUENHEIM (353 m), mahnt ein von der A. D. E. I. F. (L'Association des Evadés et Incorporés de Force) errichtetes Friedenskreuz in einer kleinen Anlage am Roten Rain für die 130.000 Einberufenen zum Wehrdienst, 40.000 Tote oder Vermisste, 30.000 Verwundete und 10.000 Flüchtlinge in den Jahren 1942 bis 1945. Eine Besonderheit in der langen Reihe der Soldatenfriedhöfe im Oberelsass nimmt der sog. Rumänenfriedhof im Schäfertal an der D40 zwischen SOULTZMATT und SCHWEIGHOUSE ein. Nach dem Feldzug Falkenhayns gegen Rumänien waren rumänische Kriegsgefangene auch der Armee-Abteilung B zum Arbeitsdienst im Straßenbau zugeteilt worden. Beim Lager Schäfertal wurde im Frühjahr 1917 für die verstorbenen Lagerinsassen ein kleiner Friedhof angelegt, auf welchem dann nach dem Krieg die auf insgesamt 35 kleineren Friedhöfen im Oberelsass beigesetzten 678 von insgesamt 2.344 während des Krieges verschiedenen Rumänen ihre letzte Ruhestätte fanden. Eingeweiht wurde der Friedhof im Jahr 1924 durch König Ferdinand und seine Frau Marie von Rumänien. Er ist einer der Orte, die im Säkularjahr 2014 für das Programm „Tourisme de mémoire" als bemerkenswerte Orte entlang der Frontlinie ausgewählt wurden.

Gleichfalls im Zeichen des Weltkriegsgedenkens des Jahres 2014 stehen der südlich der Dideler Höhe (Markircher Höhe, Col de Ste. Marie, 772 m) gelegene

Soldatengräber am Sandgrubenkopf unter dem Hartmannsweilerkopf, 1915 (Ulanenfriedhof). WGM Rastatt.

Höhenzug mit Bernhardstein (856 m) und Tête du Violu (994 m) oberhalb des Lebertales (Liepvrette) mit Markirch (Ste. Marie-aux-Mines) als Ausgangspunkt. Über diese Passhöhe, zugleich deutsche Reichsgrenze, drangen Teile der 58e Division am 8. August 1914 ins Lebertal (auch Silbertal, Val d'argent, wegen der die Menschen des Tales ernährenden Silberminen) ein, mit dem Ziel, Schlettstadt zur flankierenden Unterstützung der gerade begonnenen 1. Schlacht von Mülhausen zu nehmen. Die bis östlich von Markirch vorgedrungenen Franzosen mussten nach siegreichem Ausgang der Schlacht der 6. und 7. Armee (Heeresgruppe Kronprinz Rupprecht) in Lothringen vor den Gegenangriffen der bayerischen Ersatzdivision auf die Kammhöhe zurückweichen (20.–23. August 1914). In nochmals aufflammenden Kämpfen nach dem 25. August verteidigten die 1. und 2. bayer. Landwehrbrigade diesen Abschnitt.[313] Die sog. „Leberfront" sollte über die gesamte Kriegsdauer hinweg das Silbertal und die Stadt Markirch schützen. Zahlreiche imposante Relikte der militärischen Infrastruktur aus jener Zeit sind noch in diesem Frontbereich, der jetzt mit Markierungen auf der sog. „Landwehrstraße" und um Tête du Violu und Bernhardstein, ausgehend vom Col Ste. Marie, erschlossen wurde, zu finden.

Die Gefallenen dieses Sektors fanden von Anfang an auf einem im Dezember 1916 in der Bergarbeiterstadt Markirch neu angelegten Soldatenfriedhof ihre letzte Ruhe. Den höchsten Blutzoll forderten die ersten Kämpfe bis zur Stabilisierung der Front 1915. Etwa ein Drittel der Beigesetzten war an seinen Verwundungen in den Jahren 1915 bis Kriegsende gefallen bzw. gestorben. Die insgesamt 1.175 deutschen Kriegstoten schließen auch 136 Gefallene des Zweiten Weltkrieges mit ein, die in den Abwehrkämpfen gegen die vorrückenden amerikanischen Streitkräfte auf der Passhöhe ihr Leben gelassen haben.

Südöstlich von Ste. Marie-aux-mines, am Chemin Saint Michel nahe der D 416 gelegen, reihen sich 671 schwarze Metallkreuze von Einzelgräbern sowie ein Kameradengrab mit 365 großenteils unbekannten Toten in einem leicht ansteigenden und von einem Bachlauf mit kleinen gemauerten Brückenübergängen durchschnittenen Wiesengrunde. Den Friedhof schmückt ein monumentales, bereits im Kriege errichtetes Natursteindenkmal mit Kreuzzeichen und einer aufgebrachten Plakette, die einen mit Stahlhelm bewehrten nackten Krieger als Halbfigur im Profil zeigt.

In diesem Areal fällt eine auf privatem Grund liegende Grabplatte auf. Sie deckt das Grab von Oberst der Garde Imperiale de Russie Maurice Fitz James von Berwick (20.IX.1783–20.IV.1835), der hier auf dem Anwesen seines Schwiegervaters, Nicolas de Roguier, Conseiller-auditeur (Anhörungsbeauftragter) am königlichen Hof zu Nancy, zur Ruhe gebettet wurde. Später ging das Gelände in kommunalen Besitz über und wurde schließlich dem Militärfiskus zur Anlage eines Soldatenfriedhofes 1916 zur Verfügung gestellt.

Wie schon gezeigt, handelt es sich bei all diesen Friedhöfen um Anlagen der Zeit nach den Kriegen, die weniger den Geist militärischer Frontkameradschaft denn die geistig-politische Gemengelage einer siegreichen laizistischen Republik, die aus diesem Krieg gestärkt hervorgegangen war, widerspiegeln. Da sich diese Haltung jedoch eher in den ikonografischen Auswahlkriterien der Denkmalkultur manifestierte und die Struktur eines Militärfriedhofes ohnehin international ähnlichen Kriterien huldigte, dürfte von Interesse sein, wie soldatische Mentalität selbst den allgegenwärtigen Tod verarbeitete und ihn darstellte. Bis auf wenige Ausnahmen sind die im Krieg angelegten Begräbnisstätten verschwunden, da die dort Beigesetzten entweder auf zentrale, allgemein zugängliche Plätze umgebettet wurden oder aber, auf Antrag der Hinterbliebenen, in die Heimat überführt wurden. So sind wir bei der Begehung des Gefechtsfeldes auf zeitgenössische Hinweise oder auf die Beschaffenheit des Geländes wie z. B. auffallende Immergrün-Bepflanzung oder terrassierte Flächen angewiesen, wollen wir die früheren Begräbnisstätten rekonstruieren.

Nur noch rudimentär ist am LINGEKOPF die Stelle des einstigen Friedhofes zu erkennen. Unmittelbar hinter der dritten deutschen Linie in der Nähe des heutigen Museums lässt sich anhand eines Sockelaufbaues und alter Bilddokumente dessen Lage erahnen. So nahe am Kampfraum handelte es sich allerdings nicht um eine der üblichen Einzelgräberanlagen, sondern um ein Massengrab für die während der Großkampftage des Sommers 1915 Gefallenen. Auf dem Schlachtfeld des Lingekopfes selbst erinnern vereinzelte weiße (F) und schwarze (DR) Kreuze an Soldaten beider Nationen, die erst bei Grabungen in den 1960er- und 1970er-Jahren aufgefunden wurden und namentlich – sofern identifiziert – genannt sind.

Der HARTMANNSWEILERKOPF dagegen weist auch heute noch in der Natur gut zu erkennende Friedhöfe aus der Zeit des Ersten Weltkrieges auf.[314] So befindet sich im Bereich der Cuisse droite zwischen Ulanenfriedhof und Kantine beim ehemaligen Pionierdorf ein aufgelassener Totenacker. Hier hatte das lange Zeit am HK liegende Landwehr-Infanterie-Regiment Nr. 124[315] aus Württemberg gegen Kriegsende einen gewaltigen, terrassenförmigen Sammelfriedhof durch Lt. Herkomer anlegen lassen, an dessen höchster Stelle der Mittelachse ein Sandsteinbrunnen der Toten des Unglücks vom 28. Januar 1917 im Ziegelrückenstollen gedenkt. Dem mit Immergrün bedeckten Friedhof, auf dem jedes Gefallenen mit einem einheitlichen Gedenkstein gedacht wurde, reiht sich wenige Meter weiter der der Badischen Pioniere 14 an, heute nur noch am ebenfalls immergrünen Bewuchs wahrzunehmen. Auch bei Kurve 6 und beim deutschen Jägerdenkmal, also bereits im eigentlichen Kampfgebiet, war der Tod in den Gefechtspausen präsent. Allein drei Friedhöfe gruppierten sich um Kurve 6, davon einer für die beim Sturm während der Weihnachtstage 1915 gefallenen Franzosen in dem von der Kurve umschlossenen Raum hinter den Fundamenten des einstigen Materiallagers aus den Tagen des Zweiten Weltkrieges, als hier die Wehrmacht den Gebirgskrieg übte. Am Hang vor dem Jägerdenkmal (840 m) mit weitem Blick in die Rheinebene hatte sich das Reserve-Jägerbataillon Nr. 8 seinen Begräbnisplatz angelegt. Oberhalb des Tanzplatzes, am Hangweg, in unmittelbarer Nähe der Frontlinie, befand sich der Jägerfriedhof, über dessen Eingang der Text eines hölzernen Schildes die „Sinngebung des Sinnlosen"[316] zu artikulieren suchte: „Überstanden ist die Hölle der Granaten und Schrapnelle; Durst, Hunger, Frost und Fieber, Sturm und Regen sind vorüber; Mutterschoss ist warm und weich. Die Ihr Blut, Leib und Leben für's Vaterland dahingegeben, tote Brüder, nun ruht aus. Keine Schmerzen o.[der] Schrecken können hier vom Schlaf Euch wecken; ruhet aus, Ihr seid zu Haus."[317] Schon im rückwärtigen Kampfgebiet, zwischen Jägertanne und Ziegelrücken auf Höhe 530 m, weist ein erhaltenes Portal auf den am Allerseelentag des Jahres 1916 eingeweihten „Ehrenfriedhof" des Landwehr-Infanterie-Regiments Nr. 99 hin, von dem, außer einem erhaltenen Gedenkstein für die Gefallenen des IV. Bataillons (13.–16. Kp) in den Tagen des 21.–24. Dezembers 1915, wieder nur noch das unverwüstliche Immergrün den Charakter eines Soldatenfriedhofes andeutet. Im Laubachlager unterhalb der Kurve 7, wo neben Angehörigen des Lauenburgischen Jäger-Feld-Bataillons Nr. 9 auch Gefallene der Quinze-deux (152^{e} R. I.) beigesetzt waren, finden wir heute noch zwei deutsche Einzelgrabstellen und eine Doppelgrabstelle mit gut erhaltenen Grabsteinen, deren eingesetzte granitene Inschriftentafeln den Tod der Kameraden Gefreiter Emil Stieger (1892–1916), Jäger Franz Biedenhorn (1895–1916), Jäger Fritz Splettstösser (1894–1916) und Gefreiter Otto Schultz (1891–1916) beklagen. Noch zahlreicher weiterer Begräbnisstätten auf dem Hartmannsweilerkopf soll gedacht werden, so beispielsweise des französischen Jägerfriedhofes (Cimetière des Chasseurs, dit de Bonnegoutte), von dem der einzige noch erhaltene Gedenkstein im Wald bei der Guttenbachrunz die bekannten Worte Victor Hugos wiederholt, oder des französischen Soldatenfriedhofes am Namenlosen Hang/Crête sans Nom, dessen einstige Stelle ein Erinnerungsstein an den dort ehedem beigesetzten Leutnant Viollet[318] kennzeichnet, oder der verschwundenen französischen Friedhöfe „Bains-Douches" an der letzten Kurve der Route des Crêtes vor dem Silberloch, wo sich seinerzeit nahe dem Sihlbächle auch die Waschgelegenheiten befanden, und des am Chemin des Dames am Fuße des Namenlosen Hanges gelegenen Friedhofs „Camp des Dames". Schließlich muss ein Friedhof besondere Erwähnung finden, der zwar seiner einstigen Bestimmung entkleidet ist, da seine Toten längst schon auf dem Sennheimer Soldatenfriedhof ihre endgültige Ruhestätte gefunden haben, der aber dank des Engagements der Mitglieder des Vereins „Les Amis du Hartmannswillerkopf" in seiner dem seinerzeitigen Zustand angenäherten Gestaltung erhalten geblieben ist. Der „Ulanenfriedhof"[319], nach der zu Anfang des Krieges in seinem Abschnitt am Osthang im Camp des Uhlans liegenden Kavallerietruppe benannt, verbirgt sich in einer kleinen, das Sonnenlicht absorbierenden Fichtenenklave[320] inmitten des Laub- bzw. Mischwaldes in 600 m Höhe unterhalb des Dickbuchenweges. Angelegt wurde er 1915 bei den schweren Kämpfen am Sandgrubenkopf und Rehfelsen von den dort eingesetzten Einheiten der Potsdamer Gardejäger und des Landwehr-Infanterie-Regiments Nr. 56 aus dem Ruhrgebiet. In einem rechteckigen, leicht ansteigenden Areal, das an der Eingangsseite mit einer niederen Mauer aus Steinquadern begrenzt wird, finden wir, fünffach gereiht, auf 35 Gräbern die Namen von 51 Soldaten. In den Kampfpausen und Ruhephasen schufen die Soldaten hier ihren gefallenen Kameraden liebevoll gestaltete Zeugnisse ihrer Verbundenheit auch im Tod. Die Steintafeln sind vielfach geziert mit dem Eisernen Kreuz und grünem Eichenbruch, dem traditionellen Zeichen der Jägertruppe. Ein Denkmal am Eingang zum Friedhof, errichtet vom Landwehr-Infanterie-Regiment 56, zitiert einen häufig in solchem Rahmen verwendeten Grabspruch christlichen Ursprunges (Exodus, 2. Mose 3,5) und ist somit auch repräsentativ für soldatischen Totenkult im Felde:

„Deutscher, entblöße Dein Haupt,
Du stehst an heiligem Orte.
Gräber, vom Sturme entlaubt,
Verkünden gewaltige Worte.

Helden, gefallen im Ringen
Deutschlands um Ehre und Sein,
Nie soll ihr Name verklingen,
Geheiliget soll er uns sein."

Auskünfte zu den deutschen Soldatenfriedhöfen erteilt der Volksbund Deutsche Kriegsgräberfürsorge e. V., Postfach 103840, Werner-Hilpert-Str. 2, 34112 Kassel, der auch mit seinen Druckwerken „Am Rande der Straßen" Atlanten mit Hinweisen zu sämtlichen deutschen Soldatenfriedhöfen zur Verfügung stellt. Über die Internet-Adresse http://www.volksbund.de können neben Informationen zu 150 Soldatenfriedhöfen in ganz Europa auch die Namen von Gefallenen des Zweiten Weltkrieges recherchiert werden.

V. Kriegsgeschichtliche Museen

Das Elsass, Kulturland im Grenzbereich zwischen gallischem und germanischem Einfluss, ist überreich an kulturgeschichtlichen und kunsthistorischen Zeugnissen, die sich nicht nur in den Stadtbildern und in der Landschaft manifestieren, sondern auch in bedeutenden Museen ihren Platz gefunden haben.[321]

Repräsentativstes Beispiel im Oberelsass dürfte sicher die alte Reichsstadt Colmar sein, deren äußeres Erscheinungsbild mit den in seinen Museen beherbergten Kunstwerken eine symbiotische Paarung eingegangen ist. Erinnert sei nur an das wohl berühmteste und bedeutendste Dokument im Ausgang des Mittelalters zur frühen Neuzeit, den Isenheimer Altar von Mathis Gothart Nithart gen. Grünewald, im Unterlinden-Museum (Musée d'Unterlinden, 1 rue d'Unterlinden,

F-68000 Colmar, Tel.: 0033-389201550, Fax: 0033-389412622; http://www.musee-unterlinden.com/. Öffnungszeiten: 1. Mai bis 31. Oktober tägl. 9.00–18.00 Uhr, 1. November bis 31. März tägl. außer Dienstag 9.00–12.00 Uhr u. 14.00–17.00 Uhr. Am 1. Januar, 1. Mai, 1. November u. 25. Dezember geschlossen), das darüber hinaus mit weiteren wertvollen Kunstwerken dieser Zeit eines gewaltigen Umbruches, so von Martin Schongauer und Caspar Isenmann, um nur die bekanntesten Vertreter zu nennen, aufwarten kann. Hierauf einzugehen, kann ebenso wenig Aufgabe dieses Führers sein wie auf die zahlreichen Orte mit anderen Sammlungsschwerpunkten hinzuweisen, wie beispielsweise die Humanistische Bibliothek der 1542 gegründeten Lateinschule (Bibliothèque humaniste, 1 rue de la bibliothèque, F-67600 Sélestat, Tel.: 0033-388580720, Fax: 0033-388828064; http://www.bh-selestat.fr/. Öffnungszeiten: Mo. u. Mi.–Fr 9.00–12.00 Uhr u. 14.00–18.00 Uhr, Samstag 9.00–12.00 Uhr, im Juli u. August u. an den Wochenenden im Advent Sa. u. So. 14.00–17.00 Uhr) im schon im Dep. Bas-Rhin, jedoch nicht weit von Colmar entfernt liegenden Sélestat oder das Elsässische Freilichtmuseum (Écomusée d'Alsace, F-68190 Ungersheim, Tel.: 0033-389744474; http://www.ecomusee-alsace.fr/. Geöffnet zu wechselnden Tageszeiten und gestaffelten Eintrittspreisen von Ende März bis Anfang November, zusätzlich in der Weihnachtszeit Ende November bis Anfang Januar) nördlich von Mulhouse zwischen Pulversheim und Ungersheim (Ausfahrt Pulversheim der D430, D2 nach Pulversheim, links ab D429), das Automobilmuseum der Brüder Schlumpf (Musée national de l'Automobile, 192 avenue de Colmar, BP 1096, F-68051 Mulhouse cedex, Tel.: 0033-389332323, Fax: 0033-389320809; http://www.collection-schlumpf.com/. Geöffnet zu wechselnden Tageszeiten) oder das Französische Eisenbahnmuseum (Musée français du Chemin de fer, 2 rue Alfred-de-Glehn, F-68100 Mulhouse, Tel.: 0033-389422 567; http://www.citedutrain.com/ de/home. Geöffnet tägl. zu wechselnden Zeiten) in der „Stadt der zwölf Museen", Mülhausen.

So sei für den kulturgeschichtlichen Sektor auf die im Literaturverzeichnis genannten Reiseführer sowie auf die in den jeweiligen Fremdenverkehrseinrichtungen (Office de Tourisme, Syndicat d'Initiative) aufliegenden Verzeichnisse und Hinweise verwiesen.

Auf dem Schlachtfeld am LINGEKOPF, das selbst schon musealen Charakter trägt, existiert ein in jüngster Zeit erweitertes Museum, das den historischen Bezug zur lokalen Situation mittels Dioramen, Ausrüstungsgegenständen, Bewaffnung und Tonbildschauen herzustellen sucht. In seiner Feldsteinmauerung und der dem Niveau des Gefechtsfeldes angenäherten blockhausartigen Bunker-Bauweise passt es sich geschickt dem Gelände an. Das unmittelbar am Eingang zum Gefechtsfeld liegende Museum am Lingepass kann aus östlicher Richtung auf der D11^{VI} von Colmar/Trois-Épis über den Kamm kommend, aus südlicher vom Fechttal über die D5^{BIS} von Hohrodberg, aus westlicher vom Col du Wettstein über die D1^{VI} und aus nördlicher über Kaysersberg–Orbey–Pairis auf der D48 erreicht werden. Unterhalten wird das Museum von der „Association du Mémorial du Linge"[322], die auch Führungen organisiert; Geländebesprechungen auch durch den Verfasser selbst (Tel.: 0761/700879; E-Post: sempertalis@gmx.de).

Musée Mémorial du Linge 1914–1918, Le Linge, „Association du Mémorial du Linge", 86 rue du Général de Gaulle, F-68370 Orbey, Tel.: 0033-389772997 (während der Öffnungszeiten), Fax: 0033-389713161; http://www.linge1915.com/index1-de.html. Öffnungszeiten: von Ostern bis 11. November 9.00–12.30 Uhr u. 14.00–18.00 Uhr.

Zur Front im Münstertal zählt die während des Krieges seit dem 25. April 1915 in französischer Hand befindliche Stadt Mittlach im Großen Fechttal am Fuße des Schnepfenriethkopfes, die im Rahmen des französischen Projektes „Gedenktourismus (Tourisme de memoire) 1914–1918 Vogesenfront (Front des Vosges)" das ehemalige Gebirgslazarett 2/64, später 301, in den Kellerräumen des Rathauses präsentiert, das die Verwundeten der Kämpfe um das benachbarte Metzeral aufnahm. Den Symbolcharakter der frühzeitig und dauerhaft französisch gewordenen, auch als „Klein-Tirol" bezeichneten Gemeinde nutzte der französische Präsident Poincaré zu einem propagandistischen Besuch mitten im Krieg am 8. August 1915.[323]

Ein kleines Kabinett aus Fundstücken des fast vierjährigen Ringens am Hartmannsweilerkopf und zeitgenössischen Fotografien zeigte jahrzehntelang das Museum in der Krypta des HARTMANNSWEILERKOPFES, das zusammen mit der Krypta besichtigt werden konnte. Die schon erwähnte Neugestaltung des Berges beinhaltet auch die Errichtung eines gesonderten Museums, „Historial" genannt, des ersten französisch-deutschen Museums zum Ersten Weltkrieg als „Ort der Begegnung [...].mit pädagogischen Inhalten",[324] an der Stelle der früheren Auberge Silberloch. Am 3. August 2014, dem Tag der Kriegserklärung des Deutschen Reiches an Frankreich im Jahr 1914, wurde der Grundstein durch die Präsidenten beider Länder gelegt, so den besonderen Symbolgehalt des Hartmannsweilerkopfes für die deutsch-französische Freundschaft betonend.[325]

Anfragen und Führungswünsche zum Champ de Bataille de l'Hartmannswillerkopf können gerichtet werden an die „Association des Amis du Hartmannswillerkopf", 1 rue du Ballon, F-68700 Uffholtz-Haut-Rhin, www.ahwk.fr, oder an das Office de Tourisme de Cernay et de la Région du Vieil Armand, 1 rue Latouche,

F-68700 Cernay, Tel.: 0033-389755035, und an den Verfasser (Tel.: 0761/700879; E-Post: sempertalis@gmx.de).

Am Fuße des Hartmannsweilerkopfes bietet in Uffholtz seit 2010 das in einem früheren Gasthof und ehemaligen Sanitätsunterstand[326] des Ersten Weltkrieges eingerichtete „Abri Mémoire du Uffholtz 1914–18" mittels eines kleinen, im Ausbau befindlichen Ausstellungsbereiches, eines Dokumentationszentrums, eines Projektionssaales für Vorträge und Konferenzen sowie einer Künstlerwerkstatt „für schöpferisches und kreatives Arbeiten"[327] einen adäquaten Zugang zur Historie des Berges.

Abri Mémoire Uffholtz 1914–18, 1 rue du Ballon, F-68700 Uffholtz, Tel.: 0033-389830691, www.abri-memoire.org. Öffnungszeiten: Mi.–Fr. 9.00–12.30 Uhr und 14.00–18.00 Uhr, Samstag 14.00–18.00 Uhr, letzter Sonntag im Monat 14.00–18.00 Uhr. Eine vorherige Anfrage ist ratsam.

Das dem Hartmannsweilerkopf benachbarte Thurtal aufwärts lädt in ST. AMARIN ein dem ehemaligen Kommandeur des 66e Régiment d'Infanterie, Général Marcel Serret, gewidmetes Museum seit 1973 speziell zum Geschehen am „heiligen Berg" dieser Gegend zum Besuch ein. In einem ehemaligen, im Krieg zum Lazarett umgewandelten Gerichtsgebäude lassen Exponate vom Kriegsschauplatz und zeitgenössische Bilder die Situation der Kriegsjahre am Berg und im Tal, in dem der Nachschub für die kämpfende Truppe herangeführt wurde, erst eigentlich deutlich werden.[328]

Musée Serret et du Val Saint-Amarin, 7 rue Clemenceau, F-68550 St. Amarin, Tel.: 0033-389382466; http://www.ot-saint-amarin.com/le-musee-serret.html. Öffnungszeiten: Mai bis September tägl. außer Dienstag 14.00–18.00 Uhr.

Dem gesamten Komplex der Kriege zwischen den beiden heute befreundeten „Erbfeinden" sucht sich das in einem erhaltenen Turm der ehemaligen Stadtbefestigung (Porte de Thann am westlichen Ausgang des Ortes) in CERNAY untergebrachte Museum zu nähern. Das am linken Ufer der Thur gelegene Sennheim, das im Ersten Weltkrieg besonders zu leiden hatte, wurde wieder neu aufgebaut; Teile der mittelalterlichen Mauer konnten gerettet werden.

Museum zu den deutsch-französischen Kriegen, Porte de Thann, 1 rue de Thann, F-68700 Cernay, Tel.: 0033-389758880, Bureau S.H.A.C.E: 0033-389389256; http://histoire-cenay.perso.sfr.fr/. Öffnungszeiten: Juni–September 10.00–11.30 Uhr und 15.00–17.30 Uhr, dienstags und an Sonn- und Feiertagen geschlossen.

In Vaubans Zeiten zurück führt uns das kleine Festungsmuseum in NEUF-BRISACH. Das am 16. Februar 1957 eröffnete „Musée Vauban", das neben einem Modell der Festung zeitgenössische Dokumente wie Pläne, Manuskripte und

Ausstellungsstücke wie Porträts unter besonderer Berücksichtigung Vaubans, Kupferstiche und Waffen bietet, befindet sich im südwestlichen Teil der Festungsstadt im Belforter Tor, das nach seiner Errichtung 1701 dem ersten Gouverneur des Platzes, Général de division de Laubanie, als Logis diente. Danach beherbergte es wechselnde militärische Dienststellen sowohl der französischen als auch, in der Zeit der Zugehörigkeit zum Deutschen Reich, der preußisch-deutschen Armee. Vom Museum aus bietet sich ein Rundgang um die gesamte Festung im Festungsgraben an (2 km, ca. 2 Stunden), bei dem sich Eigenart und System dieses befestigten Platzes erst ganz erschließen.

Musée Vauban, 7 place de la Porte de Belfort, F-68600 Neuf-Brisach, Tel.: 0033-389720393, Fax: 0033-389729173 (Office du Tourisme); http://www.neuf-brisach.fr/. Öffnungszeiten: vom 1. April bis 30. September (außer Dienstag) 10.00–12.00 Uhr u. 14.00–17.00 Uhr (sonntags bis 18.00 Uhr).

Vergleichend hierzu kann auch das reich ausgestattete Festungsmuseum in BELFORT besucht werden, das zwar verwaltungsmäßig nicht mehr zum Oberelsass gehört, sondern seit 1871 als bei Frankreich verbliebener Rest des Départements Haut-Rhin das eigenständige Département de Territoire de Belfort bildet, das aber in der Kriegsgeschichte des Oberelsass als Sperre und Ausfallstor aus der trouée de Belfort eine entscheidende Rolle in den Kriegen seit 1870 spielte. Das Museum befindet sich in der mit dem „Löwen von Belfort" des elsässischen Bildhauers Frédéric-Auguste Bartholdi (1834–1904) aus Colmar geschmückten Zitadelle, dem ehemaligen, von Vauban in seinen pentagonischen Festungsgürtel 1687 integrierten Schloss der Grafen von Pfirt im Sundgau.

Musée d'Art et d'Histoire (Museum für Kunst und Geschichte), Citadelle de Belfort, F-90004 Belfort cedex, BP 20223, Tel.: 0033-384542551, Fax: 0033-384285296; http://www.mairie-belfort.fr. Öffnungszeiten: tägl. 10.00–12.00 Uhr u. 14.00–18.00 Uhr; von Juni bis August bis 19.00 Uhr, von Oktober bis März bis 17.00 Uhr; dienstags (außer Juli/August) geschlossen, zusätzlich am 1. November, 25. Dezember u. 1. Januar.

Die nördlich von Belfort gelegene ehemalige Festungsstadt Huningue (Hüningen) bietet in ihrem bescheideneren Festungsmuseum gleichfalls einen Einblick in die Situation an der nahen Grenze zur Schweiz und die drei Belagerungen der Vauban-Festung im 18. und 19. Jahrhundert.[329]

Musée Historique et Militaire de Huningue, 6 rue des Boulangers, F-68333 Huningue, Tel.: 0033-389893394; http://www.ville-huningue.fr/fr/musee-historique-huningue/. Geöffnet 1. und 3. Sonntag im Monat, 14.30–17.30 Uhr, geschlossen im August. Sonderführungen über Mairie d'Huningue, Tel.: 0033-389691780.

Zur Geschichte des Zweiten Weltkrieges im Elsass unterrichten zwei kleinere Museen in Turckheim und Marckolsheim. Das „Musée Mémorial des Combats de la Poche de Colmar. Hiver 44/45" in TURCKHEIM erinnert an die verlustreichen Kämpfe beim Vormarsch der Alliierten im Oberelsass. Diesem Thema widmet sich das kleine, in der Ratsgasse gelegene Museum, das nur im Sommerhalbjahr geöffnet ist. Ein Besuch des Museums sollte unbedingt mit einem Rundgang durch die mittelalterliche, mauer- und torbewehrte, durch Nachtwächter geschützte ehemalige Reichsstadt Türkheim verbunden werden, die ihren urbanen Charakter bis heute bewahren konnte.

Musée Mémorial des Combats de la Poche de Colmar, Hiver 44/45, 25 rue du Conseil, F-68230 Turckheim, Tel.: 0033-389808666; http://musee.turckheim-alsace.com/index.html. Öffnungszeiten: vom 30. März bis 20. Oktober tägl. außer Montag und Dienstag 14.00–18.00 Uhr, sonntags auch 10.00–12.00 u. 14.00–18.00 Uhr. In der Zeit vom 1. Juli bis 30. September auch montags und dienstags geöffnet. Führungen über die Mairie de Turckheim, Tel.: 0033-389271808

Gleichfalls dem Zweiten Weltkrieg, jedoch seiner Anfangsphase, ist die Ausstellung in einem der noch erhaltenen Bunker der Maginot-Linie entlang des Rheins bei MARCKOLSHEIM.[330] Der schon zum Département Bas-Rhin zählende, an der D468 15 km nördlich von Neuf-Brisach in den Rheinauen gelegene, im Krieg stark zerstörte Ort hat die im Osten des Ortes an der D10 errichtete Kasematte 35/3 (dt. Bezeichnung: 703) der Hauptverteidigungslinie als Sonderbauform zu einer Gedenkstätte (Mémorial-Musée de la Ligne Maginot) im Jahre 1972 hergerichtet, die einen plastischen Eindruck des modernen Festungskampfes vermittelt. Die im Turm der Panzerglocke eingedrungenen, noch heute sichtbaren Geschosse der deutschen 8,8-cm-Flak zeugen vom heftigen Kampf, der an dieser Stelle beim Angriff der 218. Infanterie-Division über den Rhein am 15. bis 17. Juni 1940 entbrannte. Auftrag der Kasematte im Rahmen des 42. Festungsinfanterieregiments war die flankierende Unterstützung der benachbarten Bunker 34/3 (nördl.) und 36/3 (südl.) der 3. Linie. Erst am Morgen des 17. Juni war hier der Kampf zu Ende. Außerhalb der Kasematte findet sich allerlei Kriegsgerät fremden Ursprunges, aber auch ein kleiner ehemaliger Soldatenfriedhof, auf dem die Gefallenen in den Kämpfen des Juni 1940 provisorisch beigesetzt worden waren. Sie ruhen heute, zusammen mit anderen Kriegstoten, auf einem gesonderten Teil des Marckolsheimer Friedhofes. Die mit einem großen Parkplatz (auch für KOM) ausgestattete Gedenkstätte ist im Sommerhalbjahr geöffnet. Zusätzliche Auskünfte zu Marckolsheim und Umgebung erteilt auch das Syndicat d'Initiative Marckolsheim unter der Telefonnummer 0033-388925672.

Mémorial Musée Ligne Maginot du Rhin de Marckolsheim, D10, 20 Route du Rhin, F-67390 Marckolsheim (Koordinaten: 48° 9′ 17.7″ N, 7° 33′ 56.7″ O), Tel.: 0033-388925698; http://www.grandried.free.fr/. Öffnungszeiten: tägl. 9.00–12.00 Uhr und 14.00–18.00 Uhr.

Auch die Gedenkstätte Elsass-Mosel (Le Mémorial de l'Alsace-Moselle) liegt bereits im Département Bas-Rhin, soll aber an dieser Stelle Erwähnung finden wegen ihrer Bedeutung für die Geschichte des Gesamtelsass und der Moselregion. Ca. 50 km von Strasbourg aus auf der A35, A352, N420 in Richtung St. Dié zu erreichen, mit dem Zug von Strasbourg Richtung St. Dié. Vom Bahnhof Schirmeck 15 Minuten Fußweg zum Mémorial. Oberhalb der D392 gelegen, mit Parkplätzen am Fuße der Anhöhe bzw. beim Museum für Behinderte. Dieses imposant über dem Breuschtal gelegene, 2005 eröffnete Museum in bemerkenswerter Architektur widmet sich den Lebensverhältnissen der Elsässer und Moselaner seit der Eingliederung ins Reich 1870/71, insonderheit der Situation während der deutschen Besatzung 1940 bis 1945. Durch neue museumspädagogische und -didaktische Konzeptionen wird ein breites Spektrum an Einblicken in jene Zeit aufgeblättert und auch der Eingriff der Kriege in die Lebensgestaltung der Elsässer plastisch mittels Schilderungen des Einsatzes in den Schützengräben des Ersten Weltkrieges oder der Maginot-Linie zu Beginn des zweiten großen Jahrhundertkrieges dargestellt.

Le Mémorial de l'Alsace-Moselle, Lieu dit du Chauffour, Allée du souvenir français, 67130 Schirmeck (Koordinaten: 48° 29′ 13.5″ N, 7° 13′ 18.9″ O), Tel.: 0033-388474550, Fax: 0033-388474551, E-Post: alsacemoselle@wanadoo.fr; www.memorial-alsace-moselle.com. Öffnungszeiten: tägl. außer Montag 10.00–18.30 Uhr, im Januar, am 1. Mai und 24.–26. Dezember geschlossen.

Abschließend soll ein neues Museum diesseits des Rheines vorgestellt werden, das unter der Devise „von der Konfrontation zur Kooperation" zur deutsch-schweizerisch-französischen Verständigung beitragen will. 1998 von dem Heitersheimer Unternehmer Johannes Heiss gegründet, hat das „Dreieckland-Museum" vornehmlich Kriegsgerät zusammengetragen und seit 2010 in einem modernen Zweckbau an der Bundesstraße 3 südlich von Heitersheim untergebracht. Die dreieckige Anlage soll symbolisch auf das Ziel des Museumsvereins hinweisen.

Dreickland-Museum e. V., Tiergartenstr. 1 a, D-79423 Heitersheim, Tel.: 07634/5946050; Fax: 07634/59460559; http://www.dreiecklandrestaurierung.de/index.php/museum, E-Post: info@dreiecklandrestaurierung.de. Öffnungszeiten: Jeden 1. Sonntag im Monat 10.00–13.00 und 14.00–17.00 Uhr.

VI. Orts- und Flurnamenkonkordanz

Altpfirt	Vieux-Ferrette
Altthann	Vieux-Thann
Altweier	Aubure
Ammerschweier	Ammerschwihr
Ammerzweiler	Ammerzwiller
Appenweier	Appenwihr
Attenschweiler	Attenschwiller
Aue (Elsass)	Lauw
Ballersdorf	Ballersdorf
Balschweiler	Balschwiller
Balzenheim	Baltzenheim
Banzenheim	Bantzenheim
Bartenheim (Elsass)	Bartenheim
Bebelnheim	Beblenheim
Berenzweiler	Berentzwiller
Bergheim (Elsass)	Bergheim
Bergholz	Bergholtz
Bergholz-Zell	Bergholtzzell
Bernweiler	Bernwiller
Berrweiler	Berrwiller
Bischweier	Bischwihr
Bitschweiler	Bitschwiller
Bollweiler	Bollwiller
Brubach	Bruebach
Brückensweiler	Bréchaumont
Brünighofen	Brinighoffen
Bütweiler	Buethwiller
Burgfelden	Bourgfelden
Burzweiler	Bourtzwiller
Buschweiler	Buschwiller
Dammerkirch	Dannemarie
Diedolshausen	Le Bonhomme
Diedolshauser Höhe	Col du Bonhomme
Dietweiler	Dietwiller
Dollern	Dolleren
Drei Ähren	Les Trois-Épis
Dürrenenzen	Durrenentzen
Egisheim	Eguisheim
Eichwald	Chalampé
Ellbach	Elbach
Eschbach	Eschbach-au-Val
Eschelmer	Hachimette
Eschenzweiler	Eschentzwiller
Falkweiler	Falkwiller
Felleringen	Fellering
Fessenheim (Kr. Gebweiler)	Fessenheim
Flachslanden	Flaxlanden
Fortschweier	Fortschwihr
Füllern	Fulleren
Galfingen	Galfingue
Geishausen	Geishouse
Gildweiler	Gildwiller
Grenzingen (O/Els.)	Grentzingen
Griesbach (Kr. Colmar)	Griesbach-au-Val
Geberschweier	Gueberschwihr
Gebweiler	Guebwiller
Gemar	Guémar
Gevenatten	Guevenatten
Gewenheim	Guewenheim
Großer Belchen	Grand Ballon
Groß-Winterung	Grand Ventron
Häsingen	Hésingue
Häusern	Husseren-les-Châteaux
Hartmannsweiler	Hartmannswiller
Heidweiler	Heidwiller
Heiligkreuz	Sainte-Croix-en-Plaine

Heiweiler	Heiwiller
Helfrantskirch	Helfrantzkirch
Herlisheim (Kr. Colmar)	Herrlisheim-près-Colmar
Hirsingen	Hirsingue
Hirzbach	Hirtzbach
Hirzfelden	Hirtzfelden
Hohrodern	Roderen
Holzweier	Holtzwihr
Homburg	Hombourg
Horburg	Horbourg
Hausen	Houssen
Hüsseren-Wesserling	Husseren-Wesserling
Hunaweier	Hunawihr
Illfurt	Illfurth
Isenheim	Issenheim
Jungholz	Jungholtz
Kappeln	Kappelen
Kienzheim (Kr. Rappoltsweiler)	Kientzheim
Klein-Landau	Petit-Landau
Knöringen	Knoeringue
Kötzingen	Koetzingue
Krüt	Kruth
Leimen (Kr. Mülhausen)	Leymen
Liebenzweiler	Liebenswiller
Logelnheim	Logelheim
Lümschweiler	Luemschwiller
Lützel	Lucelle
Lützelstein	La Petite-Pierre
Lüxdorf	Ligsdorf
Markirch	Sainte-Marie-aux-Mines
Markolsheim	Marckolsheim
Masmünster	Masevaux
Meienheim	Meyenheim
Merzen	Mertzen
Mittelweier	Mittelwihr
Morzweiler	Mortzwiller
Mühlbach (Kr. Münster)	Muhlbach
Mülhausen	Mulhouse
Münchhausen (Kr. Gebweiler)	Munchhouse
Munweiler	Munwiller
Munzenheim	Muntzenheim
Neubreisach	Neuf-Brisach
Neudorf	Village-Neuf
Neuweiler	Neuwiller
Niederaspach	Aspach-le-Bas
Niederbronn	Niederbronn-les-Bains
Niederburbach	Bourbach-le-Bas
Niederburnhaupt	Burnhaupt-le-Bas
Niederenzen	Niederentzen
Niederhagenthal	Hagenthal-le-Bas
Niedermagstatt	Magstatt-le-Bas
Niedermichelbach	Michelbach-le-Bas
Niedermorschweier (Kr. Rappoltsweiler)	Niedermorschwihr
Niedermorschweiler	Morschwiller-le-Bas
Niedermüspach	Muespach-le-Bas
Niederranspach	Ranspach-le-Bas
Niedersept	Seppois-le-Bas
Niederspechbach	Spechbach-le-Bas
Niedersteinbrunn	Steinbrunn-le-Bas
Niedersulzbach (Kr. Thann)	Soppe-le-Bas
Niedertraubach	Traubach-le-Bas

Oberaspach	Aspach-le-Haut
Oberburbach	Bourbach-le-Haut
Oberburnhaupt	Burnhaupt-le-Haut
Oberenzen	Oberentzen
Oberhagenthal	Hagenthal-le-Haut
Obermagstatt	Magstatt-le-Haut
Obermichelbach	Michelbach-le-Haut
Obermorschweier	Obermorschwihr
Obermorschweiler	Obermorschwiller
Obermüspach	Muespach-le-Haut
Oberranspach	Ranspach-le-Haut
Obersept	Seppois-le-Haut
Oberspechbach	Spechbach-le-Haut
Obersteinbrunn	Steinbrunn-le-Haut
Obersulzbach (Kr. Thann)	Soppe-le-Haut
Obertraubach	Traubach-le-Haut
Odern	Oderen
Oltingen	Oltingue
Orschweier	Orschwihr
Pfetterhausen	Pfetterhouse
Pfirt	Ferrette
Rantsweiler	Rantzwiller
Rappoltsweiler	Ribeauvillé
Regisheim	Reguisheim
Reichweiler	Richwiller
Reiningen	Reiningue
Retzweiler	Retzwiller
Rheinau (Elsass)	Rhinau
Riedweier	Riedwihr
Rimbach	Rimbach-près-Masevaux
Roggenhausen	Roggenhouse
Rohrschweier	Rorschwihr
Roppenzweiler	Roppentzwiller
Rufach	Rouffach
Rumersheim	Rumersheim-le-Haut
Sankt Ludwig (Elsass)	Saint-Louis
Sankt Pilt	Saint-Hippolyte
Schlettstadt	Sélestat
Schlucht-Pass	Col de la Schlucht
Schnierlach	La Poutroie
Schweighausen	Schweighouse-Thann
Sierenz	Sierentz
Steinsulz	Steinsoultz
Storkensauen	Storckensohn
Stoßweier	Stosswihr
Straßburg i. E.	Strasbourg
Sulz (Kr. Gebweiler)	Soultz-Haut-Rhin
Sulzbach	Soultzbach-les-Bains
Sulzern	Soultzeren
Sulzmatt	Soultzmatt
Sundhofen	Sundhoffen
Türkheim	Turckheim
Uffholz	Uffholtz
Urbis (Kr. Thann)	Urbès
Vöklinshofen	Voegtlinshofen
Vogesen	Vosges
Volkensberg	Folgensbourg
Wasserburg	Wasserbourg
Wattweiler	Wattwiller
Weier auf'm Land	Wihr-en-Plaine

Weier im Thal	Wihr-au-Val	Winzenheim	Wintzenheim
Weiler	Willer	Wörth a. d. Sauer	Woerth
Weiler (Kr. Thann)	Willer-sur-Thur	Wolschweiler (Oberelsass)	Wolschwiller
Wenzweiler	Wentzwiller		
Werenzhausen	Werentzhouse	Zabern	Saverne
Wickerschweier	Wickerschwihr	Zässingen	Zaessingue
Widensolen	Widensohlen		

VII. Militärische Terminologie

Abteilung – Eine dem Bataillon vergleichbare taktische Einheit der Feldartillerie mit 3–4 Batterien.

AOK – Armee-Oberkommando; taktisch-operativer und verwaltungsmäßiger Führungsstab einer Armee für Operationsgebiet und Etappe. Für Letztere stand ihm ein Oberquartiermeister zur Verfügung.

Armee – Im engeren Sinne Zusammenfassung mehrerer Armeekorps zum. Zwecke der Schlacht.

Armee-Abteilung – Eine von der Armee abgeteilte verkleinerte Armee mit zumeist eigenem AOK, jedoch ohne Generalkommando (die Divisionen unterstanden direkt dem AOK). Entlang des Rheines bestanden zwei Armee-Abteilungen, zusammengesetzt aus Reserve- und Landwehrverbänden: die Armee-Abteilung A (Falkenhausen) nördlich der Linie Markolsheim–Rappoltsweiler und die Armee-Abteilung B (Gaede) im südlich angrenzenden Bereich entlang der Reichsgrenze bis zum Sundgau.

Armee-Gruppe – Im Unterschied zur Armee-Abteilung bildete sie in der Regel eine Unterabteilung innerhalb einer Armee zu taktischen Zwecken.

Armee-Korps – Im Frieden größter Heeresverband mit zwei Infanterie-Divisionen und Korpstruppen unter einem Generalkommando, geführt von einem General der Waffengattungen als Kommandierendem General; zugleich territoriale Verwaltungsbehörde mit Korpsbezirk.

Armierungstruppen – Nicht kv, jedoch arbeitsverwendungsfähige Mannschaften, in Bataillone gegliedert, zu Anlage und Ausbau von Stellungen, Verbindungswegen und anderen Erdarbeiten sowie Munitionstransport („Schipper").

Auftragstaktik – Führungsprinzip deutscher Streitkräfte seit Moltke d. Ä. (ab 1869), wonach der selbstständigen Entscheidung des Unterführers nicht vorgegriffen werden soll und ihm in der Auswahl der Mittel zur Erreichung des im Befehl vorgegebenen Zieles möglichst wenig Einschränkungen aufzuerlegen sind.

Bataillon – Taktische Einheit zwischen Kompanie und Regiment mit 4–5 Kompanien.

Batterie – Kleinste administrativ-taktische Einheit der Feldartillerie.

Brigade – Größte aus einer Waffengattung bestehende taktische Einheit mit zumeist 2 Regimentern.

Division – Kleinster, zu operativer Selbstständigkeit befähigter taktischer Verband mit 3–4 Regimentern der Waffengattung in zwei Brigaden und Unterstützungswaffen.

Eskadron (Schwadron) – Kleinste administrativ-taktische Einheit der Kavallerie, hervorgegangen aus der exquadra = Gevierthaufen des 16./17. Jh.

Genie – In der frz. Armee Bezeichnung für Technische Truppen (Pioniere, Ingenieure).

Heeresgruppe – Zusammenfassung mehrerer Armeen zu taktisch-operativen Zwecken ohne Verwaltungsaufgaben.

Infanterie – Fußvolk, Hauptträger des Kampfes auf dem Gefechtsfeld, „Krone aller Waffen".

Jäger – Ausleseformationen der Infanterie, geübt in der geöffneten Gefechtsordnung und im Einzelkampf. Zur größeren Beweglichkeit mit Radfahr- und Kraftwagenkomponente ausgestattet; während des Ersten Weltkrieges auch im Gebirgskampf mit Schneeschuhen ausgebildet (Deutsches Alpenkorps).

Kompanie – Ehedem administrative, seit dem 19. Jh. kleinste taktische Einheit der Fußtruppen aus 3–4 Zügen.

Landsturm – Teil der Armee, die ungedienten Jahrgänge vom 17. bis 45. Lebensjahr umfassend (Gesetz v. 1888). Ursprünglich nur für Heimat und Etappe vorgesehen, wurden die Landsturmbataillone im Ersten Weltkrieg auch im Felddienst verwendet.

Landwehr – Teil der Armee, die älteren gedienten Jahrgänge umfassend. In Preußen seit 1813 eingerichtet; die von 1815–1867 gültige Landwehrordnung sah zwei Aufgebote (26–32 Jahre, 32–39 Jahre) vor. Bis 1918 bestand die Landwehrpflicht bis zum 39. Lebensjahre (siehe auch Landsturm).

Operation – Begriff der oberen Führung im Rahmen der Schlacht (Armeen und Armeekorps/Kavalleriekorps).

Regiment – Bis zur Einführung der Brigade-Gliederung höchste taktische Truppeneinheit einer Waffe der mittleren Führungsebene mit geschlossenem Offizierskorps und eigener Uniform, traditionell aus 3–4 Bataillonen.

Schützen – Spezialtruppe der Infanterie, vergleichbar den Jägern. Im deutschen Heer nur in zwei Formationen als Garde-Schützen-Bataillon (Berlin) und als Kgl. Sächs. Schützen-(Füsilier)-Regiment „Prinz Georg" Nr. 108 vertreten.

Strategie – Begriff der obersten Führung für die Zusammenfassung politischer, militärischer und wirtschaftlicher Komponenten zur Erreichung des Kriegszieles.

Sturmbataillon – Sonderformation des Ersten Weltkrieges zur Führung des Grabenkampfes mit pioniertechnischen Mitteln.

Taktik – Begriff der unteren und mittleren Führung im Rahmen des Gefechts der verbundenen Waffen (bis Division einschließlich).

Truppenführer – Führer eines selbstständigen gemischten Verbandes.

Ulanen – Leichte berittene Truppe, mit Lanzen ausgerüstet. Bei Kriegsbeginn besaß das deutsche Heer 26 Ulanen-Regimenter.

Exkurs: Begriffe aus der Poliorketik (Festungskunde)

Bastion – Meist fünfeckiger Vorsprung in einer Befestigungslinie, von dem aus diese Linie flankiert werden kann. Die beiden Frontlinien (Facen) ragen ins Vorgelände, die zurückgebogenen Flanken beherrschen die Gräben der Nebenwerke.

Blockhaus – Verteidigungsgeeigneter Stützpunkt im Festungs- oder Stellungssystem.

Contre Escarpe – Außenwand eines Festungsgrabens.

Enceinte – Stadt- oder Kernumwallung einer Festung im Unterschied zur Fortslinie.

Escarpe – Innenwand eines Festungsgrabens.

Esplanade – Unbebauter Raum zwischen der Zitadelle und den Häusern einer Festung.

Face – Feindwärts zeigende Frontseite der Festung.

Fort – Kleine, selbstständige Festungsanlage. Sperrforts können sich selbstständig nach allen Seiten verteidigen, Gürtelforts umschließen eine Festung. Bis Ende des 19. Jh. Hauptkampfstellung der Artillerie

Gedeckter Weg – Gegen Flachfeuer geschützter Weg zwischen Contre-Escarpe und Glacis.

Glacis – Flach nach außen abfallendes Vorfeld vor Festungsgräben (meist künstliche Erdanschüttung).

Hornwerk – Im Festungsbau des 17. Jahrhunderts ein Außenwerk aus zwei Halbbastionen und einer Kurtine vor dem Hauptwall.

Kaponniere – Hohlraum zur Längsbestreichung von Festungsgräben (Grabenstreiche, Grabenwehr).

Kasematte – In Festungen geschützter Wohnhohlraum, meist tief unter der Brustwehr.

Kavalier – Überhöhend angeordneter, mit Flanken versehener Bau mit guter Übersicht über das Vorgelände.

Kehle – Rückwärtiger Abschluss eines Forts.

Kronwerk – In Festungen mit bastioniertem Grundriss ein Erdwerk vor dem Hauptwall.

Kurtine – In Festungen mit bastioniertem Grundriss der zwischen zwei Bastionen liegende Teil des Hauptwalles.

Lunette – Mondwerk; Werk mit gebrochener Frontlinie.

Polygonalsystem – Geländeangepasste Fortifikation mit in stumpfen Winkeln aufeinandertreffenden Walllinien, im Vorfeld flankierend durch Kaponnieren geschützt.

Poterne – Hohlgang, Tunnel.

Ravelin – Kleines, fleschenförmiges Außenwerk vor der Kurtine einer Festung mit bastioniertem Grundriss.

Redoute – In der Feldbefestigung des 18. und 19. Jh. eine geschlossene Schanze (meist Erdwerk) mit nur ausspringenden Winkeln; häufiger als Halbredoute angelegt mit einer Front, zwei im stumpfen Winkel angesetzten Flanken und einer geschlossenen Kehle.

Reduit – Bombensicheres, verteidigungsfähiges Kernwerk im Innern oder in der Kehle eines Festungswerkes.

Tenaille – Zangenwerk; Erdwerk oder Festung, deren Linien abwechselnd ein- und ausspringende Winkel bilden. Die einzelnen Linien flankieren sich gegenseitig und erlauben, das Vorfeld unter Kreuzfeuer zu nehmen.

Traverse – Auf dem Hauptwall einer Festung verlaufender Querwall in Form eines Erdwalles oder eines kasemattierten Hohlbaues.

Zitadelle – Kernwerk einer Festung, gewöhnlich letzte Zuflucht einer Besatzung, nachdem die Stadt selbst schon in Feindeshand gefallen war.

Abkürzungen

Abt Abteilung
a. i. ad interim
AK Armeekorps
AKO Allerhöchste Kabinettsordre
AOK Armeeoberkommando
Arm Armierung
Art Artillerie
a. v. arbeitsverwendungsfähig
bad. badisch
BArch Bundesarchiv
bayer. bayerisch
BCA Bataillon Chasseurs alpins (Alpenjäger)
BCP Bataillon Chasseurs à pied (Fußjäger)
Bekl Bekleidung
Bez Bezirk(s)
Bon Bataillon (frz.)
brandenb. brandenburgisch
Brig Brigade
BT Bataillon territorial
BTC Bataillon Territorial de Chasseurs
Btl Bataillon
Bttr Batterie
char. charakterisiert
C. A. Corps d'Armée
Cie Compagnie
D. C. Division de cavalerie
Dep. Departement
D. I. Division d'infanterie
D. I. F. Division d'infanterie de Forteresse
Div Division
D. R. Division de réserve
Drag Dragoner
dt. deutsch
els. elsässisch
erbl. erblich
Ers Ersatz

Esk Eskadron
Felda Feldartillerie
Fernspr Fernsprech
Fest Festungs
Fhr Führer
Fme. Ferme
Frhr Freiherr
frz. französisch
Fußa Fußartillerie
Fw Feldwebel
Garn Garnison
Geb Gebirgs-
gef. gefallen
Gefr Gefreiter
gem. gemischt
Gen General
Gén Général
gen. genannt
Gend Gendarmerie
GendArt General der Artillerie
GendInf General der Infanterie
GendKav General der Kavallerie
GenKdo Generalkommando
GenLt Generalleutnant
GenMj Generalmajor
GenOb Generaloberst
GenSt Generalstab
Gesch Geschütz
GFM Generalfeldmarschall
GLA Badisches Generallandesarchiv Karlsruhe
Gouv Gouverneur
Gren Grenadier
GrGenSt Großer Generalstab
GRzF Garderegiment zu Fuß
g. v. garnisonverwendungsfähig
HG Heeresgruppe
HKL Hauptkampflinie
Hptm Hauptmann
HQ Hauptquartier
Inf Infanterie
Ing Ingenieur
ID Infanteriedivision
Insp Inspektion
Intdtr Intendantur
IR Infanterie-Regiment
Jg Jäger
kdiert kommandiert
Kdo Kommando
Kdr Kommandeur
Kdt Kommandant
Kdtr Kommandantur
KG Kommandierender General
kgl. königlich
KOM Kraftomnibus
Kom Kommission
Kp Kompanie
KrAk Kriegsakademie
KrMin Kriegsministerium
kurm. kurmärkisch
k. v. kriegsverwendungsfähig
l leicht(er)
Laz Lazarett
Ldst Landsturm
Ldw Landwehr
lothr. lothringisch
Lt Leutnant
m mittlerer
m. d. W. b. mit der Wahrnehmung beauftragt
mecklb. mecklenburgisch
MG Maschinengewehr
MGFA Militärgeschichtliches Forschungsamt
MGK Maschinengewehrkompanie

Mil Militär
Mj Major
MOM Main d'œuvre militaire
MW Minenwerfer
MWK Minenwerferkompanie
m. W. v. mit Wirkung vom
mob. mobil
nachm. nachmittags
OB Oberbefehlshaber
oberrh. oberrheinisch
ObstLt Oberstleutnant
Offz Offizier
OHL Oberste Heeresleitung
OLt Oberleutnant
Ord Ordonnanz
OQuM Oberquartiermeister
P Patent
PAK Panzerabwehrkanone
Pi Pionier
pr. preußisch
PrLt Premierlieutenant
Prov Proviant
Rdfhr Radfahr(er)
Res Reserve
RF région fortifiée
Rgt Regiment
rhein. rheinisch
R. I. (-A.,-R.,-T.) Régiment d'Infanterie (d'artillerie, de réserve, territoriale)
RK Reservekorps
röm. römisch
Rttm Rittmeister
s schwerer
schles. schlesisch
ScLt Secondelieutenant
SF secteur fortifié
sp. später
STG Section Technique du Génie
Terr Territorial-
Tle. Teile
TrÜbPlatz Truppenübungsplatz
Uoffz Unteroffizier
vac. vakant
verm. vermisst
verst. verstärkt
Verw Verwaltung
verw. verwundet
vorl. vorläufig
vorm. vormittags
Wallmstr Wallmeister
württ. württembergisch
z. b. V. zur besonderen Verwendung
z. D. zur Disposition
ZMSBw Zentrum für Militärgeschichte und Sozialwissenschaften der Bundeswehr
z. Pf. zu Pferde
z. V. zur Verfügung

Anmerkungen

1 Der scheidende Kommandeur Major v. Fabeck in einem Tagesbefehl an sein Garde-Jäger-Bataillon vom 6. April 1916; zit. bei Hans v. Fabeck, Die Kämpfe des Garde-Jäger-Bataillons um den Hartmannsweiler Kopf (H. K.), in: Rehbein, Ehrenbuch der grünen Farbe, S. 41.

2 Falkenhayns Strategie des „Ausblutens" der französischen Streitmacht vor Verdun mag diesen Begriff gefördert haben, der heute synonym für das Geschehen vor der Maasfestung Verdun im Frühjahr 1916 steht.

3 Vgl. hierzu die mittlerweile in mehrere Sprachen übersetzte bahnbrechende Studie von Frieser, Blitzkrieg-Legende.

4 Das in Unteritalien gelegene Cannae gilt als das klassische Muster einer Vernichtungsschlacht, in der am 2. VIII. 216 v. Chr. der Karthagerfürst Hannibal eine überlegene römische Streitmacht unter den Konsuln Gaius Terentius Varro und Gaius Aemilius Paullus fast vollständig vernichtete. Vgl. die gleichnamige Schrift „Cannae" von Alfred Graf v. Schlieffen, zuerst veröffentlicht in: Vierteljahreshefte für Truppenführung und Heereskunde, Jg. VI-X, Berlin 1909-1913. Aus neuerer Sicht: Der Schlieffenplan.

5 Vgl. Daniel Mollenhauer, Lemma „Elsaß-Lothringen", in: Enzyklopädie Erster Weltkrieg, S. 454ff. Allgemein für den uns hier interessierenden Zeitraum: Das Reichsland Elsaß-Lothringen, Straßburg 1898-1901; aus Sicht des politischen Katholizismus: Das Elsaß von 1870-1932, Colmar 1936-1938.

6 Eine wahrscheinliche etymologische Erklärung bietet das althochdeutsche „ali-saz" (fremdes Land), das wohl nach dem Sieg der Franken über die Alemannen im Jahre 496 entstanden sein könnte; ein Zusammenhang mit der durch das Elsass fließenden Ill erscheint zweifelhaft. Vgl. Das Reichsland Elsaß-Lothringen, 3. T., S. 253f.

7 Jean-Baptiste Weckerlin (Hrsg.), Chansons populaires de l'Alsace, Paris 1883 (ND Schirmeck 1984); Waltraud Linder-Beroud, „Hans im Schnokeloch". Von einem, der alles hatte, was er wollte. Auf den Spuren eines elsässischen Mythos, in: Badische Heimat 81 (2001), S. 137-147. Das „Schnokeloch" bezeichnet die in der Oberrheinebene endemisch auftretende Stechmückenplage, ist zugleich aber auch der Spottname einer Gaststätte in Königshofen (Straßburg). Die erste Strophe lautet: „De Hans im Schnokeloch het alles, was er will, und was er will, des het er nit, un was er het, des will er nit, De Hans im Schnokeloch, het alles, was er will."

8 René Schickele, Das Erbe am Rhein, 3 Bde., München 1927-1931.

9 „Ipse enim de Alemannia in Galliam transmisso Rheno se recipiens totam provinciam a Basilea usque Maguntiam ubi maxima vis regni esse noscitur..."; Ottonis et Rahewini Gesta Friderici I. Imperatoris, hrsg. von Georg Waitz u. Bernhard de Simson, Hannover u. Leipzig, [3]1912 (= Sciptores rerum germanicarum in usum scholarum ex monumentis germaniae historicis recusi), S. 28.

10 Herrad von Landsperg, Äbtissin zu Hohenburg, oder St. Odilien, im Elsaß, im zwölften Jahrhundert und ihr Werk: Hortus Deliciarum. Ein Beytrag zur Geschichte der Wissenschaften, Literatur, Kunst, Kleidung, Waffen und Sitten des Mittelalters. Mit 12 Kupfertafeln in Folio, von Christian Moritz Engelhardt, Stuttgart u. Tübingen 1818. Das in der Straßburger Universitätsbibliothek befindliche Original verbrannte im Feuersturm der Beschießung Straßburgs im Deutsch-Französischen Kriege von 1870 durch die preußischen Belagerungstruppen.

11 Seine Privatbibliothek bildet heute zusammen mit der Bibliothek der Humanistenschule die berühmte Humanistenbibliothek in Sélestat.

12 Sebastian Brant, Das Narrenschyff ad Narragoniam, Basel 1494.

13 Einen entscheidenden Einbruch in die sich allmählich entwickelnden elsässischen „Normalitäten" im Verkehr mit dem Reich bewirkten die Spannungen in der Garnisonstadt Zabern im Herbst des Jahres 1913, deren Auslöser menschliche Unzulänglichkeiten eines jungen Vorgesetzten gegenüber elsässischen Rekruten waren. Von der Presse befördert, erlangte die Angelegenheit internationale Aufmerksamkeit und fügte dem Verhältnis zwischen dem Reich und seinem Gliedstaat unermesslichen Schaden zu. Vgl. Kasten „Das Menetekel von Zabern".

14 Besonders seien hier genannt „L'Histoire d'Alsace, racontée aux petits enfants d'Alsace et de France par l'oncle Hansi" (Paris 1915) sowie „Professor Knatschké. Oeuvres choisies du grand savant allemand et de sa fille Elsa" (Paris 1915). Aber auch auf Hunderten von Postkarten, Geschirr und sonstigen Gebrauchsgegenständen verbreitete er mit seinen zuckersüß verkitschten Bildern in den Köpfen der Kinder und auch der Erwachsenen eine subtile Germanophobie, ja gar einen Preußenhass, die ihresgleichen suchen. Bis heute ist die Gefährlichkeit solcher Geisteshaltung angesichts einer vordergründig daherkommenden Idylle nur von wenigen erkannt worden, so von dem Grafiker und Illustrator Tomi Ungerer, der Waltz, von dessen Stil er selbst viel gelernt hat, attestierte, er sei ein Dreckskerl, der die Kinder Hass lehrte. Vgl. auch die biografische Darstellung in der Regimentsgeschichte der „Diables rouges" bei Rosenblatt (Hrsg.), Le 15.2. 152ème Régiment d'Infanterie, S. 337-342, denen Waltz als Reservist angehörte.

15 In der „Denkschrift der Armee-Abteilung B" a. d. J. 1917 und auch in Gaedes Kriegstagebuch wird diese feindselige Haltung besonders deutlich. In Ersterer finden sich auch in Anlage 18, S. 165ff., statistische Angaben über Fahnenflucht und Wehrpflichtentziehung, die sich bis zum 31.XII.1916 auf 3.465 Fälle beliefen. Insgesamt vermutet die Denkschrift (S. 13), dass sich rund 5.200 Elsässer bis Ende Juli 1916 der Wehrpflicht entzogen haben. Der französische Lokalhistoriker Checinski, Les Poilus de Mulhouse à la crête des Vosges, setzte den aus Mülhausen stammenden Elsässern, die den deutschen Kriegsdienst verweigerten und in französischen Diensten kämpften, ein Denkmal.

16 Siehe bei Deisenroth, „Immer feste druff!?", S. 2-13. Die Erinnerungen des Elsässers Dominik Richert, Beste Gelegenheit zum Sterben, der während seines Einsatzes im Osten wie im Westen beständig nach Desertion trachtet und seine Kameraden damit zu infizieren sucht, scheinen die Vorurteile der militärischen Führung und großer Teile des Offizierkorps zu bestätigen. Vgl. auch aus antimilitärischer Sicht Wette, Die unheroischen Kriegserinnerungen des Elsässer Bauern Dominik Richert.

17 Die Denkschrift musste selbst einräumen, „daß von diesen Befugnissen im Oberelsaß in ausgedehntem Maße Gebrauch gemacht worden ist." Kriegspresseamt, Oberzensurstelle Nr. 10 084 O. Z.: Bericht der Zensurstelle beim A. O. K. Gaede am 20. Juni 1916; BArch, Abt. Militärarchiv Freiburg, PH 5 IV/18, S. 1. Angelegentlich eines späteren Besuches S. M. des Kaisers und des Kronprinzen am 23.IX.1915 beim AOK Gaede äußerten sich diese „in den allerschärfsten Ausdrücken, mahnen auch, auf das schärfste vorzugehen, sind einverstanden mit allem, was ich getan, und beloben mich. Ich benutze die Gelegenheit, Öl ins Feuer zu gießen. Tag der Vergeltung gegen Graf Rödern u. Statthalter Dallwitz, die mir zum Mindesten passiven Widerstand entgegensetzen. S. M. verspricht, ihnen die Köpfe zu waschen." KTB Gaede 1914-1916 v. 23.IX.1915; BArch-Militärarchiv Freiburg, N4/4.

18 Ähnlich dem Ende 1914 errichteten sog. Südzaun zur Verhinderung von Spionage und Übertritten in die Schweiz sollte ein Zaun südlich des niederländischen Vaals bis zur Nordseeküste beim belgischen Knokke den gleichen Zweck gegenüber den Niederlanden erfüllen. Vgl. Burtschy, 1914-1918, S. 147ff.; Haenel-Erhardt, La clôture électrifiée (Südzaun); Das Elsaß von 1870-1932, Bd. IV (1938), Karte 17; GLA Karlsruhe, 456 F3/502 (Karte).

19 Einen nachhaltigen Eindruck dieser Stimmung vermittelt die Colmarerin Elise Esther Levy, Tagebuch einer Colmarerin während des Krieges 1914-1918. Der Abdruck von tagesaktuellen Verfügungen militärischer und politischer Art und Schilderungen des sozialen und wirtschaftlichen Lebens in einer elsässischen Kleinstadt im Kriege machen die Aufzeichnungen zu einem wichtigen Zeitdokument.

20 Besonders in Colmar traten die Gegensätze zwischen Autonomisten und französischen Nationalisten im „Colmarer

Blutsonntag" von 1926 und im „Komplott-Prozess" von 1928 augenfällig hervor. Vgl. Geschichte des Elsaß, Kap. 3, bes. S. 144ff. u. 145-176. Allgemein zu der Zwischenkriegszeit im Elsass: Wittmann, Die Geschichte des Elsass. Biografisch: Hünenburg, Tausend Brücken.

21 Hierzu Alsace 1939-1945. La grande encyclopédie des années de guerre.

22 Fernand Bernecker, Die geopferte Generation. Kriegserinnerungen eines zwangseingezogenen Elsässers 1939-1945, Lemberg [2]1988; Août 1942, l'incorporation de force des Alsaciens et des Mosellans dans les armées allemandes. Die auch vom französischen Staat misstrauisch beäugten und vielerorts als Verräter stigmatisierten Elsässer erhielten in den 1980er-Jahren finanzielle Entschädigungen seitens der westdeutschen Regierung. Ein Denkmal in Gestalt eines Kreuzes in der Allée du Mémorial in den Weinbergen nördlich oberhalb von Obernai erinnert an diese Geschundenen des Weltkrieges.

23 Die „Europäische Charta der Regional- oder Minderheitensprachen", am 5. November 1992 vom Europarat unterzeichnet, wurde bislang allerdings von Frankreich nicht ratifiziert. Das Fehlen von Deutschlehrern an den Primarschulen verhindert oder erschwert zudem den Erwerb von Grundkenntnissen in der deutschen Sprache, die gerade für qualifizierte elsässische Arbeitnehmer diesseits des Rheins von zentraler Bedeutung ist.

24 Rüdiger Soldt, Zwischen Erbfreunden, in: Frankfurter Allgemeine Zeitung v. 6. VIII. 2013, Nr. 180, S. 3.

25 König Louis XIV. von Frankreich hatte anlässlich der Grundsteinlegung Neubreisachs im Jahre 1699 Denkmünzen mit dieser Umschrift prägen lassen.

26 Die Zahlen differieren in den einzelnen Quellen. Vgl. Jordan, Belagerung und Angriff einer Festung, S. 187.

27 Encyclopédie de l'Alsace, Lemma „Huningue", Bd. 7, Strasbourg 1984, S. 4136ff.; [Lutz], Die Festung Hüningen von ihrer Anlage bis zu ihrer Schleifung; [Tschamber], Geschichte der Stadt und ehemaligen Festung Hüningen.

28 Lenoir, Les trois sièges de Huningen 1796 1814-1815.

29 Artikel III: „In Betracht, daß die Festungswerke von Hüningen zu allen Zeiten ein Gegenstand der Besorgniß für die Stadt Basel gewesen sind, haben die hohen contrahirenden Mächte, um der Helvetischen Conföderation einen neuen Beweis Ihres Wohlwollens und Ihrer Sorgfalt zu geben, sich dahin vereiniget, daß die Festungswerke von Hünningen geschleifet werden; und die Französische Regierung verpflichtet sich aus dem nähmlichen Grunde, sie zu keiner Zeit wieder herzustellen, auch auf eine Entfernung von weniger als drey Französischen Meilen von der Stadt Basel keine neuen Befestigungen anlegen zu lassen."

30 In der Zeit der Zugehörigkeit des Elsasses zum Deutschen Reich kam Hüningen lediglich die mindere Bedeutung eines Brückenkopfes zu (ähnlich Istein, Bellingen, Neuenburg, Markolsheim, Schönau und Gerstheim), dessen vordringliche Aufgabe die Sicherung der Eisenbahn- und Schiffsbrücken über den Rhein war wie auch die Sicherung des Geländes beidseits des Stromes, um einen ungestörten Übergang von Truppen zu gewährleisten. Vgl. Lacoste, Neubreisach 1871-1916, S. 29-32.

31 Jean-Marie Balliet, Neuf-Brisach 1698 bis 1870. Vom Vauban'schen Meisterwerk zur unbekannten Festung, in: Festungsbaukunst in Europas Mitte, S. 151-170; Encyclopédie de l'Alsace, Lemma „Neuf-Brisach", Bd. 9, Strasbourg 1984, S. 5510ff.

32 Fort Mortier fristete in den vergangenen Jahrzehnten einen Dornröschenschlaf, eingezwängt zwischen der D52 und dem Industriegebiet am Rheinhafen in Volgelsheim (Koordinaten: 48° 1' 47.59'' N; 7° 33' 46.68'' O). Die Zuerkennung

als Weltkulturerbe hat auch Volgelsheim bewogen, diesen Teil seiner Vergangenheit dem Vergessen zu entreißen und umfangreiche Restaurierungsmaßnahmen einzuleiten.

33 Brockhoff, Geschichte der Stadt und Festung Neubreisach im Elsaß.

34 [M. I. F. S., i. e. Julius Friedrich Scharffenstein], Historische General-Beschreibung von Ober- und Nieder-Elsaß, samt dem Sundgau etc., Frankfurt a. M./Leipzig 1734, S. 308.

35 Ibid.

36 Evaluationsbericht der ICOMOS zu UNESCO, World Heritage Centre, The Work of Vauban (France), 2006-2008.

37 Fleck, Siége et Bombardement du Fort Mortier près Neuf-Brissac.

38 Wolff, Geschichte des Bombardements von Schlettstadt und Neu-Breisach im Jahre 1870.

39 B.[enno] von Tiedemann, Der Festungskrieg im Feldzuge gegen Frankreich 1870-1871, Berlin 1872, S. 90.

40 Die von dem französischen Architekten und militärischen Bauingenieur Jacques Tarade zu Beginn des 18. Jahrhunderts errichtete Kaserne entspricht in ihrer Gestaltung den drei weiteren militärischen Unterkünften im Stadtbereich, von denen zwei für Fußtruppen, die beiden anderen für berittene Truppen mit zusätzlichen Ställen vorgesehen war. Tarade, der eigentliche Erbauer der Festung nach Vorgaben Vaubans, seit 1690 bis zu seinem Tode 1722 als Directeur des Fortifications d'Alsace für die elsässische Festungsfront verantwortlich, hatte schon die Arbeiten in Alt-Breisach geleitet. Vgl. Halter, Dictionnaire biographique, S. 310.

41 Siehe Grabau, Das Festungsproblem in Deutschland und seine Auswirkung auf die strategische Lage von 1870-1914.

42 AKO v. 24.VI.1872: Gestaltung des Festungssystems. Vgl. Grabau, Das Festungsproblem in Deutschland, S. 116; Lacoste, Die Festung Neubreisach 1871-1916, S. 10.

43 Ausbau ab 1887. Siehe Lacoste, Die Festung Neubreisach 1871-1916, S. 14-21; Institut Geographique National, Carte Topographique Série Bleue, Itinéraires de Randonnée, 1 : 25.000, 3719 E: Neuf-Brisach.

44 Bestehend aus einer vorgeschobenen Stellung von Wolfganzen bis Weckolsheim, der Hauptkampfstellung mit den Werken Judenfriedhof-Biesheim-Schleuse 59-Festung Neubreisach-Heiteren, Obersaasheim und Geiswasser sowie, seit 1914, offenen und geschlossenen Infanteriestützpunkten für jeweils eine Kompanie und einer Reservestellung in Fort Mortier, Gräben entlang der Straße Neubreisach–Straßburg, dem Ostteil der Festung, Werk Algolsheim und Rothgern; BArch-Militärarchiv Freiburg, Msg 2/18513, f. 5f.

45 Das 1902 fertiggestellte Kasernement für die 172er beherbergte nach der Rückgabe des Elsass an Frankreich – nun nach Jean-Charles Abbatucci, einem korsischen Général de Brigade benannt, der 25-jährig an seinen in der Festung Hüningen erhaltenen Wunden verstorben war – Fußjäger-, Infanterie- und Festungseinheiten, ab 1940 ein deutsches, nach 1945 ein französisches Kriegsgefangenenlager. 1962 zog für 30 Jahre das neu aufgestellte 9e régiment du génie in seine Mauern ein. Nach Erwerb der Anlage durch die Gemeinde Volgelsheim für einen symbolischen Franc vollzieht sich ein Wandel hin zu Wohnungen, Handwerks- und Industrieanlagen.

46 Koordinaten 48° 00' 03.1'' N, 7° 32' 01.8'' O. Tel.: 0033-630785687. Geöffnet v. 1.IV.-30.IX. montags, mittwochs und freitags 15 Uhr, erster Sonntag im Monat 15 Uhr; Gruppen nach Vereinbarung ganzjährig.

47 Koordinaten 47° 59' 21.2'' N, 7° 32' 47.6'' O. Der wegen seiner umbauten Lage im Wohngebiet nicht gesprengte Infanterieraum, z. T. noch mit Originalwandschriften der deutschen Bunkerbesatzung, besitzt einen davon abgesetzten Wachtraum für 35 Köpfe.

48 1900 errichtet. Koordinaten: 47° 59' 08'' N, 7° 33' 31'' O.

49 1892 errichtet. Koordinaten: 47° 59' 48'' N, 7° 35' 36'' O.

50 1900 errichtet. Koordinaten: 47° 58' 32'' N, 7° 35' 41'' O.

51 1905 errichtet. Koordinaten: 47° 58' 23'' N, 7° 36' 23'' O.

52 Das an der Konsularstraße von Augst nach Straßburg liegende Dorf hatte die Schrecken des Krieges mehr als einmal erlebt. 1638 von den Schweden im Dreißigjährigen Kriege niedergebrannt, wurde es, gerade wiederaufgebaut, bei der Belagerung von Breisach 1674 erneut ein Raub der Flammen, als die Brandenburger unter dem Großen Kurfürsten hier Batterien anlegten. Und noch bei der Belagerung Neubreisachs im November 1870 fanden hier Kämpfe zwischen Franctireurs und badischen Truppen statt.

53 1892 errichtet. Koordinaten: 48° 02' 28'' N, 7° 31' 45'' O.

54 1887 errichtet. Koordinaten: 48° 02' 41'' N, 7° 32' 12'' O.

55 1892 errichtet. Koordinaten: 48° 02' 46" N, 7° 33' 13" O. Der Friedhof wurde 1802 geweiht; vgl. Günter Boll, Der Rabbonimplatz auf dem jüdischen Friedhof von Biesheim, als PDF abrufbar unter: http://www.alemannia-judaica.de/biesheim_cimetiere. htm.

56 Vgl. Dieter Storz, „Dieser Stellungs- und Festungskrieg ist scheußlich!". Zu den Kämpfen in Lothringen und in den Vogesen im Sommer 1914, in: Der Schlieffenplan. Analysen und Dokumente, S. 176-184.

57 Die seit der zweiten Hälfte der 80er-Jahre des 19. Jahrhunderts entwickelten Brisanzgranaten bestanden aus detonierendem Sprengstoff in einer Stahlumwandung, anfänglich aus Schießwolle, später aus Pikrinsäure als Granatfüllung C/88. In ihrer Wirkung revolutionierten sie das Festungswesen, da die gemauerten Wälle ihnen nicht mehr standhielten, was zu umfänglichen Baumaßnahmen zwang.

58 Vgl. zu Neuf-Brisach auch die Internetseite http://www.fortifications.fr/.

59 Vgl. hierzu allgemein Wahl, Die Maginot-Linie im Elsaß; idem, Damals und heute – die Maginotlinie; Grasser/Stahlmann, Westwall, Maginot-Linie, Atlantikwall; Bruge, Histoire de la Ligne Maginot; Denkschrift über die französische Landesbefestigung; Giuliano, Les soldats du beton; Hohnadel/Truttmann, Guide de la Ligne Maginot; Mary/Hohnadel/Sicard, Hommes et ouvrages de la ligne Maginot; Rodolphe, Kämpfe in der Maginot-Linie; Romanych/Rupp, Maginot-Line 1940; Truttmann, La Muraille de France ou La Ligne Maginot; Vitez, Ruhm und Fall der Maginot-Linie.

60 Carl von Clausewitz, Vom Kriege. Hinterlassenes Werk des Generals Carl von Clausewitz, Bonn [19]1980, S. 696.

61 Charles de Gaulle, Vers l'armée de métier, Paris 1934; deutsch u. d. T. Frankreichs Stoßarmee. Das Berufsheer - die Lösung von morgen, Potsdam 1935.

62 Denkschrift über die französische Landesbefestigung, S. 47; Wahl, Die Maginot-Linie im Elsaß, S. 409f.

63 Auch die der Maginot-Linie gegenüberliegenden Befestigungen des Westwalles wurden z. T. mit Marinegeschützen 30,5 cm ausgestattet. Vgl. Kuhnert/Wein, Die Marinegeschütze des Westwalls am Oberrhein.

64 Hohnadel/Truttmann, Guide de la Ligne Maginot, S. 84f.

65 Allgemein zum Fall „Rot" Umbreit, Der Kampf um die Vormachtstellung in Westeuropa; Frieser, Blitzkriegslegende; Romanych, Maginot Line 1940.

66 Diese technisch verbesserte Version der Baureihe ab 1935 diente als Westpfeiler der Maginot-Linie und wurde am 18.V.1940 von deutschen Sturmpionieren genommen. Vgl. Denkschrift über die französische Landesbefestigung,

S. 191ff.; zum Todeskampf der eingeschlossenen Besatzung Giuliano, Les soldats du beton, S. 73ff. Außerdem Hans von Dach, Kampf um ein Festungswerk. Nach französischen und deutschen Kampfberichten dargestellt, in: Der Schweizer Soldat, 43. Jhrg. 1967, Nr. 18, S. 408-429.

67 Erich von Manstein, Verlorene Siege, Koblenz 1987, S. 124.

68 Vgl. das KTB des OB der 7. Armee, BArch-Militärarchiv Freiburg, RH 20-7/12.

69 Hans Umbreit, Der Kampf um die Vormachtstellung in Westeuropa, in: Das Deutsche Reich und der Zweite Weltkrieg, Bd. 2, Stuttgart 1979, S. 305.

70 Type M2F (SFC-SFM) in der 3. Linie (Hauptwiderstandslinie).

71 Vgl. Wahl, Die Maginot-Linie im Elsaß, S. 281; Karte der Befestigungsanlagen im Bereich Neuf-Brisach zw. S. 208 u. 209, Grundriß der Kasematte Algolsheim-Est S. 304.

72 Hohnadel/Truttmann, Guide de la ligne Maginot, S. 84f.

73 Zum Ersten Weltkrieg sind im „Jubiläumsjahr" 2014 eine Fülle neuer Literatur erschienen, aus der die Arbeiten des australischen Historikers Christopher Clark, Die Schlafwandler, und des Freiburger Ordinarius Jörn Leonhard, Die Büchse der Pandora, besondere Beachtung finden. Im weltweiten Netz bieten die Seiten http://centenaire.org/de/enzyklopadie und http://www.europeana1914-1918.eu/de einen globalen Einstieg in das Geschehen vor hundert Jahren. Zusätzlich bieten die französischen Seiten www.memoiredeshommes.sga.defens.gouv.fr. und www.sepulturesdeguerre.sga.defens.gouv.fr. tiefe Einblicke in den Mikrokosmos des Weltkriegsgeschehens. Auch Feldzeitungen, wenngleich zensiert, vermögen Eindrücke in die Situation des einfachen Soldaten zu vermitteln. Für den hier dargestellten Bereich von Interesse sind die von Dezember 1917 bis zum Kriegsende erschienene Feldzeitung der Armee-Abteilung B „Aus Sundgau und Wasgenwald" (http://digi.ub.uni-heidelberg.de/diglit/sundgau_wasgenwald), „Vogesenwacht" der 6. bayer. Landwehrdivision 1916-1918 (http://w1.bnu.fr/journauxtranchees/Vogesenwacht.aspx) und die von November 1915 bis September 1918 herausgegebene Kriegszeitung der 8. Landwehr-Division „Der Meldereiter" (http: //digi. ub.uni-heidelberg.de/diglit/meldereiter). Eine Zusammenfassung zu den lokalen Gefechtsfeldern bei Nouzille/ Oberle/Rapp, Batailles d'Alsace 1914-1918; de Chasteigner, Juillet 1915. Ces diables noirs du Linge.

74 Richard Dehmel, Ballade „Der Feldsoldat", Dez. 1915. Nach der Melodie „Steh' ich in finstrer Mitternacht" von Friedrich Silcher, Text von Wilhelm Hauff (1824).

75 Ernst Schulin, Die Urkatastrophe des zwanzigsten Jahrhunderts, in: Wolfgang Michalka (Hrsg.), Der Erste Weltkrieg. Wirkung, Wahrnehmung, Analyse, München 1994, S. 3-27.

76 Zum sog. „Schlieffen-Plan" ist in den letzten Jahren eine lebhafte Diskussion zur Frage, ob es tatsächlich einen fertigen Operationsplan vor dem Krieg gegeben hat, entstanden, die der Sammelband Der Schlieffenplan. Analysen und Dokumente zu einer Tagung 2004 in Potsdam vereinigt. Auch in diesem Falle wird das letzte Wort noch nicht gesprochen sein. Siehe besonders Terence Zuber, Der Mythos vom Schlieffenplan, S. 45-78, und Gerhard P. Groß, There was a Schlieffen Plan. Neue Quellen, S. 117-160.

77 Eine eigentliche „Deutsche Armee" gab es zu Beginn des Weltkrieges nicht. Sie bestand als Reichsheer vielmehr aus verschiedenen Kontingenten der deutschen Bundesstaaten, die sich in den Verhandlungen im November 1870 vor der Reichsgründung Reservatrechte ausbedungen hatten. Oberster Befehlshaber im Falle eines Krieges war der deut-

sche Kaiser als Bundesfeldherr, unter dessen Kommandogewalt neben der Kgl. Preußischen Armee (19 Armeekorps, darunter das Gardekorps und das XIV. (bad.) AK) auch die Kgl. Bayerische Armee (I.–III. bayer. AK), die Kgl. Sächsische Armee (XII. u. XIX. AK) und die Kgl. Württembergische Armee (XIII. AK) standen, die insgesamt 25 Armeekorps bildeten. Einzig die neben der Landeskokarde an der Kopfbedeckung getragene Reichskokarde symbolisierte diesen Oberbefehl.

78 Diese bereits in der 1. Auflage von Deisenroth, Oberelsaß und südliche Vogesen geäußerte Beurteilung findet jetzt ihre Bestätigung in dem die europäische Krise des Jahres 1914 umfassend darstellenden Werk des australischen Historikers Christopher Clark, Die Schlafwandler. Dies ist erst der Anfang einer Revision der seit dem Versailler Friedensdiktat geformten und bis zuletzt als gleichsam in Erz gegossene „Lehrmeinung" im Gefolge der „Fischer-Schule" verkündeten „Gewissheiten" zum Kriegsausbruch 1914, wie sie auch jetzt noch in abgemilderter Form Krumeich, Juli 1914. Eine Bilanz, vertritt.

79 Dies hatte schon Schlieffen eingestehen müssen; vgl. Gerhard Ritter, Der Schlieffenplan. Kritik eines Mythos, München 1956, S. 68.

80 Schlieffen dachte daran, im Falle eines Durchbruches der Franzosen über den Rhein im Schwarzwald eine Verteidigungslinie aufzubauen; Ritter, Schlieffenplan, S. 19 u. 38.

81 Moltke in seinen Erinnerungen, zit. nach Reichsarchiv, Weltkrieg, Bd. 1, 1925, S. 63.

82 Ausführlich bei Stefan Schmidt, Frankreichs Plan XVII. Zur Interdependenz von Außenpolitik und militärischer Planung in den letzten Jahren vor Ausbruch des Großen Krieges, in: Der Schlieffenplan. Analysen und Dokumente, S. 221-256.

83 Vgl. Archivrat Senftleben, Schlacht bei Mülhausen 8.-13. August 1914, Forschungsanstalt für Kriegs- und Heeresgeschichte, Potsdam; BArch-Militärarchiv Freiburg, W-10/50964; ibid., W-10/50976: Die Kämpfe in Elsaß-Lothringen bis Mitte September 1914, I. Abschnitt: Einleitungskämpfe (-5.8.14); Reichsarchiv, Der Weltkrieg 1914-1918, Bd. 1, S. 159-168; Joguet, De la Trouée de Belfort à Mulhouse (août 1914); Pfeiffer, Die Kämpfe im Elsass August 1914 bis zum Beginn des Stellungskrieges.

84 Dupuy, La Guerre dans les Vosges. 41e division d'infanterie – 1er Août 1914 – 16 Juin 1916.

85 Entgegen der Weisung hatte der KG XV. AK sein Korps nicht auf die Bahn, sondern auf Fußmarsch gesetzt und dadurch eine Verzögerung in Kauf genommen. Vgl. Kronprinz Rupprecht von Bayern, Mein Kriegstagebuch, Bd. 1, S. 9.

86 Die später von Heeringen geäußerte Absicht einer geplanten Umfassung des Feindes zur Abdrängung gegen die Schweizer Grenze wird aus der Angriffsdisposition nicht ersichtlich.

87 Zu den Ereignissen bei Steinbach aus französischer Sicht: Claudel, La bataille des frontières, S. 122ff.; zum Vogesenkrieg insgesamt S. 119-152.

88 Reichsarchiv, Weltkrieg, Bd. 1, 1925, S. 165.

89 Auffallend hierbei erscheint das Versagen der Truppe gerade in diesem Falle, bestand doch bis dato der Hauptzweck der Infanterie im Marschieren, da Transportfahrzeuge nur ganz begrenzt zur Verfügung standen.

90 Seeckt, Gedanken eines Soldaten, Berlin 1929, S. 18f., vermerkt kritisch, ein Truppenführer werde „im Geist Schlieffens handeln, wenn er nach klarem Ziel die Massen seiner Kräfte an wirksamster Stelle einsetzt – und sei es im Frontangriff, gegen dessen Wirkung Schlieffen freilich das sarkastische Wort vom »ordinären« Sieg geprägt hatte. – Seien wir ehr-

lich! Wie viele große und kleine Manöver- und Kartenschlachten sind ohne Versuch oder Durchführung der Umfassung, wenn angängig der doppelten, verlaufen?"

91 Frieser, Blitzkrieg, S. 98.

92 Vgl. Armee-Abteilung Gaede, Abt. Ia geh. v. VI.1915: Kurze Beschreibung des Verlaufes der Operationen im Oberelsass, I. Abschnitt (2.8.-30.11.1914): Abwehr franz. Einfälle ins Oberelsass, Beginn des Stellungskrieges, in: GLA Karlsruhe, 456 F 3/936; Archivrat Senftleben, Ereignisse im Ober-Elsaß nach der Schlacht bei Mülhausen am 9. u. 10. 8.14 bis Mitte September 1914, Kriegsgeschichtliche Forschungsanstalt des Heeres; BArch-Militärarchiv Freiburg, W-10/50964; Remus, Das „Franctireur-Problem" im Sundgau.

93 Storz, Zu den Kämpfen in Lothringen und in den Vogesen, S. 173.

94 Zirkel, Vom Militaristen zum Pazifisten, S. 161f.

95 Vgl. die detaillierte Schilderung „Der Abtransport des XV. A. K. vor und nach der Schlacht bei Mülhausen" in der Vorstudie zum Weltkriegswerk des Reichsarchivs in: BArch-Militärarchiv Freiburg, W-10/51035, in der auch der Transport des XIV. AK behandelt wird. Es müssen z. T. chaotische Verhältnisse auf den Eisenbahnstrecken und Bahnhöfen geherrscht haben. Kronprinz Rupprecht übte deutliche Kritik an der Vorgehensweise des Generals v. Deimling; vgl. Kronprinz Rupprecht, Mein Kriegstagebuch, Bd. 1, S. 14. In der Nacht zum 16.VIII. war das Korps im Raum Colmar-Schlettstadt doch noch auf die Bahn gesetzt worden; Reichsarchiv (Bearb.), Der Weltkrieg 1914 bis 1918, Bd. 1, S. 204.

96 Zunächst noch in der Eigenschaft als KG mobiles stellvertretendes Generalkommando XIV. AK, seit 19.IX.1914 Armee-Gruppe Gaede, seit 25.XI.1914 Armee-Abteilung Gaede und als solche am 30.XII.1914 etatisiert, gleich den nördlich anschließenden Armee-Abteilungen Falkenhausen und Strantz dem Führer der 5. Armee, Kronprinz Wilhelm v. Preußen, unterstellt. Seit 4.IX.1916 umbenannt in Armee-Abteilung B; Cron, Geschichte des Deutschen Heeres im Weltkriege 1914-1918, S. 82. Zur Geschichte der Armee-Abteilung Gaede siehe Archivrat Albrecht, Die Armee-Abteilung Gaede 1. Januar bis 10. Mai 1915; idem, v. Anfang Mai bis 31. Juli 1915; idem, v. 1. August bis Ende Dezember 1915 und Der geplante Angriff auf Belfort und seine Vorbereitungen August 15 bis April 16, Kriegsgeschichtliche Forschungsanstalt Potsdam, in: BArch-Militärarchiv Freiburg, W-10/51363; AAbt Gaede, Abt. Ia Nr. 8 geh. v. 16.VII.1915, Abt. Ic Nr. 240 geh. v. 24.X.1915, Abt. Ic Nr. 2237 geh. v. 2.V.1916: Verzeichnis über die bisherigen Schlachten und Gefechte der Armee-Abteilung Gaede [19.VIII.1914-23.II.1916], in: GLA Karlsruhe, 456 F 3/ 980.

97 Rosenblatt (Hrsg.), Le 15.2. 152ème Régiment d'Infanterie.

98 Schmitt, Munster au début de la Guerre de 1914 à 1918; Teutsch, Münstertäler Chronik. Stimmungsbilder und Erlebnisse eines elsässischen Pfarrers am Fuße des Reichackerkopfes im ersten Weltkrieg (frz.: 2005); Spenlé, Épisode de la Guerre des Positions au 1915. A l'Écoute dans les Tranchées de la Vallée de Munster.

99 Wegen der unbewiesenen Behauptung, Einwohner Dornachs hätten auf deutsche Truppen geschossen, suchte Gaede eine Bestrafung der Bürger Dornachs kriegsgerichtlich durchzusetzen, was aber durch die Zivilverwaltung („ganz matt und lau") und den Statthalter v. Dallwitz („bittet, der Bevölkerung nichts zu Leide zu tun") konterkariert wurde. Antrag Gaedes v. 31.VIII. beim Kriegsministerium, „im Oberelsaß Landsturm, ausgebildet und unausgebildet, aufzurufen und sofort uneingekleidet nach Osten abzutransporieren: Damit Mob in Mülhausen verringert und die franzosenfreundlichen Elemente […] hinausgebracht.", wird vom KM genehmigt [18.IX.]; KTB Gaede 1914-1916 v. 31.VIII. u. 18.IX.1914; BArch-Militärarchiv Freiburg, N4/4.

100 Auch bei dem späteren Vorgehen der Brigade nördlich Mülhausens am 28./29.VIII.1914 zeigte Mathy Schwächen, von Gaede kommentiert wie „Scharfe Mittel sind nötig, um Mathy wieder vorwärts zu bringen" [29.VIII.], „Mathy rückt, scharf getrieben, Mittags in Mülhausen wieder ein" [30.VIII.]. KTB Gaede 1914–1916 v. 29. u. 30.VIII.1914; BArch-Militärarchiv Freiburg, N 4/4.

101 KTB Gaede 1914–1916 v. 19.VIII.1914; BArch-Militärarchiv Freiburg, N 4/4.

102 Vgl. den Bericht seines Kommandeurs ObstLt Mohr, Aus den Erinnerungen eines alten Soldaten.

103 Unter „Verluste" werden nicht nur die Gefallenen, sondern auch Verwundete, Gefangene und Vermisste gezählt.

104 Auch an das Schicksal der 19e dragons am 19. August in Brunstatt südl. Mülhausens sei erinnert, die zwischen Gänseberg und Altenberg am Friedhof in das mörderische Feuer deutscher Infanterie gerieten und aufgerieben wurden. Ein zum 60. Jahrestag errichteter Gedenkstein in Brunstatt erinnert daran. Vgl. Schultz, La charge heroique du 19e dragons.

105 Rudolf Mohr, Aus den Erinnerungen eines alten Soldaten, Konstanz 1933, S. 19.

106 Crenner, Alsace 1914–1918: Linge 1915; de Chasteigner, Le Drame du Linge (dt.: Das Drama des Lingekopfes 1915); d'Armau de Pouydraguin, La Bataille des Hautes-Vosges. Fevrier-Octobre 1915; Durlewanger, Der Lingekopf; Hensel, Le Lingekopf. De 1915 à nos jours; Munier, Le Linge; Tisserand, Le Linge – Tombeau des Chasseurs.

107 Clausewitz, Vom Kriege, S. 708f.

108 Siehe Militärgeographische Beschreibung von Frankreich, T. I: Nordost-Frankreich, hrsg. vom Generalstab des Heeres, Abt. für Kriegskarten und Vermessungswesen, Berlin 1940, S. 34-37.

109 Tschamber, Der deutsch-französische Krieg, S. 177.

110 Gieraths, Die Kampfhandlungen der Brandenburgisch-preußischen Armee, S. 462.

111 Vgl. Kortzfleisch, Der Oberelsässische Winterfeldzug, S. 142.

112 Bekannt unter dem Namen Prinz Louis Ferdinand oder – seiner künstlerischen Neigungen wegen – „preußischer Apoll".

113 Hierzu Armee-Abteilung Gaede, Abt. Ia geh. v. X.1915, Kurze Beschreibung des Verlaufes der Operationen im Oberelsass, III. Abschnitt (Anfang Januar bis April 1915): Deutsche Frühjahrsoffensive in den Vogesen, in: GLA Karlsruhe, 456 F 3/ 542.

114 Das in Ulm und Ravensburg aufgestellte Regiment der Landwehr II. Aufgebotes, eigentlich zur Besatzung der Festung Neubreisach bestimmt und daher anfangs nur minimal bewaffnet und ausgerüstet, wurde während des gesamten Krieges am Südrande der Vogesen eingesetzt; Mack, Württemb. Landw.-Inf.-Regiment Nr. 123.

115 Aus frz. Sicht: Kaemmerlen, Les batailles du Sudel de septembre 1914 à juin 1915.

116 Vgl. die Gefechtsberichte der K. B. 8. Reserve-Division, Beilagen (Erkundungen, Beurteilung der Lage, Entschluss u. Geplante Ausführung), v. 5.II.1915ff., in: GLA Karlsruhe, 456 F 3/ 771, f. 58-91).

117 Vgl. die Gefechtsberichte der K. B. 8. Reserve-Division 13.-16. u. 18.-22.II.1915, Abt. Ia v. 5.VIII.1915, in: GLA Karlsruhe, 456 F 3/ 771, f. 2-4; ibid., v. 18.-25.II.1915, Nr. 617 I., v. 15.IV.1915, f. 93-105.

118 Vgl. die Gefechtsberichte der K. B. 6. Landwehr-Division über die Gefechte v. 17.-19.II.1915, in: GLA Karlsruhe, 456 F 3/ 772, f. 15-31.

[119] Vgl. Operationsverlauf im Elsaß, Gedenkblätter der K. B. 8. Reserve-Division (darin: 1. Schlacht von Münster v. 9.-21.II.1915), in: GLA Karlsruhe, 456 F 3/ 1117; desgleichen Kgl. bayer. 8. ResDiv, Abt. Ia Nr. 34 v. 3.III.1916, Gedenkblatt Nr. 2-5, Die erste Schlacht bei Münster, in: BArch-Militärarchiv Freiburg, W-10/51328.

[120] Vgl. die Gefechtsberichte der K. B. 8. Reserve-Division 6.-8.III.1915, v. 24.IV.1915, in: GLA Karlsruhe, 456 F 3/ 771, f. 17-34. Der OB der Armee-Abteilung Gaede resümierte am 24.II.1915: „Die Kräfte der Truppen sind bis aufs äußerste erschöpft, die Verluste scheinen sehr bedeutend (3.000 von etwa 14.000 Beteiligten, wenn sich diese Ziffern bestätigen sollten), die Munition, um die dauernd gebettelt werden muß, reicht nicht zu weiterer Offensive. [...] Zusammen mit dem Vorgehen von Frech [Brigadekommandeur] ist eine neue erheblich vorgeschobene vordere Linie gewonnen, die sich gut verteidigen lassen wird, und dem Feind ist ein großes Stück deutsches Land weggenommen." KTB Gaede 1914–1916 v. 24.II.1915; BArch-Militärarchiv Freiburg, N 4/4.

[121] Der zwischen Hilsenfirst (1.270 m) und Kintzkopf (1.329 m) gelegene Langenfeldkopf (1.290 m) war im Weltkrieg die höchstgelegene deutsche Stellung.

[122] Nach Ansicht Gaedes hatten die Landsturmbataillone Karlsruhe und Durlach wie auch das Infanterie-Regiment 161 versagt, weswegen gegen diese kriegsgerichtlich eingeschritten werden müsse. Das Große Hauptquartier entschied, diese gegen Landwehr auszutauschen. „Klarheit darüber, wie es bei der Flucht am 6. [März] zugegangen ist, besteht noch nicht." KTB Gaede 1914-1916 v. 8., 10. u. 12.III.1915; BArch-Militärarchiv Freiburg, N4/4.

[123] Vgl. die Gefechtsberichte der K. B. 8. Reserve-Division über die Wegnahme des Reichackerkopfes in der Zeit v. 16.-20.III.1915, Nr. 508 I. v. 1.IV.1915, in: GLA Karlsruhe, 456 F 3/ 771, f. 130-133. Mit Kriegsgliederung v. 12.III.1915 bestand die Armee-Abteilung Gaede nun aus der 6. (Sontag, zur Hälfte Bayern), 7. (Kuntze, Württemberger) u. 8. LdwDiv (Bodungen, Badener), der 8. (bayer.) ResDiv (Stein, junge Bayern) und der Division Fuchs (Preußen), insgesamt 61 Bataillone, 14¼ Schwadronen und 64 Batterien. KTB Gaede 1914–1916 v. 13.III.1915; BArch-Militärarchiv Freiburg, N4/4.

[124] KTB Gaede 1914–1916 v. 19.III.1915; BArch-Militärarchiv Freiburg, N4/4.

[125] Vgl. die Gefechtsberichte der Bayer. 8. Reserve-Division v. 28.IV.1915, in: GLA 456 F 3/ 771, f. 110-122.

[126] KTB Gaede1914–1916 v. 2.VI.1915; BArch-Militärarchiv Freiburg, N4/4.

[127] Manhès (Gén.), Juin 1915 a l'Hilsenfirst.

[128] Pouydraguin, La Bataille des Hautes-Vosges, S. 132.

[129] Pouydraguin, La Bataille des Hautes-Vosges, S. 154-185; Tisserand, Le Linge, S. 164-271; Bernardin, S. 31-66; Chasseurs et Artilleurs dans un même combat (Le Linge et environs 1914-1915).

[130] Vgl. den Gefechtsbericht der K. B. 6. Landwehr-Division, Nr. 1449 v. 23.VII.1915, über die Kämpfe am 20. u. 22.VII.1915, in: GLA Karlsruhe, 456 F 3/ 772, f. 11 u. 13. „Der Kom. der 6. Bayr. Landw. Div., Gen. der Kav. Ritter von Schmidt schickt in dieser Lage 2 Res. Bataillone nach Colmar auf den Exercierplatz, um dort zu üben (!!)." KTB Gaede 1914-1916, v. 20.VII.1915; BArch-Militärarchiv Freiburg, N 4/4.

[131] Vgl. Geschichte des Reserve-Infanterie-Regiments 73, S. 231-237 (Barrenkopf).

[132] Vgl. den Gefechtsbericht der K. B. 6. Landwehr-Division über die Kämpfe am Schratzmännele am 31.VIII. und 9.IX.1915, Abt. I, Nr. 1840 v. 10.IX.1915, in: GLA Karlsruhe, 456 F 3/ 772, f. 1-9.

[133] Nach Thukydides, Geschichte des Peloponnesischen Krieges, übersetzt von C. N. Osiander, Bd. 4, Stuttgart 1827, S. 452f., sollen bereits in der Schlacht bei Delion 424 v. Chr. die den Böotiern zu Hilfe geeilten Korinther die Stellungen

der Athener mit einer Art flüssigen Feuers in Brand gesetzt haben. Später entwickelten die Byzantiner dieses System zu beachtlichen Leistungen weiter.

134 Richard Fiedler, ein Chemie-Ingenieur und Feuerwehrmann, hatte bereits 1901 dem Ingenieur-Komitee der preußischen Armee ein Muster eines Flammenwerfers mit Gasdruckspritze vorgelegt, das dann ab 1911 der Truppe zugeführt wurde.

135 Mit der Problematik der Person Reddemanns, des obersten Brandverhinderers in seiner Funktion als Branddirektor der Stadt Leipzig und zugleich Brandverursachers in seiner Eigenschaft als mit der Entwicklung des Flammenwerfers betrauter Landwehroffizier, hat sich eine Ausstellung des Deutschen Feuerwehrmuseums Fulda 2010 befasst. Gaede bezeichnete ihn als „sehr forsch und bestimmt, aber übertrieben von sich und seiner Sache überzeugt." KTB Gaede 1914-1916 v. 6.XII.1915; BArch-Militärarchiv Freiburg, N4/4

136 KrMinErlass v. 20.IV.1916.

137 Siehe dort.

138 Reserve-Infanterie-Regiment 73, S. 243f.

139 v. Jecklin, Das Reserve-Jäger-Bataillon Nr. 8 im Weltkriege, S. 9-14, 55-112. Das in Schlettstadt mit Kriegsbeginn aufgestellte Bataillon stand von Anfang Januar 1915 bis Mitte November 1916 an den Brennpunkten des Hartmannsweilerkopfgebietes.

140 Ibid., S. 74

141 Chappate/Giovanangeli, Hartmannswillerkopf 1915–1916. Souvenirs d'un poilu du 15-2; Dupuy, La Lutte pour l'Hartmannswillerkopf; Fischer, Vegetation und Waldstruktur der Vorwälder auf dem Hartmannsweilerkopf; Goes, H. K. (Hartmannsweiler Kopf); Goetz, L'Hartmannswillerkopf. Pages d'Histoire et de Gloire; Guelton, Les combats du Vieil Armand; Le Hartmann 1914-1918 et son arrière-pays; Le Hartmannswillerkopf. Description détaillée et guide pour la visite; Killian, Totentanz auf dem Hartmannsweiler Kopf 1914-1917; Loosli, Dokumentation Hartmannsweilerkopf 1914-1918; Marteaux, Diables rouges, diables bleus à l'Hartmannswillerkopf; Martin, Le Vieil Armand 1915; Vogt, Der Hartmannsweilerkopf; Wirth, Der Kampf um den Hartmannswillerkopf 1914-1918; Schnitzler/Landolt, A l'est, du nouveau! Archeologie de la Grande Guerre en Alsace et en Lorraine; Ziegler, HWK. „La mangeuse d'hommes" (Film).

142 Clausewitz, Vom Kriege, S. 708f.

143 Siehe Militärgeographische Beschreibung von Frankreich, T. I: Nordost-Frankreich, hrsg. vom Generalstab des Heeres, Abt. für Kriegskarten und Vermessungswesen, Berlin 1940, S. 34-37.

144 Frz. Hartmannswillerkopf oder Vieil-Armand, letzterer Name eine Verballhornung aus „Hartmann" zu „Armand", dem Vornamen des seinerzeitigen französischen Präsidenten von 1906 bis 1913, Armand Fallières, angeblich von Géneral Serret lanciert. Der Soldatenmund benutzte eher die Abkürzung „HWK" (frz.) oder „HK" (dt.); Vgl. Philippe Legin, A l'origine du nom du Vieil-Armand, in: Annuaire de la Société d'histoire des regions de Thann-Guebwiller, Bd. XIX, 1993-1999, S. 145 f.

145 Curt Mündel, Die Vogesen. Reisehandbuch für Elsaß-Lothringen und angrenzende Gebiete, neubearb. von Otto Bechstein, Straßburg, [12]1911, S. 642.

146 Um 1265 von Abt Berthold v. Steinbrünn von Murbach erbaut, zum Amt Wattweiler gehörendes murbachisches Lehen, 1376 durch die Engländer, 1468 durch die Schweizer abgebrannt, 1525 durch Bauern angegriffen, 1670 „in merklichen

ruin und abgang gerathen" (Reichsland Elsass-Lothringen, 3. T., 1. Hälfte, S. 439), in der Revolution vermutlich völlig zerstört.

147 Eine anschauliche Beschreibung des Kampfplatzes Hartmannsweilerkopf bietet Goes, H. K. , S. 200-207.

148 Vgl. Blaum, Deutsche Schneeschuhtruppen, S. 4-7.

149 Aus Bataillonssicht siehe Garde-Jäger-Bataillon (1934), S. 89-155, 241-282; Hans v. Fabeck, Die Kämpfe des Garde-Jäger-Bataillons um den Hartmannsweiler Kopf (H. K.), in: Rehbein, Ehrenbuch der grünen Farbe, S. 28-41.

150 von Alten/von Hadeln/von Arnim, Geschichte des Garde-Schützen-Bataillons 1914-1919, S. 147-239; v. Alten, Die Garde-Schützen bei Metzeral, in: Rehbein, Ehrenbuch der grünen Farbe, S. 69-81.

151 Schenck zu Schweinsberg/Bornefeld/v. Wilamowitz-Möllendorff, Das Großherzogliche Mecklenburgische Jäger-Bataillon Nr. 14, S. 44-94; Hans Frhr. Schenck zu Schweinsberg, Die 14. Jäger am Hilsenfirst, in: Rehbein, Ehrenbuch der grünen Farbe, S. 467-474.

152 Mit Erlass des württ. Kriegsministeriums v. 3.V.1918 zum württ. Gebirgs-Regiment mutiert.

153 Siehe Blaum, Deutsche Schneeschuhtruppen, Tafel I.

154 Das KTB Gaede 1914-1916 v. 19.IX.1914, BArch-Militärarchiv Freiburg, N4/4, vermerkt die Bezeichnung „Armee-Gruppe", das Reichsarchivwerk, Bd. 5, 1929, S. 120, dagegen „Armee-Abteilung". Diesen Namen erhielt der Verband erst am 25.XI.1914 durch Chef GenSt Feldheer v. 27.XI.1914 Nr. 10259 op.; vgl. Cron, Geschichte des Deutschen Heeres, S. 82.

155 Aufschlussreich zur damaligen Situation nach den ersten Schlachten mag die Meldung Gaedes v. 30.IX.1914 über das Anerbieten der Franzosen im Rimbachtale sein, „wir sollten doch das überflüssige Schießen lassen, sie schössen ja auch nicht; wir wüßten gegenseitig ganz genau von einander und wüßten auch, daß wir gegenseitig die Aufgabe hätten, uns festzuhalten." (!). KTB Gaede 1914-1916 v. 30.IX.1914; BArch-Militärarchiv Freiburg, N4/4.

156 Albert Holtzmann, La Tete des Faux. 70 ans après, in: Dialogues Transvosgiens entre les trois régions Alsace, Franche Comté, Lorraine. Aspects d'hier et d'aujourd'hui, Neuf-Brisach 1985, S. 59-86; Gén. Touchon, Noël 1914 à la Tête-des-Faux.

157 Zu Burnhaupt vgl. Tavernier-Schoen/Ostermeier-Gensbeitel, L'histoire de Burnhaupt-le-Haut: La première Guerre Mondiale.

158 Vgl. aus frz. Sicht Rosenblatt (Hrsg.), Le 15.2. 152ème Régiment d'Infanterie, S. 51-55 (mit Croquis).

159 KTB Gaede 1914-1916 v. 7.I.1915; BArch-Militärarchiv Freiburg, N4/4.

160 Der Kommandeur LdwInfRgt 123, GenMj v. Dinkelacker, „der die Wichtigkeit dieser Bastion zuerst und allein erkannte", konnte sich mit seinen Forderungen gegenüber der höheren Führung jedoch nicht durchsetzen. Goes, Die ersten Kämpfe um den Hartmannsweilerkopf im Januar 1915, in: BArch-Militärarchiv Freiburg, W-10/51326, f. 8.

161 Ausführlich hierzu bei Gustav Goes, Die ersten Kämpfe um den Hartmannsweiler Kopf im Januar 1915 und die sich daraus ergebenden Erfahrungen, Potsdam 1932; BArch-Militärarchiv Freiburg, W-10/51326. Von Goes, Hptm d. R. und Archivrat im Reichsarchiv Potsdam, selbst Teilnehmer an den Gefechten, stammt die ausführlichste Schilderung der Kämpfe um den Hartmannsweilerkopf: „H. K. (Hartmannsweiler Kopf). Das Schicksal eines Berges im Weltkriege". Daneben, aus der Sicht der Minenwerfer, die Schilderung des Freiburger Reserveleutnants Killian, Totentanz auf dem Hartmannsweilerkopf, S. 84-101.

162 „Eine Offensive gegen Thann über die bewaldeten Vogesen kann vorerst nur durch eingehende Erkundungen vorbereitet werden. Der Hartmannsweiler Kopf ist von Frech besetzt worden, um eine Stütze für diese Offensive zu haben." KTB Gaede 1914-1916,v. 4.I.1915; BArch-Militärarchiv Freiburg, N4/4.

163 Goes, Die Kämpfe um den Hartmannsweiler Kopf im Januar 1915, f. 47; BArch-Militärarchiv Freiburg, W-10/51326.

164 Die Minenwerfer am Hartmannsweilerkopf hatten ihre festen Stellungen unterhalb des Bischofshutes, am Jägerfelsen, unterhalb des Aussichtsfelsens und am Oberrehfelsen.

165 Goes, Die Kämpfe um den Hartmannsweiler Kopf im Januar 1915, f. 47; BArch-Militärarchiv Freiburg, W-10/51326.

166 Mack, Württembergisches Landw.-Inf.-Regiment Nr. 123, S. 35. Ähnlich bei Killian, Totentanz, S. 99.

167 Bei Kriegsende besaß das Heer ca. 1.200 sMW, 2.400 mMW, 12.400 lMW und 700 Flügelminenwerfer; vgl. Handbuch der neuzeitlichen Wehrwissenschaften, Bd. II, Lemma „Infanterie", IIF, 3., S. 323 (dort: 44 sMw); Storz, Lemma: „Minenwerfer", in: Enzyklopädie Erster Weltkrieg, S. 722f.

168 Zum 15.VI.1916 wurde durch die AAbt Gaede, Ic, Pi Nr. 2964 geh. v. 11.V.1916, eine Armee-Minenwerferschule am rechtsrheinisch gelegenen Isteiner Klotz bei der Stichmühle (zwischen Istein und Sierenz) eingerichtet zur Ausbildung geeigneten Personals für die Minenwerfer-Kompanien unter der Führung von Lt. d. Lw Türk der MW-Kompanie 308. In den Übungskursen mit einer Dauer von 14 Tagen sollten sowohl Kenntnisse des Gerätes als auch die Erfahrungen des bisherigen Kriegsverlaufes vermittelt werden. Der Übungsplatz lag westlich des Rheins ca. 500 m südlich der Rheinbrücke. GLA Karlsruhe, 456 F 3/ 533. Zum „Isteiner Klotz" vgl. auch Fröhle/Kühn, Die Befestigungen des Isteiner Klotzes 1900–1945.

169 Angaben nach Goes, Die ersten Kämpfe um den Hartmannsweiler Kopf im Januar 1915, f. 54, in: BArch-Militärarchiv Freiburg, W-10/51326; KTB Gaede 1914-1916 v. 21.I.1915; BArch-Militärarchiv Freiburg, N4/4 (die Zahlen differieren geringfügig in den anderen Quellen: KTB Gaede: 125 Alpenjäger; Killian, Totentanz auf dem Hartmannsweilerkopf, S. 99: 118 Mann).

170 Die Zahlenunterteilung entspricht dem Schema Offiziere/Unteroffiziere/Mannschaften. Goes, Die ersten Kämpfe um den Hartmannsweiler Kopf, f. 57, in: BArch-Militärarchiv Freiburg, W-10/51326.

171 Goes, Die ersten Kämpfe um den Hartmannsweiler Kopf, f. 49, in: BArch-Militärarchiv Freiburg, W-10/51326.

172 Eingesetzt waren das 13e, 28e und 53e BCA, später noch das 27e; vgl. Rosenblatt (Hrsg.), Le 15.2. 152ème Régiment d'Infanterie, S. 57 (mit Croquis).

173 Die im Soldatenmund „Schipper" genannten, seit Frühjahr 1915 in Armierungsbataillonen zusammengefassten, gedienten und ungedienten Landsturmpflichtigen wurden im Bedarfsfall den Regimentern bis in die vordersten Linien zugeteilt; vgl. Cron, Geschichte des Deutschen Heeres im Weltkriege 1914-1918, S. 259f.

174 Eine detaillierte Schilderung des Kurvenweges wie auch der örtlichen Gegebenheiten und Bedingungen im deutschen Frontbereich bietet K.[arl] von Teichmann, Die 26. (württ.) Landwehr-Division im Weltkrieg 1914–18, Stuttgart 1922 (= Württembergs Heer im Weltkrieg. Einzeldarstellungen der Geschichte der württembergischen Heeresverbände, H. 13), S. 22-32, und Badinski, Aus großer Zeit (vgl. Anhang).

175 v. Teichmann, Die 26. (württ.) Landwehr-Division im Weltkrieg 1914–18, S. 22f.

176 v. Teichmann, Die 26. (württ.) Landwehr-Division im Weltkrieg 1914–18, S. 23.

177 Ibid., S. 26.

178 Der bis zum Gipfel geführte elektrische Strom wurde zudem als Starkstromhindernis zur Sicherung der vordersten Linie genutzt.

179 Devise der preußischen Jäger und Schützen auf den besonderen Hirschfängern für Kapitulanten aus försterlichen Berufen. Vgl. Pietsch, Formations- und Uniformierungsgeschichte, Bd. 1, S. 177.

180 Vgl. den Gefechtskalender des Abschnittes Hartmannsweilerkopf (Kasten). Zu den Gefechten im Frühjahr 1915 vgl. auch das Croquis Nr. 2 bei Martin, Le Vieil-Armand 1915, zw. S. 103 u. 106.

181 An dieser Stelle endete die deutsche Seilbahn, die nun in französische Hände geriet.

182 Vgl. auch Rosenblatt (Hrsg.), Le 15.2., S. 58-61 (mit Croquis); Loosli, Hartmannsweilerkopf 1914-1918, S. 21ff. (mit Croquis); Goes, H. K., S. 57-66; Killian, Totentanz, S. 135-144.

183 Mehrfach wich der Kommandeur der Division Fuchs einem erneuten Angriff auf den HK aus, „indem er Munitionsmengen dafür beantragt, die sachl. ungerechtfertigt sind und von denen er wissen muß, daß sie ihm nicht bewilligt werden können, weil sie nicht da sind. – Ich entschließe mich zu dem entscheidenden Schritt, ihn mit seinem Stabe vorzeitig fortzuschicken, falls er nicht auf ein Ultimatum jetzt noch sofort eingeht." Eine telegrafische Aufforderung Falkenhayns, Fuchs wieder in sein Kommando einzusetzen, lehnte Gaede ab: „Fuchs gehörte schon länger abgeschoben." Am 11.IV. erfolgte dann der Abtransport der Division. KTB Gaede 1914-1916 v. 4., 8., 9. u. 11.IV.1915; BArch-Militärarchiv Freiburg, N4/4.

184 Die Gardejäger und Gardeschützen waren Ende März in Gebweiler eingetroffen und am 1.IV.1915 von Gaede dort begrüßt worden („Famoser Eindruck, viel junge Offiziere."). KTB Gaede 1914-1916 v. 1.IV.1915; BArch-Militärarchiv Freiburg, N4/4. Zum Einsatz der Potsdamer Gardejäger am Hartmannsweilerkopf siehe Hans v. Fabeck, Die Kämpfe des Garde-Jäger-Bataillons um den Hartmannsweiler Kopf (H. K.), in: Rehbein, Ehrenbuch der grünen Farbe, S. 28-41.

185 Benannt nach Johann Albrecht von Mecklenburg-Schwerin, seit 1901 Chef des in Colmar stationierten Großherzoglich Mecklenburgischen Jägerbataillons Nr. 14.

186 Dies war der zweite Einsatz von Teilen des Sturmbataillons Rohr seit der Formierung dieser Einheit mit gleichzeitiger Unterstellung unter die Armee-Abteilung Gaede am 29.VIII.1915 (vgl. Kasten „Sturmtruppen").

187 Am 24.VIII.1915 hatte Falkenhayn in seiner Antwort Schmidt v. Knobelsdorf zwar „ersucht, mit den nötigen Vorbereitungen [...] sofort beginnen zu wollen", eine endgültige Entscheidung jedoch offengelassen. Reichsarchiv, Der Weltkrieg 1914 bis 1918, Bd. 9, 1933, S. 19 u. 129-131; vgl. auch Holger Afflerbach, Falkenhayn, S. 361, und die um die sog. „Weihnachtsdenkschrift" Falkenhayns aus dem Jahre 1915 kreisenden Fragen.

188 Zur Kriegslage im Sundgau siehe bei Burtschy, 1914-1918. La Grande Guerre sur le front du Jura aux Vosges; Witzig, Le Sundgau de 1914 à 1918; Dubail, La guerre de 14-18 à Pfetterhouse; Duchêne-Marullaz, La 8ème Division de Cavalerie française dans le Sundgau; Remus, Das „Franctireur-Problem" im Sundgau; Schultz, La charge héroïque du 19e Dragons le 19 août 1914 à Brunstatt; Priebe, Der Sundgau im Weltkrieg, am Beispiele der Landwehr-Infanterieregimenter 81 und 328. Die reich bebilderte Netzseite http://sundgaufront.j-ehret.com/ beleuchtet Einzelheiten dieses Frontabschnittes.

189 Detailliert hierzu die Ausarbeitung der Historischen Abteilung des Reichsarchivs, B. 47, vom Mai 1932: Welche Rolle hat die Ober-Elsaß-Operation zwischen Juni und Dezember 1915 im Rahmen der Gesamtoperation gespielt?, mit Stellungnahme von GenLt v. Tappen v. 16.VI.1932, in: BArch-Militärarchiv Freiburg, W-10/51339, sowie die Studie des Ar-

chivrates Albrecht, Der geplante deutsche Angriff im Oberelsaß, in: BArch-Militärarchiv Freiburg, W-10/51338. Eine knappe Zusammenfassung dieser Überlegungen bei Loosli, Hartmannsweilerkopf 1914-1918, S. 44-53. Die Entwürfe der Armee-Abteilung Gaede siehe unter GLA Karlsruhe, 456 F3, 493: Entwürfe „Schwarzwald" und „Kaiserstuhl"; ibid., 498: Verfügungen, Befehle usw. betr. „Kaiserstuhl"; ibid., 499: dto.

190 Am 8. Dezember optierte Falkenhayn nach Besprechungen mit dem Kriegsminister Generalleutnant Wild v. Hohenborn und dem Chef der Op-Abteilung des Generalstabes, Generalleutnant v. Tappen, für die Operationsvariante Verdun, möglicherweise auch aus Praktikabilitätsgründen, war doch die nahe Grenze zur Schweiz ein bedeutendes und vielleicht schlachtentscheidendes Hindernis bei einem Angriff auf die Festung Belfort; Afflerbach, Falkenhayn, S. 361. Diese Darstellung widerspricht der Besprechung beim AOK Gaede zwei Tage später, in der der aus Stenay, dem Sitz des AOK 5, zurückgekehrte Hptm Henning die Planungen Falkenhayns hinsichtlich der Operationen „Schwarzwald" (Ltg.: v. Lochow) und „Kaiserstuhl" (Ltg.: Gaede) unter Oberbefehl des Kronprinzen bestätigte. Am 19.XII.1915 notiert Gaede die Verschiebung der Unternehmen auf Mitte Februar 1916, acht Tage darauf Unterredung mit Falkenhayn in Straßburg zum selben Thema. Erst am 4.I.1916 vermutet er, dass der angekündigte Besuch des Kronprinzen reiner Demonstrationszweck für eine mögliche Aufschiebung der Unternehmen sein könnte. Auffällige fingierte Truppenverschiebungen, Märsche der 19. KavDiv, Einbau weitreichender großkalibriger Geschütze gegen Belfort und den Sundgau sowie verstärkte Bombenangriffe der Flugwaffe im Februar 1916 bestätigen Gaedes Vermutung; KTB Gaede 1914-1916 v. 10., 19.XII.1915, 4.I.1916; BArch-Militärarchiv Freiburg, N4/4.

191 Zu den operativen Vorbereitungen der Franzosen siehe bei Dupuy, La Lutte pour l'Hartmannswillerkopf, S. 31-80; Loosli, Hartmannsweilerkopf 1914-1918, S. 53-57.

192 Henry Bordeaux, Pour d'Alsace. Vie et mort du Général Serret, Paris 1927, S. 226.

193 VIIe Armée, Stab 66e Division, 3e Bureau Nr. 114/3/S. op. v. 18.XII.1915, gez. Serret; Abdruck bei Dupuy, La Lutte pour l'Hartmannswillerkopf, S. 54-57. Dort ebenfalls die weiteren Ordres für die Artillerie und die beteiligten Einheiten.

194 Nach Dupuy, La Lutte pour l'Hartmannswillerkopf, S. 117f.

195 KTB Gaede 1914-1916 v. 20.XII.1915; BArch-Militärarchiv Freiburg, N4/4.

196 Goes, H. K., S. 123.

197 Clausewitz, Vom Kriege, S. 942.

198 Der OB der Armee-Abteilung Gaede hatte einen Gegenangriff erst für den 24.XII. als wahrscheinlich erachtet. „Frühere Angriffe zur Wiedereinnahme am 19. April vergeblich und am 25. April. Diese letztere Annahme wurde durch die Initiative der Unterführer hinfällig, die gleich am 22. ihrerseits an Ort und Stelle wieder draufgingen." KTB Gaede 1914-1916 v. 22.XII.1915; BArch-Militärarchiv Freiburg, N4/4.

199 v. Jecklin, Das Reserve-Jäger-Btl. Nr. 8 im Weltkriege, S. 90ff.

200 Eine Führungstechnik, keine Taktik, die das Ziel benennt, ohne die Wege zu diesem Ziel genau festzulegen. Diese im 19. Jahrhundert entwickelte und seit Moltke d. Ä. praktizierte Führungsmethode einer weitgehenden Handlungsfreiheit von Führern und Unterführern fand ihren Niederschlag in der preußischen Felddienst-Ordnung von 1908. Dort heißt es schon im Vorwort Wilhelms II.: „Der für die Handhabung des Felddienstes gelassene Spielraum soll der selbständigen Überlegung und Tätigkeit der Truppenführer zugute kommen. Er darf nicht durch Anordnungen der Vorgesetzten eingeengt werden.", (S. 3) und weiter: „Für die Durchführung der bevorstehenden Kriegshandlung

sind Gesichtspunkte zu geben, die Art der Ausführung ist zu überlassen. So erweitert sich der Befehl zur Direktive." Das letzte Wort ist im Original gesperrt gesetzt (Nr. 50, S. 19).

201 5/9/76 gef., 4/8/51 verw., 1/3/51 verm., 6/50/563 gef., Verluste insgesamt: 827!

202 Zur Tätigkeit der Artillerie am 21./22.XII.1915 vgl. den Bericht des Artillerie-Kommandeurs 12. Landwehr-Division, Ib Nr. 749 geh. v. 26.I.1916, in: GLA Karlsruhe, 456 F 3/ 950, f. 194ff.

203 Marteaux, Diables rouges, diables bleus, S. 205.

204 Dramatisch gestaltete sich die Lage beim Unterrehfelsen, als die 7./ResInfRgt 74 unter Leutnant Schaper mit Verstärkung durch zwei Gruppen der 11./LdwInfRgt 40 am 28.XII.1915 beim Kampf um den Hirzenstein auf Feldwache von der eigenen Truppe abgeschnitten wurde. Mehr als zwei Tage hängt die Stellung in der Luft, mehr und mehr von schweren Einbruchsversuchen der Franzosen bedroht, geplagt von Hunger und Durst. Am 30.XII. 3 Uhr früh lässt Schaper durch einen Meldegänger einen letzten, verzweifelten Hilferuf überbringen: „Meine Lage ist verzweifelt. Wenn nicht kampffähige Leute und sofort Verpflegung kommt, verhungern wir. Leute ohnmächtig, zum Teil Krämpfe, zum Halten der Feldwache beim Angriff viel zu schwach. Bitte um Ablösung." Tatsächlich gelingt es, die Meldung zum Bataillonsgefechtsstand zu überbringen und die Feldwache durch zwischenzeitlich den Anschluss wiederherstellende Gardejäger zu entsetzen. Die Kompanie hatte in diesen wenigen Einsatztagen über 60 Verluste zu beklagen. Vgl. Bauer, Reserve-Infanterie-Regiment Nr. 74, S. 262-267, Zitat S. 266.

205 Das Prinzip der Überraschung wurde dadurch erreicht, „daß sich das Feuer verschiedentlich bis zur Höchstwirkung steigern sollte. Dann sollte es feindwärts verlegt werden, gleich als wenn der Infanterie-Angriff nunmehr erfolgte. Nach ganz kurzer Zeit sollte das Feuer dann wieder auf die erste feindliche Stellung gelegt werden. Man hoffte, durch diese verschiedenen Feuerwellen den Feind zu täuschen, ihn mehrfach zur infanteristischen Abwehr herauszulocken, die dann gefüllten Gräben erfolgreich mit Feuer belegen zu können und endlich den Feind ganz über den eigentlichen Zeitpunkt des Angriffs zu verwirren." Schwerin, Das königl. preuß. Sturmbataillon Nr. 5, S. 8f.

206 Vgl. den Gefechtsbericht über die Wiedereroberung des Hirzensteines am 7./8.I.1916 der 187. Infanterie-Brigade, Abt. I Nr. 454 v. 16./19.I.1916 (f. 197), die Angriffsbefehle der unterstellten Infanterie-Regimenter 188 und 189, die Gefechtsberichte der Sturmabteilung, Nr. 8/I geh. v. 18.I.1916, der Minenwerferkp 312 (Lt. d. R. Killian), Nr. 410/I. 16 v. 11.I.1916, und des Artillerieabschnittes Funke der 12. Landwehr-Division v. 11.I.1916 (f. 198-205), alle in: GLA Karlsruhe, 456 F 3/ 950.

207 KTB Gaede 1914-1916 v. 9.I.1916; BArch-Militärarchiv Freiburg, N4/4.

208 KrMinErlass v. 2.III.1915, Nr. 415 g.A.6. Vgl. auch die „Vorschrift für die Sturmabteilung", Großes Hauptquartier v. 12.V.1915, in: GLA Karlsruhe, 456 F 3/ 533. Eine weitere, ausführlichere „Vorschrift für eine Sturmabteilung" Hptm Rohrs ohne Ausgabedatum trägt Entwurfscharakter, charakterisiert jedoch treffend die Sturmtruppenidee zur Überwindung des Stellungskrieges; Slg. Deisenroth.

209 Vgl. 82. LwInfBrig Nr. Ia 296 geh. v. 25.X.1915: Bericht über das Gefecht am 15. u. 16.X.1915 am Hartmannsweiler Kopf, in: GLA Karlsruhe, 456 F 3/ 929 (darin auch das gleichzeitige Unternehmen gegen den Sudelkopf).

210 Übungsablauf für den 15./16.XII.1915 bei Gruß, Die deutschen Sturmbataillone im Weltkrieg, S. 149. Standort der Sturmabteilung war das benachbarte Oberrotweil. Übungsplätze befanden sich in Oberbergen am Pulverbuck (in der Weinlage „Baßgeige") und nördlich Bischoffingen, wo sich heute noch am Langenberg rudimentär Laufgräben

ausmachen lassen. Mit der Bildung von Sturmabteilungen bei den Divisionen wurde zum 8. Mai 1916 die verbliebene Sturmabteilung in Oberbergen aufgelöst. Vgl. AAbt. Gaede, AOK Abt. Ic Nr. 2135 geh. v. 3.V.1916, Bildung von Sturmabteilungen bei den Divisionen, GLA Karlsruhe, 456 F 3/ 533; Werner Lacoste, Deutsche Sturmbataillone 1915-1918. KTB Gaede 1914-1916 v. 16.XII.1915; BArch-Militärarchiv Freiburg, N4/4.

211 „Es waren in Kowno erbeutete russische Grabenstreichen, Kaliber 7,62 cm, ohne Aufsatz und Rundblickfernrohr. Kein Mensch wußte, wie die Dinger schossen. An den 100 m-Marken der Rheinstromverwaltung haben wir die Aufsatzerhöhungen selbst erschossen." Schwerin, Königl. Preuß. Sturmbataillon Nr. 5, S. 5.

212 In einem „Bericht über die Verwendung der Sturmabteilung" hat Hauptmann Rohr seine Erfahrungen niedergelegt; 12. Landwehr-Division, Abt. I Nr. 3863 geh. v. 8.V.1916, in: GLA Karlsruhe, 456 F 3/ 533. Eine „Anweisung für die Verwendung des Sturmbataillons" v. 27.V.1916, Nr. 1999/I, mit Beilagen über die „Sprengung von Hindernissen" v. 29.V.1916 und „Erfahrungen beim Angriff" v. 24.VI.1916 vertiefen die Führungs- und Ausbildungsgrundsätze Rohrs; Slg. Deisenroth.

213 Eine entsprechende „Ausbildung der Sturmtruppen" (2 mschr. Seiten ohne Ausgabestelle und Datum) gibt weitere Hinweise auf die Spezifika dieser Eliteeinheit. Dort heißt es: „Eiserne Manneszucht, lebendige Dienstfreudigkeit, ein gewisses Selbstbewußtsein bilden bei den Sturmtruppen noch mehr als bei irgend einer anderen Truppe die Grundlage des Erfolges"; Slg. Deisenroth.

214 Am 7.II.1917 durch KrMinErlass mit der Namensbezeichnung „Sturm-Bataillon Nr. 5 (Rohr)" geehrt.

215 Ausbildungsvorschrift für die Fußtruppen im Kriege (A.V.F.) vom Januar 1918, Berlin 1918, Nr. 226-231 (S. 97f.) u. 470-488 (S. 175-179).

216 Sturmabteilung Rohr, Erfahrungen beim Angriff, in: BArch-Militärarchiv Freiburg, PH 10 IV/11.

217 „Stoßtrupp" bezeichnete urspr. das sprungartige Vorgehen der Flammenwerfertrupps vor dem Infanterieangriff, um nach Abgabe eines Deckungsstrahles im Schutz der Rauchentwicklung in die feindlichen Stellungen einzubrechen. Geprägt wurde er nach Gruß, Die deutschen Sturmbataillone im Weltkrieg, S. 24, vom Konstrukteur des Handdruck-Flammenwerfers, Major d. Lw. Reddemann, später Kommandeur Garde-Reserve-Pionierregiment (vgl. „Flammenwerfer" S. 96). Zu Reddemann vgl. Ausst. des Deutschen Feuerwehrmuseums Fulda in Leipzig 2010 und Fulda 2014: Dr. Bernhard Reddemann – Eine Spurensuche, 9 Schautafeln; http://www.dfm-fulda.de/30-ausstellung/reddemann.htm.

218 Frieser, Blitzkrieg, S. 8f.

219 Vgl. v. Teichmann, Die 26. Landwehr-Division im Weltkrieg 1914-18, S. 80f.

220 Vgl. Sturmabteilung Rohr v. 16.III.1916: Erfahrungen d. Sturmabteilung während der Kämpfe v. 22.II.-8.III.1916, in: GLA Karlsruhe, 456 F 3/F 3/ 946, f. 226-231.

221 Rolf-Dieter Müller, Lemmata „Gaskrieg" und „Gasmaske", in: Enzyklopädie Erster Weltkrieg, S. 519-522.

222 Vgl. w. o. die Planungen zu „Schwarzwald" und „Kaiserstuhl".

223 Eine eingehendere Beschreibung von Archivrat und Mitglied des Reichsarchivs Gustav Goes, Anlage und Durchführung grösserer Unternehmungen im Gebirgskrieg (dargestellt an grösseren Unternehmungen am Hartmannsweiler Kopf 1917/18), Potsdam XII.1932, in: BArch-Militärarchiv Freiburg, W-10/51720.

224 Ausführlich geschildert bei Szymanzig, Das Württembergische Landwehr-Infanterie-Regiment Nr. 124, S. 96-100; Loosli, Hartmannsweilerkopf 1914-1918, S. 63ff.

225 47 Artilleriegeschütze der 26. und 7. LdwDiv aus Feldkanonen, 9-, 10-, 15-cm-Kanonen, leichten und schweren Feldhaubitzen mit insgesamt 2.150 Schuss Munition sowie 45 Minenwerfer (24 s, 3 m, 18 l) mit 3.780 Schuss Munition der MwKp 312 und des MwBtl VII, eine beachtliche Konzentration für wenige Frontkilometer! Szymanzig, Das Württembergische Landwehr-Infanterie-Regiment Nr. 124, S. 97; Goes, Anlage und Durchführung grösserer Unternehmungen im Gebirgskrieg, in: BArch-Militärarchiv Freiburg, W-10/51720, f. 14f.

226 Nach der Gräberliste des Joseph Zeller wurden auf dem Friedhof des Landwehr-Infanterie-Regiments Nr. 124 insgesamt 56 Angehörige der 11./LdwInfRgt beigesetzt, sieben vermisste Soldaten dürften im Ziegelrückenstollen ihre letzte Ruhe gefunden haben.

227 Szymanzig, Das Württembergische Landwehr-Infanterie-Regiment Nr. 124, S. 99.

228 Goes, Anlage und Durchführung grösserer Unternehmungen im Gebirgskrieg, in: BArch-Militärarchiv Freiburg, W-10/51720, f. 30.

229 Die Rohstoffknappheit des Reiches führte ab 1916 vermehrt zu Verunreinigungen und minderwertigem Material bei der Herstellung der Granaten, die nicht selten zu Rohrkrepierern u. ä. führten.

230 Szymanzig, Das Württembergische Landwehr-Infanterie-Regiment Nr. 124, S. 110ff. Ein abgedruckter Feuerplan dokumentiert das den Einsatz von 240 Infanteristen und Pionieren begleitende massive Artillerie- und Minenwerferfeuer (ohne den vorhergehenden Gasbeschuss); Goes, Anlage und Durchführung grösserer Unternehmungen im Gebirgskrieg, in: BArch-Militärarchiv Freiburg, W-10/51720, f. 42f.

231 Ausf. Beschr. d. Unternehmens bei Szymanzig, Das Württembergische Landwehr-Infanterie-Regiment Nr. 124, S. 115ff.

232 Goes, Anlage und Durchführung grösserer Unternehmungen im Gebirgskrieg, in: BArch-Militärarchiv Freiburg, W-10/51720, f. 41.

233 Ibid., S. 54.

234 Ibid., S. 119.

235 Ibid.

236 Mäzenatsunterlagen Hartmannswillerkopf, hrsg. v. Jean Klinkert, [Colmar 2013].

237 Zusammenstellung aus zeitgenössischen Quellen, Kartenmaterial und Geländebegehungen.

238 Vgl. Grandadam, Victor Antoine et le monument du 15-2.

239 Löbbecke/Maß/Riep, Die gelbe Ulanen-Brigade, S. 120-141, 333-348. Ihren Namen trug diese 42. Kavallerie-Brigade, der die Regimenter Nr. 11 („Graf Haeseler", 2. Brandenburgisches) und 15 (Schleswig-Holsteinisches) angehörten, der zitronengelben Waffenfarbe ihrer Paraderabatten auf den Friedens-Ulankas wegen. Eingesetzt auf dem Hartmannsweilerkopf von Weihnachten 1914 bis Ende April 1915, kämpfte sie abgesessen im Verband der Armee-Abteilung Gaede. Zum Ulanen-Regiment 11: Maß, Haeseler-Ulanen im Weltkrieg, Bd. 2, S. 9-21; zum Ulanen-Regiment 15: Müller, Geschichte d. Schlesw.-Holst. Ulanen-Rgt. Nr. 15, T. 2, S. 91-98.

240 Badinski, Aus großer Zeit. Erinnerungen des Jäger-Feld-Bataillons Nr. 9.

241 Siehe zur Bataillonsgeschichte: Die Badischen Pioniere im Weltkriege.

242 „Major Kachel, Komm. 8. Res. Jäger, für den wegen seiner Verdienste am Hartm.' Kopf eine besondere Auszeichnung beantragt war, wird in das 3. Garde Regt. z. F. versetzt. (Dies war nicht die Absicht.)" So OB Gaede in seinem pers. Tagebuche KTB Gaede 1914-1916 v. 5.II.1915; BArch-Militärarchiv Freiburg, N4/4.

243 Für die Verwerfungen in der deutschen Militärgeschichte im letzten Jahrhundert steht der Name des der grünen Waffenfarbe angehörenden Generalmajors Karl v. Dewitz gen. v. Krebs (1887-1945). Hervorgegangen aus dem Potsdamer Gardejägerbataillon, kämpfte er mit dieser Einheit auf dem Hartmannsweilerkopf im Elsass als Bataillonsadjutant und Kompaniechef. In der Reichswehr bekleidete er eine Chefstelle im Infanterieregiment 9, später stand er dem III./Infanterieregiment 1 als Kommandeur vor. Ergänzungsoffizier seit 1936, wurde er 1941 als Divisionskommandeur reaktiviert und geriet als Kommandeur der 137. Infanteriedivision (Kampfgruppe Dewitz) im Oktober 1944 in die Hände der Tito-Partisanen. Seine in der Festung Banja Luka eingeschlossenen Soldaten rief er aus der Gefangenschaft auf, angesichts der Sinnlosigkeit ihrer Situation die Waffen zu strecken. Dies sollte ihm zum Verhängnis werden, als er im Zuge eines Gefangenenaustausches nach der Rückeroberung Banja Lukas wieder unter die Jurisdiktion der Wehrmacht geriet, die ihn unverzüglich vor das Reichskriegsgericht stellte, ihn wegen Feigheit zum Tode verurteilte und einen Tag vor der Vereinigung der Alliierten in Torgau in der Festung durch Hitlerjungen erschießen ließ. Auf dem Bornstedter Friedhof zu Potsdam erinnert eine Gedenktafel auf dem Grab seiner Schwiegereltern an diesen aufrechten Soldaten. Vgl. Deisenroth, Märkische Grablege im höfischen Glanze, S. 274f.

244 Goes, Die ersten Kämpfe um den Hartmannsweiler Kopf im Januar 1915, f. 58; BArch-Militärarchiv Freiburg, W-10/51326.

245 Teichmann, Die 26. (württ.) Landwehr-Division im Weltkrieg 1914-18, S. 25. Dieses Bestreben, das Grauen des Stellungskrieges „durch die Herstellung heimatlicher Geborgenheit zu kompensieren [...] wie die Ausschmückungen und Namensgebungen für Unterstände und Schützengräben, die eher an einen Wanderausflug oder die heimische Holzhütte denken ließen, als an militärische Zweckgebäude“, wie der Konstanzer Historiker Fabio Crivellari bemerkt, ist charakteristisch für alle Fronten des Ersten Weltkrieges; zit. nach Volker Oelschläger, Potsdam und der Erste Weltkrieg, in: „Märkische Allgemeine Zeitung“, Potsdam, v. 16.V.2014.

246 Die z. T. schon verfallenen ehem. deutschen Stellungen am HK wurden 1943 erneut aktiviert und dienten in der Folge der Truppe als Übungsraum für die Ausbildung im Stellungskriege. „Die Ausbildungskompanien rücken geschlossen in die Stellungen und verbringen dort mehrere Tage in feldmässigem Einsatz mit Posten- und Grabendienst, Verpflegung durch Essensträger usw.“ Verantwortlich zeichnete der Wehrkreis V, Stuttgart. BArch-Militärarchiv Freiburg, RH 13-21, f. 258.

247 Erwin Oßwald (1882-1947), württ. Offizier, 1903 Lt im 8. württ. InfRgt „Großherzog Friedrich von Baden“ Nr. 126, Weltkriegsteilnehmer, im Reichsheer in der Führergehilfenausbildung und im Reichswehrministerium verwendet, 1936 GenLt und Kdr 9. InfDiv in Gießen, 1938 Gen z. b. V. GenKdo V. AK, mit Kriegsbeginn 1939 KG stv. GenKdo V. AK u. Befehlshaber Wehrkreis V, Stuttgart, 1940 GendInf, 1943 zur Führerreserve versetzt; BArch-Militärarchiv Freiburg, MSg 109/10850.

248 Le Linge 1914-18 (Videoband), kann im Museum erworben werden.

249 Umgangssprachliche Bezeichnung für das Erscheinungsbild der französischen Frontsoldaten des Ersten Weltkrieges.

250 Vgl. die Schilderung bei Rosenblatt (Hrsg.), Le 15.2. 152ème Régiment d'Infanterie, S. 44f. (mit Croquis); Kreuter, Das K. B. Landwehr-Infanterie-Regiment N. 1, S. 24. Auch das II./LwInfRgt 123 geriet dabei in das Feuer der auf der Kammhöhe oberhalb Weiers i. T. und Günsbachs im Gregorientale gut getarnten 152er, aber auch in das der dort vorge-

henden Bayern, die die noch mangels feldgrauer Uniformen in blaue Friedensuniformen eingekleideten Württemberger für Franzosen hielten; Mack, Württemb. Landw.-Inf.-Rgt. Nr. 123, S. 4f.

251 Zum Reichackerkopf: Daniel Roess, Historischer Rundweg 1914-18 Gaschney-Reichackerkopf, hrsg. v. Norbert Schickel u. Albert Heinrich, Munster 2009. Zum Buchenkopf: Albert Holtzmann, La Tete des Faux. 70 ans après, in: Dialogues Transvosgiens entre les trois régions Alsace, Franche Comté, Lorraine. Aspects d'hier et d'aujourd'hui, Neuf-Brisach 1985, S. 59-86.

252 Der kleine Sattel bildete während des Krieges die Trennlinie zwischen den französischen Einheiten im Bereich Gaschney-Sattelkopf und den deutschen auf dem Reichackerkopf.

253 Diese Tatsache dürfte wohl auch Anlass für den französischen Staat gewesen sein, den Buchenkopf bereits am 11. Juni 1921, noch vor dem Lingekopf (11. Oktober 1921), zum historischen Monument zu deklarieren.

254 Der Vorwurf mangelnder Sachkenntnis und Eigenmächtigkeiten der auf eigene Faust Vorgehenden führten u. a. zu einer zeitweisen Aussperrung der Vereine, darunter die „Amis du Hartmannswillerkopf", von Grabungs- und anderen Aktivitäten in der Gipfelregion durch die staatlichen Behörden in den Jahren 2010/2011.

255 Es sind dies im Oberelsass die Frontpunkte Hartmannsweilerkopf, Lingekopf, Buchenkopf (Tête des Faux), Col de Sainte-Marie-aux-Mines (Markirch) und Tête du Violu (Bernhardstein), die musealen Projekte eines Gebirgs-Feldlazaretts in Mittlach, der Sanitäts-Unterstand von Uffholz (Uffholtz) und der rumänische Militärfriedhof von Sulzmatt (Soulzmatt); im Département Vosges (Vogesen) sind es der Roche Mère Henry (Pays de Senones), Chapelotte (Vallée de la Plaine) und Fontenelle (Vallée du Hure); Pressemappe „Gedenktourismus 1914-1918. Auf den Spuren der Vogesenfront", hrsg. Von Jean Klinkert, [Colmar] 2014, S. 5f.

256 So soll eine fünfteilige Serie (Arbeitstitel «Franchir la ligne/Grenzüberschreitung») über den Hartmannsweilerkopf bis Sommer 2014 bei dem Sender Arte mit technischer Unterstützung des Südwestrundfunks erstellt werden.

257 Die schon kurz nach der Einweihung des Kreuzes am 11.XI.1936 immer wieder ausgefallene Illumination brach 1977 letztmalig zusammen. Erst am 18.IX.2004 konnte sie wieder nach einer feierlichen Zeremonie ihr Licht weithin über die Vogesengipfel in die Ebene senden. Die erneut durch Blitzschlag beschädigte Anlage wird wohl im Rahmen der Neuordnung auf der Kuppe wiederhergestellt werden.

258 Der Bildhauer Bernard Vauthier schuf in den Jahren 1921-1927 Gedenksteine, sog. Demarkationssteine, die den Frontverlauf in Belgien und Frankreich im Ersten Weltkrieg aufzeigen sollten. Ursprünglich wurden 118 Granitstelen von den Touring-Clubs der beiden Länder aufgestellt; sie waren mit einem Helm des jeweils in einem bestimmten Frontabschnitt kämpfenden Alliierten auf einem Lorbeerkranz geschmückt und ca. 1,25 m hoch. Von ihnen sind noch 94 vorhanden; einer von einst 11 im Dep. Haut-Rhin in einer Kette von Nieuport-les-Bains (Belgien) bis Altkirch (Moos) im Sundgau steht auf dem Gipfel des Hartmannsweilerkopfes. Der allerletzte Stein (Nr. 96) in Mooslarge ist heute nicht mehr vorhanden (die Zahlenangaben differieren in den einzelnen Quellen).

259 Vgl. Rosenblatt (Hrsg.), Le 15.2. 152ème Régiment d'Infanterie, S. 58ff. (mit Croquis).

260 Vgl. Hans-Joseph Wollasch, Befestigungen am Sudel, in: Bulletin Les Amis du Hartmannswillerkopf, Nr. 22, Mulhouse 1991, S. 37f. Über die erhaltenen deutschen Stützpunkte informiert die Netzseite http://www.lieux-insolites.fr/cicatrice/14-18/sudel/sudel.htm.

261 Quellen: Thum, Der Endkampf der deutschen 19. Armee im Brückenkopf von Colmar. Unveröff. Manuskript (1970), BArch-Militärarchiv Freiburg, RH 20-19/278; Kurt Brandstädter, Die Abwehrschlacht im Elsaß 4.I.-10.II.1945, BArch-Militärarchiv Freiburg, ZA 1/1141 (13.III.1948); AOK 19, Anlagen zum KTB Unternehmen „Habicht", BArch-Militärarchiv Freiburg, RH 20-19/154; Rückzugskämpfe der 19. Armee im Oberelsaß v. 20.I.-9.II.1945, BArch-Militärarchiv Freiburg, RH 20-19/274; Bataille de Colmar 1945, BArch-Militärarchiv Freiburg, MSg 2/1289; Karten: OKH-Lagekarten 1.I.-9.II.1945, BArch-Militärarchiv Freiburg, Kart RH 2, West/649, 650, 722, 781, 797. Lit.: Zimmermann, Die deutsche militärische Kriegführung im Westen 1944/45, S. 411-422 (Karte: S. 392); La Bataille et la Libération de Colmar, ed. par la Société d'Histoire et d'Archéologie de Colmar, Colmar 1975; Pierre Burger, La Bataille de Colmar vue et vécue par „ceux d'en face", in: Annuaire de Colmar, 1965, S. 81-102; Rittgen, Opération Nordwind; Francis Lichtlé, L'opération „HABICHT" lancée par les Allemands du 12 au 14 decembre 1944 au nord et nord-ouest de Colmar, in: 4 Sociétés d'histoire de la Vallée de la Weiss, Annuaire 1992, Riquewihr, S. 3-18; Richard Engler, The Final Crisis: The Combat in Northern Alsace, January 1945, Bedford, PA 2001; Steven J. Zaloga, Operation Nordwind 1945 – Hitler's last offensive in the West, Oxford 2010 (= Osprey military – Campaign, 223); Hugel/Krebs/Neher, Wir waren Feinde (2006). Kartenmaterial: Pneu Michelin (Hrsg.), Bataille d'Alsace Nov. 1944-Mars 1945. Réimpression de la carte historique de 1947, 1 : 50.000, No. 104 (frz.-engl.), Clermont-Ferrand 1992.

262 Dwight D. Eisenhower, Kreuzzug in Europa, Amsterdam 1948, S. 433.

263 Vgl. Zimmermann, Die deutsche militärische Kriegführung im Westen 1944/45, S. 416.

264 Hinsichtlich der Staatsangehörigkeit setzte sich die Armee-Abt Gaede zusammen aus (aufgerundet) 45 % Preußen, 25 % Badenern, 10 % Sachsen, 3 % Elsass-Lothringern, 2 % Bayern, 1 % Sachsen-Altenburgern, weniger als 1 % aus Hessen, Mecklenburg, Oldenburg, Anhalt, Reuß j. L., Schaumburg, Schaumburg-Lippe, Braunschweig, Sachsen-Weimar, Sachsen-Meiningen, Schwarzburg-Sondershausen, Reuß ä. L., Waldeck, Sachsen-Coburg, Sachsen-Weimar-Eisenach, Schwarzburg-Rudolstadt, Lippe-Detmold, Anhalt-Dessau, Reuß-Schleitz, Hamburg, Bremen, Lübeck; KTB Gaede 1914-1916 2. T., f. 90; BArch-Militärarchiv Freiburg, N4/5.

265 Nach der Aufstellung in der Krypta des Hartmannsweilerkopfes.

266 Vgl. zu seiner Zeit in der Bonner Burschenschaft Frankonia die Vita in „Frankenalbum", hrsg. von der B! Frankonia Bonn, S. 97ff.

267 Der Weltkrieg. Illustrierte Kriegs-Chronik des Daheim, 6. Bd., Bielefeld/Leipzig 1917, S. 21.

268 Livre d'or de la Sabretache (1914-1918), Bd. 1, 1923, S. 45.

269 v. Jecklin, Das Reserve-Jäger-Batl. Nr. 8, S. 63.

270 Ernst Jünger, In Stahlgewittern, Stuttgart [26]1961, S. 295.

271 Idem, Der Kampf als inneres Erlebnis, Berlin 1922, S. 19ff.

272 Kutscher, Kriegstagebuch, 2. T., S. 54f.

273 Friedrich-Wilhelm Krüger, Kriegstagebuch I v. 3. August 1914 bis 15. Januar 1915; BArch-Militärarchiv Freiburg, MSg 2-2945.

274 Die Kurve 00 an der Rößler-Quelle wurde erst nach dem Krieg als solche bezeichnet.

275 Die Explosion eines Handgranatenlagers durch Granateinschlag am 28.XII.1915 während einer Stabsbesprechung bei Kurve 0 hatte einen Lastwagen zerfetzt und Teile in einer Baumkrone festgeklemmt.

[276] Curt Badinski, Aus großer Zeit. Erinnerungsblätter des Jäger-Feld-Bataillons Nr. 9, Weltkrieg 1914-1918, Ratzeburg 1932, S. 426-431.

[277] v. Teichmann, Die 26. Landwehr-Division im Weltkrieg 1914-18, S. 31.

[278] René Schickele, Der Wolf in der Hürde, Frankfurt a. M/Wien/Zürich 1965 (= Das Erbe am Rhein, 3. Teil; EA 1931), S. 822f.

[279] Hervorgegangen aus der am 5.XII.1914 aufgestellten Württembergischen Schneeschuh-Kompanie Nr. 1, seit 28.I.1915 in den Vogesen eingesetzt, die, nach Umbenennung in Württ. Gebirgs-Kompanie am 1.V.1915, sukzessive zu einem Bataillon aufgestockt (Oktober 1915) und seit Jahresbeginn 1916 wieder an der Vogesenfront (Hilsenfirst) verwendet wurde.

[280] 1910 als Fahnenjunker im InfRgt 124 (6. Württ.) eingetreten, 27.I.1912 Leutnant und Rekrutenoffizier, 18.IX.1915 Oberleutnant, seit Oktober 1915 im neu aufgestellten Württ. GebBtl als Kompanieführer verwendet; Ehrenrangliste des Deutschen Heeres, S. 973.

[281] Rommel, Infanterie greift an, S. 123.

[282] Oelze, Das Landwehr-Infanterie-Regiment Nr. 56, S. 11f.

[283] KTB AOK 7 v. 2.IV.-25.VI.1940, f. 44-46, in: BArch-Militärarchiv Freiburg, RH 20-7/6.

[284] Helmut Thum, Der Endkampf der dt. 19. Armee im Brückenkopf von Colmar, 1970, fol. 113f., in: BArch Freiburg, RH 20-19/278.

[285] Zit. nach Thum, Der Endkampf der 19. Armee, fol. 121.

[286] Die Wehrmachtsberichte 1939-1945, Bd. 3: 1. Januar 1944 bis 9. Mai 1945, ND München 1985, S. 440.

[287] Vgl. Sabine Behrenbeck, Lemma „Soldatenfriedhöfe“, in: Enzyklopädie Erster Weltkrieg, S. 843ff.; Annette Becker, Lemma „Totenkult“, in: Enzyklopädie Erster Weltkrieg, S. 926; Richard Holmes, Lemma „cemeteries, military“, in: The Oxford Companion to Military History, S. 189f.

[288] Einen schnellen Überblick bietet die Netzseite des Volksbundes Deutsche Kriegsgräberfürsorge http://www.volksbund.de/kriegsgraeberstaetten.html; Für den Bereich Oberelsass kann auch auf Wagner, Lieux de mémoire dans le Haut-Rhin S. 244-265, zurückgegriffen werden.

[289] Aus einem Gedicht des Bataillonsarztes III./LdwIR 56, Dr. Josef Meier; zit. nach Werner Oelze, Das Landwehr-Infanterie-Regiment Nr. 56, Berlin 1930, S. 34.

[290] Entstanden 1915 als Pionierlied in Anlehnung an das bereits um 1900 in der Kriegsmarine bekannte „In Kiautschau um Mitternacht“ von Hermann v. Gordon. Nach dem Krieg von den Parteiverbänden der Linken und Rechten bei gleicher Melodie umgedichtet: „Im Januar um Mitternacht, ein Kommunist stand auf der Wacht ...“; „Durch Groß-Berlin marschieren wir, für Adolf Hitler kämpfen wir ...“.

[291] Vgl. Goes, H. K., S. 219, daneben Schickele, Der Wolf in der Hürde, S. 820 u. 823. Als quellengestützte Beispiele für Verlustzahlen im Badischen Generallandesarchiv Karlsruhe seien hier die der Armee-Abt. Gaede (B) im Zeitraum 1.IV.1916–31.X.1918, also nach den schweren Kämpfen in diesem Frontbereich, genannt: insgesamt 17.600 Soldaten, davon 3.328 gefallen, 13.592 verwundet, 602 vermisst, 78 kriegsgefangen. Bei der 6. K. B. LdwDiv (mit zugeteilten Truppen) im Zeitraum 20.VII.–9.IX.1915 an der Lingekopffront: 7.437, davon 1.699 gefallen, 5270 verwundet, 468 vermisst. Allein in der Woche vom 21. bis zum 29.VII.1915 (Beginn der Schlacht am Lingekopf) hatte die Div. Verluste

von 3.721, davon 770 gefallen, 2715 verwundet, 236 vermisst. Die 12. LdwDiv verzeichnete von Januar bis März 1915 an HK, Hilsen- u. Sudelkopf, in Linthal, Gebweiler u. Laudenbach: 1.741, davon 325 gefallen, 851 verwundet, 565 vermisst. Die im Fechttal eingesetzte 8. K. B. ResDiv (mit zugeteilten Truppen) erlitt in den Gefechten vom 19.II. bis 20.VI.1915 7.684 Ausfälle, davon 1.381 gefallen, 4.731 verwundet, 1.572 vermisst. Vom 1.XII.1914 bis 7.IV.1915 verlor die 7. LdwDiv in Steinbach/425, am HK und im Sundgau 4.845 Angehörige, davon 885 gefallen, 2.689 verwundet, 1.271 vermisst; bei Ammerzweiler v. 11.VII. und 15.VIII.1915 insgesamt 243, davon 36 gefallen, 183 verwundet, 24 vermisst. Die Gesamtverluste in den Vogesenkämpfen im Münstertal betrugen bei der 19. ResDiv bis zum 20.VI.1915 4.590, davon 750 gefallen, 2700 verwundet, 1140 vermisst. Die Gesamtzahl der hier aufgeführten Gefallenen beträgt somit 8.404; wenn ein Großteil der vermisst Gemeldeten als gefallen hinzugezählt wird, einschließlich einem nicht unbedeutenden Anteil der später verstorbenen Verwundeten, erhöht sich diese Zahl beträchtlich, sodass für die gesamte Kriegszeit die Zahl von 25.000 bis 30.000 deutschen Gefallenen an der Vogesenfront einer realistischen Grundlage nicht entbehrt. Allein auf den deutschen Soldatenfriedhöfen des Ersten Weltkrieges im Oberelsass ruhen 17.519 Gefallene des Ersten Weltkrieges.

292 Dupuy, La lutte pour l'Hartmannswillerkopf, S. 140.

293 Benedict Kreutz, Militärseelsorge im Ersten Weltkrieg. Das Kriegstagebuch des katholischen Feldgeistlichen Benedict Kreutz. Bearb. von Hans-Josef Wollasch, Main 1987 (= Veröffentlichungen der Kommission für Zeitgeschichte, Reihe A: Quellen, Bd. 40), S. XLIVf., Anm. 108.

294 Diese Arbeit hat ihre rechtliche Grundlage in dem deutsch-französischen Kriegsgräberabkommen v. 5.III.1956 (BGBl. 1957 II, S. 474ff.) und dem Abkommen sowie Notenwechsel v. 19.VII.1966 (BAnz Nr. 161/66), wonach der Service d'Entretien des Sépultures Militaires als französische Abteilung des Volksbundes Deutsche Kriegsgräberfürsorge in Frankreich tätig wird.

295 Friedens-Vertrag mit dem Deutschen Reich und Frankreich, Frankfurt 10.V.1871, Art. 16: „Beide Regierungen, die Deutsche und die Französische, verpflichten sich gegenseitig, die Gräber der auf ihren Gebieten beerdigten Soldaten respektiren und unterhalten zu lassen."; Reichsgesetzblatt Band 1871, Nr. 26, S. 233.

296 Schickele, Der Wolf in der Hürde, S. 820.

297 Aus einem Bericht des Wehrmachtverlustwesens (IIa) v. 23.V.1943. BArch-Militärarchiv Freiburg, RH 13-21, f. 259.

298 v. Teichmann, Die 26. (württ.) Landwehr-Division im Weltkrieg 1914-18, S. 19.

299 Damit kommt dem HK als einer von nur vier nationalen französischen Gedenkstätten neben dem Douaumont (Verdun), Dormans (Marne) und Notre Dame de Lorette (Artois) herausgehobene Bedeutung zu.

300 Nach Ermel, Im Schatten des Hartmannsweilerkopfes, S. 38-41, soll sich dieses rechts vom Eingang hinter einer vermauerten Türe befunden haben. Nach Auskunft von Jean Klinkert, Vizepräsident des Comité du Monument National du Hartmannswillerkopf, verfügt seine Organisation über keine neuen Erkenntnisse zu Gebeinen in der Krypta (E-Post v. 27.III.2014).

301 Diese nicht belegte Zahl bestatteter Gefallener am HK geriet zum Politikum, als nach der Besetzung des Elsass die Sprengung der Krypta vorgesehen war und erst der Hinweis des Wattweiler Bürgermeisters Ermel auf Gebeine in derselben angeblich die deutschen Behörden zum Umdenken veranlasste. Vgl. Ermel, Im Schatten des Hartmannsweilerkopfes, S. 35-41.

302 Schon 1925 wurde dem damaligen Präsidenten der Republik die Schirmherrschaft angetragen, die auch von den darauf folgenden Präsidenten immer wieder erneuert wurde.

303 Der Bericht einer Inspektionsreise im Elsass und in Frankreich v. 23.-30.V.1941 lässt die Bestrebungen der Zivilverwaltung, der Gauleitung und des Reichsleiters NSDAP Bormann erkennen, das Denkmal am Silberloch zu beseitigen. Dagegen setzte der Straßburger Divisionskommandeur Generalleutnant Rußwurm, „daß sich sämtliche militärischen Dienststellen im Elsaß unbedingt für die Erhaltung des französischen Ehrenmals und des französischen Friedhofs einsetzten" und „daß das Oberkommando der Wehrmacht vom soldatischen Standpunkt aus für derartige Vernichtungsakte keinerlei Verständnis aufbringen könne." Der bei der Besprechung anwesende Generalbaurat befand „die Idee der Anlage sogar gut, in der Wirkung außerordentlich würdig und eindrucksvoll." Quintessenz der Unterredung war, „daß vom soldatischen Standpunkt aus das Mal erhalten werden muß. Es stellt weder ein Haßdenkmal dar, noch spricht aus ihm ‚Siegerüberheblichkeit'". Die Aufschrift über dem Kryptaeingang, „Ici reposent des soldats mortes pour la France" sei beim besten Willen nicht zu beanstanden. Diese Überschrift wurde im Sinne einer die Gräben überwindenden deutsch-französischen Freundschaft im August 1983 durch die neutralere Bezeichnung „1914 Hartmannswillerkopf 1918" ersetzt. Erstere Aufschrift war in leicht abgewandelter Form der Formel auf der Grabplatte des Unbekannten Soldaten unter dem Triumphbogen in Paris entlehnt. Bei einer erneuten Besichtigungsreise zwei Jahre später wurde am 14.V.1943 der Hartmannsweilerkopf durch den Stab Wehrmachtverlustwesen in Augenschein genommen. Beanstandet wurde u. a. der „Zustand der unaufgeräumten Baustelle", die die Krypta böte. Außer der Entfernung jüdischer Bauelemente sei wenig geschehen. „Im Gegensatz zu der Schnelligkeit, mit der damals die Devestierung des Mahnmals vorbereitet wurde, sind die Wiederinstandsetzungsarbeiten sehr schleppend eingeleitet und bisher nicht zum Abschluß gebracht worden. [...] Der jetzige Zustand entspricht jedenfalls nicht der Würde der deutschen Wehrmacht, die für die Erhaltung auch der feindlichen Ehrenmale verantwortlich gemacht wird." BArch-Militärarchiv Freiburg, RH 13-21, f. 161-164; ibid., f. 255-259. Vgl. auch die Schilderung des Wattweiler Bürgermeisters Ermel, Im Schatten des Hartmannsweilerkopfes, S. 35-41.

304 Ausführlich hierzu Levy, Tagebuch einer Colmarerin, 1916, S. 168-178, mit Abb. Siehe auch: Un Héros alsacien, David Bloch, avec une préface de M. l'abbé Wetterlé, Colmar 1923 (im Netz: http://judaisme.sdv.fr/histoire/historiq/14-18/dvdbloch.htm). Ein ihm 1922 gewidmetes Denkmal in Gebweiler wurde 1940 zerstört und 1965 in anderer Form an der Place Déroulède errichtet.

305 Eine hölzerne Gedenktafel a. d. J. 1918 zählt die Verschütteten auf; vgl. die Abb. bei Pôle d'Archéologie Interdépartemental Rhénan (PAIR), Der Kilianstollen, eine deutsche Stollenanlage aus dem Ersten Weltkrieg, Sélestat 20.XI.2011, und Richter, Das Reserve-Infanterie-Regiment 94 im Weltkriege 1914/18, S. 406f.

306 Richter, Das Reserve-Infanterie-Regiment 94 im Weltkriege 1914/18, S. 288; Michaël Landolt, Kilianstollen. Anlage aus dem Ersten Weltkrieg, in: Archäologie in Deutschland, H. 1/2012, S. 6; Pôle d'Archéologie Interdépartemental Rhénan (PAIR), Der Kilianstollen, eine deutsche Stollenanlage aus dem Ersten Weltkrieg, Sélestat 20.XI.2011.

307 Ehren-Rangliste des ehemaligen Deutschen Heeres, S. 459. In diesem Gefecht bei Joncherey im Territoire de Belfort fiel auch der erste französische Soldat, Caporal Jules-André Peugeot aus dem 44e Regiment d'infanterie.

308 Bei Beseitigung der Sturmschäden des 26. Dezember 1999 („Lothar") wurden die sterblichen Überreste eines unbekannten deutschen Soldaten entdeckt und im Juli 2000 in würdiger Form der Erde erneut übergeben.

309 Die immer wieder vorgetragene Behauptung, die weißen Kreuze seien den Siegern, die schwarzen Kreuze den Deutschen sozusagen als Zeichen der Schande durch den Versailler Vertrag zugewiesen worden, muss ins Reich der Fabel verwiesen werden. Laut Auskunft des Volksbundes Deutsche Kriegsgräberfürsorge (E-Post an den Verf. v. 17.II.2014, gez. Natalia Wirt) „hat die Verwendung der Grabzeichen auf deutschen Friedhofsanlagen keine politische, sondern eine gestalterische Bedeutung.“ Die in den 1920er-Jahren des letzten Jahrhunderts möglichst preisgünstig aufgestellten Holzkreuze wurden der längeren Haltbarkeit wegen mit Teer bestrichen. Bei der Neugestaltung der Grabanlagen nach dem Zweiten Weltkriege suchte man beim Ersatz der Holzkreuze diesen Eindruck durch anthrazitfarbene Metallkreuze aus Aluminiumguss zu erhalten. In den Vertragswerken zwischen Deutschland und Frankreich nach dem Ersten Weltkrieg finden sich keinerlei Hinweise auf eine solche Bestimmung.

310 Ὦ ξεῖν', ἀγγέλλειν Λακεδαιμονίοις ὅτι τῇδε κείμεθα τοῖς κείνων ῥήμασι πειθόμενοι. In Schillers Übersetzung („Spaziergang“ 1795) wurde es weitbekannt: „Wanderer, kommst du nach Sparta, verkündige dorten, du habest/Uns hier liegen gesehen, wie das Gesetz es befahl.“

311 Die Internetseite http://geneamunster.fr/Necropole-allemande-du-Linge.html stellt eine namentliche Gefallenenliste mit Name, Dienstgrad, Todestag und Grabnummer zur Verfügung.

312 Literarisch bekannt wurden die „Demoiselles de Berckheim“ (Damen von Berckheim) aus dem freiherrlichen elsässischen, aus den Andlaus entsprossenen Uradelsgeschlecht, aus welchem bedeutende Soldaten und Diplomaten hervorgingen. Zwei dieser vier Schwestern wurden in Jebsheim geboren, Octavie (1771-1852) und Henriette (1772-1863), die sich mit ihren Schwestern Amélie und Fanny in einem literarischen Kreis zusammengefunden hatten, in welchem vornehmlich die Werke und Ideen des Dichters und Erziehers Gottlieb Konrad Pfeffel das verbindende Glied waren. Durch Einheirat war dieses Geschlecht mit den Waldner von Freundstein aus dem Ollweiler Schloss in Hartmannsweiler verbunden, die später im kurpfälzischen Weinheim an der Bergstraße zur Bedeutung gelangten. Das Vorbild Pfeffel hatte übrigens 1773 in Colmar eine vormilitärische Bildungsanstalt für adelige protestantische Knaben eröffnet, die seit 1782 als Académie militaire firmierte.

313 Vgl. die Skizzen in Das Bayernbuch vom Weltkriege 1914-1918, Bd. I, S. 31-37.

314 Eine bereits kurz nach Kriegsende im Auftrag der Republik erschienene Aufstellung von Joseph Zeller, dem Betreiber der Cantine bei Kurve 2, diente dem Auffinden der zahlreichen Friedhöfe und der Exhumierung und Verlagerung der deutschen Gefallenen in die Ebene nach Sennheim. Vgl. auch Paul Bonatz, Kriegergräber auf dem Hartmannsweilerkopfe; HStA Stuttgart, M 47, Bü 44, der noch im Kriege als bekannter Architekt und Beirat für Kriegerehrungen beim Etappenkommando 28, B.Nr. 24 v. 10.VI.1918, Vorschläge zur Gestaltung der Soldatengräber auf dem Hartmannsweilerkopfe erstellte.

315 In Ulm, Mergentheim, Ellwangen und Schwäbisch Gmünd zusammengestellt, kämpfte das Regiment im Westen von Lothringen bis Verdun, ehe es zu Jahresbeginn 1917 auf dem Hartmannsweilerkopf „zur Ruhe“ kam. Szymanzig, Das Württemb. Landw.-Inf.-Rgt. 124, S. 88-121.

316 Titel einer Schrift von Theodor Lessing, Geschichte als Sinngebung des Sinnlosen, München 1919.

317 Oelze, Das Landwehr-Infanterie-Regiment Nr. 56, S. 14f.; vgl. Abb. S. 257.

318 Sous-Lieutenant Marcel Viollet war am 22. Januar 1915 gefallen; seine Mutter hat ihm diesen Gedenkstein setzen lassen.

319 Deisenroth, Ein „Potsdamer Friedhof“ in der Fremde.

320 Diesen Ort hatte sich im Januar 1999 der Sturm „Lothar“ ausgesucht und eine Schneise der Verwüstung geschlagen. Mittlerweile hat die Kreisgruppe Hochrhein im VdRBw e. V. aus Freiburg unter Leitung von Daniel Schneider, das Eurokorps in Strasbourg sowie der THW-Ortsverband Breisach am 2. Juni 2007 die gröbsten Schäden beseitigt und die Würde der einstigen Ruhestätte wiederhergestellt.

321 Einen Überblick über militär-/kriegsgeschichtliche Museen im Internet bietet http://www.abcollection.com/de/museum/frankreich/alsace.php.

322 Die rührige Vereinigung, die eine eigene Publikationsreihe herausgibt, eröffnete am 9.VIII.1981 diese informative Ausstellung. Deren Verhältnis zu den zahlreichen deutschen Besuchern allerdings lässt, nicht nur hinsichtlich der deutschen Sprachverweigerung, sehr zu wünschen übrig. Die zumeist dem „walschen“ Elsass zugehörigen Mitglieder pflegen einen betont nationalistischen Stil, was den von 1999 bis 2008 amtierenden Vorsitzenden, Général (Gendarmerie nationale) Paulus, letztlich zum Rücktritt veranlasste. Vgl. Gabriel Andres, Es war einmal ..., in: Mitteilungsblatt Union du Peuple Alsacien-Lorrain/Elsässische-Lothringische Volksunion, Nr. 17, Mai 2009.

323 Mairie de Mittlach, 9, rue Poincare, F-68380, Tel.: 0033-389776153. Geöffnet Montag-Freitag 8.30-12 Uhr, 14-18 Uhr (außer Freitagnachmittag).

324 Mäzenatsunterlage Hartmannswillerkopf, hrsg. von Jean Klinkert, [Colmar], o. J. (2013).

325 Schon die Einweihung der nationalen Gedenkstätte am Silberloch im Jahre 1932 erfolgte durch den damaligen französischen Präsidenten Albert Lebrun, seinerzeit jedoch noch im Geiste der Erbfeindschaft zwischen beiden Nationen und als erneutes Siegeszeichen gegenüber dem Deutschen Reich.

326 Das aus dem Jahre 1581 stammende Gebäude mit schönem Renaissance-Portal ist eines der wenigen Baulichkeiten in Uffholtz, das nicht unter den Kriegseinwirkungen gelitten hat.

327 Aus dem Faltblatt des Abri. Zweifel an der Durchführbarkeit und der Notwendigkeit solcher „Event“-Spielereien seien gestattet.

328 Raymond Horber, Le Musée Serret et du Val Saint-Amarin, in: Musées en Alsace, S. 343ff.

329 Lucien Kiechel, Le Musée d’histoire locale de Huningue, in: Musées en Alsace, S. 324ff.

330 J.-P. Klein, Le Musée du Memorial de la Ligne Maginot a Marckolsheim, in: Musées en Alsace, S. 173.

Quellen und Literatur

a) Ungedruckte Quellen

BArch-Militärarchiv Freiburg i. Br.

MSg 2/994: Hartmannsweilerkopf. Bearb. vom Wehrkreiskommando V, Stuttgart, o. D.

MSg 2/1289: Bataille de Colmar 1945

MSg 2/1318: Gedanken zur Kriegführung im Gebirge (Max Wartbiegler 1937)

MSg 2/1364: Hermann Schäfer, Die zweite Schlacht bei Mülhausen und die Oberrheinbefestigungen, in: Die Pyramide. Wochenschrift zum Karlsruher Tagblatt, 22. Jhrg., Nr. 34, v. 20.VIII.1933, S. 133–135

MSg 2/2862: Vogesenwacht (IR 171; Paulus Renovanz, Kleve 1967), Grenzschutz

MSg 2/2945-47: Kriegstagebuch des Leutnant Friedr. Wilh. Krüger (IR 25) 1914–1918

MSg 2/4924: Landwehr-Infanterie-Regiment 124: Stellungsskizzen

Msg 2/18513: Festung Neubreisach

MSg 109/10860: Sammlung Krug, GeneralsbiographienN 4/4: Pers. Tagebuch des Generals Gaede aus den Kämpfen des Oberelsasses 1914–1916

(N 4/5 u. 6 masch.-schr. Abschrift desselben)

N 4/7: Gästebuch des Armee-Ober-Kommandos der Armee-Abteilung Gaede 1915/16

N 4/8: Korrespondenz Gaedes 1914–1916

Kriegskarten, aufgenommen von der Vermessungsabteilung Nr. 13 (württ.):

PH3 Kart 1124: Frz. Stellungen am Hartmannsweilerkopf 1 : 5.000, o. D. (verm. 1917), 2. Ausgabe

PH3-Kart/1127 (2 Tle.): Sennheim 1 : 10.000, Stellungen nach Flieger-Aufn., v. IX.1916

PH3-Kart/1131: Thann II. 1 : 10.000, dt. u. frz. Stellungen, v. 11.III. u. 3.IV.1917

PH3-Kart/1132: Lautenbach IV. 1 : 10.000, dt. Stellungen, v. 3.IV.1917

PH3-Kart/1134: Thann 1 : 25.000, dt. u. frz. Stellungen, v. 14.V.1917, 10. Ausgabe

PH3-Kart/1138: Mülhausen 1 : 100.000, Bahnen im deutschen Gebiet, v. 26.IV.1917

PH5 IV/6: Denkschrift der Armee-Abteilung B. Beiträge zur Beurteilung der Gesinnung und Stimmung in der oberelsässischen Bevölkerung, München 1917 (Streng vertraulich)

PH5 IV/16: Besondere Anordnungen der A-Abt. Gaede, OQu, 1915/16

PH5 IV/18: Bericht der Zensurstelle beim A.O.K. Gaede am 20. Juni 1916

PH5 IV/19: Kriegstagebuch des Kath. Militärpfarrers Kreutz beim AOK Gaede 1915–1918

PH5 IV/36: Armee-Tagesbefehle der A-Abt. Gaede/B, IIb, v. 28.X.1915–31.XII.1916

PH5 IV/37: Verordnungsblätter der A-Abt. Gaede 1915

PH10 IV/11: Sturmbataillon Rohr. Erfahrungen beim Angriff für Sturmtrupps

PH 14/19: Kampf um die kleineren Festungen in Frankreich 1870/71 (Lt Thorner, PiBtl 19)

PH19/39: Flieger-Abteilung 253 – Elsaß, Jan.–März 1918

PH19/183: (bayer.) Flieger-Abteilung 9, Oberelsaß, Nov.–Dez. 1916

RH13-21: Anlage von Ehrenfriedhöfen 1940–1943

RH20-7/5: Kriegstagebuch des AOK 7 v. 2.IV.–25.VI.1940

RH20-7/12: Kriegstagebuch des OB 7. Armee v. 10.–19.VI.1940

RH20-19/154: Gefechtsberichte „Habicht“ AOK 19 v. 1944/45

RH20-19/168: Kriegstagebuch 19. Armee v. 1.I.–31.I.1945

RH20-19/186K: Lagekarten 19. Armee v. 21.–25.I.1945

RH20-19/187K: dto., v. 26.–31.I.1945

RH20-19/188: Kriegstagebuch 19. Armee v. 1.II.–28.II.1945

RH20-19/204K: Lagekarten 19. Armee v. 1.–9.II.1945

RH20-19/205K: dto., v. 11.–19.II.1945

RH20-19/274: Armee-Nachrichten-Führer 19, Erfahrungsbericht über die Rückzugskämpfe 19. Armee im Oberelsaß v. 20.I.–9.II.1945

RH20-19/278: Helmut Thum, Der Endkampf der 19. Deutschen Armee im Brückenkopf von Colmar (20.I.–9.II.1945)

RH20-19/294: Brandstädter, Kurze Geschichte und Zusammenstellung der Kämpfe der 19. Armee

W-10/50963: Forschungsanstalt für Kriegs- und Heeresgeschichte – Entwicklung der Lage im Oberelsass Ende August – Anfang September 1914

W-10/50964: Forschungsanstalt für Kriegs- und Heeresgeschichte – Schlacht bei Mülhausen 8.–13. August 1914; Ereignisse im Oberelsaß nach der Schlacht bei Mülhausen am 9. u. 10.8.14 bis Mitte September 1914

W-10/50976: Die Kämpfe in Elsaß-Lothringen bis Mitte September 1914

W-10/51035: Der Abtransport des XV. AK vor und nach der Schlacht von Mülhausen

W-10/51326: Gustav Goes, Die ersten Kämpfe um den Hartmannsweiler Kopf im Januar 1915 und die sich daraus ergebenden Erfahrungen, Potsdam 1932 (unveröff. Manuskript)

W-10/51328: Gedenkblätter Nr. 2–5 der 8. (bayer.) Reserve-Division: Die 1. Schlacht bei Münster

W-10/51338: Der geplante deutsche Angriff im Oberelsaß (Juni 1915 bis Anfang 1916)

W-10/51339: Reichsarchiv, Hist. Abteilung, B. 47, Mai 1932: Welche Rolle hat die Ober-Elsaß-Operation zwischen Juni und Dezember 1915 im Rahmen der Gesamtoperationen gespielt?

W-10/51363: Reichsarchiv, Archivrat Albrecht (Bearb.), Die Armee-Abteilung Gaede 1. Januar bis 10. Mai 1915; Anfang Mai bis 31. Juli 1915; 1. August bis Ende Dezember 1915, und: Der geplante Angriff auf Belfort und seine Vorbereitungen August 1915 bis April 1916

W-10/51720: Gustav Goes, Anlage und Durchführung grösserer Unternehmungen im Gebirgskrieg (dargestellt an grösseren Unternehmungen am Hartmannsweiler Kopf 1917/18, Potsdam, Dezember 1932

ZA1/1141: Oberst Brandstätter, Abwehrschlacht 19. Armee; Historical Division, B-789; 13.III.1948.

Topografische Karten 1 : 25.000 der Kgl. Landes-Aufnahme

Kart 210-3/7808: Urbeis

Kart 210-3/7908: Münster

Kart 210-3/8108: Thann

Kart 210-3/8109: Sennheim

Badisches Generallandesarchiv Karlsruhe

456 F3:

19: Exzellenz Gaede

42: Verfügungen betr. Verpflegungsstärken, Verluste u. a. Dez. 1914–1918

44: AOK B: Verlustlisten v. 11.VI.–11.XI.1918

49: Amtliche u. dienstliche Veröffentlichungen Juli–Dez. 1914

487: Verfügungen Sturmformationen

493: Entwürfe „Schwarzwald" und „Kaiserstuhl"

498: Verfügungen, Befehle usw. betr. „Kaiserstuhl"

499: dto.

501: Verfügungen, Befehle u. Schriftwechsel über den Ausbau der Oberrheinverteidigung 1915–1917

502: dto. (u. a. Karte Südzaun)

531: Gefechtsberichte Armeeabt. Gaede v. 2.VIII.1914–30.XI.1914

533: Minenwerferschule, Sturmabteilungen

542: Versch. Taktische Verfügungen u. Befehle, darin Kurze Beschreibung u. Verlauf der Operationen Anfang Dez. 1914 bis Jan. 1915, Anfang Jan. bis April 1915, April bis Oktober 1915

546: Dt. und fdl. Frontpropaganda

602: Befehle, Verfügungen u. Schriftverkehr über taktische Angelegenheiten (Geschichte der Kämpfe etc.)

636: Fliegeraufnahmen der Fliegerabt. Nr. 1, 48, 68, bayer. 8 u. 9

637: Fliegeraufnahmen der Fliegerabt. Nr. 48, 68, bayer. 8 u. 9

638: dto.

639: dto.

641: Kräfteverteilung Armee-Abteilung B v. 01.04.–29.08.1915

691: Kriegsgliederung der Armeeabt. B u. Veränderungen

712: Kriegsgliederung 17.XII.1914–15.I.1915

713: Kriegsgliederung 15.I.–31.I.1915

714: Kriegsgliederung 1.II.–15.III.1915

715: Kriegsgliederung 16.–31.III.1915

749: Nachrichten über den Feind v. 30.I.–30.IX.1915

759: KTB AOK Gaede v. 17.VIII.1914–31.XII.1915

764: Operationen 1.–31.VIII.1915

766: Kurze Beschreibung des Verlaufes der Operationen im Oberelsaß v. 2.VIII.1914–Oktober 1915

767: Morgen-, Mittag- und Abendmeldungen v. 8.VIII.–31.XII.1915

771: Gefechtsberichte 8. bayer. Reserve-Division

772: Gefechtsberichte 6. bayer. Landwehr-Division

773: Gefechtsberichte 12. Landwehr-Division

774: Gefechtsberichte 19. Reserve-Division

775: Gefechtsberichte 55. gem. Landwehr-Brigade u. 7. (württ.) Landwehr-Division XII.1914–VIII.1915

778: Armeeabt. B: Lagekarten März 1915

779: Armeeabt. B: Lagekarten April 1915

780: Armeeabt. B: Lagekarten Mai 1915

781: Armeeabt. B: Lagekarten Juni 1915

782: Armeeabt. B: Lagekarten Juli 1915

783: Armeeabt. B: Lagekarten August 1915

784: Kriegsgliederungen 1.–30.IV.1915

789: Fliegeraufnahmen

790: Armeeabt. Gaede, Auswertungen von Fliegeraufnahmen 1915

796: KTB AOK Armeeabt. B v. 1.IV.–30.IX.1916

811: Gefechtsberichte 16.–31.VIII.1916

815: KTB AOK Armeeabt. B v. 1.X.1916–28.II.1917

816: KTB AOK Armeeabt. B v. 1.I.–31.III.1916

822: Armeeabt. B: Verlustlisten 1.IV.–30.IX.1916

824: Gefechtsberichte 1.IV.–30.IX.1916

830: Armeeabt. B: Verlustlisten v. 1.X.1916–28.II.1917

833: Anlagen zum KTB Oktober 1916 (mit Karten)

836: Armeeabt. B: Verlustlisten v. 1.III.–21.IX.1917

883: KTB AOK B v. 1.VII.–23.XII.1918

885: AOK B: Verlustlisten v. 8.X.1917–25.VI.1918

895: Angriff gegen Hohneck (Anlagen o. Datum)

901: Stellungskarte Thann u. sdl., 3. Ausgabe VI.1916 zu Ib Nr. 5503 geh.

929: Operationen, Teil 1, 1.X.1915–15.X.1915

935: Operationen 1.I.–31.I.1916, T. 2

936: Operationen AAbt Gaede im Oberelsaß 2.VIII.1914–Oktober 1915

939: Operationen im Elsaß 1914–1916

942: Operationen Febr./März 1916, Teil 1

943: Operationen Dez. 1915, Teil 1

946: Operationen Febr.–März 1916, Teil 2

947: Operationen im Oberelsaß 1915–1917, Teil 1 (Gedenkblätter d. 8. Bayer. ResDiv)

948: Operationen IX.1915, Teil 1 (Landwehr- u. Reserve-Divisionen bei AAbt. Gaede, darin Karten)

949: dto., Teil 2

950: Operationen Dezember 1915, Teil 2

953: Erfahrungen einzelner Waffengattungen 1917/1918

958: Operationen im Elsaß, Teil 2, 1915–1917

961: AAbt Gaede: Erfahrungen etc. V.–VI.1915

980: Verzeichnis der Schlachten und Gefechte 1914–1916, Namenliste der Offiziere etc. des Stabes VIII.–XII.1914

1009: Beschreibung der Operationen im Oberelsaß VIII.1914–X.1915

1017: Armeeabt. B: KTB OQ v. 10.IX.1914–10.II.1917

1023: Abwehrschlacht 1917/18

1087: Oberrheinbefestigung (Brückenköpfe)

1117: Operationsverlauf

1126: Räumungen

1133: Operationen 1.VII.–31.VII.1915 (bes. Lingefront): Meldungen

1134: Erfahrungen mit Minenwerfern im Gebirgskrieg v. Lt d. L. Türk

1165: Denkschrift AAbt Gaede: Beiträge zur Beurteilung der Gesinnung und Stimmung in der oberelsässischen Bevölkerung, München Februar 1917

456 E.V.18: 8. Landwehr-Division, Bd. 9: KTB des Stabes v. 2.VIII.1914–1918

456 E.V.19: 12. Landwehr-Division, Bd. 40: Seelsorge

Bd. 110: KTB Abschnitt Nord 1915

Bd. 111: KTB div.

Bd. 112: dto. (u. a. Geistlichkeit, Justiz)

Bd. 113: Tagesbefehle

Bd. 114: Gefechtserfahrungen 1915–1917

Bd. 117: Verfügungen AOK B (u. a. Sturmabt.)

Bd. 118: Artillerie, Tagesbefehle

Bd. 119: Gefechtsberichte HK, Hirzenstein 21.XII.1915–8.I.1916

456 E.V.31: 55. Landwehr-Brigade, Bd. 20: KTB des Stabes

Bd. 22: Gefechtsberichte Hilsenfirst (15.VI.1915–18.VII.1915); HK, Sudel, Hilsenfirst, Obersengern, Judenhutplan (15.II.1915–10.VI.1915)

Hauptstaatsarchiv Stuttgart

M 47/Bü 44: Paul Bonatz, Kriegergräber auf dem Hartmannsweilerkopf (1918)

b) Bildquellen

GLA Karlsruhe

456/Baden-Offiziere, Gaede

BArch-Militärarchiv Freiburg

N 4/7, Gästebuch des AOK der Armee-Abt. Gaede

Militärhistorisches Museum Dresden/Ulke

Bestand Martin Frost, Kriegsmaler:

- Inv. Nr. 100730: Stellung am HK
- Inv. Nr. 100757: Auf der Minenstraße
- Inv. Nr. 100816: Auf der Minenstraße
- Inv. Nr. 100815: Kasernenbau unterm Aussichtsfelsen
- Inv. Nr. 100821: HK, Fricourtgasse
- Inv. Nr. 100849: HK, Oberer Rehfelsen
- Inv. Nr. 100733: Vorm Unterstand Reservelager 14. Jg.

Wehrgeschichtliches Museum Rastatt

Bestand Martin Frost, Kriegsmaler:

- Inv. Nr. 015036: Sturm auf den HK
- Inv. Nr. 015105: Friedhof am HK
- Inv. Nr. 015130: HK-Beobachtungsposten
- Inv. Nr. 100831: Handgranatenwerfer

Fotosammlung, Karton 37

Fotosammlung, Karton 38

Fotoalbum, Inv. Nr. 018014: Feldzugserinnerungen 1914/15/16. Gewidmet von Lt. Velten.

Fotoalbum, Inv. Nr. 112851: Geschichte der 8. rheinischen Jäger in Bildern, Karten u. Dokumenten, Bd. 3: Das Reserve-Jäger-Bataillon 8 1914/19, von Pabst (Geislingen/Steige), 1960.

c) Literatur

2014. Centenaire de la Premier Guerre Mondiale, Paris 2013 [Begleitband zur Webseite: http://centenaire.org/de/enzyklopadie]

Holger Afflerbach, Falkenhayn. Politisches Denken und Handeln im Kaiserreich, München 21996 (= Beiträge zur Militärgeschichte, Bd. 42)

A l'est, du nouveau! Archeologie de la Grande Guerre en Alsace et en Lorraine, hrsg. durch Musées de la ville de Strasbourg von Bernadette Schnitzler u. Michael Landolt, Strasbourg 2013

Alsace 1939–1945. La grande encyclopédie des années de guerre, sous la direction de Bernard Reumaux, Strasbourg 2009 (= Saisons d'Alsace, Bd. 4)

L'Alsace ancienne et moderne ou Dictionnaire topographique, historique et statistique du Haut et du Bas-Rhin, par [Jacques] Baquol, P.[aul] Ristelhuber, Strasbourg ^{3}1865

Hans Henning v. Alten, Heinrich Frhr. v. Hadeln, Achim v. Arnim, Geschichte des Garde-Schützen-Bataillons 1914–1919 nach amtlichen Kriegstagebüchern bearbeitet, Berlin 1928 (= Erinnerungsblätter Deutscher Regimenter, Bd. 234)

Am Rande der Straßen. Atlas Deutscher Kriegsgräber des 1. und 2. Weltkrieges in Europa und Übersee, hrsg. vom Volksbund Deutsche Kriegsgräberfürsorge, Kassel o. J.

Am Rande der Straßen. Deutsche Kriegsgräber in Frankreich, Belgien, Luxemburg und Niederlande, hrsg. vom Volksbund Deutsche Kriegsgräberfürsorge, Kassel 1989

Amtliche Kriegs-Depeschen. Nach Berichten des Wolff'schen Telegraphen-Bureaus, Bd. 1–8, Berlin o. J.

Août 1942, l'incorporation de force des Alsaciens et des Mosellans dans les armées allemandes. Actes de la rencontre de l'AMAM du 15, 16 et 17 octobre 2002 Colmar, Colmar 2003

Louis Marie Gaston d'Armau de Pouydraguin, La Bataille des Hautes-Vosges. Fevrier–Octobre 1915, Paris 1937 (= Collection de Mémoires, Études et Documents pour servir a l'Histoire de la Guerre Mondiale) (ND Colmar 1982)

L'Association des amis du Hartmannswillerkopf, Le Hartmannswillerkopf. Description détaillée et Guide pour la visite, o. O. ^{4}1995

Aus Sundgau und Wasgenwald. Feldzeitung einer Armee-Abteilung [Armee-Abteilung B], Colmar 1917 u. 1918

Ausbildungsvorschrift für die Fußtruppen im Kriege (A.V.F.), 2. Entwurf, Januar 1918, Berlin 1918

Arthur Babilotte, Die Erlebnisse des Peter Allmendinger. Kriegserzählung aus dem Elsaß, Stuttgart o. J.

Curt Badinski, Aus großer Zeit. Erinnerungsblätter des Jäger-Feld-Bataillons Nr. 9. Weltkrieg 1914–18, Ratzeburg 1932

Badische Biographien, Neue Folge. Im Auftrag der Kommission für geschichtliche Landeskunde in Baden-Württemberg hrsg. von Bernd Ottnad, Bd. 1–4, Stuttgart 1982–1996.

Die Badischen Pioniere im Weltkriege, hrsg. von d. Offiziervereinigung Badischen Pionier-Bataillons Nr. 14. Mit einem Vorwort von Ernst Eggeling u. Otto Doberg, Oldenburg i. O. 1927 (= Erinnerungsblätter deutscher Regimenter, Bd. 19)

Jean-Marie Balliet, Artillerie & fortifications. Sources manuscrites & imprimées, ouvrages anciens et modernes, notices bibliographiques critiques (= Collection Dr. Balliet), Colmar [13]2009 [auch unter http://issuu.com/drbajm/docs/bibiographie_artillerie_et_fortifications_2009/7?e=3620181/2836620#]

La Bataille et la Libération de Colmar, ed. par la Société d'Histoire et d'Archéologie de Colmar, Colmar 1975 (Extrait revu et augmenté de „Annuaire de la Société historique et littéraire de Colmar", 1965)

Georg Bauer, Reserve-Infanterie-Regiment Nr. 74. Die Geschichte vom Leben und Kämpfen eines deutschen Westfront-Regiments im Weltkriege 1914–1918. Nach amtlichen Unterlagen und Aufzeichnungen von Mitkämpfern verfaßt und herausgegeben, Oldenburg i. O. 1933 (= Erinnerungsblätter deutscher Regimenter, Truppenteile des ehem. preußischen Kontingents, Bd. 350)

Annette Becker, Der Kult der Erinnerung nach dem Großen Krieg. Kriegerdenkmäler in Frankreich, in: Reinhart Koselleck, Michael Jeismann (Hrsg.), Der politische Totenkult. Kriegerdenkmäler in der Moderne, München 1994 (= Bild und Text)

Joseph-Auguste Bernardin, Dans la fournaise du Linge avec le 5e B.C.P. (juillet–août 1915), Colmar 1981

Otto Berndt, Das Schloß in den Vogesen. Kriegsroman aus dem Jahr 1914–15, Berlin (1915)

Heinrich Beutner, Das Ulanen-Regiment „König Karl" (1. Württ.) Nr 19 im Weltkrieg 1914–1918, Stuttgart 1927 (= Die württembergischen Regimenter im Weltkrieg, Bd. 40)

Bilder aus der Geschichte des Ulanen-Regiments König Wilhelm I. (2. Württ.) Nr. 20. Mit 135 Abbildungen, 27 Skizzen im Text und 3 Übersichtsskizzen, zsgest. im Auftrage des Vereins der Offiziere von Frhr. Hiller von Gaertringen, Skizzen von Hugo Flaischlen, Stuttgart 1934 (= Die württembergischen Regimenter im Weltkrieg 1914–1918, Bd. 50)

Anne Blanchard, Les ingénieurs du „Roy" de Louis XIV á Louis XVI. Etude du Corps des Fortifications, Montpellier 1979

[Werner] Blankenstein, Geschichte des Reserve-Infanterie-Regiments Nr. 92 im Weltkriege 1914–1918. Hrsg. vom Kampfgenossenverein RIR. 92, Osnabrück 1934

Kurt Blaum, Deutsche Schneeschuhtruppen in den Vogesen im Kriegswinter 1915, in: Elsaß-Lothringisches Jahrbuch, hrsg. vom Wissenschaftlichen Institut der Elsaß-Lothringer im Reich a. d. Univ. Frankfurt a. M., XV. Bd., 1936, S. 1–25

Marc Bloch, Die seltsame Niederlage: Frankreich 1940. Der Historiker als Zeuge, Frankfurt a. M. 1992

C.[lemens Maria Franz] Frhr. von Bönninhausen, Die kriegerische Tätigkeit der münsterschen Truppen 1651–1800. Ein Beitrag zum 300. Todesjahr von Fürstbischof Christoph Bernard von Galen, Schöpfer des bischoflich-münsterschen Heeres, Coesfeld 1978

W. Borcher, Die Kämpfe um den Hohneck, in: Annuaire de la Société d'Histoire du Val et de la Ville de Munster, Bd. XLVIII, Colmar 1994, S. 89–116

Henry Bordeaux, Pour d'Alsace. Vie et mort du général Serret, Paris 1927

Bernard Bour, Die Feste Kaiser Wilhelm II. in Mutzig von 1893 bis heute, in: Deutsche Gesellschaft für Festungsforschung, Bd. 6, 1986, S. 151–166

[Braubach], Bemerkungen zum Treffen von Türkheim am 5. Januar 1675. Von einem preußischen Offizier [i. e. Braubach], Colmar 1894/95, S. 169–171

Lily Braun, Im Schatten der Titanen. Erinnerungen an Baronin Jenny von Gustedt, Braunschweig 1909

Franz Brockhoff, Geschichte der Stadt und Festung Neubreisach im Elsaß nebst den zum gleichnamigen Kanton gehörigen Ortschaften einschließlich Künheim und Widensolen mit einem Stahlstich von Neubreisach, Neubreisach 1903

Roger Bruge, Histoire de la ligne Maginot, 3 Bde., 1. Faites sauter la ligne Maginot, Paris 1977; 2. On a livré la Ligne Maginot, Paris 1975; 3. Offensive sur le Rhin, Paris 1978

[Alexander v.] Bülow, Die Jäger vor!, Leipzig 1917

Pierre Burger, La Bataille de Colmar vue et vécue par „ceux d'en face", in: Annuaire de Colmar, 1965, S. 81–102

Bernard Burtschy, 1914–1918. La Grande Guerre sur le front du Jura aux Vosges. Histoires – Récits – Illustrations Sundgau etc., Altkirch 2008 [zum Südzaun: S. 147 ff.]

Detlef Bussat, www.hk1418.de – Expedition Hartmannsweilerkopf. Ein Bildband über die damaligen und heutigen Begebenheiten eines Berges in den französischen Vogesen um den ersten Weltkrieg in den Jahren 1914 bis 1918, Berlin 2010

A. Castenholz, Die Belagerung von Belfort im Jahre 1870/71, 4 Tle., Berlin 1875–1878 [ND 2009]

Les champs de bataille Alsace Moselle. Les combats des Vosges, hrsg. von Philippe Orain, Boulogne-Billancourt 2013 (= Guides illustrés Michelin des Champs de bataille 1914–1918)

Auguste Chappate, Bernard Giovanangeli, Hartmannswillerkopf 1915–1916. Souvenirs d'un poilu du 15-2, Paris 2011

Chasseurs et Artilleurs dans un même combat pour vaincre. Le Linge et environs 1914–1915, Colmar 1986 (= Extraits d'historiques et récits, ed. Par Memorial du Linge)

de Chasteigner (Lt. Col.), Juillet 1915. Ces Diables noirs du Linge, in: Revue Historique de l'Armée Paris, 32. Jhrg., Nr. 2, Mai 1966, S. 73–86

de Chasteigner (Lt. Col.), Le Drame du Linge, Colmar o. J.; dt.: Das Drama des Lingekopfes 1915. 20. Juli–16. Oktober 1915. Nach dem Operationsbericht von General Pouydraguin, Colmar-Ingersheim 1988

Jean Checinski, Les Poilus de Mulhouse à la crête des Vosges, Strasbourg 1999

Chronique de l'Hartmann 1914–1915, 2 Bde., Hrsg.: Les Amis du Hartmannswillerkopf, Jungholtz 2004 u. Mulhouse 2007

Christopher Clark, Die Schlafwandler. Wie Europa in den Ersten Weltkrieg zog. A.. d. Engl. von Norbert Juraschitz, München ^{3}2013

Jean-Paul Claudel, La Bataille des frontières. Vosges 1914–1915, Strasbourg/Nancy 1999

Carl von Clausewitz, Vom Kriege. Hinterlassenes Werk des Generals Carl von Clausewitz, Bonn ^{19}1980

Joseph M. B. Clauss, Historisch-Topographisches Wörterbuch des Elsass, Lieferung 1 ff. (bis Schlierbach), Zabern 1895 ff.

Lucien Clausse, Journal de marche du soldat Eugène Clausse du 242e Régiment d'Infanterie de Belfort, pendant la Campagne d'Alsace 1914–1915, in: Annuaires de la Société d'Histoire Sundgauvienne, Riedisheim 1996, S. 97–136

Pierre Crenner, Alsace 1914–1918. Linge 1915, Niederhergheim 2001

Hermann Cron, Geschichte des Deutschen Heeres im Weltkriege 1914–1918, Berlin 1937 (= Jany, Geschichte der Kgl. Preußischen Armee und des Deutschen Reichsheeres, Bd. V)

Hermann Czant, Alpinismus, Massentouristik, Massenskilauf, Wintersport, Militäralpinistik und die 9700 Kilometer Gebirgsfronten im Weltkrieg, Berlin 1926

Hans von Dach, Kampf um einen befestigten Flußlauf. Nach deutschen und französischen Kampfberichten, in: Der Schweizer Soldat, Jhrg. 45 (1970), Nr. 6, v. 28.II.1970, S. 43–63

Karlheinz Deisenroth, Ein „Potsdamer Friedhof" in der Fremde. Potsdamer Gardejäger am Hartmannsweilerkopf, in: Märkische Allgemeine Zeitung, Potsdam, v. 17.VIII.1991, S. 12, u. v. 20.VIII.1991, S. 12

Karlheinz Deisenroth, Oberelsaß und südliche Vogesen. Militärgeschichtlicher Reiseführer, hrsg. von Horst Rohde und Robert Ostrovsky, Hamburg/Berlin/Bonn [2]2001

Karlheinz Deisenroth, „Immer feste druff!?" Militärisch-politische Aspekte im Reichslande Elsaß-Lothringen am Beispiele des XV. Armeekorps 1871 bis 1918, in: Zeitschrift für Heereskunde, H. 411, Januar/März 2004, S. 2–13.

Denkschrift über die französische Landesbefestigung (NfD), hrsg. vom Oberkommando des Heeres, Berlin 1941

Karl Deuringer, Die Schlacht in Lothringen und in den Vogesen 1914. Die Feuertaufe der Bayerischen Armee, hrsg. vom Bayerischen Kriegsarchiv, München 1929

[Karl] von Dewitz gen. von Krebs, Garde-Jäger-Bataillon. Nach den amtlichen Kriegstagebüchern und persönlichen Aufzeichnungen bearbeitet, Oldenburg i. O./Berlin 1924 (=Erinnerungsblätter deutscher Regimenter, Truppenteile des ehem. preußischen Kontingents, Bd. 117)

Dictionnaire de Biographie Française, Bd. 1 ff., Paris 1933 ff.

Dictionnaire des généraux et amiraux français de la grande guerre 1914–1918. 2 Bde., hrsg. von Gérard Géhin und Jean-Pierre Lucas, Paris 2007, 2008

Fritz Droop, Aus dem Vogesenkriege. Bilder und Szenen, Straßburg [3]1916

[Edmond Augustin Yvon] Dubail, Quatre Années de Commandement 1914–1918. Journal de Campagne, 3 Bde., Paris 1921

[Auguste Yvon Edmond] Dubail, Quatre Années de commandement 1914–1918. 1re Armée – Groupe d'Armées de l'Est – Armées de Paris, T. 1–3, Paris 1920

A.[uguste] Dubail, La guerre de 14–18 à Pfetterhouse, in: Annuaires de la Société d'Histoire Sundgauvienne, Riedisheim 1977, S. 63–79; 1978, S. 93–108; 1979, S. 139–160; 1981, S. 69–91

H. Duchêne-Marullaz, La 8ème Division de Cavalerie française dans le Sundgau (août 1914), in: Annuaires de la Société d'Histoire Sundgauvienne, Riedisheim 1984, S. 95–107

[Hermann] Duckstein (Bearb.), Die Feldzugsgeschichte des Reserve-Feldartillerie-Regiments Nr. 19. Bearbeitet nach den amtlichen Kriegstagebüchern von [Hermann] Duckstein, zsgef. von [Wilhelm] Herzog, [Fritz?] Oeding, [Heinrich] Spannuth, T. I, Oldenburg i. O./Berlin 1926 (= Erinnerungsblätter deutscher Regimenter, Truppenteile des ehem. preußischen Kontingents, Bd. 170)

Christoffer Duffy, The Fortress in the Age of Vauban and Frederick the Great 1660–1789. Siege Warfare Vol. II, London1985

DuMont visuell Elsass, bearb. von Hans E. Latzke (Or.: Guides Gallimard Alsace), Köln 1996

E.[dmond] Dupuy, La Guerre dans les Vosges. 41e division d'infanterie – 1er Août 1914–16 Juin 1916, Paris 1936 (= Collection de Mémoires, Études et Documents pour servir a l'Histoire de la Guerre Mondiale)

[Edmond] Dupuy, La lutte pour l'Hartmannswillerkopf, Paris 1932

Eckbrecht Graf Dürckheim-Montmartin, Erinnerungen eines elsäßischen Patrioten, hrsg. von Guido Knoerzer, Stuttgart [3]1922

Armand Durlewanger, Der Lingekopf, [Colmar 1981]

Armand Durlewanger, Kriegsschauplätze im Elsaß. Lingekopf, Hartmannsweilerkopf, Buchenkopf, Schoenenbourg, Esch, Marckolsheim, Grassersloch, Struthof. A. d. F. von Andrea Müller, Strasbourg 1991

Karlheinz Ebert, Das Elsaß. Wegzeichen europäischer Geschichte und Kultur zwischen Oberrhein und Vogesen, Köln 1979 (= DuMont Kunst-Reiseführer)

[Ernst Eggeling, Otto Doberg], Die badischen Pioniere im Weltkriege. Hrsg. von der Offizier-Vereinigung Badischen Pionier-Bataillons Nr. 14, Oldenburg i. O./Berlin/Überlingen am Bodensee 1927 (= Erinnerungsblätter deutscher Regimenter, Truppenteile des ehem. preußischen Kontingents, Bd. 191)

Ehren-Rangliste des ehemaligen Deutschen Heeres auf Grund der Ranglisten von 1914 mit den inzwischen eingetretenen Veränderungen, hrsg. vom Deutschen Offizier-Bund, Berlin 1926

Thierry Ehret, 1914–1918 Autour de l'Hartmannswillerkopf. Images de l'Histoire, Mulhouse 1988

Thierry Ehret, Hartmannswillerkopf – Un monument national de la Grande Guerre, in: Guerres mondiales et conflits contemporains, 2009/3,Nr. 235, S. 61–73

Das Elsass von 1870–1932, hrsg. von Josef Rossé et al., 4 Bde., Colmar 1936–1938

Encyclopedie d'Alsace, Bd. 1–12, Strasbourg 1982–1986

Enzyklopädie Erster Weltkrieg, hrsg. von Gerhard Hirschfeld, Gerd Krumeich, Irina Renz in Verbindung mit Markus Pöhlmann, Paderborn/München/Wien/Zürich [2]2004

Michael Erbe (Hrsg.), Das Elsass. Historische Landschaft im Wandel der Zeiten, Stuttgart 2002

Arthur Ermel, Im Schatten des Hartmannsweilerkopfes. Erinnerungen aus zwei Weltkriegen, Colmar 1975

Der Erste Weltkrieg 1914–1918. Der deutsche Aufmarsch in ein kriegerisches Jahrhundert. Im Auftr. d. Zentrums f. Militärgeschichte und Sozialwissenschaften hrsg. v. Markus Pöhlmann, Harald Potempa u. Thomas Vogel, München 2013

Felddienst-Ordnung (F. O.), hrsg. v. Kgl. Preuß. Kriegsministerium, Berlin 1908.

Heinrich Feldmann, Unsere Taten und Fahrten. Das Großherzoglich Mecklenburgische Reserve-Jäger-Bataillon Nr. 14 im Weltkrieg 1914/18, Oldenburg 1929 (= Erinnerungsblätter deutscher Regimenter. Truppenteile d. ehem. preuß. Kontingents, 265)

Festungsbaukunst in Europas Mitte. Festschrift zum 30-jährigen Bestehen der Deutschen Gesellschaft für Festungsforschung, Regensburg 2011 (= Festungsforschung, Bd. 3)

Günther Fischer, Bernard Bour, Die Feste Kaiser Wilhelm II. La position de Mutzig 1893–1918, Mutzig 1980

Richard Fischer, Vegetation und Waldstruktur der Vorwälder auf dem Hartmannsweilerkopf, Elsaß, Frankreich, in: Tuexenia. Floristisch-soziologische Arbeitsgemeinschaft e. V., Bd. 15, 1995, S. 109–129, Göttingen 1995 (zugl. Dipl. Arbeit Univ. Freiburg, Freiburg i. Br. 1993)

Chrétien Fleck, Siège et Bombardement du Fort Mortier près Neuf-Brissac (Haut-Rhin), Paris 1873

Karl Fortenbach, Das Württembergische Landwehr-Feld-Art.-Regiment Nr. 1 im Weltkrieg 1914–1918, Stuttgart 1922 (= Die württembergischen Regimenter im Weltkrieg 1914–1918, Bd. 26)

Karl-Heinz Frieser, Blitzkrieg-Legende. Der Westfeldzug 1940, München [3]2005 (= Operationen des Zweiten Weltkrieges, Bd. 2)

Hermann Frobenius, Kriegsgeschichtliche Beispiele des Festungskrieges aus dem deutsch-französischen Kriege 1870/71. 1. Heft: I. Einschließung, 1. Belfort, Berlin 1899; 11. Heft: III. Der belagerungsmäßige Angriff, 2. Belfort, Berlin 1906

C.[laude] Fröhle, H.[ans]-J.[ürgen] Kühn, Die Befestigungen des Isteiner Klotzes 1900–1945. Annäherung an eine Festungsgeschichte, Herbolzheim 1996

Ferdinand Fromm, Das Württemberg. Landwehr-Infanterie-Regiment Nr. 126 im Weltkrieg 1914–1918), Stuttgart 1921 (= Die württembergischen Regimenter im Weltkrieg 1914–1918, Bd. 17)

Garde-Jäger Bataillon. Nach den amtlichen Kriegstagebüchern und persönlichen Aufzeichnungen bearbeitet, Oldenburg i. O. 1934 (= Erinnerungsblätter deutscher Regimenter, Truppenteile des ehem. Preußischen Kontingents, Bd. 356)

A.[ntoine] Gardner, Der befestigte Kirchhof von Hartmannsweiler und seine Bedeutung innerhalb der mittelalterlichen Militärarchitektur, in: Annuaire de la Société d'Histoire des Régions de Thann-Guebwiller, Bd. 4, 1955/56, Mulhouse 1957, S. 70–80

Ch. Gérard, La bataille de Turckheim, in: Revue d'Alsace II, 1851, S. 1–23 u. 377–419

Die Geschichte des Reserve-Infanterie-Regiments Nr. 73, hrsg. von Hermann Albert Prietze u. Wilhelm Wehl, [Hannover 1940]

Günther Gieraths, Die Kampfhandlungen der Brandenburgisch-Preußischen Armee 1626–1807. Ein Quellenhandbuch, Berlin 1964 (= Veröffentlichungen der Historischen Kommission zu Berlin beim Friedrich-Meinecke-Institut der Freien Universität Berlin, Bd. 8, Quellenwerke Bd. 3)

Bernard Giovanangeli (Hrsg.), Hauts Lieux de la Grande Guerre, Paris 2005 [darin: Les Vosges, 1914–1915. La Tete des Faux, le Linge, l'Hartmannswillerkopf, S. 23–37]

Philippe Giraud, Daniel Roess, À la découverte des champs de bataille d'Alsace. La Tête des Faux et le Linge. Janvier–juillet 1915. Sur les traces du 14ème bataillon de chasseurs alpins, Colmar 2005

Gérard Giuliano, Les soldats du beton. La Ligne Maginot dans les Ardennes et en Meuse 1939–1940, Charleville-Mézières 1986

Hanns Gobsch, Vogesenkämpfe. Kriegserlebnisse, Heilbronn 1915

Gustav Goes, H. K. (Hartmannsweiler Kopf). Das Schicksal eines Berges im Weltkriege, Berlin 1930 (= Unter dem Stahlhelm, Bd. 2)

Lucien Goetz, L'Hartmannswillerkopf. Pages d'Histoire et de Gloire, Paris 1932

Albert Grabau, Das Festungsproblem in Deutschland und seine Auswirkung auf die strategische Lage von 1870–1914, Berlin 1935 (zgl. Phil. Diss. Univ. Berlin; Neue deutsche Forschungen, Bd. 28)

Bernard Grandadam, Victor Antoine et le monument du 15-2 au Vieil-Armand, in: Mémoire Colmarienne. Bulletin trimestriel de Liaison de la Société d'histoire et d'archéologie de Colmar, Nr. 36, 1989, S. 7–11

Kurt Grasser, Jürgen Stahlmann, Westwall, Maginot-Linie, Atlantikwall. Bunker- und Festungsbau 1930–1945, Herrsching [1988]

Klaus-Jürgen Grosse, Von Ferme zu Ferme in den Vogesen (A. d. Frz. De Ferme à Ferme dans les Vosges), Freiburg i. Br. ^{2}1993

Franz Grosholz, Die Vogesenkämpfe, Siegen/Leipzig 1917 (= Montanus-Markbücher, Bd. 3)

Erica Grupe-Lörcher, Zum Rhein, zum deutschen Rhein! Ein Vogesenroman, Leipzig 1915

Hellmuth Gruß, Die deutschen Sturmbataillone im Weltkrieg. Aufbau und Verwendung, Berlin 1939 (= Schriften der Kriegsgeschichtlichen Abt. im Historischen Seminar der Friedrich-Wilhelms-Universität Berlin, hrsg. v. Walter Elze, H. 26)

Bruce I. Gudmundsson, Stormtroop Tactics. Innovation in the German Army, 1914–1918, New York 1989

Frédéric Guelton, Les combats du Vieil Armand, in: La guerre 14–18, le magazine de la Grande Guerre, Nr. 34, Okt./Nov. 2006, S. 6–19

Erich von Gündell, General Erich von Gündell. Aus seinen Tagebüchern: Deutsche Expedition nach China 1900–1901, 2. Haager Friedenskonferenz 1907, Weltkrieg 1914–1918 und Zwischenzeiten. Bearb. und hrsg. von Walter Obkircher, Hamburg 1939

Le Guide des Châteaux de France, 68 Haut-Rhin, Presentation d'Alain Morley, Paris 1981

Sylvia Haenel-Erhardt, La clôture électrifiée (Südzaun) entre Rhin et Jura, 2002

A.[rtur] von Haldenwang, Feldverwaltung, Etappe und Ersatzformationen im Weltkrieg 1914–18, Stuttgart 1925 (= Württembergs Heer im Weltkrieg, H. 19)

Alphonse Halter, Histoire militaire de la Place forte de Neuf-Brisach, Strasbourg 1962

Alphonse Halter et al., Neuf-Brisach, Colmar 1972

Alphonse Halter, Dictionnaire biographique des Maréchaux et Généraux alsaciens et des Maréchaux morts en Alsace de l'Ancien Régime à nos jours, Colmar 1994

Handbuch der neuzeitlichen Wehrwissenschaften, hrsg. im Auftrage der Deutschen Gesellschaft für Wehrpolitik und Wehrwissenschaften von Hermann Franke, 4 Bde., Berlin und Leipzig 1937

Le Hartmann 1914–1918 et son arrière-pays, Uffholtz 2009 [Texte: Louis Vogt]

Hartmannsweilerkopf, bearb. vom Wehrkreiskommando V, Abt. Ia/Meß- u. MilGeo, Stuttgart o. J.

Le Hartmannswillerkopf. Description détaillée et guide pour la visite, hrsg. von AHWK, les Amis du Hartmannswillerkopf, Jungholtz 2006

Günther Hebert, Das Alpenkorps. Aufstellung, Organisation und Einsatz einer Gebirgstruppe im Ersten Weltkrieg, Boppard a. Rh. 1988 (= Militärgeschichtliche Studien, Bd. 33)

Salomé Heinrich, Mein Tagebuch 1914–1915, in: Annuaire de la Société d'Histoire du Val et de la Ville de Munster, Bd. XX, Colmar 1965, S. 60–80

Florian Hensel, Le Lingekopf. De 1915 à nos jours. Destruction, remise en état, revalorisation d'un champ de bataille alsacien de la Première Guerre mondiale, Colmar/Strasbourg 2013

Wilhelm Herzog et al. (Bearb.), Die Feldzugsgeschichte des Reserve-Feldartillerie-Regiments Nr. 19. Bearb nach den amtlichen Kriegstagebüchern, T. 1, Oldenburg i. O./Braunschweig 1926 (= Erinnerungsblätter deutscher Regimenter, Truppenteile des ehem. Preußischen Kontingents, Bd. 170)

Julius Hirsch, Die Eiserne Front im Westen. Aus der Mappe eines Kriegsberichterstatters im deutschen Großen Hauptquartier, Leipzig 1916

Historisch-Topographisches Wörterbuch des Elsaß, bearb. von Joseph M. B. Clauss, Lieferung 1 ff. (bis „Schlierbach"), Zabern 1895 ff.

Kurt Hochstuhl, Zwischen Frieden und Krieg: Das Elsaß in den Jahren 1938–1940. Ein Beitrag zu den Problemen einer Grenzregion in Krisenzeiten, Frankfurt a. M./Bern/New York 1984 (= Europäische Hochschulschriften, Reihe III, Bd. 250)

Alain Hohnadel, Michel Truttmann, Guide de la Ligne Maginot des Ardennes au Rhin, dans les Alpes, Bayeux 1988

Alain Hohnadel, Jean-Yves Mary, Operation „Kleiner Bär". Les Allemands passent le Rhin, in: Batailles. L'histoire militaire du XXe Siècle, Paris 2006 (= Hors-Série Nr. 10)

Albert Holtzmann, La Tete des Faux. 70 ans après, in: Dialogues Transvosgiens, Neuf-Brisach 1985, S. 59–86

Otto Ritter von Hübner, Das K. B. Landwehr-Infanterie-Regiment Nr. 2, München 1923

André Hugel, Wolfgang Krebs, Eberhard Neher, Wir waren Feinde. Elsässer, Deutsche, Amerikaner erinnern an die Kämpfe um die „Poche de Colmar" im Dezember 1944, Herbolzheim 2006

Hülsemann (Hrsg.), Geschichte des Infanterie-Regiments von Manstein (Schleswigsches) Nr. 84 1914–1918 in Einzeldarstellungen von Frontkämpfern, [Hamburg 1921–1929] (= Erinnerungsblätter der ehemaligen Mansteiner)

Friedrich Hünenburg [recte: Spieser], Tausend Brücken. Eine biographische Erzählung aus dem Schicksal eines Landes, hrsg. von Agnes Gräfin Dohna, Stuttgart 1954

Adolf Hüttmann, Friedrich Wilhelm Krüger, Das Infanterie Regiment von Lützow (1. Rhein.) Nr. 25 im Weltkriege 1914–1918. Nach den amtlichen Kriegsakten und privaten Aufzeichnungen, Berlin 1929

HWK. „La mangeuse d'hommes", Un film de Daniel Ziegler, Mulhouse 2005

[Feldzeitung] Im Schützengraben in den Vogesen, hrsg. von der 1. Kp III./Bayer. Ersatz-Infanterie-Regiment 1, München 1915 u. 1916

Die Infanterie im Angriff und in der Verteidigung im Stellungskrieg (A. u. V.). Unter besonderer Berücksichtigung der Engländer als Gegner, hrsg. vom Generalkommando II. bayer. AK, o. O. 1916

Hermann Irle, Die Festung Bitsch, Straßburg [3]1902 (= Beiträge zur Landes- und Volkskunde von Elsaß-Lothringen, H. 20)

Max Jähns, Geschichte der Kriegswissenschaften vornehmlich in Deutschland, 2. Abt., München 1890 [S. 1403–1447 (betr. Vauban)]

Christoph Jahr, Berthold von Deimling: Vom General zum Pazifisten. Eine biographische Skizze, in: Zeitschrift für die Geschichte des Oberrheins, 142. Bd., Stuttgart 1994, S. 359–387

Wilhelm von Jecklin, Das Reserve-Jäger-Batl. Nr. 8 im Weltkriege 1914–1918. Nach den Kriegstagebüchern und Kameradenberichten bearbeitet, Erfurt 1930

A.[lbert] Joguet, De la Trouée de Belfort à Mulhouse (août 1914), Paris 1932

Ernst Jünger, Der Kampf als inneres Erlebnis, Berlin 1922

Ernst Jünger, In Stahlgewittern, Stuttgart [26]1961

Ernst Jünger, Kriegstagebuch 1914–1918, hrsg. von Helmuth Kiesel, Stuttgart 2010

Ernst Jünger, In Stahlgewittern. Historisch-kritische Ausgabe. Die gedruckten Fassungen unter Berücksichtigung der Korrekturbücher, hrsg. von Helmuth Kiesel, Stuttgart 2013

P.[aul] Kaemmerlen, Les batailles du Sudel de septembre 1914 à juin 1915, in: Almanach du Combattant, 1985, S. 73–93

Die Kämpfe am Lingekopf 1915, hrsg. vom Militärgeschichtlichen Forschungsamt, Freiburg o. J.

Hans Killian, Totentanz auf dem Hartmannsweiler Kopf 1914–1917, Neckargemünd [2]1977

Hans Klaeber, Leben und Thaten des französischen Generals Jean Baptist Kleber, Dresden 1900

L.[udwig] Knies, Das württembergische Pionier-Bataillon Nr. 13 im Weltkrieg 1914–1918, Stuttgart 1927 (= Die württembergischen Regimenter im Weltkrieg 1914–1918, Bd. 41)

Philippe Koch, HWK. Ephémérides 1916–1918 (= Editions CSV: La Grande Guerre), o. O. 2009.

Hans Kohl, 10. Rheinisches Infanterie-Regiment Nr. 161. Nach den amtlichen Kriegstagebüchern und nach Aufzeichnungen von Mitkämpfern, I. Bd., Zeulenroda i. Th. 1931 (= Aus Deutschlands großer Zeit. Heldentaten deutscher Regimenter, Ehem. preußische Truppenteile, Bd. 19)

G.[ustav] von Kortzfleisch, Der oberelsäßische Winterfeldzug 1674/75 und das Treffen bei Türkheim, Straßburg 1904

Bruno Kreuter, Das K. B. Landwehr-Infanterie-Regiment Nr. 1. Nach den amtlichen Kriegstagebüchern, München 1934 (= Erinnerungsblätter deutscher Regimenter. Auszüge aus den amtlichen Kriegstagebüchern, Bayerische Armee, Bd. 83)

Benedict Kreutz, Militärseelsorge im Ersten Weltkrieg. Das Kriegstagebuch des katholischen Feldgeistlichen Benedict Kreutz. Bearb. von Hans-Josef Wollasch, Mainz 1987 (= Veröffentlichungen der Kommission für Zeitgeschichte, Reihe A: Quellen, Bd. 40)

Kriegergräber im Felde und daheim. Hrsg. im Einvernehmen mit der Heeresverwaltung, München 1917

Kronprinz Rupprecht von Bayern, Mein Kriegstagebuch, hrsg. von Eugen von Frauenholz, 3 Bde., München 1929

Gerd Krumeich, Juli 1914. Eine Bilanz. Mit einem Anhang: 50 Schlüsseldokumente zum Kriegsausbruch, Paderborn 2014

Sascha Kuhnert, Friedrich Wein, Die Marinegeschütze des Westwalls am Oberrhein. Ein Beitrag zur Geschichte der deutschen Westbefestigungen am Oberrhein. Königsfeld 2012

Artur Kutscher, Kriegstagebuch, T. 2: Vogesenkämpfe, München 1916

Werner Lacoste, Die Festung Neubreisach und die Rheinbrückenköpfe im System der deutschen Oberrheinbefestigungen 1871–1916. Die Armierungen und Vorfeldstellungen im Bereich der Festung Straßburg 1914–1916, Köln 1997 (= Sonderheft 29 der Reihe Deutsches Atlantik-Wall-Archiv)

Werner Lacoste, Deutsche Sturmbataillone 1915–1918. Der Kaiserstuhl und das Markgräflerland als Geburtsstätte und Standort deutscher Sturmbataillone des Ersten Weltkrieges, Aachen [2]2010

Das Landwehr-Infanterie-Regiment Nr. 110 im Weltkriege 1914 bis 1918. Im Auftr. d. Kameradschaft 8. Landwehr-Infanterie-Division zsgest. von Ernst von Waldthausen, Freiburg i. Br. 1936

Ch.[arles Alexandre] Lenoir, Les trois sièges de Huningen 1796, 1814–1815, Paris-Nancy 1896 (Extrait de la Revue du génie militaire)

Jörn Leonhard, Die Büchse der Pandora. Eine Geschichte des Ersten Weltkrieges, München 2014

Gérard Leser, Munster pendant la première guerre mondiale: Images de la guerre, in: Annuaire de la Société d'Histoire du Val et de la Ville de Munster, Bd. XXXIX, Colmar 1985, S. 67–119

Elisabeth-Esther Levy, Tagebuch einer Colmarerin während des Krieges 1914–1918, Bde. 1916, 1917, Colmar o. J. [nach 1933]

Francis Lichtlé, Michèle Herzberg, Batailles d'Alsace 1939–1945. Mit einer Einführung von Raymond Oberlé, Besançon 1988

Francis Lichtlé, L'operation „HABICHT" lancée par les Allemands du 12 au 14 decembre 1944 au nord et nord-ouest de Colmar, in: 4 Sociétés d'histoire de la Vallée de la Weiss, Annuaire 1992, Riquewihr, S. 3–18

Hermann Ließ (Bearb.), Das Reserve-Infanterie-Regiment Nr. 71 im Weltkriege 1914–1918. Nach den amtlichen Kriegstagebüchern und persönlichen Aufzeichnungen bearb., Oldenburg i. O. 1925 (= Erinnerungsblätter deutscher Regimenter. Truppenteile des ehemaligen preußischen Kontingents, 132)

Le Linge. Historique de la Bataille du Linge 1915–1918, Videoband, hrsg. von der Association Mémorial du Linge, Colmar o. J. (dt.: Le Linge, Schlachtfeld des Ersten Weltkrieges in den Vogesen)

von Löbbecke, [Heinrich] Maß, F.[erdinand] Riep (Hrsg.), Die gelbe Ulanen-Brigade [= Geschichte der Ulanen-Regimenter 11 und 15], Perleberg o. J. [um 1934]

Jean-Paul Loosli, Dokumentation Hartmannsweilerkopf 1914–1918, hrsg. u. bearb. von Hans Rudolf Fuhrer, Dozentur Militärgeschichte ETH Zürich, Au 2003 (= Militärgeschichte zum Anfassen, 11. Jhrg., Nr. 14)

Carl J. Luther, Schneeschuhläufer im Krieg. Über die Vergangenheit und Gegenwart des Militärschneeschuhlaufes aller Länder und von der Tätigkeit der deutschen und österreichischen Schneeschuhtruppen im Winterfeldzug 1914–15, München 1915

[M. Lutz], Die Festung Hüningen von ihrer Anlage bis zu ihrer Schleifung, Basel [2]1916

Albert Mack, Württembergisches Landw.-Inf.-Regiment Nr. 123 im Weltkrieg 1914–1918, Stuttgart 1922 (= Die württembergischen Regimenter im Weltkrieg 1914–1918, Bd. 24)

Maginot-Panzerwerk 35/3 Marckolsheim (Elsaß), Colmar 1983

Manhès (Gén.), Juin 1915 a l'Hilsenfirst, in: Revue Historique de l'Armée Paris, 32. Jhrg., Nr. 2, Mai 1966, S. 63–72

Delphine Mann, Veronique Spahr, La vie quotidienne pendant la première guerre mondiale, in: Les Amis de Thann. Petite et grande histoire, Nr. 1, 1986, S. 20–24; Nr. 2, 1987, S. 19–21

Pierre Marteaux, Diables rouges, diables bleus à l'Hartmannswillerkopf, Paris 1937 (= Collection de Mémoires, Études et Documents pour servir a l'Histoire de la Guerre Mondiale)

Henri Martin, Le Vieil Armand 1915, Paris 1936 (= Collection de Mémoires, Études et Documents pour servir a l'Histoire de la Guerre Mondiale)

Jean-Yves Mary, Alain Hohnadel, Jacques Sicard, Hommes et ouvrages de la ligne Maginot, 5 Tle., Paris 2000–2009

Heinrich Maß, Haeseler-Ulanen im Weltkrieg. Dem Gedächtnis des Kgl. Preuß. Ulanen-Regiments Graf Haeseler (2. Brandenburgischen), Nr. 11 (= Erinnerungsblätter deutscher Regimenter, Truppenteile des ehem. Preußischen Kontingents, Bd. 51), Bd. 2: 1915–1918, Oldenburg i. O./Berlin 1922

Lucien Maurer, État des enceintes fortifiées d'Obernai en 1782, in: Société d'Histoire et d'Archéologie de Dambach-la-Ville, Barr, Obernai, 1975, S. 39–47

Adrian Mayer, Die Vogesen und ihre Kampfstätten, Leipzig 1915 (= Kriegsgeographische Zeitbilder. Land und Leute der Kriegsschauplätze, H. 8)

Melchers, Major Friederici, im Kriege Kommandeur des II. Bataillons Landwehr-Infanterie-Regiment 40, in: Der Vierziger. Nachrichtenblatt der Angehörg. d. ehem. Füsilier-Regts. Fürst Karl Anton v. Hohenzollern, Bd. 12, 1938, Nr. 133, S. 7

Menschen im Krieg 1914–1918 am Oberrhein. Vivre en temps de guerre des deux côtés du Rhin 1914–1918, für das Landesarchiv Baden-Württemberg und die Archives Départementales du Haut-Rhin hrsg. v. Rainer Brüning und Laëtitia Brasseur-Wild, Stuttgart 2014 [Katalog zur gleichnamigen Ausstellung]

Wolfgang Michalka (Hrsg.), Der Erste Weltkrieg. Wirkung, Wahrnehmung, Analyse, München 1994

Pneu Michelin (Hrsg.), Elsass, Vogesen, Champagne. Reiseführer, Clermont [4]1996

Militärgeographische Beschreibung von Frankreich, Teil I: Nordost-Frankreich. Abgeschlossen am 29. Februar 1940, hrsg. vom Generalstab des Heeres, Abt. für Kriegskarten und Vermessungswesen, Berlin 1940

Hanns Möller, Geschichte der Ritter des Ordens „pour le mérite" im Weltkrieg, 2 Bde., Berlin 1935

Hanns Möller, Königlich Preußisches Reserve-Infanterie-Regiment Nr. 78 im Weltkrieg 1914/1918. Bearbeitet auf Grund der Kriegstagebücher des Reichsarchivs, persönlicher Mitteilungen von Regimentsangehörigen und unter Benutzung eines Manuskripts der Leutnants der Reserve Röhrs und Wiener, Berlin 1937 (= Deutsche Tat im Weltkrieg 1914/1918. Geschichten der Kämpfe deutscher Truppen, Bd. 75)

Rudolf Mohr, Aus den Erinnerungen eines alten Soldaten, Konstanz 1933

Denis Monhardt, Il y a 81 ans, quand les Chasseurs tombaient dans les Vosges ..., in: Annuaire de la Société d'Histoire du Val et de la Ville de Munster, Bd. L, Colmar 1996, S. 115f.

André Monnier (dt. von J. Baumann), Belfort. Sein Schloß, sein historisches Museum, sein Löwe, Besançon o. J.

Denis Morel, La guerre de position en Alsace, décembre 1914–juin 1916, in: Rosenblatt, Le 15.2, S. 51–97

Hans-Otto Mühleisen, Vauban und Neubreisach, in: Pioniere, 7. Jhrg., H. 2/1965, S. 59–63

Charles Müller, Aus dem Leben eines alten Münstertälers, in: Annuaire de la Société d'Histoire du Val et de la Ville de Munster, Bd. XLVIII, Colmar 1994, S. 39–61

Hermann Müller, Geschichte des Festungskrieges seit allgemeiner Einführung der Feuerwaffen bis zum Jahre 1892, Berlin [2]1892

Kurt Müller, Geschichte des Schleswig-Holsteinischen Ulanen-Regiments Nr 15, T. 2.: Von 1892–1920, [Velbert 1929]

Curt Mündel, Die Vogesen. Reisehandbuch für Elsaß-Lothringen und angrenzende Gebiete, neubearb. von Otto Bechstein, Straßburg [12]1911

Jean Munier, Le Linge, in: Almanach du Combattant, 1984, S. 6–17

Musées en Alsace, hrsg. von Editions Publitotal, Strasbourg, Strasbourg 1977

J.[ulius] Naeher, Die Burgen in Elsaß-Lothringen. Ein Beitrag zur Kenntniss der Militär-Architektur des Mittelalters, H. 1 u. 2, Straßburg i. E. 1886, H. 2, I. Im Oberelsaß, II. In Lothringen

Nouveau dictionnaire de Biographie Alsacienne, hrsg. von der Fédération des Sociétés d'Histoire et d'Archéologie d'Alsace, Nr. 1 ff., [Strasbourg 1983 ff.]

Jean Nouzille, Raymond Oberlé, Francis Rapp, Batailles d'Alsace 1914–1918, Strasbourg 1989

Raymond Oberlé, Monique Fuchs, Christian Lamboley. Batailles d'Alsace du Moyen âge à 1870, Strasbourg 1987

Werner Oelze, Das Landwehr-Infanterie-Regiment Nr. 56 im Weltkriege, Berlin 1930 (= Erinnerungsblätter deutscher Regimenter. Truppenteile des ehem. preuß. Kontingents, Bd. 318)

Léo Ott, Das Bayern-Denkmal in Ingersheim, in: Annuaire de la Société d'Histoire du Val et de la Ville de Munster, Bd. 50, 1996, S. 103–106

The Oxford Companion to Military History, ed. by Richard Holmes, Oxford u. a. 2001

Eva Papke, Der König der Belagerungskunst. Zum 350. Geburtstag von Sébastien Le Prestre de Vauban, in: Militärgeschichte, Jhrg. 22, Heft 2/1983, S. 215f.

Diana von Pappenheim, Jenny von Gustedt, Memoiren um die Titanen. Erlebtes mit Goethe und den Bonapartes im Kreise der Hohenzollern, hrsg. von Richard Kühn, 2 Bde., Dresden 1932

Otto Pempel, Das Landwehr-Infanterie-Regiment Nr. 99, Oldenburg i. O. 1922 (= Erinnerungsblätter deutscher Regimenter, Truppenteile des ehem. preußischen Kontingents, Bd. 32)

H.[einrich Gustav] Peter, Der Krieg des Großen Kurfürsten gegen Frankreich 1672 bis 1675, Halle a. S. 1870

Georg Philipp Pfeiffer, Die Kämpfe im Elsass August 1914 bis zum Beginn des Stellungskrieges. Nach amtlichen Meldungen und Berichten von Teilnehmern, Camburg a. S. o. J. [1916]

Paul Pietsch, Die Formations- und Uniformierungsgeschichte des preußischen Heeres 1808 bis 1914, Bd. 1: Fußtruppen (Infanterie, Jäger und Schützen, Pioniere) und deren Landwehr, Hamburg, [2]1963

Sylvester Priebe, Der Sundgau im Weltkrieg. Mit dem L. I. R. 328 im Sundgau 1917–18, in: Jahrbuch des Sundgau-Vereins. Verein für Geschichte, Geographie und Volkskunde des Sundgaues, Colmar 1939, S. 62–76

Sylvester Priebe, Der Sundgau im Weltkrieg. Das L. I. R. 81 im Sundgau, in: Jahrbuch des Sundgau-Vereins. Verein für Geschichte, Geographie und Volkskunde des Sundgaues, Colmar 1940, 177–180

Ferdinand von Raesfeld, Im Wasgenwald. Ein Jäger- und Kriegsroman aus dem Grenzland, Neudamm (1915)

Arthur Rehbein, Ehrenbuch der grünen Farbe. Hrsg. im Auftrage des Deutschen Jägerbundes, Berlin [2]1926

Reichsarchiv (Bearb.), Der Weltkrieg 1914 bis 1918. Die militärischen Operationen zu Lande, Bd. 1 ff., Berlin 1925 ff.

Das Reichsland Elsass-Lothringen 1871–1918, hrsg. von Max Schlenker und Georg Wolfram, 3 Bde., Frankfurt a. M 1931 (Bd. 1), 1936/37 (Bd. 2,1 u. 2,2), Berlin 1938 (Bd. 3)

Sebastian Remus, Das „Franctireur-Problem" im Sundgau während der 1. und 2. Schlacht um Mülhausen im Elsaß August 1914. Zum Verhältnis zwischen Militär und Zivilbevölkerung, Freiburg o. J. (Mag.-Arbeit Uni Freiburg)

Dominik Richert, Beste Gelegenheit zum Sterben. Meine Erlebnisse im Kriege 1914–1918, hrsg. von Angelika Tramitz und Bernd Ulrich, München 1989

Julius Richter (Bearb.), Das Reserve-Infanterie-Regiment 94 im Weltkriege 1914/18. Nach den Kriegsakten des Regiments und nach persönlichen Aufzeichnungen bearb. von J. Richter, Jena 1934

Günther Riederer, Feiern im Reichsland. Politische Symbolik, öffentliche Festkultur und die Erfindung kollektiver Zugehörigkeiten in Elsaß-Lothringen (1871–1918), Trier 2004 (= Trierer historische Forschungen, Bd. 57) (zugleich Phil. Diss. Univ. Trier 1999)

Gerhard Ritter, Der Schlieffenplan. Kritik eines Mythos, München 1956

Francis Rittgen, Opération „Nordwind" 25 décembre 1944–25 janvier 1945, Saarguemines 1984

H.[einrich] Rocholl, Der Große Kurfürst von Brandenburg im Elsaß 1674/75. Ein Geschichtsbild aus der Zeit, als das Elsaß französisch werden mußte, Straßburg 1877

René Rodolphe, Combats dans la Ligne Maginot, Paris 1949; Lausanne 1974

René Rodolphe, Kämpfe in der Maginot-Linie. Zusammenfassung von Major Rapin, ins Deutsche übersetzt von Major Meier u. Hptm. Magnenat, hrsg. von der Association Saint-Maurice pour la recherche de documents sur la forteresse, o. O. [Lausanne] 1981

Marc Romanych, Martin Rupp, Maginot Line 1940. Battles on the French frontier, Bodley/Oxford 2010 (= Osprey military, Campaign, Bd. 218)

Max Rösch, Das Württembergische Landwehr-Inf.-Regiment Nr. 119 im Weltkrieg 1914–1918, Stuttgart 1923 (= Die württembergischen Regimenter im Weltkrieg 1914–1918, Bd. 32)

Ernst Richard Rose, Das Infanterie-Regiment 188 im Weltkriege. Nach den Akten des Regiments und nach Berichten von Regimentskameraden, Eisleben 1928

Bernard Rosenblatt (Hrsg.), Le 15.2. 152ème Régiment d'Infanterie. Histoire des Diables Rouges, Strasbourg 1994

Charles-Laurent Salch, Nouveau Dictionnaire des Châteaux Forts d'Alsace, Strasbourg 1991

Otto von Schaching, Der Held von St. Amarin. Erzählung aus den Vogesen, München o. J.

[Julius Friedrich Scharffenstein], Historische General-Beschreibung von Ober- und Nieder-Elsaß, samt dem Sundgau, als einem Theil von denen zum ober-rheinischen Crayß gehoerigen Laendern, wie sie durch verschiedene Friedens-Schluesse an Franckreich gekommen, Frankfurt u. Leipzig 1734

Hans Frhr. Schenck zu Schweinsberg, Wilhelm Bornefeld, Hugo von Wilamowitz-Möllendorff (Bearb.), Das Großherzogliche Mecklenburgische Jäger-Bataillon Nr. 14 und die mecklenburgischen Radfahrer-Kompanien des Radfahrer-Bataillons Nr. 5 im Weltkrieg nach amtlichen Kriegstagebüchern bearbeitet, Berlin 1926 (= Erinnerungsblätter deutscher Regimenter, Truppenteile des ehem. preußischen Kontingents, Bd. 158)

René Schickele, Der Wolf in der Hürde, Roman, Frankfurt a. M./Wien/Zürich 1965 (= Das Erbe am Rhein. Romantrilogie, 3. Teil; EA 1931)

Sigmund Schleicher, Das K. B. Landwehr-Infanterie-Regiment Nr. 12. Nach den amtlichen Kriegstagebüchern bearbeitet, München 1924 (= Erinnerungsblätter deutscher Regimenter. Auszüge aus den amtlichen Kriegstagebüchern, Bayerische Armee, H. 32)

Der Schlieffenplan. Analysen und Dokumente. Im Auftrag des Militärgeschichtlichen Forschungsamtes und der Otto-von-Bismarck-Stiftung hrsg. von Hans Ehlert, Michael Epkenhans und Gerhard P. Groß, Paderborn/München/Wien/Zürich 2006 (= Zeitalter der Weltkriege, Bd. 2)

Robert Schmitt, Munster au début de la Guerre de 1914 à 1918, in: Annuaire de la Société d'Histoire du Val et de la Ville de Munster, Bd. XX, Colmar 1965, S. 49–54

Rudolf Schott (Bearb.), Festungswesen, Teil I: Modelle von Festungssystemen und -manieren, Teil II: Pläne von Festungen und befestigten Städten, Karlsruhe 1985 (= Die Sammlungen des Wehrgeschichtlichen Museums im Schloß Rastatt, 4/I u. II)

Hermann Schreiber, Das Elsaß und seine Geschichte. Eine Kulturlandschaft im Spannungsfeld zweier Völker, Gernsbach 1998

G.[eorges] Schultz, La charge héroïque du 19e Dragons le 19 août 1914 à Brunstatt, in: Annuaires de la Société d'Histoire Sundgauvienne, Riedisheim 1981, S. 35–50

Marc Sorlot, André Maginot (1877–1932). L'homme politique et sa légende, Metz 1995

Jean Spenlé, Épisode de la Guerre des Positions au 1915. A l'Écoute dans les Tranchées de la Vallée de Munster, in: Annuaire de la Société d'Histoire du Val et de la Ville de Munster, Bd. XX, Colmar 1965, S. 55–59

Theodor Sproesser et al. (Bearb.), Die Geschichte der Württembergischen Gebirgsschützen (Württ. Schneeschuh-Kompagnie Nr 1; Württ. Gebirgs-Kompagnie Nr 1; Württ. Gebirgs-Bataillon; Württ. Gebirgs-Regiment), bearb. von Th. Sproesser, H. Autenrieth, H. Flaischlen, Stuttgart 1933 (= Die württembergischen Regimenter im Weltkrieg 1914–1918, Bd. 49)

[Otto] Staehle, Das Württembergische Feld-Artillerie-Regiment Nr. 116 im Weltkrieg, Stuttgart 1921 (= Die württembergischen Regimenter im Weltkrieg 1914–1918, Bd. 12)

Kurt Stein, Das Württembergische Landw.-Infanterie-Regiment Nr. 121 im Weltkrieg 1914–1918, Stuttgart 1925 (= Die württembergischen Regimenter im Weltkrieg 1914–1918, Bd. 37)

Eugen Steiner, Vogesen-Burgen. Ansichten, Details und Grundrisse, Colmar u. Straßburg 1914

Anton Theodor Stoll, Denkschrift über die deutschfeindlichen Strömungen im Reichslande und die notwendige Angliederung desselben an Preußen, Bayern, Württemberg oder Baden, Bd. 1, Straßburg und Leipzig 1914

Dieter Storz, „Dieser Stellungs- und Festungskrieg ist scheußlich!" Zu den Kämpfen in Lothringen und in den Vogesen im Sommer 1914, in: Der Schlieffenplan, S. 161–204

Bernhard Studt, Infanterie-Regiment Graf Bose (1. Thüringisches) Nr. 31 im Weltkriege 1914–1918. Nach den amtlichen Kriegstagebüchern und Berichten von Mitkämpfern zusammengestellt und bearbeitet, Oldenburg i. O./Berlin 1926 (= Erinnerungsblätter deutscher Regimenter, Truppenteile des ehem. preußischen Kontingents, Bd. 190)

Max Szymanzig, Das Württembergische Landwehr-Infanterie-Regiment Nr. 124 im Weltkrieg 1914–1918, Stuttgart 1920 (= Die württembergischen Regimenter im Weltkrieg 1914–1918, Bd. 5)

C. Tavernier-Schoen, D. Ostermeier-Gensbeitel, L'histoire de Burnhaupt-le-Haut: La première Guerre Mondiale, in: Annuaire de la Société d'Histoire Sundgauvienne, Riedisheim 1984, S. 119–133

K.[arl] von Teichmann, Die 26. (württ.) Landwehr-Division im Weltkrieg 1914–18, Stuttgart 1922 (= Württembergs Heer im Weltkrieg. Einzeldarstellungen der Geschichte der württembergischen Heeresverbände, H. 13)

E.[rwin] Teutsch, Münstertäler Chronik. Stimmungsbilder und Erlebnisse eines elsässischen Pfarrers am Fuße des Reichackerkopfes im ersten Weltkrieg, in: Annuaire de la Société d'Histoire du Val et de la Ville de Munster, Bd. XX, Colmar 1965, S. 81–113

E.[rwin] Teutsch, Chronique de la Vallée de Munster pendant la Première Guerre Mondiale. Un pasteur alsacien sous la mitraille et les obus, Colmar 2005

B.[enno] von Tiedemann, Der Festungskrieg im Feldzuge gegen Frankreich 1870–1871, Berlin 1872

François Tisserand, Le Linge – Tombeau des Chasseurs (Mémoires d'un Chasseur Alpin), Bourg-en-Bresse 1983

Hans-Peter Tombi, Der Hartmannsweilerkopf. Route 1, Herbolzheim 2004; Route 2 (mit Sigrid Schwamberger), [Ringsheim] 2006; Route 3, [Ringsheim] 2009

Touchon (Gén.), Noël 1914 a la Tète-des-Faux, in: Revue Historique de l'Armée Paris, 32. Jhrg., Nr. 2, Mai 1966, S. 57–62

Jacques Toussaert, Vauban, Saarlouis 1978/80

P.[hilippe] Truttmann, La Muraille de France ou La Ligne Maginot. La fortification française de 1940, sa place dans l'évolution des systèmes fortifiés d'Europe occidentale de 1880 à 1945, Thionville 2009

[Karl Tschamber], Geschichte der Stadt und ehemaligen Festung Hüningen von ihrer Entstehung bis in die neueste Zeit, St. Ludwig 1894

[Karl Tschamber], Der deutsch-französische Krieg von 1674/75, Hüningen 1906

Hans Umbreit, Der Kampf um die Vormachtstellung in Westeuropa, in: Das Deutsche Reich und der Zweite Weltkrieg, Bd. 2: Die Errichtung der Hegemonie auf dem europäischen Kontinent, hrsg. vom Militärgeschichtlichen Forschungsamt, Stuttgart 1979, S. 233–327

Ville de Neuf-Brisach – Cité fortifiée de Vauban, Colmar 1989

Libor Vítëz, Ruhm und Fall der Maginot-Linie (A. d. Tschech. „Sláva a pád Maginotovy linie a Verdunu"), Prag 1942

Der Völkerkrieg. Eine Chronik der Ereignisse seit dem 1. Juli 1914, hrsg. von C. H. Baer, 28 Bde., Stuttgart 1914–1923 [bes. Bd. V, VII, X]

[Feldzeitung] Vogesenwacht, hrsg. von R.[udolf] Eberle, G. Hirsch und C. H. Schneider (Bayer. Sanitäts-Kompagnie Nr. 1), Jhrg. 1, Colmar 1916, bis Jhrg. 3, 1918

L.[ouis] Vogt, Der Hartmannsweilerkopf. Geschichtlich-geographische Darstellung und ausführliche Beschreibung der Stellungen, Ausflugsziele und Wanderwege, Mulhouse ^{5}1979

L.[ouis] Vogt (Text), Le Hartmann 1914–1918 et son arrière-pays, Uffholtz 2009

[Ernst Vollbehr,] Der Weltkrieg in Bildern. T. 1: Vogesenfront. Mit Kriegsbildern von Ernst Vollbehr. Gedächtnisschau 1914–1934, hrsg. v. d. Staatl. Museen Berlin, Berlin [1934].

Vorschriften für den Stellungskrieg für alle Waffen. Teil 1a: Allgemeines über Stellungsbau v. 10.VIII.1918, hrsg. vom Chef des Generalstabes des Feldheeres, Berlin 1918

Le Front des Vosges – Die Vogesenfront – The Vosges Front, hrsg. v. Tourisme de Mémoire 14–18.

Gilbert Wagner, Lieux de mémoire dans le Haut-Rhin : les monuments aux morts, les stèles et plaques de mémoire, les nécropoles françaises, les cimetières militaires allemands, le cimetière roumain, hrsg. vom Conseil Général du Haut-Rhin, o. O. [Colmar] 2012

Reinhold Wagner, Geschichte der Belagerung von Straßburg im Jahre 1870, 1. T., Berlin 1874

Jean-Bernard Wahl, Die Maginot-Linie im Elsaß. 200 Kilometer Stahl und Beton. A. d. Franz. von Peter Mühlschlegel, Steinbrunn/Le Haut 1989

Jean-Bernard Wahl, Damals und heute – die Maginotlinie. Nordfrankreich–Lothringen–Elsass: Geschichte und Reiseführer. A. d. Franz. von Karl Hans Stöß, Hamburg/Berlin/Bonn 2000

Pierre Waline, Minenwerfer sur l'Hartmannswillerkopf 1914–1917, in: Revue historique de l'Armée, 28. Jhrg., Nr. 3, 1972, S. 53–65 [Reflexionen zu Killians Erinnerungen]

Jehuda L. Wallach, Das Dogma der Vernichtungsschlacht. Die Lehren von Clausewitz und Schlieffen und ihre Wirkung in zwei Weltkriegen, hrsg. vom Arbeitskreis für Wehrforschung, Frankfurt a. M. 1967

[Kurt] Frhr. von Wangenheim, Großherzoglich Mecklenb. Grenadier-Regiment Nr. 89. Nach den amtlichen Kriegstagebüchern bearbeitet, Oldenburg i. O./Berlin 1922 (= Erinnerungsblätter deutscher Regimenter, hrsg. unter Mitwirkung des Reichsarchivs, Infanterie-Heft 13)

Pierre Wantzenriether, Bitche. Festung von Vauban, Bitche 1979

Wilhelm Wiegand, Die Alamannenschlacht vor Straßburg 357 n. Chr. Eine kriegsgeschichtliche Studie, Straßburg 1887

Wolfram Wette, Die unheroischen Kriegserinnerungen des Elsässer Bauern Dominik Richert, in: Wolfram Wette (Hrsg.), Der Krieg des kleinen Mannes. Eine Militärgeschichte von unten, München 1998

Louis Charles Will, La guerre au front des Vosges. Bibliographies des opérations militaires de 1914 à 1918, in: Les Archives de la Grande Guerre et de l'Histoire contemporaine, 4. Jhrg. 1922, S. 739–763

Jacob Willer, Der Hartmannsweiler Kopf, in: Kampftruppen – Kampfunterstützungstruppen, 3/1981, S. 116–118

A.[nselme] Wirth, Les Combats du Hartmannswillerkopf – Vieil Armand 1914–1918, hrsg. vom Comité du monument national de l'Hartmannswillerkopf, Colmar 1979; dt.: Der Kampf um den Hartmannswillerkopf 1914–1918 mit einem Bericht über den Bewegungskrieg im Oberelsass August 1914, Mulhouse 1984

Bernard Wittmann, Die Geschichte des Elsass. Eine Innenansicht, Kehl 2009 (= Historische Zeitbilder, Bd. 7)

Witzig, Le Sundgau de 1914 à 1918, in: Jahrbuch des Sundgau-Vereins, Verein für Geschichte, Geographie und Volkskunde des Sundgaues, Colmar 1939, S. 55–61

Felix Wolff, Elsässisches Burgen-Lexikon. Verzeichnis der Burgen und Schlösser im Elsaß, Straßburg i. E. 1908 (ND Frankfurt a. M. 1979)

Paul Wolff, Geschichte des Bombardements von Schlettstadt und Neu-Breisach im Jahre 1870, Berlin 1874

Paul Wolff, Geschichte der Belagerung von Belfort im Jahre 1870/71, Berlin 1875

Anny Wothe, Die Vogesenwacht. Kriegsroman aus der Gegenwart, Reutlingen (1915)

Bernd Wunder, Kleine Geschichte der Kriege und Festungen am Oberrhein 1630–1945, Karlsruhe 2013 (= Regionalgeschichte – fundiert und kompakt)

Alexander von Zastrow, Geschichte der beständigen Festung, Leipzig ^{3}1854 (ND Osnabrück 1983, = Bibliotheca rerum militarium, Bd. XLVII)

John Zimmermann, Die deutsche militärische Kriegführung im Westen 1944/45, in: Das Deutsche Reich und der Zweite Weltkrieg, Bd. 10/1: Der Zusammenbruch des Deutschen Reiches 1945. Die militärische Niederwerfung der Wehrmacht, hrsg. von Rolf-Dieter Müller, Stuttgart 2008, S. 277–489

[Raymond Zimmermann], La Necropole Nationale du Hartmannswillerkopf (Vieil Armand) – Sépultures de guerre 1914–18, Mulhouse 1996

Ernst Zipfel, Geschichte des Großherzoglich Mecklenburgischen Grenadier-Regiments Nr. 89. Nach amtlichen Kriegstagebüchern und Berichten von Mitkämpfern bearbeitet im Auftrage des Vereins der Offiziere des ehemaligen Großherzoglich Mecklenburgischen Grenadier-Regiments Nr. 89, Schwerin i. M. 1932

Kirsten Zirkel, Vom Militaristen zum Pazifisten. Politisches Leben und Wirken des Generals Berthold von Deimling vor dem Hintergrund der Entwicklung Deutschlands vom Kaiserreich zum Dritten Reich, Phil. Diss. Univ. Düsseldorf, 2006

Kirsten Zirkel, Vom Militaristen zum Pazifisten. General Bertold von Deimling – eine politische Biographie, Essen 2008 (= Frieden und Krieg .Beiträge zur historischen Friedensforschung, Bd. 9)

Karten

Michelin – Carte Routière et Touristique, 1 : 200.000, Feuille 87: Vosges, Alsace

Michelin – Carte Routière et Touristique, Bas-Rhin, Haut-Rhin, Ter. de Belfort, 1:150.000, Paris

Joint Operations Graphics 1 : 250.000, Serie 1501, hrsg. v. Institut Géographique National, Paris:

- Mulhouse NL 32-1 (Hartmannsweilerkopf, Neubreisach)

- Strasbourg NM 32-10 (Lingekopf, Marckolsheim)

Carte de France 1 : 50.000, Série M 761, hrsg. v. Institut Géographique National, Paris:

- Gérardmer, Feuille XXXVI-18

- Munster, Feuille XXXVI-19 (Lingekopf)

- Colmar, Feuille XXXVII-18 (Marckolsheim)

- Neuf-Brisach, Feuille XXXVII-19 (Neubreisach)

Carte de Randonnée 1 : 25.000, hrsg. v. Institut Géographique National, Paris:

- Lapoutroie, Feuille XXXVI-18 est (Lingekopf)

- Thann/Masevaux/Ballon d'Alsace, Feuille XXXVI-20 est (Hartmannsweilerkopf)

- Kaysersberg, Feuille XXXVII-18 OT (Lingekopf)

- Neuf-Brisach, Feuille XXXVII-19 est (Neubreisach)

Register

a) Personenregister

b) Ortsregister